Klaus von Beyme

AF154903

Kulturpolitik und nationale Identität

Klaus von Beyme

Kulturpolitik und nationale Identität

Studien zur Kulturpolitik zwischen staatlicher Steuerung und gesellschaftlicher Autonomie

Westdeutscher Verlag

Die Deutsche Bibliothek – CIP-Einheitsaufnahme

Beyme, Klaus von:
Kulturpolitik und nationale Identität : Studien zur Kulturpolitik
zwischen staatlicher Steuerung und gesellschaftlicher Autonomie /
Klaus von Beyme. – Opladen ; Wiesbaden : Westdt. Verl., 1998
ISBN 978-3-531-13191-7   ISBN 978-3-322-97085-5 (eBook)
DOI 10.1007/978-3-322-97085-5

Alle Rechte vorbehalten
© Westdeutscher Verlag GmbH, Opladen/Wiesbaden, 1998

Der Westdeutsche Verlag ist ein Unternehmen der Bertelsmann Fachinformation GmbH.

Das Werk einschließlich aller seiner Teile ist urheberrechtlich geschützt.
Jede Verwertung außerhalb der engen Grenzen des Urheberrechtsgesetzes
ist ohne Zustimmung des Verlags unzulässig und strafbar. Das gilt insbesondere für Vervielfältigungen, Übersetzungen, Mikroverfilmungen und
die Einspeicherung und Verarbeitung in elektronischen Systemen.

http://www.westdeutschervlg.de

Höchste inhaltliche und technische Qualität unserer Produkte ist unser Ziel. Bei der Produktion und Verbreitung unserer Bücher wollen wir die Umwelt schonen: Dieses Buch ist auf
säurefreiem und chlorfrei gebleichtem Papier gedruckt. Die Einschweißfolie besteht aus
Polyäthylen und damit aus organischen Grundstoffen, die weder bei der Herstellung noch bei
der Verbrennung Schadstoffe freisetzen.

Umschlagbild: Öffentliches Streichkonzert, Klaus Staeck
Umschlaggestaltung: Horst Dieter Bürkle, Darmstadt

ISBN 978-3-531-13191-7

Inhalt

VORWORT

In offiziellen Verlautbarungen der staatlichen Akteure in Deutschland taucht vielfach die Formel „Kunst und Kultur" auf.

Der Terminus „Kulturstaat" ging in die staatsrechtliche Dogmatik ein, obwohl er in andere Sprachen kaum zu übersetzen ist. Einige Lobbyisten hätten ihn gern – wie den Umweltschutz – unter die Staatsziele in das Grundgesetz aufgenommen. Quasi-Verfassungsrang erhielten beide Formeln im Einigungsvertrag zwischen der Bundesrepublik und der DDR vom 31.8.1990 (Art. 35).

In der Postmoderne trat eine kulturalistische Wende der Gesellschaftsanalyse ein. Kultur erhielt damit einen zunehmenden Stellenwert, obwohl der Slogan „Alles ist Kultur" ziemlich schnell in die Einsicht mündete: „alle Kultur ist zunehmend auch Ökonomie". Kunstpolitik ist – anders als in den angelsächsischen Ländern – kein häufig gebrauchter Begriff. Kulturpolitik aber ist in aller Munde. Ein großer Teil der Literatur unter der Rubrik „Kulturpolitik" ist eigentlich eher „Kulturgeschichte". Der politische Aspekt bleibt unterbelichtet. Soweit er berücksichtigt wird, bleibt er an Akteure unterhalb der staatlichen Ebene gebunden. Der Staat tritt allenfalls als Adressat von Forderungen der Kulturschaffenden oder als repressive Instanz auf (vgl. Kap. I). Kulturpolitik wird überwiegend als überdehnter Begriff von den Kulturwissenschaftlern benutzt. Politikwissenschaftler haben dieses Politikfeld – wie den Städtebau und die Wohnungsbaupolitik, die Rechtspolitik und die Sozialpolitik – meist anderen Disziplinen überlassen. Der kulturelle Aspekt wird neuerdings noch am häufigsten in der Geschichte der politischen Theorien berücksichtigt.

Die Studien zur Kulturpolitik, die in diesem Band zusammengefaßt werden, halten sich an einen engeren und weiteren Fokus als Kulturpolitik in der Klassifikation der Teilbereiche in der „Kulturpolitischen Gesellschaft" gemeinhin hat. Weiter ist der Brennpunkt insofern als Aspekte der „nationalen Repräsentation" durch Architektur und die „Ausgestaltung der Hauptstadt" in Deutschland meist nicht unter Kulturpolitik behandelt worden (vgl. Kap. IV.4, Kap.V.2). Die Staatsarchitektur wird überwiegend nicht zur Kulturpolitik gezählt. Architektur und Städteplanung führen generell ein Eigenleben – jenseits der Kulturpolitik. Sie ressortieren häufiger als die Kultur im engeren Sinne in einem eigenen Ministerium. Das britische Art Council hat eine Sektion Architektur erst in den 90er Jahren geschaffen. Andere Länder, wie Schweden oder die USA, in denen weniger historische Bausubstanz zu erhalten war, haben hingegen Architektur und „Kunst am Bau" schon früh – in Amerika vor allem im New Deal – in die Kulturpolitik einbezogen (vgl. Kap. I).

Die Denkmalpflege ist in einigen Ländern finanziell und institutionell soweit verselbständigt worden, daß sie bei der Kulturpolitik kaum noch mitbedacht wird. Unter dem weiten Fokus „Kulturpolitik und nationale Identität" kommt ihr jedoch in diesem Versuch ein zentraler Rang zu (Kap. III).

Weite Bereiche der „Neuen Kulturpolitik", vor allem die *Soziokultur*, kommen in diesen Essays nur unter der Rubrik „Stadtgestaltung als Kulturpolitik" vor (vgl. Kap. IV.1). Kulturpolitik dient der Herausbildung zahlreicher Identitäten auf allen Ebenen – vom Weltbürgertum bis zur Dorfgemeinschaft. Die „nationale Ebene" ist von der traditionellen Kulturpolitik vielfach überbetont worden. In der Postmoderne hat sich dagegen Widerstand formuliert – mit Recht. Aber noch immer ist in der *vergleichenden Kulturpolitik* – ein in der Politikwissenschaft völlig vernachlässigter Zweig des Faches (vgl. Kap. I) – die nationale Ebene die entscheidende, obwohl sie gerade für Länder mit Föderalismus und weiter Gemeindeautonomie die Ausgaben für die Kultur vielfach verzerrt. Die nationale Ebene ist teils aus Gründen der historischen Analyse (Kap. II,1), teils aus der besonderen Rolle der Kultur in einem Land, wie Deutschland, das bis ins 19. Jahrhundert für viele nur ein „geographischer Begriff" war (Metternich) (vgl. Kap. II.2-4), von besonderer Bedeutung. Die *kulturstaatliche Ideologiebildung* (Kap. II.2-3) ist ohne diese deutsche Sonderentwicklung nicht zu erklären.

Diese Studien haben zugleich einen *engeren Fokus* als die übliche Perzeption von Kulturpolitik, weil sie sich um den Fokus: „Kulturpolitik und nationale Identität" gruppieren. Die Aspekte der *Multikulturalität* bleiben damit unterbelichtet. Sie zu behandeln muß einer besonderen Untersuchung vorbehalten bleiben. Auch die Bannerträger der „Neuen Kulturpolitik" seit den 70er Jahren haben die „traditionellen Felder der Kulturpolitik" von der „Soziokultur" abgesondert.[1]

„Kulturpolitik" ist trotz des politologisch klingenden Begriffs ein interdisziplinäres Forschungsfeld. Kulturwissenschaftler, Sozialpsychologen, Soziologen oder Psychologen setzen den Fokus vielfach unterhalb der nationalstaatlichen Ebene an. In der Politikwissenschaft wird von der Globalisierung bis zu den neuen sozialen Bewegungen, die eine politologische Kleinkunst entstehen ließen, daran gearbeitet, daß der Fokus sich erweitert und zugleich kleinräumiger wird. Aber im ganzen bleibt – selbst in der internationalen Politik – der Hauptakteur noch immer der Nationalstaat. Ein Teil der Fixierung auf den Brennpunkt „Kulturpolitik und nationale Identität" kann daher als fachspezifisches Bias erklärt, aber nicht entschuldigt werden.

---

[1] Bernd Wagner: Zwanzig Jahre Neue Kulturpolitik. Eine Bibliographie. Hagen, Kulturpolitische Gesellschaft 1993, S. 112ff., 204ff.

I. Kulturpolitik zwischen staatlicher Steuerung und gesellschaftlicher Autonomie

1) Bereiche der Kulturpolitik

Kulturpolitik war stets zwischen den politischen Ideologien umstritten. In Ländern, die die Freiheit der Kultur stark betonten und in denen staatliches Geld unter Künstlern und Intellektuellen häufiger als „gefährlicher" galt als Subsidien privater Interessenten, wurde eher eine „Politik der Kultur" als eine staatlich dirigierte Kulturpolitik angestrebt. Die Unterscheidung geht auf Norberto Bobbio zurück und wurde etwa für die angelsächsischen Länder und für Italien reklamiert.[1] Die Einstellung zur Kulturpolitik war von historischen Erfahrungen geprägt. Die Kulturpolitik eines Landes ist eng an die „politische Kultur" des Landes gebunden. Ähnliches gilt für die Wirtschaft. Auch hier ist die Staatsintervention – wie in der Kulturpolitik – in England unter- und in Frankreich überentwickelt.

Dominierten die Vorbehalte gegen staatliche Intervention im Kulturbereich ursprünglich bei den Liberalen und Libertären, so dehnten sie sich im Zeitalter der großen Massenbewegungen auf viele Parteien aus. Kulturpolitik kam in den Geruch, der Subvention kleiner Minderheiten zu dienen. Konservative Parteien hatten damit weniger Schwierigkeiten als Parteien der Mitte und der Linken, wie sich in der Denkmalspolitik Bayerns zeigte. Die CSU Bayerns hatte nach dem Krieg den stärksten Einsatz beim Wiederaufbau der Denkmäler erbracht, als viele andere Parteien argumentierten, daß der Wohnungsbau für Jedermann Vorrang haben müsse (vgl. Kap. III.1). Architektonische Denkmäler in der Stadt schauten alle Bürger an. In anderen Kulturbereichen aber war die Zahl der Nutznießer begrenzt. In Italien und Deutschland lag die Zahl der Museumsbesucher bei 9%. Nur in Holland und in den skandinavischen Ländern reichte sie an 20% heran. Die DDR meldete – kaum glaubhaft – 60% der Bevölkerung als Museumsbesucher.[2] Erhebungen des französischen Kulturmuseums kamen für Frankreich auf 27% an Museumsbesuchern in der Bevölkerung, ebenfalls eine überhöht wirkende Zahl. Die Verantwortlichen der Kulturpolitik konnten sich über diese Zahlen noch freuen. Aber beim Theaterbesuch sank die Partizipationsrate der Bevölkerung auf 14% und beim Besuch klassischer Musikkonzerte auf 7%.[3] Ließ sich eine Kulturpolitik für so kleine Minderheiten noch rechtfertigen, wo überall sonst mehr egalitäre Demokratie gewagt werden sollte? Kein Wunder, daß Entlastungslegitimationen gefunden werden mußten, wie „Soziokultur", „Kultur für alle", „neue Kulturpolitik" als Teile einer Gesellschaftspolitik. Die Steigerungsraten der Wahrnehmung von Kulturangeboten waren eindrucksvoll, aber trügerisch. Bei den Museumsbesuchern kann niemand die Kunstbeflissenen erfassen, die mehrfach in Ausstellungen und Museen gehen. Bei der sozialen Aufschlüsselung der „Kunstbenutzer" verzerren die Mehrfachbenutzer ebenfalls das Bild.

Die Kulturpolitik der Nationalstaaten erwies sich als *stark von den vordemokratischen Entwicklungen des Landes* geprägt. Die angelsächsischen Länder kannten keine Tradition, in der sich die Hofpatronage schrittweise in staatliche Kulturpolitik umsetzte, als die Zivilliste der Fürsten im konstitutionellen System vom Staatshaushalt getrennt wurde, wie in Frankreich oder Österreich. Kulturpolitik mit dem Ziel einer Selbstdarstellung der Herrschenden durch Kunst war dem liberalen Nachtwächterstaatsmodell suspekt. Die Gentry und das Bürgertum, die in früh entwickelten Zivilgesellschaften wie England den Ton angaben, haben ihre Kulturpatronage nicht im öffentlichen Raum sondern auf ihre Gutshäuser und Villen konzentriert.[4] Der liberalen Staatstradition entspricht eine Beschränkung der Kulturpolitik auf regulative Maßnahmen zum Schutz des freien Wettbewerbs durch Schutz des geistigen Eigentums und zum Schutz der Moral durch die Absteckung der Grenzen des Zulässigen in der Kunst. Dabei konnte die regulative Politik durchaus gelegentlich in eine repressive Politik umschlagen, soweit in angelsächsischen Ländern der Staat eine Prüderie aus der puritanischen Tradition heraus gesetzlich verteidigte.

Die deutsche Tradition leitete den *„Kulturstaat"* aus dem Verfassungsstaat des 19. Jahrhunderts her[5] – zu Unrecht. Andere Länder mit einer weniger gebrochenen verfassungsstaatlichen Tradition konnten weder die Häufung von Substantiven zu lauter Bindestrichstaatsbegriffen nachahmen, noch hatten sie Bedarf für einen Kulturstaatsbegriff. Er diente im Deutschland der Kleinstaaterei des 19. Jahrhunderts als Tröstungsphilosophie in einem Land, das die fehlende Einheit kulturell substituierte. Die Kultur wurde zum Katalysator von Gefühlen nationaler Identität (vor 1871 und nach 1949). Aus der kulturellen Einheit wurde kurzschlüssig auf die Notwendigkeit zu staatlicher Einheit geschlossen, obwohl der Sonderfall Österreichs eines anderen hätte belehren können. Die verspäteten Nationen Italien und Deutschland haben vor der Einigung durch Kulturpropaganda die staatliche Einheit voranzutreiben versucht. In Italien kam es nach der Einigung nach französischen Vorbild – Frankreich war schließlich der Pate der Einigungsbewegung gewesen – zu einer relativ zentralistischen Kulturpolitik. Deutschland hingegen blieb der traditionellen Zersplitterung treu. Die Länder verteidigten ihre kulturelle Hoheit mit Umsicht. Der größte deutsche Flächenstaat, Preußen, war ein Spiegelbild der kulturellen Heterogenität und kein Vorbild für eine kulturelle Homogenität (Kap. II.1). Die Bundesrepublik betont in ihrer Selbstdarstellung in Anknüpfung an westeuropäische Ideale die Freiheit der Kunst und die Nichteinmischung des Staates. Dieses liberale Bekenntnis beschränkte sich jedoch nicht auf regulative Politik. Starke protektive Elemente kennzeichnen die Entwicklung der Kulturpolitik der Bundesrepublik, die zu einer der ausgabenfreudigsten in ganz Europa wurde (vgl. Tabelle 2-4).

In der deutschen Selbstdarstellung kehrt die Formel *„Kunst und Kultur"* immer wieder, ohne daß beide Begriffe abgegrenzt werden. Die Franzosen hingegen zogen es vor, sich zwischen den beiden Begriffen zu entscheiden. In der 4. Republik hieß das Ministerium noch für die „beaux arts". De Gaulles Kreation von 1959 in der 5. Republik wurde als „ministère des affaires culturelles" getauft. Die Nebeneinanderstellung zweier Begriffe wie Kunst und Kultur wirft Fragen auf. Landläufig würde Kunst als Teil der Kultur aufgefaßt werden. Warum wird das Teil vor dem Ganzen benannt? Hilmar Hoffmann, einer der Pioniere der Neuen Kulturpolitik in Deutschlands Großstädten, hat Kultur als das System definiert, das einer Gesellschaft eine unverwechselbare Gestalt gibt und wesentliche Wertorientierungen begründet.[6] Die Künste sind die ästhetischen Ausdrucksformen der Kultur, von der Musik über die Literatur zu den bildenden Künsten, einschließlich des Films. Zur Kultur werden auch die Entfaltung sozialer Beziehungen bis hin zur Körperkultur gerechnet. Vor allem die DDR pflegte diesen weiten Begriff der Kultur. Auch nach der Einigung betonen die Ostdeutschen in Umfragen die eher materiellen Elemente des Kulturbegriffs stärker als die Westdeutschen[7] (vgl. Kap. II.4).

Was zur Kultur gerechnet wird, hängt häufig von der Ebene der kulturpolitischen Entscheidungsträger ab, und kann in der Europäischen Union nicht das gleiche sein, wie in einem Dorf. Untersuchungen der lokalen Kulturpolitik geben häufig der Erwachsenenbildung und dem öffentlichen Bibliothekswesen Priorität, um die Volksnähe der städtischen Politik zu demonstrieren.[8] Die Kulturklausel des Maastrichter Vertrages in Europa (Art. 128) betont hingegen eher formale abstrakte Prinzipien wie Subsidiarität und regionale Vielfalt, ohne sich auf eine Aufzählung der Sektoren von Kultur einzulassen.[9] Die Propagierung der multikulturellen regionalen Kontakte auf europäischer Ebene kann jedoch nicht darüber hinwegtäuschen, daß die multikulturellen Regionen noch mehr „erfunden" als „vorgefunden" werden. Kulturalität muß der Multikulturalität vorausgehen.[10] Kommunale Selbstdarstellungen der Kulturpolitik betonten die *Sozio- und Alternativ-Kultur* weit stärker als nationale Verlautbarungen. In der Zeit der linken Politisierung war die Soziokultur allenfalls bei einer spontaneistisch gestimmten Minderheit gefragt, die ihre Autonomie vom Staat betonte. Erst als die dogmatischen Verhärtungen durch dezentrale Gruppenbildung und neue soziale Bewegungen aufgebrochen wurden, kam es schrittweise zu einer Kooperation staatlicher Instanzen und autonomer Bewegungen.[11] Nationalstaaten und Länder betonen häufig die Denkmalpflege und andere Formen der Pflege des kulturellen Erbes als das Kernstück der Kulturpolitik (Museen und Archive). Genetisch stand dieser Bereich am Anfang staatlicher Kulturpolitik, seit die ehemals fürstlichen Sammlungen und Schlösser zu staatlichen Kultureinrichtungen gemacht wurden (vgl. Kap III,1 und 2). In Staaten mit geringen Beständen an großen Stadtensembles, wie Schweden, wurde durch den staatlichen Kunstrat seit 1937 ein Schwerpunkt durch Ausschmückung öffentlicher Gebäude und Förderung der Kooperation von bildenden Künstlern und Architekten gesetzt. In anderen Ländern hat sich die Kulturpolitik um Architektur und Stadtensembles erst spät gekümmert. Im britischen Arts Council wurde eine Architektureinheit erst 1992/93 gegrün-

det. In einigen Ländern, wie Dänemark, war die Kulturpolitik lange hauptstadt-
zentriert. In anderen Ländern, die schlechte Erfahrungen mit Einschüchterungs-
kunst in der Hauptstadt durch Diktaturen gemacht haben, wie Deutschland,
wagten die verantwortlichen Kulturpolitiker nur verschämt zu bekennen, daß
man sich mehr Phantasie und Einsatz des Bundes bei der nationalen Selbstdarstellung wünsche, „wie sie in Bauten, Münzen, Staatsgeschenken oder bei protokol-
larischen Anlässen zum Ausdruck kommt."[14] Die *Ausgestaltung der Hauptstadt*
wurde daher im Gegensatz zu Paris oder selbst Washington nicht als Teil der
offiziellen Kulturpolitik angesehen. Das war im Bonner Hauptstadtprovisorium
noch verständlich (vgl. Kap. V.1). Bei der Diskussion um die Harmonisierung der
kulturellen und politischen Hauptstadtfunktionen in Berlin (Kap. IV.4) spielen
ganzheitliche Betrachtungen der Kulturpolitik noch immer eine untergeordnete
Rolle.

Die Unterschiede einer nationalen Akzentsetzung von Kulturpolitik können nicht verdecken, daß es *Wandlungen der Schwerpunkte* gibt, die transnational
vergleichbar sind. Am Anfang stand die Erhaltung von Denkmälern und Kulturgütern, später trat die direkte Förderung von Künstlern hinzu. Mit der Entdek-
kung der Umwegrentabilität der Kultur für das wirtschaftliche Wachstum verlagerte sich der Schwerpunkt erneut in Richtung einer „Festivalisierung" der Kultur. Die „Documenta" in Kassel ist ein prominentes Beispiel für das Gemisch aus
politischer Selbstdarstellung von freier Kunst vor den Wachttürmen eines unfrei-
en Systems, in Verbindung mit der wirtschaftlichen Förderung einer peripheren
Provinz.[15]

Die langfristigen Trends des Paradigmawandels konnten durch das Selbst-
darstellungsbedürfnis einzelner politischer Akteure modifiziert werden. Staatsmänner, die sich als kulturelle „hommes de lettres" fühlten, wie Pompidou oder
Mitterand, schufen sich ihr Kulturdenkmal (Centre Pompidou, Pyramide im Hof
des Louvre). Aber auch Politiker, die eher taktisch-berechnend ihr Image aufzu-
werten versuchten, setzten auf Kulturpolitik, wie Nixon und Johnson, als sie das
National Endowment of the Arts als preiswerte Selbstdarstellungseinrichtung
förderten. Johnson wurde nachgesagt, daß er sich als kultivierter Nachfolger
Kennedys profilieren wollte und Nelson Rockefeller Paroli zu bieten suchte, der
1960 das New York State Council of the Arts lanciert hatte. Ähnliche Motive
galten für Harold Wilson in Großbritannien, der die Expansion britischer Kunstförderung nicht aus genuiner Kunstbegeisterung einleitete.[16]

Häufig war der Staat nicht Initiator der Kulturpolitik. Vielfach wurde er
eher von gesellschaftlichen Kräften zum Handeln gedrängt, in Holland etwa von
der Provo-Bewegung, in vielen Ländern von den neuen sozialen Bewegungen.
Auch die Initiativen *zur Ausdehnung des Wohlfahrtsstaats auf die Künstler* wurde
von außen induziert. Die sozialstaatlich subventionierte Massenproduktion mit
Ankaufzwang des Staates für Teile der Erzeugnisse hatte nicht nur positive Folgen. Sie führte in den Niederlanden und Norwegen, den beiden Ländern mit dem
ausgedehntesten Künstlerförderungsprogramm, zu einer Überschwemmung

staatlicher Gebäude mit mittelmäßiger Kunst.[17] Auch ohne Künstlersozialpolitik ist die Flut der Kunstwerke im Archiv ein Hauptproblem der Museen geworden. Selbst die USA haben in der New Deal-Zeit mit einer Form der Arbeitsmarktpolitik für Künstler experimentiert. Sie führte zu konservativen Gegenreaktionen auf die angeblich radikale und unverständliche Kunst,[18] und trug kaum zur Durchsetzung des abstrakten Expressionismus bei, mit dem Amerika nach dem Zweiten Weltkrieg die Führung in der Malerei der Welt übernahm. Die Niederlande und Norwegen waren nach dem Zweiten Weltkrieg trotz der intensiven Künstlerförderung keine Bannerträger der Avantgarde. Eine vergleichende Aufstellung der Künstler pro 100 000 Einwohner zeigte jedoch, daß die Niederlande (59) und Norwegen (40) die meisten Künstler hatten (zum Vergleich: USA 17, Deutschland 16, Großbritannien 18).[19] Das läßt auf gewisse Mitnahmeeffekte der sozialen Kunstförderung schließen.

Die Bundesrepublik als einer der entwickeltsten Sozialstaaten in Europa hat in ihrem offiziellen Verlautbarungen eine direkte Alimentierung der Künstler – abgesehen von der Künstlerhilfe des Bundespräsidenten – abgelehnt.[20] Selbst die harmlose Form sozialstaatlicher Integration der Künstler im „Künstlersozialgesetz" (1981) hat der SPD die Kritik der Unionsparteien eingebracht, sie wolle die freien Künstler zu Angestellten degradieren.[21] Dabei hatten die meisten westeuropäischen Sozialstaaten die Künstler mit oder ohne Sonderstellung in die öffentliche gesetzliche Sozialversicherung aufgenommen, oder Zusatzversicherungen und subventionierte Selbsthilfeeinrichtungen gefördert.[22] In der Ära Adenauer hatte man die Künstlerpolitik noch als „Mittelstandspolitik" verstanden. Die Künstler-Enquête des Bundestages zeigte aber 1975, daß der soziale und technische Wandel der künstlerischen Produktionsbedingungen die Künstler überwiegend zu abhängig Beschäftigten gemacht hatte. Die bildenden Künstler entsprachen mit 10% Freischaffenden noch am stärksten dem Bild des „Kleinunternehmers" in der konservativen Perzeption.[23]

Die Kulturpolitik der Bundesrepublik hat aus der Tatsache, daß die Künstler keinen adäquaten Anteil am Wirtschaftswunder gehabt haben, die Notwendigkeit von drei Maßnahmen abgeleitet:
– die Einführung eines Künstlersozialversicherungsgesetzes,
– eine kulturfreundliche Reform des Steuerrechts,
– und die Schaffung einer Nationalstiftung für Kunst und Kultur.[24]

Wurde die Künstlersozialpolitik von Konservativen als „Nivellierung" deklariert, so sprach doch aus ihr eher die besondere Wertschätzung für diese Gruppe, die aus der Zeit des bürgerlichen Geniekultes stammte. Man hätte sonst in Deutschland nicht jahrelang erbittert um die Sicherung einer Kleingruppe gestritten, die nicht wahlentscheidend werden konnte. In anderen Ländern, wie Großbritannien, wurde der Künstlerberuf hingegen schon früh verbürgerlicht und als ein „Job wie jeder andere" angesehen.[25]

Die klassische Moderne hat an ihrem Ende die wohlfahrtsstaatliche Integration der Künstler zu verwirklichen versucht. In der frühen Postmoderne ging es hingegen nicht mehr um *Integration* der Künstler und der Kunstkonsumenten, sondern um *Autonomie* der Bewegungen. *Soziokultur* wurde das Schlagwort der Zeit. In der Systematik der „Kulturpolitischen Gesellschaft" wird die Soziokultur mit Kulturläden und Bürgerhäusern, Stadtteilkulturarbeit, Senioren-, Kinder-, Jugend- und Ausländerkulturarbeit, und mit dem freien Theater identifiziert. Zur traditionellen Kulturpolitik gehören hingegen Museen, Denkmalpflege, Förderung der bildenden Kunst, des Theaters, Musikförderung, Bibliotheken, Archive und Volkshochschulen.[26]

Ähnlich deskriptiv sind die Kulturstatistiken und Übersichten über öffentliche Kulturausgaben. Sie bieten jedoch gewisse Variationen. Druckerzeugnisse und Literatur, Video, Radio und Fernsehen werden in den Kulturstatistiken unterschiedlich stark berücksichtigt.[27] Die Schilderung des kulturellen Geschehens rechtfertigt oft kaum die Bezeichnung „Kulturpolitik". Die staatliche Kulturstatistik registriert vielfach nur, was ohne staatliches Zutun in der Kultur der Gesellschaft geschieht. Viele Werke zur Kulturpolitik könnten eher als Beitrag zur Kulturgeschichte verstanden werden, denn die Rolle der Politik wurde in den Beschreibungen meist nur sichtbar, wenn es zu Konflikten zwischen staatlichen Stellen und Künstlern kam.

Kulturpolitik wird meist fern der politikwissenschaftlichen Begriffe abgehandelt. Kaum je wird versucht, die staatlichen Aktivitäten in diesem Bereich qualitativ zu differenzieren. Der Autor versucht es in der nachstehenden Tabelle (Tabelle 1)

Tabelle 1:   Typologie der Interventionsfelder der Kunstpolitik

MAßNAHME	INTERVENTIONSFELDER

akquisitiv	Städtebau, Architektur
	Selbstdarstellung des Systems in der Malerei und Skulptur
	  – Herrscherbildnisse
	  – Historienbilder, Darstellung dynastischer, nationaler und ideologischer Themen
	  – politische Implikationen einer primär nichtpolitischen Kunst
	Ankaufspolitik von Kunstwerken, die nicht in Auftrag gegeben wurden:
	  – Museumspolitik
	  – Ausstellungspolitik
	  – Dekoration von Staatsakten und Feiern

restriktiv	repressive Reglementierung
	  – politische Kunst
	  – oppositionelle Verhaltensweisen der Künstler
	  – „Pornographie"

protektiv	Denkmalpolitik, Restauration von Kunstwerken

distributiv	Förderung von Institutionen
	  – Gründung von Akademien, Hochschulen, Stipendien
	  – Künstlersozialpolitik (nur in modernen Staaten)

regulativ	Regelsetzung im Bereich konkurrierender Sponsoren (Staat und Wirtschaft, Staat und Kirche) Kunststeuerpolitik (indirekte Förderung von Künstlern und Sponsoren) Rahmenrichtlinien für ästhetische Gestaltung (Städtebauförderung, Kunst am Bau)

Quelle: Klaus von Beyme: Warum gibt es keine Kunstpolitologie? In: Ders.: Die Kunst der Macht und die Gegenmacht der Kunst. Frankfurt, Suhrkamp, 1998, Kap. 1

Abweichend von den Maßnahmen des Staates in anderen Politikfeldern sind dem modernen Kulturstaat aus der Zeit des Absolutismus eine Reihe von *akquisitiven Funktionen* überkommen. Je weniger der Staat selbst als Impresario auftrat, der Kunstwerke in Auftrag gab, um so mehr wurden staatliche Stellen mit dem Ankauf und Erhalt von Kunstwerken beschäftigt. *Restriktive* regulierende Funktionen nahm der Staat zur Eindämmung von Pornographie und politischer Oppositionskunst vor, auch wenn sie in der Demokratie abgenommen haben, weil die Toleranz gegen künstlerisch abweichendes Verhalten in der pluralistischen Gesellschaft zunahm. Ausgestorben aber ist diese Form staatlicher Intervention auch in der Demokratie keineswegs.[28]

Regulative Funktionen nahm der Staat im Konflikt zwischen gesellschaftlichen Interessen im Inland wahr. Mit zunehmender Freizügigkeit von Künstlern und Kunstwerken in Europa fällt ein erhöhter Regulierungsbedarf im Bereich der zwischenstaatlichen Kulturbeziehungen an. „Fracht, Frist und Frust" lautet eine Kurzformel für die Schwierigkeiten, die im internationalen Kunstverkehr den Künstlern wie den Kunsthändlern erwachsen.[29] Auch wenn sie sich strikt gesetzeskonform verhalten wollen, verheddern sie sich oft im undurchsichtigen Netz der Gebote und Verbote ausländischer Staaten.

Die *protektiven Funktionen* des Staates haben zugenommen, obwohl der alte Protektionismus im Kunstbereich abgebaut worden ist. Aber es tauchen neue Formen der Gefährdung des kulturellen Erbes auf, von mafiosen Kunsträuberbanden bis zum Materialzerfall durch Umweltverschmutzung. Die *distributive Politik* wird über die finanzielle Kulturförderung gesteuert, der das nächste Unterkapitel gewidmet ist. Verteilungs- oder gar Umverteilungsmaßnahmen wurden auch in der Künstlersozialpolitik gesehen. Nur in wenigen Ländern kam es zu umfassenden direkten Förderungsmaßnahmen für Künstler (Niederlande, Norwegen). In vielen Ländern aber sind die Maßnahmen eher indirekter Art, wie Sondermaßnahmen der Arbeitsmarktpolitik, von der Berlin-Förderung oder der Entschädigung Bonns wegen des Verlustes der Hauptstadtfunktionen (vgl. Kap. V.1), bis zum Einsatz von Arbeitsbeschaffungsmaßnahmen nach den ABM-Programmen, die Künstlern zugute kommen.[30]

2) Formen der Institutionalisierung von Kulturpolitik

Die Genesis von Kulturpatronage in unterschiedlichen Gesellschaften und die Tradition staatlicher Organisation im künstlerischen Bereich haben sich als erstaunlich einflußreich auf die Formen der Institutionalisierung von moderner Kulturpolitik erwiesen. Nur in der auswärtigen Kulturpolitik sind die staatlichen Interventionen in vielen Demokratien ähnlich. Unähnlich ist das Ausmaß, in dem Kulturpropaganda im Ausland betrieben wird. Die etatistisch verfaßten Staaten, wie Frankreich, haben diesen Bereich traditionell stärker betont als eher zivilgesellschaftlich organisierte Kulturpolitik-Typen (vgl. Tabelle 2).

Die *Typen der Organisationsstruktur* von staatlicher Kulturförderung sind nach Kriterien wie Träger der kulturpolitischen Aktivitäten, Art der Finanzierung und Ausmaß der staatlichen Einflußnahme auf die inhaltliche Ausgestaltung von Kulturpolitik unterschieden worden. Bei diesem typologischen Vergleich müssen die Förderung von kommunalen Einrichtungen, wie Museen, Theater oder Bibliotheken, ausgeklammert werden, die weitgehend in den autonomen Händen der Kommunen liegen. Drei Typen lassen sich unterscheiden:[31]
(1) Das *zentralistische Modell*, von einem Kulturministerium dirigiert, das gesamtstaatlich finanziert wird und in dem der Staat auch starke inhaltliche Vorgaben macht (Frankreich, die ehemals sozialistischen Länder).

(2) Das *subzentralistische, parastaatliche Modell,* in dem der Staat über relativ autonome Fonds (Skandinavien, Niederlande) oder über Arts Councils (Großbritannien, Commonwealth-Staaten, USA) finanziert, ohne sich inhaltlich stark in die Kulturpolitik einzumischen. Nur Teile der verteilten Mittel sind für bestimmte kulturelle Aufgaben von vornherein reserviert.

(3) Das *föderalistische Modell,* dezentral aus öffentlichen Mitteln finanziert und durch öffentliche, parastaatliche und private Körperschaften dirigiert (Schweiz, Bundesrepublik Deutschland). Gelegentlich sind starke zentrale Vorgaben in der Kulturpolitik üblich, wie in Österreich – z.T. gegen Artikel 10-15 der Verfassung – und in Kanada.

Ein viertes *Modell des staatlichen Kulturunternehmers* ist gelegentlich unterschieden worden, aber es ist kaum je auf der gleichen Ebene angesiedelt. In kommunistischen Staaten trat der Staat als „Impresario" auf. In Demokratien tut er das sektoral, wie in den USA bei einigen Museen in Washington, in Großbritannien beim BBC-Modell oder bei schwedischen regionalen Orchestern. Auf kommunaler Ebene ist dieses Modell vielfach üblich. Es korreliert aber nicht unbedingt mit dem etatistischen Modell, wie das Beispiel der französischen Provinz zeigt, die erst mit der Regionalisierung der Kulturpolitik stärker vom kulturpolitischen Engagement des Staates erreicht wurde.[32] Sie korreliert eher mit der Kombination einer etatistischen Tradition mit starker föderaler Autonomie. In Amerika ist die erste Bedingung nicht gegeben. Daher ließen sich enorme Unterschiede an Orchestern in staatlicher Regie feststellen: die kleine DDR hatte doppelt so viele Orchester wie die USA und ein Vielfaches an Orchestern wie in Großbritannien, wenn man nur die staatlich subventionierten Ensembles zählt (vgl. Kap. II.4).[33] Je weniger Kultureinrichtungen im Wettbewerb um die Gunst eines Finanzministers oder einer zentralen para-staatlichen Einrichtung stehen, um so schärfer kann die Konkurrenz ausfallen.

Als Anfang der 90er Jahre zwei der drei Londoner Orchester ihre Subsidien des Arts Council verlieren sollten, kam es zu heftigen britischen und internationalen Protesten von bekannten Musikern wie Menuhin. Sir Peter Maxwell Davies wollte sogar seine „knighthood" zurückgeben. Der Protest reichte bis zum Berliner Philharmonischen Orchester, das viermal mehr Subsidien erhielt als alle vier Londoner Orchester zusammen,[34] ein Faktum, das seit der Streichungswelle in Berlin sicher nur noch im Ausland als Argument vorgetragen wird.

Obwohl England im 19. Jahrhundert für deutsche Liberale Staatsrechtler wie Gierke und Gneist das gelobte Land der kommunalen Selbstverwaltung war, hat diese sich in einer utilitarischen Tradition auf Soziales und Wirtschaftliches konzentriert. Es gibt inzwischen bedeutende munizipale Einrichtungen, vor allem bei den Museen. Aber die Gemeinden haben die Initiative für ihre Errichtung nicht ergriffen, sondern sie gleichsam von Mäzenen als Aufgabe „geerbt".[35]

Die Rolle der Gemeinden ist vor allem bei der Finanzierung von Kulturpolitik sehr verschieden: Italien gilt als das eine Extrem, wo 68% der Finanzen vom Zentralstaat kamen, während es im anderen Extrem, im Fall der Bundesrepublik, nur 2% waren.[36]

Die *Organisation der Kulturpolitik* folgt den allgemeinen Regierungs- und Verwaltungsstrukturen. Auch darin determiniert die politische Kultur die Kulturpolitik eines Landes. Die Mängel der Kulturpolitik in Deutschland werden gern auf *die föderalische Unübersichtlichkeit* zurückgeführt. Zu Unrecht. Der Föderalismus führt nicht dazu, daß die Leistungen in der Kulturpolitik unterdurchschnittlich sind, wie Deutschland, Kanada und Österreich zeigen (vgl. Tabelle 2). An der Spitze der kulturpolitischen Ausgaben liegen ein extrem zentralistisches und ein föderalistisches System (Frankreich, Deutschland). Das niedrige Leistungsniveau der USA liegt nicht am Föderalismus, sondern an *der zivilgesellschaftlichen Tradition*, die sich schwer tat, den Staat in die Sphäre der Kultur sich einmischen zu lassen. Die verbleibende Intervention geschieht eher über Steuervorteile als über direkte Subventionen. Die USA gaben über Jahre ca. 3$ direkte Unterstützung für die Kultur aus, wo andere Demokratien 10-30$ pro Kopf investierten. Zugleich aber förderten sie die Kultur mit ca. 10$ pro Kopf – dem dreifachen Betrag direkter Subventionen – durch Steuervorteile.[37]

Die *Leistungsprofile* in der Kulturpolitik im Lichte der öffentlichen Ausgaben korrelieren auch nicht mit der Art der Organisation der Kulturpolitik. Fünf Modelle lassen sich unterscheiden:

(1) Ein *zentrales Kulturministerium* mit überwiegender Zuständigkeit (Frankreich, Dänemark, Griechenland, Portugal, Spanien, sozialistische Staaten).

(2) Ein zentrales Ministerium mit *kombinierter Zuständigkeit* (häufig Unterricht und Kultur: Schweden, Österreich; Wissenschaft und Kultur: Norwegen, Island. Ein Sonderfall: Wohlfahrt, Volksgesundheit und Kultur: Niederlande; Kulturerbe und Umwelt: Italien.).

(3) Ein zuständiger Staatssekretär oder *Junior Minister in einem anderen Ressort,* seit 1973 in Großbritannien, der dem Secretary of State für Education and Science untergeordnet ist, aber keine eigenen exekutiven Befugnisse besitzt. Er muß jedem parlamentarischen und öffentlichen Druck widerstehen, sich direkt in die Kunst einzumischen, die unter die autonomen Befugnisse des Arts Council fällt. Erster Vorsitzender war kein geringerer als Lord Keynes. Schon Lord Melbourne hatte 1835 gesagt: „God help the ministers that meddle in the arts". Die Staatssekretäre sind meist kürzer im Amt als die Vorsitzenden und Generalsekretäre des Arts Council, die eine echte Pufferfunktion zwischen Künstlern und Regierung ausüben.[38]

(4) Eine *Kulturabteilung in einem Ministerium* (Innenministerium in Deutschland, Erziehungsministerium Finnland).

(5) Eine *Sonderbehörde außerhalb der Ministerien* (Bundesamt für Kulturpflege in der Schweiz). Dieses Modell entspricht am meisten einem Föderalismus mit strikter vertikaler Gewaltenteilung und hat sein Pendant in den USA.

Wichtiger als die Amtsstruktur ist die Form der Kooperation von Regierungsämtern mit *Kulturräten*, deren Mitglieder aus der Gesellschaft rekrutiert werden. Diese Kooperation gibt es im britischen (Arts Council) wie im amerikanischen Modell (National Endowment for the Arts, NEA), aber auch in Skandinavien, in sektoraler Form in der Bundesrepublik. Am wenigsten entspricht dieses Kooperationsmodell der strikt etatistischen Konzeption (Frankreich, frühere sozialistische Staaten).

Im internationalen Vergleich wurde häufig von der Existenz eines eigenen Kulturministeriums, wie es in Frankreich existiert, auf die Durchsetzungsfähigkeit des Interesses an der Kultur in der Regierung geschlossen. Zu Unrecht. Die Bewunderung für das französische Modell verkennt, wie mühsam Jack Lang unter Mitterand das Ministerium, das früher vielfach als überflüssig galt, zu einem ganz normalen effizienten Ministerium machte.[39] In Italien wurde mit der Schaffung eines Ministeriums 1975 nicht dauerhaft eine größere Durchsetzungsfähigkeit des kulturellen Schutz- und Förderungsinteresses erreicht. Der Kulturbereich war auf das „kulturelle Erbe" beschränkt. Daneben waren 7 weitere Ministerien zuständig in Kombinationen wie „Tourismus und Theater". Im Lobbyismus der Organisationen kann das Interesse an der Kultur nicht schlecht fahren, wenn unterschiedliche Ressorts sektorale Kulturinteressen vertreten, wie in Deutschland. Die Existenz eines Ministeriums oder wenigstens eines Staatssekretärs mit exklusiver Zuständigkeit für Kultur schließt die enge Kooperation mit parastaatlichen autonomen Einrichtungen, wie dem Britischen Arts Council oder dem holländischen Pendant, das 1947 entstand, nicht aus. Die Tendenz der Arts Councils, eine Interessenvertretung der Künstler zu werden, bei der es zu klientelistischen Kooperationsbeziehungen kommt, wie in der Ära Adenauer beim Vertriebenenverband oder beim Bauernverband mit dem zuständigen Ministerium, ist gering. Die Amtszeiten sind begrenzt, und es werden eher Experten als Interessenten bestellt.[40] In einigen Ländern ist eine Abteilung des Innenministeriums zuständig, wie in Deutschland. In den meisten Ländern eher das Erziehungsministerium. Wenn es sich in der Durchsetzungsfähigkeit für die Kultur als risikoschwach erweist, wie in Japan, so liegt das weniger an der Art des Ressorts als an der Art wie japanische kulturelle Akquisitionspolitik auch außerhalb der staatlichen Kulturpolitik verläuft.

Ungünstige Steuergesetze können verheerender wirken als eine zu schwache innerministerielle Lobby, wie ebenfalls Japan zeigte. In vielen Ländern sind mehrere Ministerien in diesem Bereich tätig. In Deutschland z.B. das Innenministerium, das Auswärtige Amt, das Arbeitsministerium (für die Künstlerenquête), das Wissenschaftsministerium (für künstlerische Ausbildung), das Justizministerium (für Urheberrechtsfragen), das Ministerium für Jugend, Familie, Frauen und Gesundheit (für Freizeitpolitik), das Finanzministerium oder das Ministerium für Raumordnung, Bauwesen und Städtebau.[42]

Die Klage über Kompetenzwirrwarr als Ursache vor Ineffizienz der Kulturpolitik ist unbegründet. In nichtföderalistischen Staaten entfällt *die vertikale*

Konkurrenz der Zuständigkeiten. Aber die *horizontale Konkurrenz* von Ämtern und Ministerien in der Kulturpolitik ist dort nicht weniger entwickelt als im deutschen Föderalismus. In Großbritannien gibt es Zuständigkeiten vom Innenministerium (Home Office) bis zum Scottish Education Department und zum Welsh Office. Eine ähnliche Konkurrenz ließ sich für Frankreich nachweisen. 22 Ministerien sind an der Förderung von Kultur beteiligt. 90% der Ausgaben wurden aber von nur 5 Ministerien erbracht.[43] Naturgemäß hat überall der Finanzminister ein Wort mitzureden. Da die auswärtigen Kulturbeziehungen in großen Staaten einen wichtigen Block der Ausgaben darstellen (vgl. Tabelle 3), hat das Außenministerium ebenfalls einen sektoralen Einfluß auf die Kulturpolitik.

Im Zeitalter der Postmoderne ist die Vorstellung, daß ein zentrales Kulturministerium eine maximale Durchsetzungskraft für kulturelle Belange schaffe, obsolet geworden. Das französische Modell ist nicht ohne das semi-präsidentielle System zu erklären. Die Durchsetzungskraft französischer Kulturminister wie Malraux unter de Gaulle oder Jack Lang unter Mitterand wäre undenkbar gewesen, ohne die weiten Kompetenzen des Präsidenten und sein spezielles Interesse für Kultur. Beides fehlte häufig außerhalb Frankreichs im Routinebetrieb eines parlamentarischen System ohne große Durchgriffsmöglichkeiten eines staatlichen Akteurs. Ähnlich wie beim Umweltschutz und der Denkmalpolitik hat Hans Dietrich Genscher argumentiert, daß ein Politikfeld mit geringer Sanktionsmacht in einem eigenen Ministerium eher geschwächt wird. Ein mächtiges Haus wie das Innenministerium kann der Kultur größere Aufmerksamkeit verschaffen – vorausgesetzt freilich, daß der Minister sich dafür besonders interessiert, wie es einst beim Umweltschutz der Fall war.[44]

3) Die Finanzierung der Kulturpolitik

Wie in der allgemeinen Politik ist die *Effektivität* der Kulturpolitik nur durch eine Fülle von Indikatoren der Evaluationsgremien zu messen. Daher wird der grobe Indikator der *Effizienz* bevorzugt, der sich in den Staatsausgaben für die Kultur niederschlägt. Vergleichbare Daten fehlen vielfach. Selbst die repräsentative vergleichende Studie der Politikwissenschaft hat weder gewagt, die Kulturausgaben auf die Dollarwährung umzurechnen, noch sie sektoral aufzuschlüsseln.[45] Da die Systematik der Kulturbudgets von Land zu Land variiert, lassen sich die Schwerpunkte nur grob vergleichen. Immerhin wurde der Vergleich – in englischen Pfund berechnet – 1990 vom Policy Studies Institute versucht. Er kam zu dem Ergebnis, daß die staatlichen Ausgaben in Deutschland und Frankreich weit höher sind als in Großbritannien und den USA. Die Gesamthöhe der Ausgaben wird noch interessanter, wenn sie als Prozentsatz öffentlicher Ausgaben, als Ausgaben in Prozent des Bruttoinlandsprodukts und pro Kopf der Bevölkerung ausgerechnet wird.

Tabelle 2: Kulturausgaben wichtiger Demokratien 1990 (in englischen £, in DM etwa der zweieinhalbfache bis knapp dreifache Betrag)

	Kanada	Deutschland	Frankreich	Niederlande	Schweden	UK	USA
Ausgaben der Zentralregierung (Mrd £)	55.7	184.9	121.5	44.3	32.5	98.8	651.0
Ausgaben des local governments (Mrd £)	76.4		34.3	21.9	23.4	37.2	370.4
Bruttoinlands produkt (Mrd £)	250.7	681.9	536.8	130.0	96.7	408.6	2728.7
Ausgaben für Kunst und Kultur (Mio £)	445	1466	1192	300	233	557	485
Kulturausgaben in % der öff. Ausgaben	0.34	0.79	0.77	0.45	0.42	0.41	0.05
Kulturausgaben in % des BIP	0.18	0.21	0.22	0.23	0.24	0.14	0.02
Local government-Kulturausgaben pro Kopf der Bev. in £	9.9	23.7	17.0	10.5	9.8	4.5	0.9
Zentralregierungs-kulturausgaben pro Kopf in £	7.4	0.2	4.4	10.0	17.9	5.3	1.0
Kulturausgaben pro Kopf in £	17.4	24.0	21.4	20.5	27.8	9.8	2.0

Quellen: Annual Report of the Arts Council 1987/88; Policy Studies Institute: Cultural Trends. London 1990; Andrew Sinclair: Arts and Cultures. The History of the 50 Years of the Arts Council of Great Britain. London, Sinclair-Stevenson 1995, S. 481

Der Vergleich der Zahlen – so problematisch sie sein mögen – zeigt einige Trends. Je nach Rechenart (% des BIP, der öffentlichen Ausgaben oder pro Kopf der Bevölkerung) kommen leicht unterschiedliche Ergebnisse heraus. Frankreich liegt vor Deutschland in den Kulturausgaben, gemessen am Bruttoinlandsprodukt. Die Niederlande und Schweden folgen eher dem kontinentaleuropäischen Modell hoher Kulturausgaben. Auch Kanada folgt nicht dem angelsächsischen Muster, wie die „family-of-nations"-Hypothese der vergleichenden public-policy-Studien nahelegen würde.

Eine frühere Studie wurde von Antonio Ca'Zorzi als Dokument der EG-Kommission 1987 veröffentlicht. Der Studie wurde trotz aller unvergleichbarer Statistik bescheinigt, methodenbewußt vorgegangen zu sein, obwohl die UNESCO-Empfehlung von 1980 zur „Harmonisierung der Statistiken über die öffentliche Kulturfinanzierung" vielfach nicht implementiert wurde.[46]

Tabelle 3: Staatliche Kulturausgaben in den Mitgliedsländern der EG 1985

	Ausgaben für Kunst/Kultur				Ausgaben für Kunst/Kultur			
	Bevölke-rungs-zahlen (Mio)	in Landeswäh-rung (Mio)	in Euro-Wäh-rung (Mio ECU)	in % der Staats-ausga-ben	pro Einw. (1 ECU)	Bruttoin-lanspro-dukt/BI P (Mrd. ECU)	in % des BIP	nach Kauf-kraft (Mio ECU)	pro Einw. Nach Kauf-kraft (1 ECU)
Land	(1)	(2)	(3)	(4)	(5)	(6)	(7)	(8)	(9)
D	61.4	3.146	1.368	0.67	22.3	736	0.19	1.392	22.7
F	54.8	9.923	1.454	0.99	26.5	675	0.22	1.585	28.9
I	56.9	1.74 Mrd	1.274	0.45	22.4	473	0.27	1.564	27.5
NL	14.6	1.251	497	1.73	34.1	164	0.30	542	37.2
B	9.8	10000	224	0.53	22.8	105	0.21	270	27.4
L	0.4	374	8	0.51	22.2	5	0.17	10	27.8
GB	56.3	275	447	0.22	7.9	588	0.08	533	9.5
IRL	3.5	16	22	0.18	6.3	22	0.10	28	8.0
DK	5.1	1470	184	0.79	36.0	76	0.24	178	34.9
GR	9.6	7192	79	0.43	8.2	44	0.18	105	11.0
E	38.3	69390	564	0.62	14.7	222	0.25	842	22.0
P	10.3	4882	56	0.37	5.4	27	0.21	78	7.6
EUR	321.0	-	6177	0.54	19.2	3136	0.19	7127	22.0

Quellen: Nach A. Ca'Zorzi: „Administration et Financement Publics de la Culture dans la Communauté Européenne", EG-Kommission 1987; Handbook of Cultural Affairs in Europe 1985; Wiesand: Kunst ohne Grenzen, a.a.O., S. 257

Zu den Defiziten der EU-Aufstellung gehört die mangelnde *Berücksichtigung indirekter Finanzierung von Kultur*, wie sie über die *Steuergesetze* geschieht. Ein großer Teil der Defizite der Kulturpolitik der USA resultiert aus diesem Manko. Die USA haben – wie in der Parteienfinanzierung – eher die steuerliche Begünstigung als die direkte Dotation gewährt. Es fehlen in diesen Aufstellungen ferner die *nichtstaatlichen Kulturausgaben* auf den verschiedenen Ebenen. Ferner wird nicht zwischen *laufenden und einmaligen Ausgaben* unterschieden.[47] Dieses Manko würde vor allem Anfang der 90er Jahre Deutschland zu günstig erscheinen lassen, da der Bund zur Erhaltung der ostdeutschen Kultur enorme Anstrengungen in „einigungsbedingten Sonderprogrammen" gemacht hat (vgl. Kap IV.2).[48]

Schließlich sind die staatlichen Ausgaben als Indikatoren für das Ausmaß der Kulturstaatlichkeit im Zeitalter, da der *Medien- und Kulturmarkt* von der Wirtschaft entdeckt wurde, immer weniger aussagekräftig.

Die Statistiken der EG haben den Vorteil, Landeswährung und ECU anzugeben (Tabelle 2 und 3). Im Gegensatz zur Statistik des British Arts Council von 1990 (Tabelle 2) entspricht die EG-Statistik stärker den Erfahrungswerten über die Kulturpolitik. Frankreich liegt nach allen Indikatoren vor der Bundesrepublik. Bei den Prozentzahlen der Kulturausgaben als Anteil am Bruttoinlandsprodukt sind keine großen Abweichungen zwischen den Zahlen von 1990 und 1985 festzustellen, außer bei Großbritannien, das in der EG-Statistik fast auf die Hälfte tiefer angesetzt ist (0.08 statt 0.14%). Die Niederlande sind in der EG-Aufstellung mit 0.30% Kulturausgaben vom BIP einsamer Spitzenreiter. In der Berechnung der ECU pro Einwohner schnitten naturgemäß die kleineren Länder, wie Dänemark und die Niederlande, am besten ab (Tabelle 3).

Noch seltener sind die Aufschlüsselungen der Kulturausgaben nach Sparten. Bei ihnen ist größte Vorsicht geboten, weil die Einteilung von Land zu Land variiert (Tabelle 4).

Tabelle 4: Aufstellung staatlicher Kulturausgaben der EG-Länder nach Sparten 1985 (in % der Gesamtausgaben)

Land	Kulturelles Erbe (Denkmalpflege, Museen)	Literatur, Bibliotheken	Musik, Musikheater	Theater, Tanz	bildende Kunst	Film	Internat. Kulturbeziehungen	Interdisziplinäres + Sonstiges	Verwaltung und Personal
D	20.1	18.7	5.5	28.7	-	-	15.0	7.7	4.3
F	28.9	10.4	14.2	7.5	4.8	10.6	5.8	10.1	7.7
I	32.8	3.0	24.3	7.0	0.6	11.2	3.3	1.0	16.8
NL	29.1	30.2	11.9	4.5	8.5	1.3	2.2	5.0	7.3
B	26.7	10.0	13.1	15.2	0.6	5.2	8.1	12.1	9.0
L	72.3	12.8	2.1	2.3	-	-	0.9	4.1	5.5
GB	36.7	17.8	13.7	12.8	0.9	3.2	5.3	6.3	3.3
IRL	32.6	14.7	8.2	18.4	3.5	4.5	0.9	12.8	4.3
DK	24.2	25.2	4.3	28.4	0.1	7.4	1.4	6.0	3.0
E	32.6	13.4	10.0	3.5	1.7	8.7	9.6	6.6	13.9
P	41.0	3.6	2.6	2.0	0.7	8.1	2.5	15.9	23.6
Mittelwert: in %	34.3	15.7	10.0	11.8	2.4	6.7	5.0	8.0	9.0

Quellen: wie Tabelle 3

An einigen Zuordnungen sind Zweifel erlaubt. Die Filmförderung der Bundesrepublik galt nie als besonders üppig. Aber daß es sie – im Gegensatz zur EG-Aufstellung – gibt, kann nicht geleugnet werden.[49] Es wird davor gewarnt, die Zahlen auch nur als Indikator für kulturpolitische Prioritäten zu werten.[50] Das kleine Luxemburg gab fast dreiviertel seiner Kulturausgaben für Denkmalpflege, Museen und Archive aus. Von den großen Staaten lag Großbritannien mit 36.7% vor Italien (32.8%), trotz der ungleich größeren Zahl der Monumente in Italien. Aber die prozentuale Stärke eines Ausgabenschwerpunkts ist oft das Artefakt der

geringen Betonung anderer kulturpolitischer Aktivitäten, wie z.B. der unter-
durchschnittliche Einsatz Großbritanniens für die bildende Kunst. Große Staaten
geben naturgemäß mehr für auswärtige Kulturpolitik aus als kleinere Staaten.
Daß die Bundesrepublik fast die dreifachen Ausgaben für internationale Kulturbeziehungen ausweist wie Frankreich, widerspricht jedem Augenschein und läßt
auf ein Bias der Aufstellung zugunsten der Kulturausgaben des Nationalstaats
schließen. Die Literaturförderung ist auffallend stärker in den nördlichen Ländern. Die südeuropäischen Länder traten in der Aufstellung durch eine Aufblä-
hung von Personal und Verwaltung bei den Kulturausgaben hervor. Diese Zahlen
schlagen sich leider in unseren Erfahrungen mit den Öffnungszeiten der Museen
und der Serviceintensität nicht nieder.

Die eingangs erwähnte Unterscheidung Bobbios „Kulturpolitik oder Politik der Kultur" ist nicht nur ein intellektuelles Konstrukt. Sie erweist ihre Bedeutung bei der umstrittensten aller Grundfragen der Kulturpolitik, ob staatliche
Ausgaben für die Kultur „Pflicht" oder „Kür" sind. In der Bundesrepublik überwiegt die Einstellung, daß *Kulturaufgaben „freiwillige Leistungen"* darstellen. Kein
Zufall, daß die Anhänger der Meinung, daß kulturpolitische Ausgaben zu den
Pflichtaufgaben des Staates gehören, so verbissen um symbolische Verfassungspo-
litik gekämpft haben. Wäre die Verankerung des Kulturstaats nach dem Vorbild
des Artikels 20a zum Umweltschutz im Grundgesetz gelungen, hätte dies auf die
Dauer auch appellative Wirkungen bis in die Finanzierung entfalten können. Erst
im Einigungsvertrag (Art. 35) erhielt das Wort „Kulturstaat" quasi Verfassungs-
rang in der Formulierung: „Stellung und Ansehen eines vereinten Deutschlands
in der Welt hängen außer von seinem politischen Gewicht und seiner wirtschaftlichen Leistungskraft ebenso von seiner Bedeutung als Kulturstaat ab" (vgl. Kap.
II.4). Wo der Kulturstaat gar die Funktion einer Art Sozialpolitik erhält und
Kulturpolitik die schichtenspezifische Kultur in einem horizontalen und vertika-
len Pluralismus verwirklichen soll, muß auch auf Pflichtausgaben von Staat und
Kommunen geschlossen werden.[52]

Ungeachtet des Kampfes um kulturstaatliche Verfassungsaufträge verhalten sich alle Staaten sehr flexibel und versuchen, die Zivilgesellschaft durch *Hilfe
zur Selbsthilfe* zu animieren, die allenfalls durch eine kulturfreundliche Steuerge-
setzgebung unterstützt wird.

(1) Dazu dienen vor allem in den angelsächsischen Ländern die „*Matching
Funds*", die partnerschaftliche Finanzierung von Staat und gesellschaftlichen
Organisationen. Das amerikanische National Endowment of the Arts erhält
für jeden Dollar, den das Fundraising aus Drittmitteln aufbringt, die gleiche
Summe vom Staat.

(2) Etatistischer sind die *Kulturabgaben und Sondersteuern*, bis hin zu Biblio-
theksabgaben oder Musikfonds aus Mitteln der Schallplatten- und Disketten-
industrie. Gelegentlich kam es auch zur umgekehrten Schröpfung populärer
kultureller Veranstaltungen, etwa, als nach dem Krieg einige Städte Sonder-

abgaben auf Kinokarten erhoben, um die Enttrümmerung der zerbombten Städte voranzutreiben.[53]

(3) Das schlechte Gewissen des Staates, der die Spielsucht des Volkes anregt, hat sich vielfach in der Abführung von *Lotto- und Spielbankgewinnen* in die Kulturpolitik niedergeschlagen.[54]

(4) Mit Regelungen, wie „Kunst-am-Bau", kann der Staat in vielen Ländern *Sonderabgaben von „privaten Investoren"* durchsetzen. Die Kunstkonsumenten werden gelegentlich auch sonst indirekt besteuert, damit die Kunstproduzenten subventioniert werden können. Ein Beispiel sind die Mittel der Filmförderungsanstalt in der Bundesrepublik, die fast zur Hälfte (1991: 48%) aus einer Filmabgabe der Kinos und Videotheken stammen.[55] Die Heranziehung der Fernsehanstalten liegt um so näher, je stärker das Fernsehen privatisiert wird. Aber hier wird auch in Deutschland eher noch auf den Markt vertraut, den die Anstalten für die Filmproduzenten darstellen.

Die staatliche Ausgabenpolitik ist generell durch das Paradoxon gekennzeichnet, daß Sondersteuern als ungerecht und verfassungswidrig gelten, daß aber die Sonderzuwendungen von oben festgeschrieben werden sollen, um zu verhindern, daß aus staatlichen Globaldotationen Umverteilungsspielräume für die beauftragten parastaatlichen Akteure entstehen, welche die kulturelle *Distributionspolitik* vornehmen.

In der Bundesrepublik machte bei den Kulturausgaben des Bundes im Inland die Unterstützung der Kulturstiftungen (wie z.B. „Preußischer Kulturbesitz") den größten Posten aus. Es folgte die Denkmalpflege.[56] Aber nur ein Gesamtbudget von Bund, Ländern und Gemeinden könnte Vergleichswerte mit anderen Ländern ergeben (Nationalstaat plus Gemeinden, eventuell Regionen). In Frankreich dominierten in den Kulturbudgets Posten für Musik und Tanztheater, Denkmalpflege, Museen, Theater.[57] Solche Zahlen müßten wiederum auf die Bevölkerungszahl oder die potentielle Benutzerzahl umgerechnet werden. Besser noch sind Daten, die den Abhängigkeitsgrad des Budgets wichtiger Kultureinrichtungen von staatlicher Förderung angeben, wie sie für die Niederlande existieren (Oper, Symphonieorchester 90%, Theater weniger, und viele Kunstsparten bekommen vom Staat allenfalls ein Zubrot).[58]

Die *Verteilungskämpfe* der Kultursparten sind weitgehend undurchsichtig. Nur für Großbritannien haben wir Memoiren von ehemaligen Leitern des Arts Councils, die gelegentlich einen Einblick geben.[59] Solche Schilderungen bleiben anekdotisch-punktuell. Wichtiger sind langfristige Untersuchungen. Für Italien ergab die Analyse, daß es keine längerfristige Ausgabenplanung gibt. Die gesellschaftliche Autonomie schlägt sich in Aufmerksamkeitsmoden für bestimmte Sparten der Kultur nieder. Die Mittelverteilung vollzieht sich im Bereich der Kulturpolitik, ähnlich wie in der Politik schlechthin, durch Kämpfe der Interessen. In Italien ließ sich nach dem Krieg eine starke Durchsetzungskraft des Films nachweisen. Theater und Denkmalpflege (vor allem nach den erschreckenden

Bilanzen des Verfalls im denkmalreichsten Land der Welt durch die UNESCO und die Publizistik im Denkmalsjahr 1975) folgten als Ausgabenschwerpunkte.[60] Die vorliegenden vergleichenden Statistiken der Kulturausgaben sind Momentaufnahmen – überwiegend aus den fetten Jahren. In allen Demokratien haben die Kulturausgaben in der Boomzeit bis in die 70er Jahre zugenommen. In den 80er Jahren kamen überall Einbrüche, wenn auch nicht immer so kraß, wie unter Margret Thatcher seit 1983.[61] Der Markt, auf den die Kultur von den staatlichen Akteuren zunehmend verwiesen wird, kam jedoch in einer Art List der Vernunft der Kunst wieder zu Hilfe. Kultur ist vielfach der Quartiermacher für wirtschaftliche Zukunftsbranchen.[62]

Eine allzu drastische Sparpolitik ist auf dem kulturellen Sektor nicht zu erwarten. Aber es kommt zu Umschichtungen auf Kosten der „Staatstheatergesinnung". Schon bei den Museen und Denkmälern kann kaum gespart werden. Der Verfall der Denkmäler durch Umweltverschmutzung schafft Größenordnungen der Staatsintervention, die noch kaum abzuschätzen sind, wenn in einigen Jahrzehnten kein Stein am Kölner Dom mehr original sein wird, ohne daß die Denkmalpfleger – wie bei Rekonstruktionen – deshalb argumentieren werden, es handele sich um Kopien 1:1. Wie in der sonstigen Haushaltspolitik liegen über 90% aller Ausgaben langfristig fest und können nicht willkürlich von Jahr zu Jahr geändert werden. Vergleiche der kulturpolitischen Schwerpunkte in den Städten ließen nicht einmal drastische Umverteilungen erkennen, wenn ein neues kulturpolitisches Paradigma, wie die Soziokultur, in aller Munde war. Kulturdezernenten und Kulturausschußexperten bildeten eine Art „Vorklärungskartell", das schonend mit dem Status quo umging.[63] Bei Streichungsaktionen wird eher gelegentlich von den etablierten Sparten der Kultur dafür gesorgt, daß ins Kraut geschossene Modetrends postmoderner Beliebigkeit dem Rotstift zum Opfer fallen. Was als „neue Kulturpolitik" seit 1977 von der Kulturpolitischen Gesellschaft verdienstvoll propagiert wurde, Kulturpolitik als Sozialpolitik erweiterte und die Subkulturen vom Odium des „Subkulturellen" befreite,[64] ist vielfach aus dem Ruder gelaufen. Die „neue Kulturfeindschaft" bekam Oberwasser und die kritischen Kulturpolitiker gaben zu, daß es im Kulturbetrieb der 80er Jahre einen Verlust kritischer Potentiale, eine Kulturindustrialisierung und Beliebigkeit gegeben hat, die korrigiert werden müssen.[65] Es begann sich zu rächen, daß die Adepten der Soziokultur die bloße Frage nach der Qualität schon als undemokratisch und elitär abtaten, nur weil sie Zeugen dafür auftreiben konnten, die ihren Kulturbegriff „echt geil" fanden.[66] Ein ehemaliger Kulturreferent droht geradezu mit dem Rotstift: „Die unverbindliche egomanische Kulturszene läßt sich nur zu leicht von Sparkommissaren wegrasieren."[67]

Für die etablierte Kultur hingegen sind die Sparzwänge auch als Chance gewertet worden, weil sie Anlaß zu inneren Strukturreformen der kulturellen Einrichtungen werden können. Die Kunstökonomie verstärkte mit ihren Empfehlungen in Amerika den Trend zu mehr Markt: Innovationen, spezielle Aufführungen und Projekte sollen staatlich gefördert werden, statt den Routinebetrieb der Kultureinrichtungen auszudehnen und noch mehr Konventionelles in längeren Spiel- und Öffnungszeiten zu bieten.[68] Die Krise der Finanzen ist vielfach eine Ausrede für eine Krise der Akzeptanz. Die Auswertung der Kulturpolitik durch die Devise „Kultur für alle" hat dazu geführt, daß neue Gruppen und Bewegungen ihre Ansprüche an den Staat, den sie vielfach zunächst als „bürgerlich-repressiv" abgelehnt hatten, absteckten und daraus in einer subkulturellen Affirmation das Recht auf ihre jeweils eigene Kultur ableiteten. Es drohte eine Art unprofessioneller sozialarbeiterischer Gemeinwesenarbeit.[69] Erfolgskriterium der Kulturpolitik sollte der *„Entstehungsprozeß"* und nicht mehr *„das Werk"* sein. Multikulturelle Beliebigkeit ließ keine Prioritätenerwägungen mehr zu, so sehr auch konservative Theoretiker der Postmoderne darauf beharrten, daß das Prinzip der Postmoderne nicht *Pluralismus* der Kulturen – die nicht mehr Subkulturen genannt werden durften – sondern *Subsidiarität* sei.[70] Dies freilich setzte dann doch wieder eine hierarchische Vorstellung von geschichteten Interessen voraus. Subsidiarität konnte so zum Orientierungspunkt von Kulturpolitikern werden, die eine loses hierarchisches Weltbild mit Prioritäten für einzelne Kulturfelder unterstützten.

Mit der Wiederentdeckung des Marktes ging die *Wiederentdeckung der Mäzene* einher. Sie werden Sponsoren genannt, wenn sie nicht ohne Eigennutz handeln, als ob der klassische Maecenas nicht handfeste politische Vorteile mit der Kulturförderung verbunden hätte.[71] Die Entdeckung der Sponsoren hat zwei Nachteile: einmal benutzen Kommunalpolitiker sie gern, um Mittel für soziale Aufgaben freizubekommen und legen sie nicht im Kulturbereich an.[72] Dreist wird über die Zuwendungen schon verfügt, als ob die Mittel aus dem Stadtsäckel stammten. Zum anderen müssen die „Affinitäten" respektiert werden. Die Schwerpunkte drohen nach der Nähe zu bestimmten Werbeinteressen gesetzt zu werden, statt nach übergeordneten Gesichtspunkten.[73] Die Initiativen zum Sponsoring gehen vielfach noch von den Kulturpolitikern aus. Aber zunehmend werden die Eigeninitiativen potenter Sponsoren dominant und die städtischen Kulturpolitiker werden mit dem Hinweis, man könne seine Stiftung auch in eine andere Stadt transferieren, willfährig gemacht. Nur selten tritt „das Volk" durch Abstimmung gegen die Allianz von Sponsor und Stadtverwaltung auf, wie im Fall des geplanten Buchheim-Museums in München-Feldafing. Noch seltener kann ein mittelloser Kunstunternehmer das Volk und die Sponsoren mobilisieren und die Politiker und Kulturpolitiker in eine Stempelkissenfunktion drängen, weil der Künstler die Idee, das Geld, und den Konsens der Massen beschafft, wie Christo bei der Verhüllung des Reichstags (vgl. Kap. V.4).

4) Das Demokratisierungsparadoxon der Kulturpolitik

Trotz wohlmeinender Anstrengungen der Kulturpolitiker für eine demokrati-
schere volksnahe Sozio-Kultur wird die Kulturpolitik von einem Demokratisie-
rungsparadoxon verfolgt:

(1) Trotz des Versuches der *Mobilisierung immer breiterer Schichten* für die Kultur sind diese Bemühungen allenfalls im Ausstellungs- und im Theaterbereich
von langfristigen Erfolgen gekrönt. Die Erfolgsziffern weisen Globalzahlen
aus. Werden sie nach sozialen Gruppen aufgeschlüsselt, so verdüstert sich das
Bild: in den Niederlanden kamen 55% aller Subsidien nur 30% der Haushalte
zugute. In Amerika hat eine Studie noch krassere Disproportionen zutage gefördert: Museumsbesucher kommen nur zu 5% aus unteren Einkommensschichten und zu 55% aus den Kreisen der Spitzenverdiener.[74] Theaterbesu-
cher sind in vielen Ländern um ein vielfaches höher subventioniert als die
Benutzer anderer kultureller Einrichtungen. Die Zuwachszahlen waren zeit-
lich begrenzt. Museums- und Ausstellungsbesucher haben in vielen Ländern
zugenommen, obwohl pro Kopf weniger Mittel eingesetzt werden mußten.
Solche Erfahrungen führen nicht gerade zur Steigerung der Ausgabenfreu-
digkeit von Stadtvätern und -müttern.

Nach den Erfahrungen mit den New Deal-Programm der Kunstförderung tat sich das amerikanische Federal Government lange schwer mit einer
direkten Unterstützung der Kunst. In Amerika hielt sich am beharrlichsten
die Vorstellung, staatliche Kunstförderung sei elitär und undemokratisch. In
keinem Land wurde die Kunstökonomie so früh zu Hilfe gerufen, um die
Notwendigkeit staatlicher Kulturförderung zu begründen, weil der Kulturmarkt nicht so offen ist, wie der Markt für andere Güter. Diese Baumol-
Bowen-These wurde seit 1966 immer wieder von Wissenschaft und Politik
zitiert.[75] Der primäre Markt in der Kunst ist unübersichtlich und lokal gebunden, nur der sekundäre Markt der großen Versteigerungshäuser scheint
einigermaßen transparent.[76] Die Verbesserung der Rentabilität von Kultur-
produktion ist nicht wie in anderen Branchen steigerbar. Preiserhöhungen
für Eintrittskarten erwiesen sich als riskant. Der Egalitarismus der Preispoli-
tik führt dazu, daß die höheren Einkommensschichten, welche sich die teu-
ersten Plätze leisten können, stärkere Subsidien erhalten als die Einkom-
mensschwachen.[77] Die Empfehlungen der Kunstökonomen sind nicht gerade
Demokratie- und Gleichheitsförderung. Zu ihnen gehörte, die Subsidien für
Amateure zu reduzieren, Kultur-Institutionen selektiver zu fördern, geographische Verteilung zu beachten, aber nur, wenn lokale und regionale Matching Funds gefunden werden, Unterstützung auch von profitsuchenden
Kunstaktivitäten, Rückzug aus allen Bereichen, wo Kunst zu anderen Zwek-
ken eingesetzt wird, von der Therapie bis zur Kunsterziehung.[78]

(2) Die Demokratie leidet in der Kulturpolitik ständig an der Tatsache, daß sie
Konzessionen an eine elitäre Kulturauffassung machen muß. Die Resignation

wurde häufig mit Zitaten aus T.S. Eliots „Zum Begriff der Kultur" (1948) ausgedrückt, nach denen die Pflege eines bestimmten Höhenbereichs der Kultur nicht nur für eine Klasse segensreiche Wirkungen entfalte, sondern für die ganze Gesellschaft. Die Kultur der höheren Klasse sei keineswegs etwas, „worauf die Gesellschaft getrost verzichten könnte", „oder aber etwas woran alle anderen Klassen den gleichen Anteil haben müßten".[79] Auch eine alte zivilgesellschaftliche und parlamentarische Tradition – „demokratisch" kann man sie vor 1918 kaum nennen – hat England nicht vor sehr elitären Attitüden bewahrt, vor allem in der Literatur.[80] Selbst in Frankreich hat die egalitär-jakobinische Tradition nicht verhindert, daß republikanische Präsidenten einer elitären „grandeur" in der Kulturpolitik das Wort redeten.[81]

(3) Demokratie wurde als Nähe zu den *grass-roots* und als *Dezentralisierung* herkömmlicher Strukturen verstanden. Es zeigte sich jedoch, daß die dezentralen Entscheidungsträger oft weniger einsatzfreudig für die Künstler waren als die Kulturpolitiker der nationalstaatlichen Ebene.[82]

(4) Demokratische Politik wird *kontrovers* entschieden. Kein Politikfeld bleibt ohne Kontroversen. Kulturpolitik – in ihrer Nähe zu essentiellen Wertvorstellungen der Betroffenen – pflegt aber besonders starke und schwer kompromißfähige Konflikte auszulösen, wie vor allen für Amerika nachgewiesen wurde.[83] Im Streit um die künstlerische Qualität oder soziale Nützlichkeit obsiegten meist nicht die Wertmaßstäbe der Kultur.

Der Vergleich der Kulturpolitiken verschiedener Länder führte zur resignativen Feststellung: „Kultur ist *nicht planbar*". Sie unterliegt eher einem autonomen gesellschaftlichen Prozeß des „*natural growth*".[84] Soweit der Staat in diesem Prozeß der kulturellen Evolution interveniert, ist sein Wirken dem Verdacht ausgesetzt, *symbolische Politik* statt effiziente Politik zu treiben.[85] Ein Zyniker könnte argumentieren: wie soll in einem Bereich der Produktion von gesellschaftlichen Symbolen wie der Kulturpolitik (vgl. Kap. V) mehr herauskommen als symbolische Politik? Immerhin hat der geistige Pionier der Idee einer symbolischen Politik, Murray Edelman, längst entdeckt, daß auch effiziente Elemente in der symbolischen Politik schlummern, da künstlerische Schöpfungen die politischen Perzeptionen der Entscheidungsträger formieren.[86] Aber der Einfluß einer effektiven Kulturpolitik zeigt sich nicht nur indirekt in den Rückwirkungen der Kultur auf die politische Kultur. Er ist freilich unterschiedlich wirksam – wie in anderen Politikfeldern auch – je nach dem Typ der Maßnahme: *regulative* und vor allem *restriktive Maßnahmen* sind in der Regel in einer pluralistischen Gesellschaft von begrenzter Durchsetzungsfähigkeit. Die *akquisitiven Maßnahmen* des Staates generieren täglich Kultur und es kann kaum behauptet werden, daß angesichts der subzentralistischen para-staatlich-autonomen Steuerung dieses Bereichs schlechtere Ergebnisse erzielt werden als bei rein privaten Akquisiteuren. Privatsammler und Sponsoren können gelegentlich eine geniale Nase für innovative Trends haben, sie können aber auch so wahllos sammeln wie Thyssen oder Ludwig, als ob ein pluralistisches staatliches Gremium die Entscheidungen gefällt hätte.

Künstlerische Trends haben die staatlichen und ihre beauftragten parastaatlichen Akteure gegen globale Trends kaum durchsetzen können. Ihr Einfluß bestand darin, daß sie einen Trend verstärkten, indem sie sich in ihrer Ausrichtung für ihn entschieden. Gelegentlich auch aus politischen Gründen, wie im Streit um die abstrakte vs. figurative Kunst in den fünfziger Jahren oder in der Architektur der Wiederaufbauzeit (vgl. Kap. IV.3).[87] Darin unterscheidet sich ja die Demokratie von der Diktatur. In der DDR hat die Politik auch inhaltlich die künstlerischen Trends bestimmt und zwar in doppelter Weise: sowohl durch Gängeln der Künstler im Inland (vgl. Kap. V.2), als auch durch Fremdbestimmung der Kulturpolitik der DDR durch sowjetische Einflüsse (vgl. Kap. IV.2).

Unzweifelhaft effektiv sind die Entscheidungen der Kulturpolitik bei den protektiven Maßnahmen, die in vielen Ländern den größten oder zweitgrößten Ausgabenposten ausmachen, und die vielfach am Anfang staatlicher Kulturpolitik standen, wie die Denkmalpflege und die Förderung von Museen zur Erhaltung des nationalen Erbes (vgl. Kap. III). In den Bereichen, wo Kulturpolitik über symbolische Politik nicht hinauskommt, bleibt der Trost, daß ohne staatliche Intervention die Lage des kulturellen Sektors noch wesentlich desolater wäre. Politische Entscheidungen werden oft kritisiert, ohne daß sie mit den Folgen einer möglichen Nichtentscheidung konfrontiert werden. Wo staatliche Kulturpolitik immer nur die Trends ausgleicht, die „ohnehin geschehen", müssen wir uns den kulturpolitischen Sisyphus mit Camus gleichwohl als einen glücklichen Menschen vorstellen.

Anmerkungen:

1) Norberto Bobbio: Politica e cultura. Turin, Einaudi 1980, 3. Aufl., S. 32ff
2) Karla Fohrbeck: Kunstförderung im internationalen Vergleich. Köln, DuMont 1971.
   Sociaal Cultureel Rapport. Den Haag 1982.
3) Ministère de la Culture: Chiffres pour la culture. Paris, Documentation française, 1980, S. 333.
4) F.F. Ridley: Tradition, Change and Crisis in Britain. In: Milton C. Cummings/Richard S. Katz (Hrsg.): The Patron State. Government and the Arts in Europe, North America and Japan. Oxford University Press 1987 (225-253), S. 225.
5) Presse und Informationsamt der Bundesregierung: So fördert der Bund Kunst und Kultur. Bonn 1997, S. 12.
6) Hilmar Hoffmann: Kultur für morgen. Frankfurt, S. Fischer, 1986, S. 126.
7) Elisabeth Wolf-Csanády: Wertewandel und Kulturpolitik in der Bundesrepublik Deutschland und Österreich. Frankfurt, Lang 1996, S. 84.
8) Leitsätze des Deutschen Städtetages von 1970. In: Städtische Kulturpolitik. Stuttgart, Kohlhammer 1971, S. 9.
9) Thomas Röbke (Hrsg.): Zwanzig Jahre neue Kulturpolitik. Erklärungen und Dokumente 1972-1992. Hagen, Kulturpolitische Gesellschaft 1993, S. 104ff.
10) Stärkung und Ausbau regionaler Identitäten. Hagen, Kulturpolitische Gesellschaft 1992, S. 53.
11) Fritz Brüse: Kulturpolitik auf neuen Wegen. Stuttgart, Kohlhammer/Deutscher Gemeindeverlag 1988, S. 19.
12) „Konsten är på väg att bliva allas". Statens konstråd 1937-1987. Stockholm statens konstråd 1987, S. 9.
13) Andrew Sinclair: The Arts and Cultures. The History of the 50 Years of the Arts Council of Great Britain. London, Sinclair-Stevenson 1995, S. 385
14) Hanns E. Hieronymus (Unterabteilungsleiter in der Kulturabteilung des BMI): Kulturpolitik, Kulturförderung – ein Überblick aus der Sicht des Bundes. In: Günter Ermisch u.a. (Hrsg.): Wanderungen durch die Kulturpolitik. Festschrift für Sieghardt von Köckritz. Berlin, Nicolai 1993 (21-36), S. 22
15) Harald Kimpel: Documenta. Mythos und Wirklichkeit. Köln, DuMont 1997, S. 88ff.
16) Milton C. Cummings/Richard S. Katz: Government and the Arts in the Modern World: Trends and Prospects. In: Diess. (Hrsg.): The Patron State, a.a.O. (350-368), S. 352.
   Dick Netzer: The Subsidized Muse. Public Support for the Arts in the United States. Cambridge University Press 1978, S. 62.

17) Cummings/Katz: The Patron State, a.a.O., S. 107ff, 169ff.
   Karla Fohrbeck u.a.: Kunstförderung im internationalen Vergleich. Köln, DuMont 1971, S. 126.
18) Richard D. McKinzie: The New Deal for Artists. Princeton UP 1973, S. 105f; Netzer, a.a.O., S. 54ff.
19) Fohrbeck: a.a.O., S. 10.
20) Hieronymus, a.a.O., S. 22.
21) Vgl. Klaus von Beyme: Der Gesetzgeber. Der Bundestag als Entscheidungszentrum. Opladen, Westdeutscher Verlag 1997, S. 60.
22) Karla Fohrbeck/Andreas Johannes Wiesand: Der Künstler-Report. München, Hanser 1975, S. 499ff zu den Regelungen im internationalen Vergleich.
23) Bericht über die wirtschaftliche und soziale Lage der künstlerischen Berufe. Bundestagsdrucksache 7/3071v. 13.1.1975. Überarbeitete Fassung: Fohrbeck/Wiesand: Künstlerreport, a.a.O., S. 76.
24) Rainer Frank: Kultur auf dem Prüfstand. Ein Streifzug durch 40 Jahre kommunaler Kulturpolitik. München, Minerva 1990, S. 214.
25) Ridley, a.a.O., S. 226.
26) Bernd Wagner: Zwanzig Jahre Neue Kulturpolitik. Eine Bibliographie. Hagen, Kulturpolitische Gesellschaft 1993, S. 112ff.
27) für Deutschland: Udo Kleinegees u.a.: Im Blickpunkt: Kultur in Deutschland. Zahlen und Fakten. Stuttgart, Metzler/Poeschel 1994.
28) vgl. Ludwig Leiss: Kunst im Konflikt. Kunst und Künstler im Widerstreit mit der „Obrigkeit". Berlin, De Gruyter 1971.
29) Andreas Johannes Wiesand: Kunst ohne Grenzen. Kulturelle Identität und Freizügigkeit in Europa. Köln, DuMont 1987, S. 127ff.
30) Fohrbeck: Kunstförderung, a.a.O., S. 22.
31) Fünf Typen bei Fohrbeck, Kunstförderung, a.a.O., S. 12, vier Typen bei Cummings/Katz, a.a.O., S. 12. Aufstellungen über die Kompetenzen in Europa bei: Zentrum für Kulturforschung (Hrsg.): Handbook of Cultural Affairs in Europe. Baden-Baden, Nomos 1985, S. 125ff.
32) Maximilian von Beyme: Kulturpolitik unter den Sozialisten in Frankreich von 1981 bis 1986. Frankfurt, Lang 1990, S. 75ff.
33) Jutta Allmendinger: Staatskultur und Marktkultur: Ostdeutsche Orchester im Vergleich. In: Stiftung mitteldeutscher Kulturrat (Hrsg.): Kultur und Kulturträger in der DDR. Berlin, Akademie-Verlag 1993, S. 212-281.
34) Sinclair: Arts and Cultures, a.a.O., S. 378f.
35) vgl. Ridley, a.a.O.
36) Cummings/Katz, a.a.O., S. 354.
37) J. Mark Davidson Schuster: Supporting the Arts: An International Comparative Study, Washington, Government Printing Office 1985; James Heilbrun/Charles M. Gray: The Economics of Art and Culture. An American Perspective. Cambridge University Press 1993, S. 231.

38) Ridley, a.a.O., S. 233, 235, Robert Hutchison: The Politics of the Arts Council. London, Sinclair-Browne 1982, S. 12ff.

39) Karla Fohrbeck/Andreas Wiesand: Von der Industriegesellschaft zur Kulturgesellschaft. München, Beck, 1989, S. 89, Aufstellung über zentrale Strukturen der Kulturpolitik, S. 90, zu Frankreich: M. von Beyme, a.a.O. 1990, S. 133ff.

40) vgl. für Holland Fenger in : Cummings/Katz, a.a.O., S. 118, für USA ebd., S. 324.

41) T. Havens in Cummings/Katz, a.a.O., S. 333.

42) Aufstellung bei Fohrbeck/Wiesand: Von der Industriegesellschaft, a.a.O., S. 111f.

43) Ridley, a.a.O., S. 234.

44) vgl. von Beyme: Der Gesetzgeber, a.a.O., S. 141f.

45) Cummings/Katz, a.a.O., S. VII.

46) Andreas Johannes Wiesand (für das Bundesinnenministerium): Kunst ohne Grenzen? Kulturelle Identität und Freizügigkeit in Europa. Köln, DuMont 1987, S. 256.

47) Wiesand, a.a.O.,S. 256.

48) Zahlen in: So fördert der Bund, a.a.O. 1997, S. 74ff.

49) Bundesminister des Inneren (Hrsg.): Kulturelle Filmförderung. Bonn 1990.

50) Wiesand: Kunst ohne Grenzen, a.a.O., S. 259.

51) dazu Hieronymus, a.a.O., S. 32.

52) Peter Häberle: Kulturpolitik in der Stadt- ein Verfassungsauftrag. Heidelberg, v. Decker/Müller 1979, S. 60f.

53) vgl. Klaus von Beyme: Der Wiederaufbau. Architektur und Städtebau in beiden deutschen Staaten. München, Piper, 1987, S. 107.

54) vgl. Fohrbeck, a.a.O., S. 20f.

55) Udo Kleinegees u.a.: Im Blickpunkt: Kultur in Deutschland. Zahlen und Fakten für das Statistische Bundesamt. Stuttgart, Metzler/Poeschel 1994, S. 271.

56) So fördert der Bund, a.a.O., S. 123.

57) Cummings/Katz, a.a.O., S. 19.

58) Cummings/Katz, a.a.O., S. 127.

59) Sinclair: Arts and Cultures, a.a.O., S. 378ff.; Ein deutsches Beispiel auf Landesebene: Ulrich Roloff-Momin: Zuletzt: Kultur. Berlin, Aufbau-Verlag, 1997.

60) G. Palma in: Cummings/Katz, a.a.O., S. 94f.

61) Ridley, a.a.O., S. 246ff.

62) A.R.T. (Hrsg.): Kultur macht Politik. Köln, Kölner Volksblatt Verlag 1988, S. 77ff.; Netzer, a.a.O., S. 160.

63) Markus Pohlmann: Kulturpolitik in Deutschland. München, Minerva 1994, S. 286.

64) Eva Krings: Times they are a-chanin'.. Aspekte neuer Kulturpolitik. Kultur-politische Mitteilungen Nr. 63, IV, 1993, S. 35-37.

65) Bernd Wagner: Kultur für alle - Kunst für wenige. Feuilletonkritik und ihre Bedeutung für die Kulturpolitik. In: Hermann Glaser u.a.: Zukunft Kultur-politik. Festschrift für Olaf Schwencke. Hagen, Kulturpolitische Gesell-schaft/Essen, Klartext 1996 (145-163), S. 162.

66) D.E. Zimmer: Kunst ist Alles, Alles ist Kunst. Die Zeit, Nr.50, 1992, S. 67.

67) Jürgen Kolbe: Der Spiegel, 28/1993, S. 147.

68) Dieter Kramer: Handlungsfeld Kultur. Zwanzig Jahre Nachdenken über Kulturpolitik. Hagen, Kulturpolitische Gesellschaft/Essen, Klartext 1996, S. 146ff.; Netzer, a.a.O., S. 160, 163, 164.

69) ebd. S. 18f. Thomas Deecke: Wider den Amüsierbetrieb. Wo bleibt die Weit-sicht der Kulturpolitik? FAZ, 8.11.1995, S. 37.

70) Peter Koslowski: Wirtschaft als Kultur. Wirtschaftskultur und Wirtschaftse-thik in der Postmoderne. Wien, Passagen 1989, S. 190.

71) Karla Fohrbeck: Renaissance der Mäzene. Interessenvielfalt in der privaten Kulturfinanzierung. Köln, DuMont 1989, S. 39.; Christoph Behnke: Vom Mäzen zum Sponsor. Hamburg, Dölling & Galitz 1988.

72) Günther E. Braun u.a.: Kultur-Sponsoring für die kommunale Kulturabeit. Stuttgart, Kohlhammer, Deutscher Gemeindeverlag 1996, S. 36.

73) Manfred Bruhn: Sponsoring. Unternehmen als Mäzene und Sponsoren. Frankfurt, Frankfurter Allgemeine/Gabler 1991, S. 239ff.

74) W.G. Hendon u. a. (Hrsg.): Economic Research in the Performing Arts. Akron, Ohio 1983.; Heilbrun/Gray, a.a.O., S. 171.

75) William J. Baumol/William G. Bowen: Performing Arts: The Economic Dilemma. New York, Twentieth Century Fund 1966; Stephen Benedict (Hrsg.): Public Money and the Muse. New York, Norton 1991.

76) Edward C. Banfield: The Democratic Muse: Visual Arts and the Public Inte-rest. New York, Basic Books 1984, S. 21; Leslie Singer: Microeconomics of the Art Market. Journal of Cultural Economics, Jg. 2, 1978, S. 21-39; Paul J. DiMaggio: Can Culture Survive the Marketplace? In: Ders. (Hrsg.): Nonpro-fit Enterprise in the Arts. Oxford University Press, 1986, S. 65-92.

77) Netzer, a.a.O., S. 29ff, 174.

78) Netzer, a.a.O., S. 182-189.

79) T.S. Eliot: Essays I. Kultur und Religion. Frankfurt, Suhrkamp, 1967, S. 34 dazu: Andreas Johannes Wiesand: Kunst ohne Grenzen? Kulturelle Identität und Freizügigkeit in Europa. Köln, DuMont 1987, S. 230.

80) John Carey: Hass auf die Massen. Intellektuelle 1880-1939. Göttingen, Steidl 1996.

81) Klaus von Beyme: Die Kunst der Macht und die Gegenmacht der Kunst. Frankfurt, Suhrkamp, 1998, Kap. 11.

82) Ridley, a.a.O., S. 230.

83) Kevin V. Mulcahy: Government and the Arts in the United States. In: Cummings/Katz, a.a.O. (310-332), S. 324.

84) Raymond Williams: Culture and Society 1780-1950. London, Pelican 1976.

85) v. Beyme: Der Gesetzgeber, a.a.O., S. 328ff.

86) Murray Edelman: From Art to Politics. How Artistic Creations Shape Political Conceptions. Chicago,University of Chicago Press 1995.

87) Falko Herlemann: Zwischen unbedingter Tradition und bedingtem Fortschritt. Zur Auseinandersetzung um die moderne Kunst in der Bundesrepublik Deutschland der 50er Jahre. Frankfurt, Lang, 1989, S. 207ff.

II. Kulturpolitik und nationale Identität

1) Preußen als Kulturnation

1) Preußen – ein rein staatlicher Begriff?

Die westeuropäischen Nationen haben sich nicht zuletzt durch aktive Kulturpolitik eines absolutistischen Staates zu einer Nation entwickelt, wie in Frankreich und Spanien, oder wurden durch eine staatstragende Gentry gleichsam zivilgesellschaftlich zu einer Kulturnation geformt. Deutschland hingegen war noch für einen führenden Staatsmann wie Metternich Anfang des 19. Jahrhunderts nur ein „geographischer Begriff". Die deutschen Staaten waren unter dem Dach des Reiches und später des Deutschen Bundes „souverän" geworden. Die beiden großen deutschen Staaten, Österreich und Preußen, trieben Kulturpolitik. Beide waren dabei eher dynastisch orientiert.

Die Kulturpolitik unterhalb der staatlichen Ebene, die von Akteuren in der Intelligenz und der Künstlerschaft ausging, war im 19. Jahrhundert zunehmend auf das fiktive Gebilde einer deutschen Nation ausgerichtet. Dieser patriotische Zug hinderte die Herausbildung der kulturellen Identität eines staatlichen Gebildes wie Preußen. Legitimisten, wie von der Marwitz, war der Gedanke einer kulturellen Vereinheitlichung Preußens ein Greuel. National gesonnenen Patrioten, wie Humboldt, hingegen war der Rahmen Preußens zu eng. Aber da es eine deutsche Kulturpolitik nicht geben konnte, bietet sich Preußen als Ersatz an, das annähernd Zweidrittel des Territoriums des zweiten Reiches umfaßte. Es zeigt sich dabei, daß Preußen trotz seiner vereinheitlichenden Dynamik in nuce alle Keime der kulturellen und staatlichen Heterogenität enthielt, die für „Deutschland" als ganzes charakteristisch waren.

Preußen ist vielfach als Kunstprodukt angesehen worden. Seine Verehrer sprachen gern vom „Staatskunstwerk". Preußen war in erster Linie staatliche Einheit – keine Nation. Preußen hätte vielleicht eine Nation werden können, wenn die preußische Krone es nicht versäumt hätte, dem Volk beizeiten eine nationale Repräsentation einzuräumen. So blieb die Loyalität der Bürger an die Region, durch Provinzialstände vertreten, gebunden. Als einheitsstiftendes Element fungierte in erster Linie die Dynastie. Die preußischen Bürger hatten keine volkliche Einheit als Grundlage.[1]

Preußen schien dem Staat Burgund vergleichbar. Ein Komet am Staatenhimmel, der im „Herbst des Mittelalters" verklärt worden ist, und wegen seiner Überambitionen seinen eigenen Untergang vorbereitete. Der Mangel an politischer Einheit durch parlamentarische Repräsentation war vielen Kritikern Preußens gerade recht. Der Gedanke, daß ein preußisches Volk entstehen könnte, hat süddeutsche Liberale eher mit Schrecken erfüllt.[2] Auch Preußen, die nicht als Radikale gelten konnten, wie der Pommer Droysen, traten in der 1848er Revolution für die Auflösung Preußens ein, um zu einer territorialen Balance im Deutschen Bund zu gelangen.

Die Vorstellung, Preußen und Deutschland seien von Anfang an aufeinander angelegt gewesen, ist eine Erfindung der borussischen Geschichtsschreibung, die nach dem Wort Jacob Burckhardt sich daran machte, die preußische Geschichte nachträglich „siegesdeutsch anzustreichen". Das war nach den Worten eines späteren Kritikers „Geschichte, wie sie eigentlich nicht gewesen ist". Preußen war durch seine schiere Größe, seine ethnische Heterogenität, und die gewaltsame Art seiner Entstehung und Ausbreitung der deutschen Einheit im Wege.

Die Deutschnationalen im Reich nach 1871 hatten zunehmend weniger Verständnis für die slawischen Elemente Preußens. Spengler sprach später einmal von der „slawischen Metamorphose" des Preußentums. Da er die Slawen für eine „unverbrauchte Rasse" hielt, war die slawische Beimischung des Preußentums für ihn kein Negativum, so sehr er auch einen rassistischen Preußenbegriff prägte, der von der Besiedlung der Ostmark vornehmlich durch die Niedersachsen, die nächsten Verwandten der Engländer abgeleitet wurde. Preußischer Dienst-Kollektivismus in der Tradition von Kolonisatoren und englischer Individualismus, als Fortleben der Wikinger-Freibeuter-Instinkte, waren für Spengler daher die beiden einzigen Konkurrenten unter den vorbildlichen Modellen seiner Welt.[3] Spengler hatte jedoch so wenig wie die Deutschnationalen einen Sinn dafür entwickelt, daß sie mit der Ausmerzung der slawischen Elemente die raison d'être Preußens gefährdeten.

Unter reichspolitischen Gesichtspunkten wäre es sinnvoller gewesen, Preußen aufzuteilen, um die Balance im Föderalismus nicht zu gefährden.

Ernest Renan hatte die Preußen hellsichtig in einem Brief an David Friedrich Strauß gewarnt, als Elsaß-Lothringen 1871 annektiert worden war: „Ihr (Deutschen) habt an Stelle der liberalen Politik das Banner archäologischer und ethnographischer Politik entfaltet; diese Politik wird euch zum Verhängnis werden. Die vergleichende Philosophie, die ihr geschaffen und zu Unrecht auf das Feld der Politik übertragen habt, wird euch übel mitspielen. Die Slawen werden sich dafür begeistern ... wie könnt ihr glauben, die Slawen würden euch nicht zufügen, was ihr anderen antut? ... Wenn eines Tages die Slawen Anspruch auf das eigentliche Preußen, auf Pommern, Schlesien und Berlin erheben werden, und zwar deswegen, weil all diese Namen slawischen Ursprungs sind, wenn sie an Elbe oder Oder das tun, was ihr an der Mosel getan habt, wenn sie auf der Karte den Finger auf die wendischen oder obotritischen Dörfer legen, was werdet ihr dann zu sagen haben? Nation ist nicht gleich Rasse."[4]

Die Erhaltung Preußens wurde nicht nur mit der Idee eines Fürstenbundes gerechtfertigt. Preußen schien auch unentbehrlich als Motor der Einigung und
seiner politischen Gestaltungskraft, die auch Männer wie Walter Rathenau be-
wunderten, die sich nicht zur Bismarckschen Arroganz gegenüber der „fauligen
Gärung süddeutscher Zuchtlosigkeit" hinreißen ließen.[5]
    Die negativen Seiten Preußens hingen mit ihren positiven eng zusammen.
Die Toleranz und kühle Liberalität seiner Verwaltung machte Preußen ausdeh-
nungsfähig.[6] Sie setzte Preußen instand, mehr als ein bloßer Eroberungsstaat zu
sein und sich das Eroberte wirklich einzuverleiben. Im 18. Jahrhundert machte
ein Zweizeiler die Runde:
    „Niemand wird Preuße, denn aus Not
    ist er's geworden, dankt er Gott."
Der Gottesdank hielt sich freilich de facto in Grenzen. Nur gelegentlich konnte
von den Eroberten – wie von den Schlesiern – gesagt werden: „Sie zeigten eine
gewisse Geneigtheit, sich erobern zu lassen." Flankierende Religions- und Kulturpolitik sicherte die Integration der eroberten Bevölkerung in Schlesien, wie
schon der Breslauer Popularphilosoph Christian Garve anerkennend feststellte.[7]
Aber auch das galt nur für den protestantischen Teil der Schlesier, der sich von
Habsburg unterdrückt fühlte. Noch in relativ späten Zeiten, als die nationale
Idee die Mehrheit erfaßt hatte, wurde berichtet, daß die Bürger Stralsunds beim
Abzug der Schweden weinten und voller Bangen ihrem Preußentum entgegensa-
hen.[8]
    Die Fähigkeit Preußens, fremde Bevölkerungsteile zu assimilieren, wirkte
nicht nur bei Eroberungen. Preußen wurde gelobt, weil es früher als andere Staaten die Juden emanzipierte. Aber im Grunde bekamen die Juden mit der Gewer-
befreiheit keine größeren Rechte, als jedem Ausländer offenstanden. Ein Reform-
schriftsteller schrieb 1832 daher treffend: „Preuße ist jeder, den die Lust anwan-
delt, es zu sein."[9] Voraussetzung des Preußeseins wurde gleichsam die Zahlung
der Gewerbesteuern.
    Die Assimilationskraft Preußen war an nationale, religiöse und soziale
Neutralität gebunden. Diese ideologische Neutralität machte Preußen im deutschen Kontext freilich auch anfällig für die Übernahme unterschiedlicher Inhalte.
Sie drängten viele Preußen in eine nationalistische Richtung, die in der preußischen Staatsidee nicht angelegt gewesen war.

Wie lange lebte Preußen? 1701-1871 sagen die einen. Bis 1945 vermuten hingegen
jene, die preußische Traditionen stark für die Entartungen der Politik des Zweiten und des Dritten Reiches verantwortlich machen. Für die erste Auffassung
kann man keinen geringeren als den ersten deutschen Kaiser in Anspruch nehmen. Wilhelm I. sagte am Vorabend seiner Kaiserkrönung in Versailles: „Morgen
ist der traurigste Tag meines Lebens. Da tragen wir das alte Preußen zu Grabe."
Andere Historiker betonten eher die Kontinuität der Züge Preußens, die dem
Reich aufgedrückt wurden.[10]

Die Wahl der Daten für die Lebensspanne Preußens enthielt jeweils bereits ein historiographisches Programm. Das ahistorische Verlangen nach idealer Vergangenheit (Thomas Nipperdey) war gerade gegenüber Preußen unauslöschlich. Kein anderer Staat wurde nach einem Wort Fontanes soviel geliebt und gehaßt zugleich. Je nach Wahl des Ansatzes in der Historiographie kamen Liebe oder Haß stärker in der Darstellung zum Tragen: Die *Militär- und Diplomatiegeschichte* schien die negativsten Urteile über Preußen zu erlauben. Ein Preuße wie Krockow rechnete Preußen vor, daß die Bundeswehr vor 1989 mehr als zwei Millionen Soldaten umfassen und der Militärhaushalt 80% des Staatshaushaltes verschlingen müsse, um auf den Stand der preußischen „Schieß- und Drillmaschine" zu gelangen.[11]

Auch die *Wirtschafts- und Sozialgeschichte* kam zu ungünstigen Einschätzungen der preußischen Entwicklung. Die sozialen Kosten an Unterdrückung und Pauperisierung für die politischen Hochleistungen schienen zu hoch.[12] Am ehesten konnte die *Kulturgeschichte* Entlastung für Preußen bringen.

Aber gab es Preußen als kulturhistorische Einheit überhaupt? War es nicht vielmehr „Kultur in Preußen" statt „preußische Kultur"? Schließlich hatte sich der erste König auch nur „König in Preußen" nennen dürfen. War preußische Kultur nicht eher die Summe von Einzelleistungen? Fontane wurde als Märker, Hauptmann als Schlesier wahrgenommen. Große Teile der Kultur in Preußen waren auch Leistungen von Gästen aus anderen Ländern, die in Berlin wirkten und die einer imaginären Einheit Preußen gutgeschrieben wurden.

2) *Preußisch als Lebensart – die Verklärung der Frugalität*

Der Schwabe Hegel in seiner Heidelberger Antrittsvorlesung schien ein unverdächtiger Zeuge, wenn er der kulturhistorischen Überhöhung Preußens seine Feder lieh: „Der preußische Staat ist es, der auf Intelligenz gebaut ist".[13]

In Preußen hörte man das gern. Hegel blieb nicht lange in Heidelberg, sondern wurde rasch nach Berlin berufen. Wenn dieses Diktum Hegels je zutreffend war, so zeigte sich bald, daß die Geschichte der Restauration und des Vormärz „die schleppende Geschichte des schwindenen Geistes" wurde.[14]

Madame de Staël, die mehr als irgend jemand anders dafür tat, um im Ausland den Ruhm eines geistigen Deutschland zu verbreiten, das von Napoleon gedemütigt worden war, sah in Preußen eine geistige Führungsmacht. Friedrich II. hatte selbst geistige Führung übernommen, was Maria Theresia und Josef II. in Österreich angeblich nie gelungen ist. Für das zeitgenössische preußische Königshaus des frühen 19. Jahrhunderts ließen sich solche geistigen Führungsqualitäten kaum ausmachen. Friedrich Wilhelm III. war ein eher linkischer Fürst mit sehr partiellen Interessen für die Kultur. Das Schloß auf der Pfaueninsel hatte schon bei seinem Vorgänger eher von einem Disneyland-Geschmack gezeugt. Madame de Staël mußte daher die Königin Luise als Hoffnungsträgerin herausstellen, die „schön und tugendhaft", mit ihrem angeblich idealen Familienleben sich „nobel der Nation eingefügt" habe, so daß die Dynastie mit dem Vaterland verschmelze.[15]

Trotz mäßiger kultureller Führungskräfte des Königs war Berlin zu einem Zentrum von Führungskräften aus dem ganzen Reich geworden. Stein und Hardenberg, Gneisenau und Scharnhorst waren aus anderen deutschen Ländern angezogen worden. Seit 1806 kamen zunehmend auch geistige Eliten nach Berlin. Die einflußreichen Herolde, die Preußens historische Sendung magisch überhöhten, wie Hegel, Stahl oder Treitschke, stammten nicht aus Preußen.

Preußens formende Kraft eines aufgeklärten Rationalismus hat nach Ansicht französischer Betrachter der neueren Zeit einen charakteristischen Menschentyp hervorgebracht, dem englischen *gentleman* oder dem französischen *honnête homme* vergleichbar.[16] Als typisch preußisch wurde freilich im Ausland nicht so sehr der aufgeklärte Verwaltungsmann wahrgenommen, sondern der Offizier. Dieser charakteristische Menschentyp hatte keine positive typenbildene Kraft in anderen Kulturnationen entwickelt. Er wurde eher als spartanisch und unkulturell wahrgenommen.

Preußen hatte weder einen Möbelstil noch in seiner Landhausarchitektur einen der gentry vergleichbaren Stil entwickelt, der Vorbildcharakter in anderen Ländern erlangen konnte. Kein geringerer als Eichendorff, der in diesem Milieu großgeworden war, schrieb über die stilbildene Kraft der „Junker": „Die Glücklichen hausen mit genügsamen Behagen großenteils in ganz unansehnlichen Häusern (unvermeidlich Schlösser genannt), die selbst in der reizendsten Gegend nicht nach ästhetischem Bedürfnis schöner Fernansichten angelegt waren, sondern, um aus allen Fenstern Ställe und Scheunen bequem überschauen zu können".[17] Der große Romantiker suchte Romantik an Saale und Neckar – nicht auf ostelbischen Gütern.

Die Austerität des Königshauses hingegen hat auch im Ausland immer wieder Bewunderer gefunden. Das begann mit Friedrich II., der in seinem „Anti-Versailles" von Sanssouci der Natur verbunden war und der Kunst ergeben für sich leben wollte. Voltaire lobte: „ohne Hof, ohne Rat und ohne Religion".[18] Aber auch darin lag eine Romantisierung der rauhen Wirklichkeit am Hofe des soldatischen Königs. Auch das rührende Bild der idealen Ehe des Preußenkönigs Friedrich Wilhelm III. hielt eingehender Analyse nicht stand. Madame de Staël hatte den Topos von Novalis übernommen, der das „klassische Menschenpaar" auf dem preußischen Thron mit seinem strengen Familienleben als Garanten gegen die Staatskrise ansah.[19] Erst nach dem Tod Luises wurde offenbar, daß dem König der Luisenkult ärgerlich war, nicht nur weil seine eigenen Kinder und der ganze Hof seiner morganatischen Ehe mit der Gräfin Harrach (Fürstin Liegnitz) unverhohlene Abneigung entgegenbrachten.[20]

Gleichwohl war nicht alles an den idealisierten Bildern falsch. Einen Hang zur Frugalität hatten die meisten preußischen Könige entwickelt, und wo sie ihn nicht internalisiert hatten – wie Friedrich Wilhelm I. – ließ ein Friedrich-Kult keine großen Abweichungen von der Norm zu. Positiv wurde auch von Progressiven der Zeit vermerkt, daß in Preußen keine Schlösser mehr gebaut wurden. Von dieser noblen Zurückhaltung wich erst der Hohenzollenprinz ab, der taktloser Weise im 1. Weltkrieg seinen Cecilienhof von Schultze-Naumburg bauen ließ. Während die deutsche Intelligenz sich unter dem Schlachtruf „gegen das perfide Albion" in einen Kulturkrieg einspannen ließ, geschah dies pikanter Weise auch noch im Stil des englischen Landhauses!

An die Stelle des Schlosses traten in Preußen die Kulturbauten. Das zum Museum umfunktionierte Schloß, wie im Falle der schon bestehenden Residenzen, die die Preußenkönige in Berlin wie Potsdam als „ungemütlich" gern mieden, und das Museum als Schloßersatz, wie im Falle von Schinkels Altem Museum, ließ auch dem Monarchen neue Funktionen erwachsen. Er wurde zum Gralshüter des Museumstempels. Herrschaft konnte so dem aufgeklärten Bürgertum gegenüber legitimiert werden, das für seine dürftige Repräsentation im politischen Bereich entschädigt werden mußte. In der bildenden Kunst wurde diese symbolträchtige Rolle des Schlosses jedoch in der Münchner Residenz durch die Nibelungen-Säle mit Fresken von Schnorr von Carolsfeld, wie sie Klenze plante, noch stärker verwirklicht als in Berlin.[21]

In Preußen war die Repräsentation nicht nur an den Besitz gebunden, wie in anderen zensitären Wahlsystemen Europas. Sie blieb an den Grundbesitz gekoppelt, um die verarmende preußische Adelsschicht zu schützen. Selbst Kapitalisten ohne Grundbesitz waren nicht repräsentiert, obwohl sie immer mehr zu Gläubigern des Staates wurden. Auch die Intelligenz war nur wahlberechtigt, wenn sie Grundbesitz vorweisen konnte.[22] Diese Stände, die „nicht landtagsfähig" erschienen, mußten gleichwohl ideologisch eingebunden werden. Dies geschah beim Bildungsbürgertum auch mit einer ideologischen und symbolträchtigen Propaganda, selbst wenn diese zunehmend an Integrationskraft verlor und deutsch-nationalen Bewegungen weichen mußte.

Preußen erlangte gleichwohl aus der Fernsicht gelegentlich Vorbildcharakter, weil die Dynastie bürgernah und „bürgerlich" zu leben schien. Die aufgepolsterten Möbel im Kronprinzenpalais, die Schlichtheit des Schinkelschen Neuen Pavillons im Schloßgarten von Charlottenburg, der bescheidene Villenstil im Charlottenhof des Kronprinzen im Park von Sanssouci, das mit preiswerten Stichen statt mit teuren Gemälden dekoriert wurde, haben den Mythos einer wohltuenden, bürgernahen Frugalität der Hohenzollern genährt. In den wechselnden Moden der bescheidenen Gutshäuser in den meisten Gegenden des ostelbischen Preußen spiegelte sich jedoch ein Lebensbild wider, das im Westen Deutschlands und Europas kaum die Flamme romantisierender Bewunderung zu entzünden vermochte.

3) Preußen als Kunstlandschaft

Wo von Preußen als *Staat des Geistes* die Rede war, wurde eine politisch-gesellschaftliche Idee gemeint. Als geistige Einheit konnte sich ein so zufällig zusammengefügtes Gebilde des *Eroberungsstaates* nicht empirisch erweisen. Preußen ist keine Kunstlandschaft im Sinne von *stammesmäßiger* Kontinuität, welche die ältere Kunstgeschichte in den deutschen Landen gern feststellte.[23] Nicht einmal das Kernland Preußens, die Mark Brandenburg, wurde als Kulturlandschaft von einer Einheitlichkeit anerkannt, wie sie Thüringen oder Mecklenburg aufweisen.[24] Ein unglückliches Bündnis von Krone und Adel hat die Stadtfreiheiten in Preußen früh verkümmern lassen. Kunstlandschaften wurden vielfach von Städten getragen. In Preußen hatte Berlin kaum Konkurrenz. In Brandenburg gab es kaum Städte, die den Namen noch verdienten. Breslau, Danzig oder Königsberg entwickelten keine Anziehungskraft für Gesamtpreußen wie Berlin.

Das preußische Land machte auf Reisende aus anderen Gegenden vor allem den Eindruck eines leeren Landes ohne urbane Zentren. Der Schwabe Robert von Mohl, auf Reisen zu einem Kant-Jubiläum nach Königsberg, war wenig beeindruckt von dem, was er hinter Berlin sah: „Nur selten zeigte sich etwas anderes, zum Beispiel Küstrin und Elbing, das Ganze war trostlos langweilig, arm und melancholisch." Selbst die Marienburg schien ihm nur „merkwürdig" und „eindruckmachend".[25] Was dem Außenstehenden in Preußen als Monotonie ins Auge sprang, war in der Architektur nicht etwa ein einheitlicher preußischer Stil. Es gab ihn sowenig wie eine preußische Kulturnation.[26]

Das preußische Rokoko eines Knobelsdorff war kein landesweit gepflegter Stil. Trotz oder wegen der „gezeichneten Kabinettsordres" mit denen Friedrich der Große selbst ständig in die Planungen eingriff,[27] war seine Vorstellung eines preußischen Stils für seine Zeit schon eher antiquiert.

Tiefenwirkungen im Lande erhielt die preußische Architektur erst mit der Errichtung eines *Oberbaudepartments*. Es kam zu einer Vereinheitlichung der Bautätigkeit, da sämtliche Bauanschläge im preußischen Staat überprüft wurden. Mit Langhans in Breslau und Gilly in Stettin hatten die Baudirektoren der Provinzen auch qualitatives Gewicht,[28] die das der zweitklassigen Baubürokraten anderwärts weit übertraf. Mit Schinkels Eintritt in die zentrale Bauverwaltung erhielt die Tendenz zu einem qualitätvollen preußischen Klassizismus weitere prägende Kraft. Aber auch Schinkels Beitrag zu einem Rathaus in Kolberg konnte nicht verbergen, daß ein Solitär in einer andersartigen Baulandschaft stand.

Kunst und Politik verschränkten sich im Bereich der Baukunst am stärksten. Preußens Klassizismus schien der Stil, der nicht auf die Hauptstadt beschränkt blieb und sogar Vorbildwirkungen außerhalb Preußens entwickelte. Dennoch darf auch Schinkels Einfluß im Rückblick der Jubiläumsrummel nicht übertrieben werden. Selbst Schinkel, posthum als der größte Architekt des 19. Jahrhunderts auch außerhalb Deutschlands anerkannt, war in seinem Einflußbereich weitgehend auf Preußen beschränkt, mit kleinen Ausnahmen, wie Hamburg (Jenisch-Haus) oder Coburg. In Rußland stieß sein Entwurf für ein Schloß Orianda auf der Krim auf heftige Ablehnung. Leo von Klenze hingegen – ein Niedersachse im Dienste Bayerns – bekam den Zuschlag für die Eremitage.

Die „bayerische Partei" räumte Schinkel Betätigungsmöglichkeiten nur auf neutralem Boden ein, wie auf der Akropolis in Athen. Zu unserem Glück wurde trotzdem nichts davon gebaut. Trotz vieler Ehrungen durch Aufnahme in ausländische Akademien blieb die erstaunlich homogene Schinkel-Schule mit Persius, Stüler, von Arnim und Martin Gropius in ihrem Einfluß weitgehend auf Berlin beschränkt.[29]

Preußen hatte auch in der *Baupolitik* nicht jene zentralisierende und prägende Kraft, die Paris und ihre jeweilig dominante Schule der Beaux Arts im Lande ausübten. Selbst *technische Innovationen* im ganzen Land durchzusetzen, bemühten sich David Gilly oder Karl Friedrich Schinkel vergebens. Sie experimentierten mit neuen Bauweisen aus gegossenem Lehm, die als Vorläufer des Betons gefeiert worden sind. Die Typisierung der Gebäude wurde vorangetrieben, selbst im Kirchbau. Neue Bauweisen zur Verbilligung des Bauens und zur Vermeidung der immer drohenden Brandgefahr als Folge des traditionellen Fachwerkbaus waren geboten. Aber gegen die Trägheit regionaler Bautraditionen ließen sie sich kaum durchsetzen.[30]

Die *preußische Verwaltung* war keine französische Departementsverwaltung aus einem Guß. Den Oberpräsidenten der Provinzen wie Vincke, Ingersleben oder Schön gelang es nicht, sich zu gleichberechtigten Provinzministern an der Seite der Fachminister in Berlin aufzuschwingen.[31] Aber sie waren machtvoll genug, die Differenzen im Verwaltungsstil und in der Art des Umgangs mit den jeweiligen Provinzialständen bis 1847 beträchtlich zu halten. Eine einheitliche preußische Kulturpolitik konnte in diesem System nicht erwartet werden. Ein Segen war dies vor allem im Hinblick auf die repressive Seite der Kulturpolitik, die Zensur. Aufgeklärte Provinzbeamte weigerten sich, das unfruchtbare Geschäft der Zensur mit der von Berlin geforderten Härte auszuüben und drückten manches Auge zu.

Wirkungslos war die Zensur ohnehin. Selbst Spitzenbeamte pflegten Gedanken, die sie in Preußen nicht offen äußern konnten, in Interviews mit außerpreußischen Zeitungen zu dokumentieren.

Wo eine einheitliche Politik in der Gestaltung der Neubauten auf Schwierigkeiten stieß, wurde gerade in Preußen für die Erhaltung der traditionellen Architektur gekämpft. Schinkel war auch der Vater der preußischen *Denkmalpflege*, der als unermüdlicher reisender Zeichner mit scharfen Blick die schutzwürdigen Objekte ausmachte. Chorin und Lehnin hätten ohne ihn vielleicht gar nicht überlebt. Noch war die historische Devise „konservieren statt restaurieren" nicht voll akzeptiert. Schinkel mußte noch gelegentlich die List der Vernunft eines plausiblen Nutzungszweckes mit Umbau von Objekten einsetzen, um ein historisches Gebäude zu retten.

Wiederum ist zu fragen, ob diese preußische Leistung noch spezifisch preußisch in ihren Auswirkungen war. Der Aufbau der *Marienburg* konnte auch zur ideologischen Aufwertung der zweiten Quelle Preußens, des Ordenslandes, benutzt werden. Treitschke tat dies 1862 in seiner Schrift über das Deutschordensland in hymnischer Form und nicht ohne Ausfälle gegen alles Polnische. Die Marienburg mußte daher von polnischen Zutaten gereinigt werden: „Zwischen den Pfeilern des Remter zog der Pole dünne Wände, weil er der Kühnheit des deutschen Gewölbe nicht traute." Auch deutsche Mittäter mußten gebrandmarkt werden: „Es frommte nicht wider das Werk der Zerstörung, daß der prächtige August der Starke die Burg bezog, die er nicht verstand, und seine Gräfin Cosel eine Weile ihre feilen Reize im Remter zeigte, den einst der Sporentritt der deutschen Herren durchhallt".[32] Die preußische Ideologie, die sich da im Werk eines Sachsen austobte, übersah, daß auch die preußische Nostalgie das Bauwerk der Marienburg verkannte.

Gar nichts mehr mit Preußen hatte jedoch der Aufbau des *Kölner Doms* und die Wiederherstellung der *Burg Stolzenfels* zu tun. Sie war die Frucht einer deutschtümelnden Schwärmerei König Friedrich Wilhelm IV. Die Verklärung des Rheinstromes wurde zum Träger deutsch-nationaler Stimmungsgehalte. Sie vertrugen sich mit der nüchternen Fundierung einer preußischen Legitimation aufgrund der Möglichkeit, daß jeder Bürger „nach seiner Façon selig werden" kann, kaum noch. Der Prinzenerzieher Ancillon, selbst dem romantisch-organizistischen Denken nicht fremd, mußte seinen Zögling immer wieder ermahnen, die „erhitzte Gemütsverfassung zu zügeln".[33]

Der Bau am Kölner Dom wurde zu einer ästhetisch-symbolischen *Ersatzhandlung* für die im Vormärz nicht durchsetzbare Einheit. Die damalige Linke goß ihren Hohn über das realitätsfremde Treiben aus:

„Wir bauen dem lieben Gotte
den hohen Dom zu Köllen aus,
und geben eine Flotte
auf Subskription heraus." (Georg Herwegh)

Die Widersprüchlichkeit von preußischen und deutschen Antriebskräften in der Zeit der politischen Romantik hat niemand stärker verkörpert als der preußische König selbst. Er brachte die Quadratur des Zirkels in seinem Herzen unter: er war ein glühender preußischer Friedrich-Verehrer. Schon sein Vater war von dem Justizaufklärer und Schöpfer des allgemeinen Landrechts, Svarez, über „Friedrich den Einzigen" als Inkarnation der aufgeklärten Macht in Verbindung mit einem „System vernünftiger Zwecke" indoktriniert worden:[34] Dieser Friedrich-Kult stand bei Friedrich Wilhelm IV. neben einer traditionalistischen Anerkennung der Vorrangrolle der Habsburger im Deutschen Bund, und neben einer sowohl unpreußischen als auch unösterreichischen Nostalgie für das alte Heilige Römische Reich deutscher Nation.

In Preußens Architektur klaffte eine Kluft zwischen dem Symbolisch-Überflüssigen und der überall notwendigen *Gebrauchsarchitektur*. Wieder war

Schinkel führend, der nicht nur Museen und Theater, sondern auch Warenhäuser, Akademien und Kasernen entwarf. In Preußen entstanden anspruchslose Grundtypen von Brennereien und Schnitterkasernen – für die meist polnischen Wanderarbeiter – die sich monoton in ganz Nordostdeutschlands ausbreiteten, und auch in Mecklenburg bis heute die Dörfer verunstalten. Sie waren nur „zweckmäßig", um viele Arbeiter auf engen Raum zu pferchen. Preußische Baukunst konnte an ihnen nur selten demonstriert werden, auch wenn es vereinzelt zu Andeutungen von Ziergiebeln kam. Die flachgedeckte Arbeiterkaserne war im schlesischen Waldenburg dominanter als im Ruhrgebiet, aber die Pendants dazu tauchten auch im Westen auf. Öffentliche Großbauten entwickelten eigentlich erst im Deutschen Reich in allen preußisch dominierten Gebieten eine Tendenz zur Vereinheitlichung von der Post-Gotik bis zur Bahnhofsromanik. Von Metz bis Posen kann man sich noch heute von diesen unverwüstlichen Gebäuden, die in ihrer Kompaktheit jeden bisherigen Krieg überlebten, überzeugen. Anknüpfungen an Preußen enthielten diese Bauwerke kaum. Sie replizierten eklektisch das, was zu jener Zeit für diesen Zweck als der „deutscheste Stil" galt. Im Parlamentsbau konnte dies sogar die Renaissance sein – wie der Reichstag später demonstrieren sollte.

4) Preußen ein intellektuell-literarisches Zentrum in Deutschland?

Die Theorie der Kunstlandschaft, die Nadler auf die Literatur zu übertragen suchte, hat dort noch weniger plausibel gewirkt als in der bildenen Kunst und für Preußen kaum etwas hergegeben. Die literarischen Traditionen blieben weitgehend an Provinzen und Dialekte gebunden. Schlesien hatte in vorpreußischer Zeit die deutsche Literatur einige Jahrzehnte lang überwiegend allein bestritten. In preußischer Zeit blieb diese Hochblüte des Barock nicht erhalten, aber diesen Niedergang hatte der preußische Staat kaum zu verantworten. Die Schlesier waren die letzte Eroberung, die überwiegend – mit Ausnahme des katholischen Hochadels – für Preußen gewonnen werden konnte. Die Assimilation der späteren Eroberungen und Erwerbungen im Rheinland, in Hannover oder Kurhessen und Frankfurt wurde nicht mehr wirklich vollzogen. Preußen mußte sich schon vor der Reichseinheit für seine Integrationsideologie zunehmend auf deutsche statt auf preußische Appelle berufen.

Berlin war wiederum konkurrenzloses Zentrum, schon weil die Provinzstädte kaum konkurrierten. Die *Universitäten* von Königsberg und Breslau blieben Sprungbrett für junge Gelehrte. Nur selten waren sie – wie für Kant – als Endstation innerlich akzeptiert.

Die *literarischen Salons* in Berlin gewannen überpreußische Vorbildwirkung, aber das kleine Weimar blieb für die Klassik konkurrenzfähig.

Zur deutschen literarischen Metropole fehlte Berlin lange die Infrastruktur. Leipzig blieb als *Verlagsort* stärker. Die wichtigste deutsche Pressestadt wurde Berlin erst im Zweiten Reich. Berlin wurde zunehmend mit der *„Asphaltliteratur"* und Dekadenz assoziiert. Antistadteffekt und Antipreußengefühle konnten bei der Provinzintelligencija in vielen kleineren Städten Deutschlands eine Verbindung eingehen.[35]

Preußens Vorbildwirkung in der außerpreußischen Literatur war von einem Gemisch aus Bewunderung und Abscheu getragen. Gelegentlich mischte sich auch überlegener Spott in die Beurteilung, wie sie Minna von Barnhelm (IV.6) „über die wilden unbeugsamen Männer, die immer nur ihr stieres Auge auf das Gespenst der Ehre heften", äußerte. Tellheims hat es auch in anderen Territorialstaaten gegeben, aber der Preuße Tellheim in seiner donchijottesken Antiquiertheit war in Minnas Sachsen als Typ seltener.

Eine preußische Literatur hat es als Ganzes nicht gegeben. Die preußischsten Schriftsteller haben an Preußen gelitten, selbst wenn sie wie Kleist im Prinzen von Homburg preußische Staatsraison dichterisch verklärten. Der Prinz von Homburg nahm den Tod trotz seines Sieges gehorsam an: „Nun, oh Unsterblichkeit, bist du ganz mein!" Die Abschaffung Preußens durch das Kontrollratsgesetz von 1947 wurde von Preußen – auch nach der Wiedervereinigung – nicht in Frage gestellt. Wie im Prinzen von Homburg wurde der Tod Preußens als Strafe für historische Verfehlungen preußisch-gehorsam akzeptiert.

Der Preuße Kleist hat unter seinem Land als Intellektueller gebührend gelitten. Sein publizistisches Engagement in den „Berliner Blättern" galt nach eigener Werbung der „Unterhaltung..." und der „Beförderung der Nationalsache überhaupt".[36] Schon bei ihm sprengte das Nationale den Rahmen Preußens als Bezugspunkt. Die Scham über Preußens unrühmliche Rolle im Kampf gegen Napoleon mag bei dieser Akzentverschiebung der nationalistischen Intellektuellen des Befreiungskrieges eine Rolle gespielt haben.

Fontane kultivierte mehr das Bild des Märkers als das des Preußen. Sein gelegentlich sehr kritisches Preußenbild verklärte sich in der Spätzeit aufgrund des Getöses der neudeutschen Metamorphose Preußens. Wie es im Stechlin ausgedrückt wurde: „besinnt er sich und kommt er zu der Ansicht, daß das alte Preußen mit König und Armee, trotz seiner Gebresten und altmodischen Geschichten, doch immer noch besser ist als das vom neuesten Datum!"[37]

Neben der preußisch-kritischen Tradition gab es die unkritische, wie Körner und die Dichter des Befreiungskampfes sie vertraten. Preußen zehrte damals auch für nicht-preußische Autoren von dem Ruhm des „Befreiers Deutschlands vom napoleonischen Joch". Diese Literatur war weniger preußisch als Vorbote eines nationalen Schwulstes, wie er sich nach der Reichsgründung ausbreitete. Damit wurde jene literarische Tradition begründet, die Nietzsche später die „Extirpation des deutschen Geistes zugunsten des deutschen Reiches" nannte.

5) Die preußische Universität – die einzige Modellwirkung Preußens in der Kultur

Die Ideologie vom preußischen Geistesstaat stützte sich entweder auf die Amts-auffassung, von pietistischer Deutung des Luthertums kräftig geprägt, oder kon-kreter auf die führende Rolle, die Preußen im Bildungswesen erlangte. Kulturel-ler Ruhm kompensierte den politischen Verruf.[38]

Am Anfang der preußischen Aufklärung stand die Universität Halle, jene seltsame Mischung aus Thomasius-Wolff'schem Rationalismus und Francke-schem Pietismus, die typisch für das preußische Staatsethos werden sollte. Noch die Ambivalenz von Staatsfrommheit und friedlicher Opposition in der DDR 1989 kann sie durch ihre Fernwirkung erklären helfen. Der Pietismus verstand sich als Vollendung des Luthertums, obwohl er orthodoxen Konsistorialräten gelegentlich nahe an einer häretischen Ketzerei schien.

Die Veräußerlichung der lutherischen Gnadenlehre, die der Welt ihre „fleischliche Sicherheit" gab, sich in einer „verderbten Welt behaglich einzurich-ten", weil die Kirche die Sündenvergebung organisierte, ohne zu einer Grundkri-tik dieser Welt vorzustoßen, wurde zum Impetus für eine scharfe Sozialkritik des Pietismus. Im Gegensatz zum Mystizismus führte er zu einem Engagement in dieser Welt im ständigen Kampf gegen ihre Gebrechen[39]. Zwischen dem Luther-tum der Massen und dem calvinistisch-reformierten Königshaus bot sich der aufgeklärte Pietismus als Dienstethos der preußischen Elite an, das Ausstrahlun-gen nach Sachsen und Mecklenburg hatte.

Führend wurde das preußische Bildungssystem erst mit der Niederlage von 1806. Der Preuße Friedrich Engels, nicht als Bewunderer seines Landes be-kannt, lobte an Preußen zwei Dinge: „zwei gute Einrichtungen hatte Preußen vor andern Großstaaten voraus: die allgemeine Wehrpflicht und den allgemeinen Schulzwang ... und damit erhielt sich Preußen die Möglichkeit, die in der Volks-masse schlummernde potentielle Energie eines Tages in einem Grade zu entfal-ten, der für eine gleiche Volkszahl anderswo unerreichbar blieb".[40]

Dieses Lob galt schon für das Preußen vor den Reformen. Mit der Nieder-lage von Jena 1806 kam es zur Besinnung auf eine notwendige Staatsreform. Humboldt verstand seine Bildungsreform als einen Teil derselben. 1809 schrieb er in einer Denkschrift an den König: „Weit davon entfernt, daß das Vertrauen, welches ganz Deutschland damals zu dem Einflusse Preußens auf wahre Aufklä-rung und höhere Geistesbildung hegte, durch die letzten Ereignisse gesunken sei, so ist es vielmehr gestiegen".[41]

Die renommierte Universität Halle war Preußen verloren gegangen. Die verbleibenden Universitäten hatten keinen erstklassigen Rang, Professoren wenig Sozialprestige und waren ständig auf Nebeneinnahmen angewiesen. Die Studen-ten neigten zum Randalieren und waren wenig vorgebildet. Es gab noch keine Hochschulreife als Eingangsvoraussetzung für die Universität.

Humboldt hatte 1809 noch keine politisch klare Vorstellung über seine Aufgabe. Das Milieu war ihm fremd, Professoren konnte er nicht ausstehen: „die unbändigste und am schwersten zu befriedigende Menschenklasse – mit ihren sich ewig durchkreuzenden Interessen, ihrer Eifersucht, ihrem Neid, ihrer Lust zu regieren, ihren einseitigen Ansichten, wo jeder meint, daß nur sein Fach Unterstützung und Förderung verdiene".[42]

Das *neuhumanistische Ideal* hinter der Neugründung der Berliner Universität unterschied sich von den üblichen Modellen, die von einer *französischen Fachhochschule* oder einer *altdeutsch-ständischen Korporation* beherrscht wurden. Wissenschaft als selbstständige Reflexion, als Selbstzweck ohne Fremdbestimmung, geschützt gegen die Imperative der Politik, sowohl von Seiten des Staates als auch den Zumutungen neuer sozialer Bewegungen an die Wissenschaft, war ein Novum in der Geschichte der Wissenschaft. Das neue Modell wurde zuerst in der preußischen Provinz zwischen Bonn und Breslau getestet, und nach Erweis seiner Erfolge breitete es sich auch außerhalb Preußens bis Heidelberg oder Freiburg aus. *Wertfreiheit* als innerweltliche Askese hatte einen protestantischen Zug, und war nicht ohne Bezug zum preußisch-kantischen Ethos. Dem deutschen Professor gelang die Quadratur des Zirkels: für den Verzicht auf seine Agitationsfreiheit als freischwebende Intelligencija wurde er beamtet, staatlich alimentiert und in einer gemäßigt-kritischen Funktion geschützt. Im Vormärz erfaßte die Gesinnungspolizei freilich noch die Hochschulen, obwohl Altenstein durch Passivität oft das Schlimmste verhinderte. Ein Radikaler wie Arnold Ruge konnte sich bereits ein Jahr nach seiner Entlassung aus der Festung Kolberg, wo er fünf Jahre wegen burschenschaftlicher Konspiration verbüßt hatte, habilitieren.

Nicht die privilegierte Stellung des Professors war das bemerkenswerte an der preußischen Innovation, sondern der Paradigmawandel von einer *Universität der Subjekte* – ständischer Gruppen – zu einer *Wissenschaft der Objekte*, der Forschungsobjekte, die im modernen Anstaltsbetrieb ihre Eigendynamik entwickelten.[43]

Auch früher gab es natürlich Berufungen von weit her. Pufendorf zog von Heidelberg nach Lund, um seine Revenuen zu verbessern und sich in den Sold einer ideologischen Macht zu stellen, die seinen Anschauungen entsprach. Aber die Versachlichung der Wissenschaft und des modernen Anstaltsbetriebes beförderte erst die neue horizontale Mobilität. Sie wurde zum Vehikel der Ausbreitung der preußischen Konzeption in den deutschsprachigen Ländern: „Sie haben keine Heimat, kein Heimatgefühl, keine Anhänglichkeit an ein Land, sie sind Kosmopoliten, d.h. sie gehen der Ehre nach und dem Gelde. Wer ihnen am meisten bietet, der hat sie".[44]

Die Ablösung der Gelehrten von Stand und Region entsprach der preußischen Staatsräson. Des „Königs Rock" als Leitmaxime war für die Beamten in Verwaltung und Erziehung auch die Tarnung einer Entwurzelung. Wer sich gerade in Koblenz eingelebt hatte, konnte rasch nach Elbing versetzt werden. Diese Mobilität, die an den Grenzen Preußens jedoch nicht halt machte, führte – gegen die Absicht der Förderer der kosmopolitischen Idee Humboldts – zur Lockerung der staatlichen Loyalität und zur Orientierung an einem gesamtdeutschen Bild des Staates, das Preußen transzendierte. War diese preußisch-deutsche Universität einerseits ein Elfenbeinturm, so besaß sie andererseits im Gegensatz zu den westeuropäischen Ländern eine breitere Ausstrahlung auf die bürgerliche Gesellschaft und spielte als Sinnproduzent eine zentralere Rolle als die freie Publizistik und der literarische Betrieb in den Medien.

Trotz der integrierenden Kraft der preußischen Kulturpolitik ist der Begriff als Retrojektion späterer Vorstellungen von Kulturpolitik gewertet worden. Es ist kein Zufall, daß dem Ministerium Altenstein die Sektion „Kunst, Museen" nicht angegliedert wurde. Eine planmäßige Kulturförderung wurde in Preußen nicht angestrebt, sondern überwiegend der Gesellschaft überlassen. Das Ministerium verwaltete unverbundene Aggregate bis hin zur Medizinalpolitik - ohne jede Konzeption einer modernen integrierenden Kulturpolitik.[45)]

6) Preußen als Kulturerbe?

Preußen ist politisch tot. Es gehört der Vergangenheit an, das hat der Präsident der Stiftung preußischer Kulturbesitz nicht anders gesehen. Als ein Artefakt der Staatskunst eignet Preußen sich nicht zur Restauration.[46)] In seinem wehmütigen „Abschied von Preußen" war Wolf Jobst Siedler bereit, Preußen als „die Summe" zu zahlen, die Deutschland mit Europa aussöhnen könnte.[47)] Die Nostalgiewelle in den 80er Jahren blieb aufgesetzt im Ausstellungsrummel. Die Preußennostalgie erlangte kaum ernsthafteren Aktualitätsbezug als die Staufer-Ausstellung verbreitet hatte.

Von Preußen hatte nur der unverdrossene Streiter für das andere, konservative Preußen, der Erlanger Hans Joachim Schoeps angenommen, daß sein Wiedererstehen mit dem Tag der Wiedervereinigung aktuell werden könnte.[48)]

Die tragenden Kräfte der Wiedervereinigung schlossen sich dem Urteil nicht an, daß über Deutschland ohne Preußen zu reden sich nicht lohne. Es gab Pläne in der Regierung de Maizière zwei oder drei Bundesländer aus der DDR zu machen. Die Dreiländervariante hätte mit den ehemals preußischen Gebieten von Naumburg bis Greifswald identisch sein können. Aber niemand hat ernsthaft erwogen, diesem Gebilde den Namen „Preußen" wiederzugeben. Es gibt keinen Grund zur Wiederbelebung des Namens in Deutschland, das das alte Ordensland nicht mehr umfaßt. Auch bei friedlichsten Absichten könnte eine solche Benennung eines Bundeslandes in Polen nur mißverstanden werden.

Die Länder haben mit großen Bedenken 1957 der Stiftung preußischer Kulturbesitz zugestimmt. 1989 schienen die Tage der Institution gezählt. Im Frühjahr 1992 haben die Länder sich bis Ende 1994 auf eine Lösung geeinigt. Ein erneuter Konsens sicherte einen Betrag von jährlich 60 Millionen DM von 1995-1999 von Seiten der Länder, der jedoch schon 1995 nur etwa ein Viertel des Budgets abdeckt. Bayern dachte für das kommende Jahrzehnt an eine Stiftung, die vom Land Berlin getragen wird. Vorerst aber erscheint das Provisorium gerettet.[49)]

Rein äußerlich verschwände die letzte Institution, die an das staatliche und geistige Preußen gemahnt, wenn die Stiftung umgewandelt würde. Zwei westdeutsche Universitäten in Bonn und Münster tragen noch den Namen ihrer preußischen Gründer. Arnulf Barings Vorstellung, die „Friedrich-Wilhelms-Universität" müsse wieder hergestellt werden, und die „Freie Universität" habe ihre Funktion erfüllt, blieb belächelte Außenseitermeinung.

Preußen lebte fort unterhalb der Ebene der Hochkultur in den Namen von Fußballvereinen und maroden Großunternehmen. Paradoxerweise vor allem in den rheinisch-westfälischen Gebieten, die sich einst als „Mußpreußen" definierten.

Dem Präsidenten der Stiftung Preußischer Kulturbesitz fielen zum „lebendigen Erbe" noch der Johanniter Orden, mit einem preußischen Prinzen als Herrenmeister, und der Orden "Pour le Mérite" ein, den der erste deutsche Bundespräsident wieder entstehen ließ. Beide Einrichtungen prägen nicht eben das kulturelle Geschehen großer Massen.

Preußische Symbole spielen eine Rolle in der Debatte um den Aufbau der Stadtmitte Berlins. Aber es gibt nur wenige Befürworter eines Wiederaufbaus des Hohenzollern-Schlosses aus dynastischer Wehmut. Gewichtiger sind die Argumente zugunsten der Wiederherstellung der alten Dominante in einem städtebaulich durch die DDR verkorksten Zentrum.

Dem Begriff „preußisch" ist die Fähigkeit geblieben, als Schimpfwort oder Ehrentitel in Eigenschaftswörtern fortzuleben. Vergessen wurde vielfach: Zu Preußen gehörte auch das „rote Preußen" des Ministerpräsidenten Otto Braun, das die deutsch-nationalen Preußen gern verdrängten. Selbst Spengler vereinnahmte großzügig und voller Bewunderung den Sachsen August Bebel zum Beleg für die Tugenden Preußens.

Deutschlands Sonderweg ist beendet. Mit dem antiparlamentarischen deutschen Konstitutionalismus hat Preußen die Entwicklung zur parlamentarischen Demokratie um hundert Jahre verzögert. Aber gegen die Legendenbildung muß gesagt werden, daß auch Österreich, Bayern und andere Territorien sich an der Ideologie des deutschen Sonderweges in ihrer Verfassungsentwicklung beteiligten. Deutschland soll ein Land wie andere werden. Die größte Metropole als Hauptstadt zu wählen, erscheint mir als Schritt in diese Richtung, denn eine zivile Gesellschaft hat in Berlin nicht weniger geistige Anknüpfungspunkte als in Bonn. Berlin wird keine leichte Hauptstadt sein. Der Genius loci ist auf der größten Baustelle Europas schon allerorten präsent – in einer Stadt, die schon in preußischer Zeit dazu verurteilt war – immer zu werden und nie zu sein (Scheffler).

Auch die größten preußischen Architekten – wie Schinkel – haben sich daran beteiligt, Berlin in jeder Generation bis zur Unkenntlichkeit umzubauen. Dies wird Berlin auch in den 90er Jahren nicht erspart bleiben. Die Wahl Berlins als Hauptstadt ist ein Symbol der vierzigjährigen Teilung Deutschlands – kein

Symbol der Frontstellung Preußens gegen die „süddeutsche Zuchtlosigkeit" (Bismarck). Zuchtlosigkeit wird heute von Konservativen eher in Berlin vermutet. Aber es kann dem neuen Deutschland nichts schaden, wenn die Regierung das „Raumschiff Bonn" verläßt, und den sozialen Problemen, welche die Vereinigung nach sich zieht, ins Gesicht schaut.

Preußen war in seiner Glanzzeit kein einheitliches kulturhistorisches Gebilde. Es eignet sich daher allenfalls zur Mystifizierung einer versunkenen „politischen Kultur". Diese hatte ihre Meriten in einer Zeit des Spätabsolutismus im Vergleich zu anderen Formen des Absolutismus. Demokratisch aber war sie nicht.

Beschworen wurde Preußen immer nur von konservativen Kräften. Die Alliierten, die Preußen für aufgelöst erklärten, gingen von einer Kontinuität von Preußen zum Nationalsozialismus aus. Sie verkannten, daß der Nationalsozialismus nur in seiner Konsolidierungsphase das Preußentum als Legitimationsformel einsetzte. Die Trümmer der Garnisonskirche kostete der Händedruck von Hitler und Hindenburg in der DDR das Leben. Seit 1935 wurde von der NS-Propaganda auf Preußen kaum noch rekurriert. Es war eher der Widerstand, der sich nun auf Preußen berief. Trotz aller Mythenbildung muß gesagt werden, daß der Widerstand gegen Hitler vielfach tief konservative Züge trug. So mancher in Moltkes Kreisauer Kreis stand Ideen des Ständestaats näher als denen der parlamentarischen Demokratie, wie Hans Mommsen gegen scharfe Kritik betroffener Familien überzeugend vertreten hat.[50] Preußen wird wohl auch künftig dazu verurteilt bleiben, von konservativen Kräften als gesunkenes Kulturgut angeeignet und mehr benutzt als verstanden zu werden.

Anmerkungen:

1) Ulrich Scheuner: Der Staatsgedanke Preußens. Köln, Graz, Böhlau, 1965, S. 3ff.

2) Paul Pfizer: Der Briefwechsel zweier Deutschen. Tübingen 1831, Neuauflage Berlin, Behr, 1911, S. 164f.

3) Oswald Spengler: Preußentum und Sozialismus. München, Beck, 1919, 1924, S. 27ff.

4) vgl. Rudolf von Thadden: Fragen an Preußen. München, Beck 1981, Kap. 5: Wie deutsch war Preußen? zit. nach Christian Graf von Krockow: Warnung vor Preußen. Berlin, Severin & Siedler, 1981, S. 70.

5) Otto von Bismarck. Die gesammelten Werke – Reden, Bd. 10, 1847-1869, bearbeitet von Dr. Wilhelm Schüßler, Berlin, Otto-Stollberg Verlag, 3. Auflage, 1928, S. 40.

6) Sebastian Haffner: Preußens kurze Geschichte. Ders. in: Im Schatten der Geschichte. Stuttgart, DVA 1985, S. 29.

7) Grünhagen: Schlesien unter Friedrich dem Großen. Breslau, Hirth, 1890, S. 35.
Heinz Kathe: Preußen zwischen Mars und Musen. Eine Kulturgeschichte von 1100 bis 1920. München, Koehler & Amelang, 1993, S. 158.

8) Herbert Ewe (Hrsg.): Geschichte der Stadt Stralsund. Weimar, Böhlau, 1985, S. 234.

9) Eduard Gans: Beiträge zur Revision der preußischen Gesetzgebung. Berlin 1832, S. 289

10) Hans-Ulrich Wehler: Preußen ist wieder chic ..., Frankfurt a.M., Suhrkamp, 1983, S. 26.

11) Krockow, a.a.O., S. 105.

12) Otto Büsch: Preußenbild in der Geschichte. In: Ders./Wolfgang Neugebauer (Hrsg.): Moderne Preußische Geschichte – 1648-1947. Berlin, de Gruyter, 1981, Bd. 1, S. 3.

13) G.F.W.Hegel: SW, neu edierte Ausgabe auf der Grundlage der Werke von 1832-45, Frankfurt am Main, Suhrkamp 1971, 1980, Bd. 18, S. 12

14) Reinhard Koselleck: Preußen zwischen Reform und Revolution. Stuttgart, Klett, 1967, S. 400.

15) Madame de Staël: De l'Allemagne. Paris, Firmin-Didot, o.J.,S. 82.

16) Henri Brunschwig: Gesellschaft und Romantik in Preußen im 18. Jahrhundert. Berlin, Ullstein, 1976, S. 11ff.

17) Josef Freiherr von Eichendorff: Werke. München. Winkler, 1970, Bd.1, S. 902.

18) Voltaire: Über den König von Preußen. Frankfurt, Insel, 1981, S. 30.

19) Friedrich Novalis: Schriften. Jena, Eugen Diederichs, 1923, Bd. 2, S. 148ff.

20) Thomas Stamm-Kuhlmann: König in Preußens großer Zeit. Friedrich Wilhelm III, der Melancholiker auf dem Thron. Berlin, Siedler, 1992, S. 511ff.

21) Hannelore Gärtner (Hrsg.): Schinkel-Studien, Leipzig, Seemann, 1984, S. 26.

22) Koselleck, a.a.O., S. 343.

23) Albert von Hoffmann: Das deutsche Land und die deutsche Geschichte. Stuttgart, DVA, 1923
Grisebach: Die Kunst der deutschen Stämme und Landschaften. Wien, Neff, 1946.

24) Baukunst in Brandenburg. Köln, DuMont 1992, S. 13.

25) Robert von Mohl: Lebenserinnerungen. Stuttgart, DVA, Bd.2, S. 400.

26) Hans-Jürgen Puhle: Preußen, Entwicklung und Fehlentwicklung. in: ders./ Hans Ulrich Wehler (Hrsg.): Preußen im Rückblick. Göttingen, Vandenhoek & Ruprecht, 1980, S. 37.

27) Hans-Joachim Giersberg: Friedrich als Bauherr. Berlin, Siedler, 1992, S. 40

28) Paul Ortwin Rawe: Schinkel als Beamter. In: Karl Friedrich Schinkel, Architektur, Malerei, Kunstgewerbe. Berlin, Verwaltung der staatlichen Schlösser und Gärten, 1981, S. 75-94.

29) Werner Szambier: Karl Friedrich Schinkel. Basel, Birkhäuser, 1990, S. 110. Ludwig Persius: Das Tagebuch des Architekten Friedrich Wilhelm IV. Berlin, DKV, 1980.

30) Baukunst in Brandenburg, a.a.O., S. 118f.

31) Koselleck, a.a.O., S. 231.

32) Heinrich von Treitschke: Historische und politische Aufsätze. Leipzig, Hirzel, 1918. 8.Aufl. Bd.2, S. 68ff.

33) Frank Lothar Kroll: Friedrich Wilhelm IV und das Staatsdenken der deutschen Romantik. Berlin, Colloqium Verlag 1990, S. 34.

34) Carl Gottlieb Svarez: Vorträge über Recht und Staat. Köln, Westdeutscher Verlag 1960, S. 468ff, 599ff.

35) vgl. Klaus von Beyme: Hauptstadtsuche, Frankfurt a.M., Suhrkamp, 1991, Kap.2.

36) Heinrich von Kleist: Sämtliche Werke. München, Droemer, 1952, S. 871.

37) Theodor Fontane: Der Stechlin. Werke. Bd.13, München, Nymenburger, 1969, S. 382.

38) Thomas Nipperdey: Preußen und die Universität. In: Dietrich Erdmann u.a. (Hrsg.): Preußen – Seine Wirkung in der deutschen Geschichte, Stuttgart, Klett-Cotta, 1982, S. 65.

39) Carl Hinrichs: Der Hallesche Pietismus als politisch-soziale Reformbewegung des 18. Jahrhunderts. In: Büsch/Neugebauer, a.a.O. Bd. 3, S. 1296ff.

40) Marx/Engels: Werke. Bd.21, Berlin, Dietz, S. 422.

41) Wilhelm von Humboldt: Werke. Bd.4. Darmstadt, Wissenschaftliche Buchgesellschaft 1964, S. 113.

42) von Sydow (Hrsg.): Wilhelm und Caroline von Humboldt. Berlin, Mittler, 1909, Bd.3.
Georg Kotowski: Wilhelm von Humboldt und die deutsche Universität. In: Büsch/Neugebauer a.a.O. Bd.3, S. 1351.

43) Pierangelo Schiera: Laboratorium der bürgerlichen Welt. Deutsche Wissenschaft im 19. Jahrhundert. Frankfurt a.M., Suhrkamp, 1992, S. 38.

44) Busch: Geschichte der Privatdozenten. Göttingen, Vandenhoek & Ruprecht, 1959, S. 49.

45) Walter Jaeschke: Politik, Kultur und Philosophie in Preussen. In: Otto Pöggeler/Annemarie Gethmann-Siefert (Hrsg.): Kunsterfahrung und Kulturpolitik im Berlin Hegels. Bonn, Bouvier, 1983, S. 29-48, hier S. 30.

46) Werner Knopp: Versunkener Staat, lebendiges Erbe. Köln, Bachem, 1980, S. 28.

47) Wolf Jobst Siedler: Abschied von Preußen. Berlin, Siedler, 1991, S. 16.

48) Hans Joachim Schoeps: Das war Preußen. Honnef, Peters, 1955, S. 286.

49) Christoph Oellers: Stiftung Preußischer Kulturbesitz. Föderalismus in der Sackgasse? Das Parlament, 1994, Nr. 32/33, S. 9.

50) Hans Mommsen: Gesellschaftsbild und Verfassungspläne des deutschen Widerstandes. In: H. Buchheim/W. Schmitthenner (Hrsg.): Der deutsche Widerstand gegen Hitler. Köln, 1966, S. 73-167.

2) Die nationale Identität der Deutschen in Geschichte und Gegenwart

Nationen sind zunächst erdachte Konstrukte. Die als *objektiv* vorgestellte Nation ist weitgehend eine Fiktion. Die *subjektive Perzeption* der Bürger, die an die „erdachte Nation" glauben, kann die Nation auf die Dauer durch die psychischen Prozesse von Inklusion der Angehörigen der Binnengruppe und durch *Exklusion* der „Fremden" eine objektive Realität verschaffen. Die Nationsbildung wurde durch eine soziale Bewegung um 1800 in ganz Europa mächtig vorangetrieben. In Deutschland war sie anfangs eine reine Intellektuellen-Bewegung. Sie erlangte aber die Qualität einer Massenbewegung im Laufe des Jahrhunderts.

„Eine Nation ist eine Gruppe von Menschen, die durch einen gemeinsamen Irrtum hinsichtlich ihrer Abstammung und eine gemeinsame Abneigung gegen ihre Nachbarn geeint ist".[1] lautet eine ironische Definition, die Karl Deutsch, einer der Pioniere der Erforschung des Nationalgefühls, einem Standardwerk voranstellte. Diese Gefühle der Inklusion der deutsch Sprechenden und der Exklusion der Nichtdeutschen sollen anschließend etwas genauer beleuchtet werden.

1) Die Schwierigkeiten der nationalen Identitätsfindung der Deutschen

Der Irrtum hinsichtlich einer gemeinsamen Abstammung war im deutschen Nationalismus noch ausgeprägter als bei anderen Völkern. Erst nach 1945, als ein westdeutscher Teilstaat zunehmend verfassungspatriotisch akzeptiert wurde, hörten Historiographie und Publizistik auf, an der nationalen Mythenbildung zu wirken, wie einst die Romantik, die borussische Geschichtsschreibung und schließlich die völkische Publizistik. Drei Faktoren erschwerten die Identitätsbildung der Deutschen im Vergleich zu anderen Nationen:

(1) Deutschlands Geschichte wies *keine staatliche Kontinuität* auf. Das Reich, „monstro simile", wie Pufendorf im Kampf für die Souveränität der Territorialstaaten im Reich sich ausdrückte, mußte erst von außen zerschlagen werden, ehe die Deutschen endgültig von übernationalen Integrationsideen abließen. Dies geschah jedoch zu einer Zeit, da für die Transformation des konföderativen Reichsgebildes in einem modernen Nationalstaat keine Möglichkeit bestand. Die europäische Ordnung, die Metternich nach der Ära der französischen Revolution schuf, relativierte Deutschland auf einen geographischen Begriff. Alte Nationen wurden von der Landkarte weiterhin gestrichen, wie Polen. Neue Nationen, wie das Königreich der Niederlande, das auch die französisch sprechenden Wallonen einem harten Niederländisierungsdruck aussetzte, wurden in ahistorischer Weise auf dem Wiener Kongreß geschaffen. Die deutschsprachige Mitte war zu klein, um eine übernationale Hegemonie dauerhaft auszuüben. Sie war hingegen zu

groß, um als Nationalstaat für das Fünfmächtekonzert der Pentarchie tragbar zu erscheinen. Die beiden umfassendsten Friedensordnungen der Neuzeit, der Westfälische Frieden von 1648 und die Ordnung des Wiener Kongresses von 1815 mußten im Interesse des Gleichgewichts die Entstehung eines deutschen Nationalstaats verhindern.[2]

Erst mit der zweimaligen Amputierung des Reichsgebiets und einer Schrumpfung der Bevölkerung in den beiden Wartesälen nach 1945 war Deutschland hinreichend klein geworden, um nationsfähig zu erscheinen. Noch besteht ein leichtes demographisches Übergewicht der Deutschen in Europa, aber es ist tolerabel, solange die Deutschen aus ihrer Zahl keine höhere Repräsentation in europäischen Institutionen ableiten.

Im Kampf gegen Napoleon konnte der aufkeimende deutsche Nationalismus einen äußeren Schuldigen finden: den Diktator in Paris. Nach Waterloo aber waren es deutsch sprechende Politiker, vor allem in Österreich und Preußen, die an der Verhinderung der deutschen Nationsbildung im Interesse ihrer Dynastien mitwirkten. Das Bismarck-Reich schloß viele deutschsprachige Gebiete aus. Es mißfiel daher den legitimistischen Konservativen nicht weniger als den Großdeutschen. Ernst Moritz Arndts ermüdende Aufzählung in dem Lied „Was ist des Deutschen Vaterland?" enthielt außenpolitischen Sprengstoff. Hoffmann von Fallerslebens Deutschland-Lied mit Grenzvermutungen „von der Maas bis an die Memel, von der Etsch bis an den Belt" ist an keiner der vier Stellen mehr Realität im geschrumpften Deutschland. Weder das erste, noch das zweite, und schon gar nicht das Dritte Reich konnten unwidersprochen der Mythenbildung eines deutschen Nationalstaates dienen. Nach 1945 gab es noch einige Ideologen im Abseits, die schon Karl den Großen als Deutschen in Anspruch nahmen. Selten aber geschah das mit der gleichen Unbekümmertheit, mit der Karl noch heute vielfach als Franzose vereinnahmt wird. Grenzverläufe nach der karolingischen Zeit werden in Frankreich gelegentlich noch immer als ungerecht gebrandmarkt: „10. Jahrhundert: ein Dynastiewechsel in „Germanie" führte für 700 Jahre zur völligen Lösung des Elsaß von Frankreich". Deutschland gab es noch nicht. „Germanie" ist eine neutrale und korrekte Umschreibung. Aber „la France" ist bereits völlig präsent. Der Satz stammt nicht aus einem chauvinistischen Pamphlet, sondern aus dem Michelin-Führer über das Elsaß. Solch ahistorischer Unsinn existiert in Büchern des „lunatic fringe" auch bei uns, aber schwerlich würde er in die 22. Auflage eines weitverbreiteten Werkes geraten.[3]

Auch andere Nationalstaaten haben Gebiete mit abweichenden Ethnien gewaltsam integriert: Bretonen und Occitanier, Walliser und Schotten, Katalanen und Basken. Deutschland verdrängte die Elb- und Oder-Slawen aus seiner Geschichte. Aber nur in Deutschland blieb trotz aller nationalistischer Sündenfälle der Historiographie das Bewußtsein erhalten, daß Sachsen, Franken und Alemannen nicht ex tunc eine Einheit bildeten. Bis zum Niedergang der Hanse hätte man sich einen niederdeutschen Staat von Brügge bis Danzig vorstellen können, der sich dem Einfluß des Reiches und der sächsischen Hofkanzleisprache entzieht und eine eigene politische Einheit gewinnt.

Die erste deutsche Nationalstaatsbildung im Kaiserreich war nicht von Anfang an erfolgreich. Die Integration dauerte etwa 25 Jahre und schien erst in den 1890er Jahren einen konsolidierten Nationalstaat auszuweisen, abgesehen von Elsässern und Polen.[4] Diese Erfahrung sollte uns nach 1990 nicht allzu ungeduldig im Hinblick auf die innere Nationsbildung werden lassen. Sozialdemokraten und Ultramontane, die ihre Identitätsfindung international suchten, blieben von diesem Konsens auch nach 1890 noch weitgehend ausgeschlossen. Für die zweite Integration der Deutschen muß man froh sein, daß die postkommunistischen Parteien heute keine „Internationale" mehr mobilisieren können.

Bei der deutschen Mythenbildung über den gemeinsamen Ursprung der Nation war mehr „erdachte" als „erlebte" Geschichte im Spiel. Als die deutschen Humanisten der frühen Neuzeit – pikanter Weise waren es damals vor allem Elsässer, die sich in ihrem Deutschtum gefährdet sahen – an den Mythen der deutschen Nationswerdung wirkten, waren die meisten Kontinuitätsmythen schon an andere Völker vergeben: der Mythos einer trojanischen Neugründung, die Kontinuität zu griechischen Siedlungen oder der römischen Reichsidee. Da kam die Entdeckung einer Abschrift des Tacitus in einem nordhessischen Kloster gerade recht, um die Mythenlücke durch Tacitus' Germanen-Legende zu füllen.[5]

(2) *Die subjektive Verarbeitung der nationalen Heterogenität und Diskontinuität* entsprach der objektiven Lage. Der Nationalismus entstand in allen Ländern, als die alte religiös fundierte *societas civilis* dem Ansturm revolutionärer Modernisierung erlag und die Einheit von religiöser und politischer Legitimation der Staaten zerfiel. Die „Verflüssigung der sozialen Beziehungen" seit 1789[6] nötigte die Intellektuellen zur Suche nach neuen Integrationsideen. Die Nation nahm vielfach den Platz religiöser Identitätsfindung ein. Der *Patriotismus der Aufklärung* vor der französischen Revolution war noch stark an der Staatsidee des aufgeklärten Absolutismus orientiert und enthielt noch kosmopolitische Elemente. Die Ideologisierung der Parteiungen ließ den Patriotismus zum ideologischen Nationalismus mit starken Tendenzen der Ausgrenzung des Fremden werden. Die Idee der Kulturnation, die in Deutschland mangels Möglichkeiten zur politischen Nationalstaatsbildung eine Tröstungsphilosophie der Intellektuellen gewesen war, radikalisierte sich. Sie wurde trivialisiert, verdinglicht und politisiert. Dies geschah während des 19. Jahrhunderts in drei Wellen:

(a) *In der romantischen Volksidee.* Soweit sie von Herder beeinflußt war, enthielt sie die gleichwertige Anerkennung anderer Völker und das selbstkritische Bewußtsein, daß „mehrere Nationen, am meisten aber die vom deutschen Stamme" sich hart an den kleinen Völkern, vor allem an den Slawen, versündigt hatten.[7] Potentiell gefährlich blieb die mystifizierende Ausschließlichkeit des romanistischen Nationsbegriffes, welche der Nation eine Art „primordialer Geltung" zuschrieb.[8] Aggressiven Sprengstoff mußte eine solche Konzeption entwickeln, wenn sie sich mit Fichtes Vorstellung verband, die großen Nationen hätten ein Recht auf ihre „natürlichen Grenzen". Diese wurden nicht nur militärisch sondern auch wirtschaftsgeographisch definiert und überdehnt.[9] Noch gefährlicher wurde diese Konzeption in Verbindung mit der Hegelschen Geschichtsteleologie. Sie räumte im Gegensatz zu Herder den historischen Staatsnationen einen Vorrang gegenüber den nicht historischen und a-staatlichen Völkern. Selbst bei Marx und Engels hat diese Konzeption dazu geführt, daß viele kleine Völker – selbst die einst mächtigen Tschechen – auf den Aussterbe-Etat gesetzt worden sind. Die Inklusion der Kleinen hat die Exklusion der Bürger anderer großer Konkurrenznationen noch zugespitzt.

(b) *In der borussischen Historiographie* verbanden sich Theorien des Machtstaates und der kleindeutsch verengten Nation zu einem aggressiven Gemisch.

(c) Die nationale Einheit, welche die Machtpolitik des wilhelminischen Preußen schließlich schuf, hat weder die traditionalen Legitimisten noch die radikalen Nationalisten befriedigt. Die Nationsidee wurde durch eine *rassisch-völkische Ideologie* noch zusätzlich verdinglicht.

Wie in anderen Ländern auch hat es in Deutschland eine *demokratische Konzeption der Nation* gegeben. Sie geriet durch die kriegerische Einigungspolitik Preußens ins Abseits. Selbst Italien – das mit Deutschland zum Typ eines *vereinigenden Nationalstaats* gehört, der dem integrierenden Modell in Westeuropa und dem *sezessionistischen Modell* in Osteuropa gegenübergestellt wurde – hat im Risorgimento-Nationalismus zugleich liberale und soziale Ziele verfolgt, vor allem bei Mazzini.[10] Selbst Cavour, der mit seiner Machtpolitik zum Architekten der italienischen Einheit wurde, hat die nationale Idee wenigstens mit der liberal-parlamentarischen Verfassungsidee verknüpft. Für diese Synthese hatte ein borussischer Nationalist wie Treitschke nur höhnische Herablassung übrig. Die italienische Einheit schien ihm gleichsam als das Nebenprodukt der preußischen Siege von Königgrätz und Sedan.[11] Die preußische Verdinglichung des Nationsbegriffs hat Deutschland bis zum Ersten Weltkrieg nicht wenig geschadet. Die völkische Verdinglichung der Nation führte im zweiten Weltkrieg sogar zum Untergang der deutschen Nation überhaupt. Die Kulturnation wurde erneut zur Tröstungsphilosophie der Einheitspolitiker.[12] Einige Historiker sind der Ansicht, der Begriff der Kulturnation sei gerade für die Deutschen unbrauchbar, weil die deutsche Kulturgemeinschaft stets einen größeren Umfang hatte als die deutsche Nation.[13] Aber dies gilt für die meisten historischen Nationen, Frankreich und Schweden nicht ausgenommen. Selbst Rußland ist nach dem Zerfall der Sowjetunion in diese Lage geraten. Präambeln sind trotz der ironischen Distanz der Realpolitiker vielfach die erfolgreichsten Artikel einer Verfassung. Die Präambel des Grundgesetzes hat dafür gesorgt, daß im Augenblick einer historischen Chance zur Vereinigung von den Politikern auch eine Verpflichtung zum Handeln gesehen wurde.

Die drei historischen Tendenzen zur Verdinglichung des Nationsbegriffs zu einer unausweichlichen objektiven Kategorie wirkten selbst im demokratischen System Westdeutschlands weiter. Bundeskanzler Schmidt hat in einer Rede zur Lage der Nation die Ansicht vertreten, die Deutschen könnten gar nicht darauf verzichten, zur deutschen Kulturnation zu gehören. Honecker und sein Regime gaben ein ebenso objektivistisch verdinglichtes Nationsverständnis als Echo zurück. Die Klassennation der DDR als „objektiver Fakt" bedurfte nur noch der Zustimmung der Westdeutschen, um die deutsche Einheit wieder herzustellen.[14]

Weniger harmlos als die Lebenslügen der Teilstaatsideologien waren die Folgen der Objektivisierung des Nationsbegriffs im *Staatsbürgerrecht*. Diese Objektivierung wurde übrigens nicht immer konsequent gehandhabt. Gegenüber den Elsässern wurde 1871 objektivistisch argumentiert: wer deutsch spricht, muß auch deutsch sein wollen, obwohl Rückert schon gesehen hatte, was er in die Invektive „Elsaß, du entdeutschte Brut" kleidete. Gegenüber den Polen und Kaschuben im Osten des Reiches hingegen schloß sich die nationalistische Ideologie dem Renanschen Begriff eines täglichen Plebiszits im subjektiven Nationsverständnis an: objektiv-völkisch waren die Polen nicht Deutsche. Da sie aber loyale Bürger Preußens waren, konnte man ihnen auch die Eingliederung in das deutsche Reich zumuten.

Im Staatsbürgerrecht hat selbst die Bundesrepublik diesen objektivistischen Zug im *jus sanguinis* erhalten. Es entstand in der kleinstdeutschen Lösung des Norddeutschen Bundes und in der kleindeutschen Lösung des Bismarck-Reiches jedoch nicht aus einem antiquierten Rassismus. Nicht *Exklusion* war der Sinn dieses Prinzips, sondern Inklusion, Zugangserleichterung für die ausgeschlossenen Deutschen in Süddeutschland und Österreich. Durch die zweifache Amputation des Reichsgebietes wurden die beiden deutschen Demokratien nach 1918 und 1949 daran gehindert, das Blutsprinzip aufzugeben, da sie die Inklusion der Deutschen außerhalb der enger gewordenen Grenzen zweier deutscher Teilstaaten offenhalten mußten. Mit der Wiedervereinigung entfiel diese Zwangslage. Es wird Zeit, nun schleunigst die westliche Lösung eines *jus soli* und seiner subjektiv-nationalen Implikationen rechtlich zu verankern.

(3) Das Gefühl nationaler Identität diente im Modernisierungsprozeß der europäischen Staaten der *Legitimierung des Staates*. Die Nationsidee ist jedoch nicht die einzige Legitimierungsgrundlage. Historisch gesehen begann die moderne Legitimation mit dem *Rechtsstaat*. Dieser verband sich mit dem *Nationalstaat*. Die Gleichheit der Bürger einer Nation drängte auf die Dauer zum *demokratischen Staat*. Nach dessen Verwirklichung entdeckten die sozial Unterprivilegierten, daß ihre Inklusion nur rechtlich und nicht sozial gemeint war. Der Ausbau des *Sozialstaates* wurde im 20. Jahrhundert zu einer weiteren Quelle der Legitimation. Alle modernen Staaten versuchten, eine prekäre Gleichgewichtslage zwischen den vier Säulen der Legitimation herzustellen. Der Sonderweg Deutschlands zeigte sich auch darin, daß jedes deutsche System eine gänzlich andere Legi-

timationsgrundlage betonte und – außer der Bundesrepublik – keines eine annähernde Balance der vier Säulen der Legitimation erreichte.

Typologie der Legitimierung von deutschen politischen Systemen

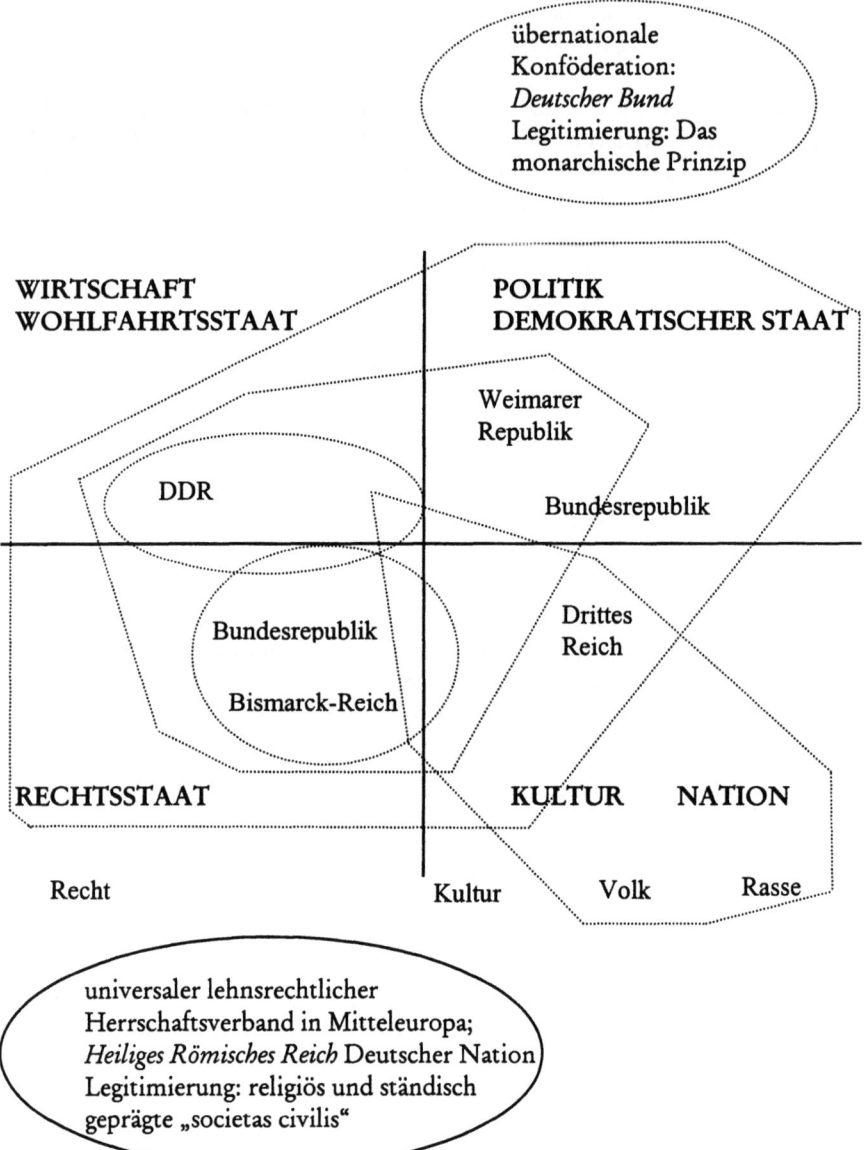

übernationale
Konföderation:
Deutscher Bund
Legitimierung: Das
monarchische Prinzip

WIRTSCHAFT
WOHLFAHRTSSTAAT

POLITIK
DEMOKRATISCHER STAAT

Weimarer
Republik

DDR

Bundesrepublik

Bundesrepublik

Drittes
Reich

Bismarck-Reich

RECHTSSTAAT

KULTUR   NATION

Recht

Kultur   Volk   Rasse

universaler lehnsrechtlicher
Herrschaftsverband in Mitteleuropa;
Heiliges Römisches Reich Deutscher Nation
Legitimierung: religiös und ständisch
geprägte „societas civilis"

Das sozialistische System der DDR ging daran zugrunde, daß es alle Legitimationsgrundlagen mit Füßen trat, und die Wohlfahrtsstaatlichkeit zwar stark betonte, aber mangels wirtschaftlicher Effizienz nicht auf westdeutsches Niveau bringen konnte. Die nationale Idee schien überwunden und doch konnte der demokratische Ruf „wir sind das Volk" zum Entsetzen aller Verfassungspatrioten in den Ruf „wir sind ein Volk" umschlagen, von Leipzig bis Kischinjow. Wo die wohlfahrtsstaatliche Komponente des Grundkonsenses unterentwickelt blieb, wie in den USA, hat die integrative Kraft der Einwanderergesellschaft bedenklich nachgelassen, und die ethnischen Gruppen flüchten sich zunehmend in eine Apartheidspolitik, nur gemildert durch die Rituale der *political correctness*". Der alte Chauvinismus der Gastnationen war auf Assimilation gerichtet. Heute betont er eher die Besonderheiten der Minderheits-Ethnien. Ein Hintergedanke dabei ist auch, die Ausgrenzbarkeit der Gruppe zu erhalten, damit sie bei knapper werdenden Resourcen definierbar und abschiebbar bleiben.

Die gemeinsame Abneigung gegenüber den Nachbarn ist für vergangene Epochen vor allem durch die Auswertung publizistischer Quellen nachzuweisen. Hunderte von „Bild-Arbeiten" im Dissertationsbetrieb haben dies in der Geschichte geleistet. Der erste Weltkrieg war ein Höhepunkt der Feindbildproduktion fast der gesamten Intelligenz der kriegführenden Länder. Sie ist vielfach beschrieben worden. Hier nur ein bizarres Beispiel aus einem seriösen und eigentlich unpolitischen Fach wie der Kunstgeschichte: die Gotik als „deutscher Stil" war bald nach Goethe kaum noch zu vermitteln. Die Deutschen verlegten sich im Wilhelminismus darauf, die Romanik als deutschen Stil zu mythisieren. Als Neuromanik mußte dieser Stil vom Posener Schloß bis zum Bahnhof in Metz dazu herhalten, die nicht-deutschsprachigen Reichsteile optisch zu germanisieren. Der Nestor der französischen Mediävisten schoß 1917 zurück: „Der deutsche Künstler ist der ehrbare Meistersinger von Nürnberg: er kennt alle Regeln der Kunst ... es fehlt ihm nur ein kleines Etwas: das Genie".[15] Quantifizierbar sind die Exzesse der Abneigung gegen die Nachbarn in der Vergangenheit nur schwer. Das Dilemma ist behoben, seit exakte Meinungsdaten ein vergleichbares Bild für die Nationen Europas ermöglichen.

Nach 50 Jahren Normalisierung der deutschen Entwicklung fördern die Umfragen in Deutschland kaum eine größere Abneigung gegen die Nachbarvölker zu Tage als bei anderen Völkern, die etwa den gleichen Reifegrad zwischen traditionalem Nationalgefühl und Postnationalismus aufweisen. Auch unsere Nachbarn haben jeweils ihren Lieblingsfeind: England die Iren (21%), Frankreich die Nordafrikaner (42%), Deutschland die Polen und Türken (49% bzw. 46%), die Ungarn haben die Rumänen (30%), die Polen die Deutschen und Ukrainer (45% bzw. 41%). In der Slowakei sind es die Ungarn (bei 49%).[16] Das Muster der Feindbildproduktion ist transnational vergleichbar. Selbst in Osteuropa normalisierte sich die Lage durch die Einsicht, daß militärische Aggressionen von den Nachbarn kaum noch zu befürchten sind. Polen ist hier eine Ausnahme (68% hatten Angst vor Deutschland, 63% Angst vor Rußland). Tschechien repräsentiert mehr Gelassenheit. Nur 28% sorgten sich um eine Drohung aus Rußland und nur 10% fürchteten die Deutschen.[17] Die Völker Europas sind heute in der Abneigung gegenüber den Nachbarn vor allem dann geeint, wenn diese als Migranten auf dem heimischen Arbeits- und Wohnungsmarkt als Konkurrenz auftauchen.

2) Die Entwicklung der Gefühle nationaler Identität in Deutschland

Die Erforschung der nationalen Identität begann als kollektive Charakterkunde. Kein geringerer als Kant hat in seiner Anthropologie die europäischen Nationen geschildert. Notfalls schreckte er nicht vor trivialisierten Topoi zurück. Modeland Frankreich, Land der Launen England, Ahnenland Spanien, Prachtland Italien, Titelland Deutschland, Herrenland Polen. Diese Aufzählung kann noch heute Aha-Erlebnisse auslösen. Zudem war Kant sich schon im Klaren, daß außer den beiden „zivilisiertesten Völkern", England und Frankreich, noch keines einen wirklich „unveränderlichen Charakter" angenommen habe.[18] Die Deutschen waren für Kant durch geringen Nationalstolz und hohen Nachahmungstrieb gekennzeichnet. Im Sinne der modernen Erforschung politischer Kulturen sah Kant bereits, daß einige negative Eigenschaften der Deutschen auch das Produkt einer unglücklichen politischen Entwicklung sein könnten.

Heute ist allgemein akzeptiert, daß es keine unwandelbaren Nationalcharaktere gibt. Politische Kulturen unterliegen einem ständigen Wandel. Nietzsches „Vivisektion der deutschen Seele" in „Jenseits von Gut und Böse" sah, wie Kant, die mangelnde Einheitlichkeit des deutschen Identitätsgefühls. Die deutsche Seele sei „mehr zusammen- und übereinandergesetzt", als wirklich gebaut: „das liegt an ihrer Herkunft". Goethes „zwei Seelen, ach, in einer Brust" wurden lächerlich gemacht. Das Motto bleibe „hinter der Wahrheit um viele Seelen zurück."[19] Nietzsches Kritik fiel im Lichte der Erfahrungen neudeutscher Großmannssucht viel bissiger aus als Kants. Dennoch wurde seine Warnung vor dem „Nationalitätswahnsinn" überlesen und vom obskursten Zweig des Chauvinismus für seine Zwecke zurechtgebogen.

Nach dem Zweiten Weltkrieg hat sich das Gefühl nationaler Identität in vielen Völkern so rasch gewandelt wie nie zuvor. Ein Paradoxon zeigte sich: je offener die Grenzen zu den Nachbarn, umso entspannter wurde das Gefühl nationaler Identität in den einst umstrittenen Gebieten: Österreich hat nach 1945 erstmals ein gefestigtes Eigenbewußtsein entwickelt, trotz einiger Kapriolen der FPÖ. Der elsässische Autonomismus, noch stark zwischen den beiden Weltkriegen, ist verschwunden, obwohl die Fernseh-Antennen auf den Dächern andeuten, wieviel Prozent der Elsässer noch mit Deutschland kommunikativ verbunden sind. Je offener der Wettbewerb in Europa, um so problemloser entwickelt sich die nationale Identität. Selbst die Südtiroler beginnen laut Umfragen einige Vorteile ihres Lebens im italienischen Staatsverband zu entdecken.

Das Gefühl deutscher Identität war 1945 ungebrochen. Die Omgus-Surveys der amerikanischen Besatzungsmacht zeigten eine starke Identifikation der Westdeutschen mit dem untergegangenen Reich. Aber ebenso stark entwickelte sich ihr Pragmatismus als „Eingeborene von Trizonesien", die ihre Frustrationen in Karnevals-Nonsense umzusetzen begannen. 70% der Befragten haben 1948 eine provisorische Weststaatlichkeit befürwortet, eine komfortable Mehrheit für Adenauers Kurs in der deutschen Frage.[20] Identifikationen mit dem alten Regime waren Ende der 40er Jahre nicht weniger stark als in Ostdeutschland um 1990: 47% fanden der Nationalsozialismus sei eine gute Idee, die lediglich schlecht realisiert worden sei. Ungefähr 51% der Bürger gaben an, Hitler spätestens ab 1939 nicht mehr getraut zu haben. Die Gegnerschaft gegen den Nationalsozialismus konnte sich nicht recht entfalten, weil die Mehrheit den Kommunismus als größere Bedrohung als das Nazi-Regime ansah.

Der Begriff „Deutschland" wandelte sich rasch mit der Bejahung der freiheitlich-demokratischen Grundordnung. Deutschland war für die Mehrheit die Bundesrepublik (1979:57.2%, 1984:56.9%). Für beide deutsche Staaten zusammen votierten etwas über ein Viertel. Das ehemalige Reich hatten nur noch 10.5% (1979) und 8.1% (1984) im Sinn, wenn von Deutschland die Rede war. Fragte man gezielter politisch, so zeigte sich, daß 1974 immerhin noch 70% und 1984 noch 42% die beiden deutschen Staaten als eine Nation ansahen.[21] Der Bürger der DDR wurde als Landsmann angesehen, dem man sich stärker verbunden fühlte als den Österreichern und Deutschschweizern (1970:68%, 1981: ca. 50%). Die Bundesrepublik wurde zugleich immer häufiger als die beste Zeit der Deutschen im 20. Jahrhundert angesehen. 1951 dachten dies nur 2%, 1980 schon 80%. Der Nationalsozialismus als beste deutsche Zeit sank vom Anteil von 42% auf 3%. Das Kaiserreich von 45% auf 4% ab. „Wir wollen unseren alten Kaiser Wilhelm wieder haben" konnten nur noch 4% – meist Alte – anders als in einer Bierlaune singen.[22]

Seit der Civic Culture Studie von Almond und Verba wuchs der Verfassungspatriotismus der Deutschen. Als Quellen des Nationalstolzes fungierten vor allem das Wirtschaftssystem (1959:33%, 1978:40%). Das politische System als ein Grund stolz auf Deutschland zu sein, holte jedoch auf, von 7% (1959) auf 31% (1978). Der Stolz auf das politische System erreichte jedoch nie die Werte in den angelsächsischen Ländern (USA:85%, Großbritannien: 46%).[23] Nationale Absonderungstendenzen spiegelten sich häufig in dem Gefühl wider, bei den Nachbarn nicht beliebt zu sein. Noch 1980 haben nur 9% der Deutschen sich nicht für unbeliebt im Ausland gehalten.[24] Verzichtet man zweckmäßiger Weise auf Begriffe, die die Nation wie ein erweitertes Familienethos betrachten und verlangt man keine Liebeserklärungen zwischen den Völkern, sondern begnügt sich mit dem Vertrauen der Nachbarn, dann schnitten die Deutschen gar nicht schlecht ab. Mit 55% Vertrauen bei den anderen EG-Nationen lagen sie noch über den Luxemburgern (50%), die seit Karl IV in der Geschichte niemandem mehr etwas zu Leide tun konnten.

Amerikanische Studien haben häufig einen Zynismus der Deutschen moniert. Wenn dieser im Hinblick auf die nationale Identität bestand, so spiegelte er nur die Schizophrenie der Lage wieder. Die Verbündeten der Bundesrepublik gaben weiterhin Lippenbekenntnisse zur deutschen Einheit ab, aber niemand rechnete mit der Realisierbarkeit solcher geheimen Wünsche. In Deutschland waren bis zu 70% der Meinung, die Wiedervereinigung sei unmöglich. Gleichwohl waren etwa Zweidrittel für sie, falls sie einmal möglich werde.

Die deutsche Einheit wurde weniger durch das intensive deutsche Nationalgefühl möglich als durch das schlechte Gewissen der Siegermächte, die von ihrem ungebrochenen Nationalgefühl auf das deutsche Bewußtsein schlossen. Man erinnert rührende Szenen am Rande der Begegnung deutscher und sowjetischer Staatsmänner. Als Brandt einmal die deutsche Einheit anmahnte, legte Breschnew die Hand auf sein Knie und sagte: „Willy, an der jetzigen Lage können wir beide nichts ändern. Aber die Geschichte wird das entscheiden." Die Geschichtsformel tauchte noch bei Gorbatschow wieder auf. Sie zeugt von der Macht des nationalen Bewußtseins im internationalen Mächtekonzert. Niemand in Ost und West war an der Vereinigung interessiert. Andreotti hatte es 1984 nur einmal offen ausgesprochen, was alle dachten. Als 1990 die Vereinigung möglich wurde, haben selbst Margret Thatcher und Francois Mitterand nur verstohlen Obstruktion versucht. Angesichts späterer Enthüllungen über die Rolle der beiden letzten sowjetischen Botschafter in Deutschland, Falin und Kvizinskij, ist es sehr verwunderlich, daß der Widerstand gegen die deutsche Einheit in der sowjetischen Führung nicht wesentlich stärker gewesen ist.

Die Mehrheit der Deutschen freute sich pflichtgemäß über die Vereinigung. Für die Vereinigung sprachen sich in einer Umfrage der Forschungsgruppe Wahlen in Mannheim im März 1990 91% aus. Selbst 77% der PDS-Anhänger waren nicht dagegen. Der Hälfte der Befragten ging der Prozeß der Einigung zu schnell. Das „Zusammenwachsen", von dem Brandt gesprochen hatte, wurde zum „Zusammenwuchern", das Weizäcker einmal kritisierte. Die zitierten Meinungen zur deutschen Einheit waren ohne Bedingungen geäußert worden. Hätte man der Mehrheit reinen Wein über die Kosten eingeschenkt, wäre die Zustimmung zur Beschleunigungspolitik Kohls sicher geringer ausgefallen. Die Vereinigung kam gleichsam im letzten historischen Augenblick. Die Mehrheit wuchs in der Linken, welche die Präambel und das Wiedervereinigungsgebot aus dem Grundgesetz streichen wollte. Im Jahr 2000 hätte diese Mehrheit vermutlich noch keine verfassungsändernde Mehrheit gehabt, hätte aber den Beitritt wegen der Umstände und Kosten nicht einfach akzeptiert. Es hätte die paradoxe Lage entstehen können, daß die DDR sich in Karlsruhe in die Bundesrepublik hätte hineinklagen müssen.[25]

Als die Kosten der Einheit den Bürgern fühlbar geworden waren, nahm das Gefühl einer gemeinsamen deutschen Identität wieder ab. Die Ostdeutschen mußten noch einmal vollziehen, was alle Deutschen 1945 vollzogen hatten: die bedingungslose Übergabe. Sie konnten weder erneut ausscheren, wie die Teilgebiete der osteuropäischen multiethnischen Staaten, noch konnten sie die Integrationspolitik ändern, etwa von der Big-Bang-Strategie zu einem neuen Gradualismus, wie ihn viele Postkommunisten in Osteuropa verwirklichten. Ostdeutschland blieb lediglich die Veto-Position von 20% der Wähler Gesamtdeutschlands. Wen 20% PDS beunruhigt, der übersieht, daß dieser Rückschlag gering erscheint im Vergleich zum postkommunistischen Comeback in Litauen (1992), Polen (1993), Ungarn (1994), Estland (1995).

Mit dem Fall des Kommunismus gewannen viele Nationalstaaten ihre Unabhängigkeit wieder. Präsident Benesch jubelte 1946 bei der Austreibung der Sudentendeutschen in Prag: „1000 Jahre Fehlentwicklung der Geschichte werden korrigiert". Angesichts der offenen Grenzen konnten sich die wieder souverän gewordenen postkommunistischen Nationalstaaten nach 1989 der ethnischen Homogenität nur kurze Zeit erfreuen, die von den brutalen Experimenten Hitlers und seiner Besieger in den 40er Jahren in Polen oder in Tschechien erzeugt wurde. Deutschland hat ihnen bisher kein Vorbild dafür geboten, daß die ethnische Homogenität selbst nach brutaler ethnischer Säuberungspolitik in der Geschichte meist nur eine Momentaufnahme und Episode ist. Die gewaltigen Migrationen von Ost nach West, die bevorstehen, werden die Homogenität Deutschlands und unserer östlicher Nachbarn zunehmend untergraben. Die neue multiethnische Zusammensetzung wird freilich anders aussehen als bis 1945. Deutschland ist – pro Kopf der Bevölkerung gerechnet – das größte Einwandererland der Welt geworden, weit größer als die USA. Zugleich hat sich Deutschland aber den Aufgaben, die daraus resultieren, bisher kaum konstruktiv gestellt.

Die Gefühle der nationalen Identität sind im Einigungsprozeß komplexer geworden. Neu erscheint, daß die Befragten, die keinen Stolz auf ihre Nation bekunden, dies überwiegend nicht mit schwerwiegenden konkreten Legitimationsdefiziten der Bundesrepublik begründen. Der Stolz auf die Wirtschaft hat in der Krise seit 1991 abgenommen und mit ihm das Gefühl nationaler Identifikation. Der Einbruch war im Osten stärker als im Westen. Unterschiede in Ost und West zeigten sich vor allem im Hinblick auf die Typen der nationalen Identitätssuche. Das Projekt „Politische Kulturen im vereinigten Deutschland" an der Universität Mannheim hat drei Typen unterschieden:
- ein traditionales Nationalgefühl,
- ein reflektiertes Nationalgefühl,
- und ein postnationales Kollektivbewußtsein, das die nationale Identität negiert oder für sich als wenig verbindlich betrachtet.

Das *traditionale Kollektivbewußtsein* umfaßt keineswegs nur staatliche Aspekte, sondern vorpolitisch-ethnische und transpolitische kulturelle Elemente. Es weist die größte Systemzufriedenheit und die geringste Kritik am System auf. Sein Optimismus ist relativ unreflektiert.

Reflektiertes Nationalbewußtsein spricht anderen Nationen die gleiche Wertigkeit und gleiche Rechte zu. Es ist im Gegensatz zum Nationalbewußtsein der Traditionalisten aber verfassungspatriotisch modernisiert und auf Demokratie, Partizipation und Bürgerrechte bezogen.

Postnationales Bewußtsein ist an übernationalen kosmopolitischen Idealen orientiert. Es bezieht sich auf das demokratische System in ambivalenter Weise: einerseits ist es an mehr Partizipation interessiert. Andererseits werden die politischen Eliten und Institutionen des Systems grundsätzlich viel kritischer eingeschätzt als bei den reflektierten Positionen der Mitte.

Dem Osten ist vor 1989 häufig ein archaischeres Nationalbewußtsein nachgesagt worden. Die Orientierung an der westdeutschen Referenzkultur (Lepsius) war vermischt mit *traditionalen Orientierungen* der Epoche vor der deutschen Teilung. Auch in den 90er Jahren sind mehr Ostdeutsche (51.2%) als Westdeutsche (43.6%) diesem herkömmlichen Modell kollektiver Identifizierung zuzuordnen. *Postnational* erschienen im Westen 24,2 und im Osten 18.5%. Nur im eher *verfassungspatriotischen* Bereich der Mitte des reflektierten Nationalgefühls sind die Differenzen relativ gering (32.0 West, 30.3% Ost). Postnationalismus korreliert vor allem mit der Jugend (unter dreißig Jahre 33.3% im Westen und 24.9% im Osten und mit höherer Schulbildung. Aber nur im Westen auch mit einem höheren Anteil an politischem Interesse, linker Gesinnung und postmaterialistischer Orientierung.[26] Die differenzierte Analyse der nationalen Identifikation sind den üblichen Instrumenten der Meinungsforschungsinstitute weit überlegen. Noch wird kein teleologischer Entwicklungsdrang in Richtung Postnationalismus unterstellt, wie einst in der Postmaterialismusforschung bei Ronald Inglehart. Das wünschbare Nationalgefühl wird von den meisten Autoren durchaus als das reflektierte mittlere Lager angesehen. Es deckt sich nur zum Teil mit dem Verfassungspatriotismus, den Habermas der Nation verordnete, weil sein Diskursansatz – im Kontrast zu seiner Verklärung der Lebenswelt gegenüber dem System – arm an emotionalen Werten ist. Der Traditionalismus könnte im Sinne von Almond als parochial angesehen werden. Aber in dieser Großgruppe sind viele Unterorientierungen zusammengefaßt, vom alteuropäischen Etatisten bis zum vorpolitischen Kulturpatriotismus. Die alte Frontstellung von *Ethnos* und *Demos* hat sich im Licht der Entwicklung der nationalen Identität zunehmend entschärft. In Westdeutschland überwiegt die politische Orientierung am demokratisch konstituierten „Demos" schon gegenüber der hegemonialen Betonung des „Ethnos" als Kollektiv für die Identifikation. Wenn dieser Prozeß keine neo-nationalistischen Rückschläge erfährt, führt er zu einer weiteren Annäherung an westliche Standards.

3) Gefahren einer neuen deutschen Sonderrolle durch einen reduzierten Verfassungspatriotismus

Nach den deutschen Exzessen des Nationalismus gilt der Verfassungspatriotismus, den deutsche Intellektuelle von Sternberger bis Habermas der Republik verordnet haben, vielleicht als emotionsarm, aber politisch als ungefährlich. Dennoch drohen auch von einem zum Dogma erhobenen Verfassungspatriotismus Gefahren. Sie liegen vor allem im erneuten Ausscheren Deutschlands aus einem Grundkonsens des „Europa der Vaterländer":

(1) Ein dogmatisierter Verfassungspatriotismus kann zum erneuten Sonderweg mit parochialen Tendenzen führen.

(2) Eine Sonderrolle Deutschlands in der europäischen Integration, die sich gerade auf das gering entwickelte deutsche Nationalgefühl gründet, droht als verkappter deutscher Hegemonieanspruch verstanden zu werden.

Beide Tendenzen schaffen im Ausland – wie jeder Tugend–Fundamentalismus – nicht nur Freunde.

(1) Der Verfassungspatriotismus von Konservativ-Liberalen, wie Dolf Sternberger, als Begriff geprägt und von linkeren Denkern wie Habermas später übernommen, stützte sich vor allem auf Rechtsstaatlichkeit und Pluralismus. Sternbergers gestelztes Bekenntnis „Ich wünschte ein Bürger zu sein" war durchaus unpartizipatorisch gemeint. Die *„checks and balances" der gemischten Verfassung* waren als starke Barrieren gegen plebiszitäre Demokratiekonzeptionen gedacht. Er befand sich damit im Einklang mit der repräsentativ-staatlichen Konzeption des Grundgesetzes. Habermas hingegen teilte diesen begrenzten Demokratiebegriff mit Sternberger nicht. Umso größer wurde bei ihm der Widerspruch: sollte der Verfassungspatriotismus sich wirklich auf das antiplebiszitäre Grundgesetz gründen? Immer schwang in seinem Plädoyer ein Bekenntnis zu einem Grundgesetz mit, wie es sein sollte und könnte. Ein Grundgesetz, wie es aus einem verfassungsgebenden demokratischen Prozeß eigentlich erst hervorgehen sollte, wäre in der Tat ein Ansatzpunkt für einen Verfassungspatriotismus, der die Ostdeutschen weniger ausklammert. Aber die Beitrittslösung hat dies nicht ermöglicht.

Es bleibt die Frage, ob selbst die demokratische Verfassung so stark internalisiert werden kann, daß sich die Identifikation mit dem Staat in erster Linie über einen noblen, distanzierten Verfassungspatriotismus vollzieht. Im ganzen bleibt der Verfassungspatriotismus erlebnisarm. Hoffnungen, mit amerikanischem Fahnenklamauk und durch Hochhaltung der Symbole gefühlsmäßige Annäherungen an das System zu erreichen, sind in außeramerikanischen politischen Kulturen zum Scheitern verurteilt. Im Jahre der deutschen Einigung kam es überflüssigerweise auch noch zur Erringung der Fußballweltmeisterschaft. Junge Menschen, die „null Bock" auf Deutschland erklärt hatten, reagierten hysterisch, wenn eine andere Nationalmannschaft den Ball ins deutsche Tor lancierte. Man könnte einen neuen Spaßvogel die Nation definieren lassen: „Nationen sind Gebietseinheiten, die eine Fußballnationalmannschaft bilden und Fanklubs für sie auf die Reise schicken können". Schottland wäre nach diesem Kriterium eine Nation – Bayern hingegen nicht.

Der Arroganz der Postnationalen ist auch von Weltbürgern widersprochen worden. Ralf Dahrendorf[27] erklärte sich zum ganz „unrekonstruierten Kantianer", der den Verfassungspatriotismus und die Rechtsstaatlichkeit übernationaler Reichweite erst für praktikabel ansah, wenn Weltbürgerrechte erzwingbar werden wie staatliches Recht. Das internationale System ist in den letzten Jahren auf dem Weg der Erzwingbarkeit von Recht ein Stück vorangekommen. Die UNO-Aktion im Irak mag vielen noch nicht als überzeugendes Beispiel erscheinen. Die Ohnmacht der UNO, der EU und der OSZE gegenüber dem Gemetzel in Jugoslawien ist noch immer beschämend. Die UNO hat in zahlreichen Konflikten eine Rolle gespielt und - wie in Namibia und Kambodscha - in zukunftsträchtiger Weise gelöst. Dennoch wird die Beschränkung auf den nationalen Verfassungspatriotismus noch eine Weile nötig sein, solange die internationale Rechtsordnung sich nicht stärker festigt.

Der Verfassungspatriotismus scheint mit seiner Übertonung eines Legitimationsprinzips am wenigsten Schaden anzurichten, vor allem, wenn der Wohlfahrtsstaat - wie in Deutschland - subsidiär die Zufriedenheit der Bürger hebt. Aber dem Überschwang an Verfassungspatriotismus drohen zur Zeit einige Gefahren. Als die Linke Anfang der siebziger Jahre die demokratischen Partizipationsrechts unter Überinterpretierung des Grundgesetzes betonte, haben Konservative davor gewarnt, die Nation zum „Grundrechtsvollzug zu vergattern". Eine beinahe religiöse Verfassungsauslegung wurde gegeißelt: „das Wort soll Fleisch werden" (Wilhelm Hennis). Das Grundgesetz blieb gleichwohl immun gegen radikaldemokratischen Überschwang.

Die Grenzen der Selbstverteidigung der eigenen Identität sind in Deutschland noch umstrittener als in anderen Ländern. Die französische Tradition der laizistischen Republik wird bewundert. Aber wenn diese heute moslemische Kopftücher aus der Schule verbannen will, kann Frankreich auf wenig Solidarität bei deutschen Intellektuellen rechnen: „Die deutsche Gastronomie hat kein Recht auf Verteidigung gegen Pizzerias, und die protestantische Stadt hat kein Recht auf Verteidigung gegen die Zuwanderung von Katholiken oder Mohammedanern".[28] Diesem Satz Hans-Ulrich Wehlers kann man nur zustimmen. Aber sein Zusatz wird Streit auslösen: „Im Kern verdienen es nur eine freiheitliche Verfassung und ihre politische Kultur, dezidiert verteidigt zu werden". Über die Verfassung kann man sich vielleicht einigen, aber wie soll die Identität der politischen Kultur bewahrt werden, wenn die Illiberalität in Familie und Gesellschaft durch Einwanderung fundamentalistischer Moslems gestärkt wird? Selbst bei der Verfassung gibt es Auslegungsschwierigkeiten in einem fundamentalistischen Verfassungspatriotismus. Eine heterogene Koalition der neuen und alten Linken setzte in den neunziger Jahren an anderer Stelle an. Sie war weitgehend defensiv gegenüber dem Grundgesetz eingestellt: „das Wort soll Fleisch bleiben" könnte ihr abgewandeltes Motto umrissen werden, wenn Fahnen mit der Aufschrift geschwenkt werden: „Asylrecht für alle". Teile der alten Linken beteiligten sich am neuen Überschwang - in vermeintlicher Anwendung der Lehren aus alten Gefahren. „Asylrecht für alle" ist die konservative Anwendung eines Verfassungsgrundsatzes, der nicht für die neue Lage weltweiter Massenwanderungen gedacht war. Otto Schily hat in der Asyldebatte 1993 im Deutschen Bundestag auf ein Paradoxon aufmerksam gemacht: „die Schrankenlosigkeit des individuellen Grundrechts nach Artikel 16" führt „zu einer Minderung des Asylschutzes", weil dieser durch prozedurale Beschränkungen ausgehöhlt wird (Dt. BT, 12.WP. 26.5.1993:13612 B).

Die Abwehr einer deutschen Beteiligung bei Einsätzen außerhalb des NATO-Gebiets wird noch offensichtlicher zur konservativen, fortschrittshemmenden Parole. Hoffnungsvolle Ansätze, die UNO und ihre regionalen Organisationen zum Hüter der Menschenrechte und zur Bewahrung der Lebensbedingungen oder ethnischen Unversehrtheit zu machen, werden zu torpedieren versucht. „Verfassungspatriotismus" droht zum „Verfassungsnationalismus" zu werden, wo ein Volk unter Berufung auf seine historischen Verfehlungen einen Ohne-mich-Standpunkt kultiviert. Nur weltfremder Pazifismus kann heute die Bemühungen der Völkergemeinschaft als neue Variante der mißbrauchten Doktrin vom „gerechten Krieg" brandmarken. Damit ist nicht gesagt, daß Deutsche gerade in Bosnien ihren ersten Beitrag leisten müssen. Die Einbindung der Serben in einen Friedensplan würde dadurch nicht eben leichter. Aber manche Verfassungspatrioten wenden sich gegen jeden deutschen Beitrag zur Friedenssicherung außerhalb der Grenzen des Bündnisses mit dem Satz: „Wir kämpfen in Bosnien bis zum letzten Franzosen" könnte diese Haltung karikiert werden.

Wohlmeinender Antiautoritarismus hat mit den antifaschistischen Parolen der dreißiger Jahre schon öfters die neuen Probleme der Gesellschaft verkannt. Erst später begannen nachdenkliche Theoretiker der Halblinken, wie Glotz oder Ehmke, darüber nachzudenken, ob man vor lauter Rücksicht auf die Unterprivilegierten der Welt nicht die Sorgen der Unterprivilegierten des eigenen Landes übersehe. Verfassungspatrioten sind immer zu gewinnen, wenn es den Anfängen von Rechtsextremismus zu wehren gilt. Sie verkennen aber häufig, daß dies nicht nur durch Organisationsverbote geschehen kann. Die beste Faschismusprävention ist auch heute eine sozialverträgliche Einwanderungspolitik.

Die Verfassungspatrioten, die heute den Status quo des Grundgesetzes von 1949 verteidigen, sind einig mit ihren Gegnern, daß Deutschland vor allem die Aufgabe hat, nie wieder einen Sonderweg anzustreben. In bester Absicht droht aber diese Sonderentwicklung erneut auf die Tagesordnung zu kommen. Deutschlands Nachbarn haben wenig Verständnis für die neue Sonderrolle. Daß Deutschland soviel stärker vom Asylantenzustrom heimgesucht wird, ist ja nicht nur eine Frage seiner geographischen Lage und der Attraktivität seiner Wirtschaft. Es ist auch die Frucht einer Kombination von rechts- und sozialstaatlichen Sicherungen des Asylrechts, die in anderen Demokratien keine Parallele hat.

Noch weniger Sinn haben die Verbündeten für einen Verfassungspatriotismus, der sich gegen die Übernahme neuer Verpflichtungen bei der internationalen Friedenssicherung sträubt. Die Schwerfälligkeit des deutschen Föderalismus bei der Durchsetzung von europäischen Vereinbarungen ist Belastung genug. Hier dürfen die deutschen Verfassungspatrioten und andere Patrioten keine Abstriche machen. Der deutsche Föderalismus trägt schon schwer genug an der

Hypothek einer für Ausländer nicht immer verständlichen Kompetenzverteilung. Ungeduld kommt auf, daß ein Innenminister nicht per Dekret gegen alle Formen des Rechtsextremismus vorgehen kann. Unverständnis herrscht darüber, warum die „effizienten" Deutschen soviel Konferenzen von Innen- und Justizministern brauchen, ehe die Bundespolitik in diesem sensiblen Bereich durchsetzungsfähig wird. Es war für Ausländer schon anstößig genug, daß am Tag nach dem Attentat von Mölln nicht der Bundeskanzler sondern der Ministerpräsident von Schleswig-Holstein vor Ort gesichtet wurde. Dennoch bleibt der Föderalismus integraler Bestandteil des deutschen Verfassungsverständnisses.

Wenn Abstriche von der föderalen Sonderentwicklung Deutschlands aus guten Gründen kaum möglich sind, sind Konzessionen an internationale Usancen umso wichtiger, wo sie möglich sind, ohne die Bestandsgarantien im Grundgesetz zu verletzen. Ein Verfassungspatriotismus, der den status quo des Grundgesetzes mit besonderen moralischen Begründungen verteidigt, kommt kaum besser im Ausland an als der einst weniger rechtsstaatliche Sonderweg Deutschlands. Ist er nicht mit der Unterstellung verbunden, daß andere Länder einen geringeren moralischen Bewußtseinsstand haben? Das Gutgemeinte ist auch hier das Gegenteil des politisch Guten. Ein Verfassungspatriotismus, der status-quo-orientiert bleibt, droht – entgegen seiner guten Absichten – im Ausland als Verfassungsnationalismus angesehen zu werden, der vor allem die Sucht nach einer neuen deutschen Sonderrolle bemäntelt.

Die vier Säulen der Legitimierung moderner politischer Systeme unterliegen in ihrer Tragfähigkeit einem permanenten sozialen Wandel. Verfassungspatriotismus schließt in Europa die Vorstellung einer universellen Geltung der Menschenrechte ein. Im Rahmen der Europäischen Union und der UNO ist der heutige Verfassungspatriot gehalten, für die Durchsetzung der Menschenrechte in der ganzen Welt zu kämpfen, auch wenn die Universalität dieser Rechte von einigen Ländern der Dritten Welt bestritten wird. In der Regel handelt es sich dabei freilich um diktatorische Regime. Die Bevölkerung in diesen Ländern würde vermutlich bei Abwägung der Güter sich in diesem Punkt einer kosmopolitischen Konzeption der Menschenrechte anschließen.

Nicht nur der *Rechtsstaat* als Grundlage eines jeden Verfassungspatriotismus hat die engen nationalstaatlichen Grenzen längst verlassen. Auch der *Wohlfahrtsstaat* als vierte und letzte Säule der Legitimierung von Systemen, die gerade in der Bundesrepublik eine tragende Rolle spielte, kann nur noch international verwirklicht werden. Die Partner der Europäischen Union tragen die sozialen Folgen einer verfehlten Ausländerpolitik eines Mitgliedstaates jeweils mit. Die Globalisierung – als Schlagwort in aller Munde – höhlt die ethnische Konzeption des Nationalstaates zunehmend aus. Selbst das Prinzip des *demokratischen Staates* in der politischen Sphäre drängt – etwa in Wahlen zum Europäischen Parlament – auf supranationale Ebenen. Die zweite Säule der Legitimierung, die *nationale Kultur und das nationale Identitätsgefühl*, gerät angesichts dieser Universalisierungstendenzen in die Defensive.

(2) Je weniger die historischen Umstände erlaubten, ein moderates deutsches Nationalgefühl ohne Brüche zu entwickeln, umso anfälliger wurden die Deutschen für missionarische Ideen, von der alten Reichsidee bis zum völkischen Rassenwahn. Inzwischen zeigen die Vergleichsdaten des Eurobarometers und anderer Surveys, daß Deutschland – noch hinter Belgien, das vielleicht gar nicht mehr als eine Nation fühlt – auf den Patriotismus-Skalen das Schlußlicht in Europa bildet.[29] Nur in Osteuropa gab es einige neue Staaten mit geringer staatlicher Tradition, wie die Ukraine, die Anfang der 90er Jahre noch hinter den Deutschen rangierten. Das hat sich rasch gewandelt.[30] Selbst aus diesem Gefühl eines zu niedrig entwickelten Patriotismus, der kritische Geister in westlichen Nationen ebenfalls zu beunruhigen beginnt, wird eine *Mission der Deutschen* abgeleitet. Hans Ebeling hielt den Diskurs-Universalismus bei Habermas für unrealistisch. Er empfahl stattdessen, die deutsche Hegemonie für die europäische Integration zu akzeptieren: „Die anderen europäischen Nationen müssen lernen, zeitweilig mit derjenigen Nation als Führungsmacht zu leben, die über das geringste Nationalbewußtsein verfügt".[31] Solche gewagten Formulierungen wird man außerhalb Deutschlands schwerlich akzeptieren. Aber auch im Ausland sind Stimmen zu hören, die Deutschland in seiner postnationalen Gesinnung für ein Vorbild halten. Der niederländische Botschafter (1986-1993), Jan van der Tas, meldete sich 1995 mit einer ähnlichen These zu Wort. „Nur nicht normal werden" lautete die Botschaft an das deutsche Volk.[32] Ich neige eher zu denen, die befürchten, daß allzu große Abstinenz im Nationalgefühl eines Tages Rückschläge in der Stimmung erzeugen könnte. In der Debatte um die hohen Zahlungen der Bundesrepublik an die Europäische Union klingen sie bereits an.

In der Maastricht-Runde waren die Deutschen im Stimmungsbarometer keineswegs mehr die europäischen Musterknaben der Adenauer-Ära. Hegemonie-Empfehlungen könnten der gutgemeinten europäischen Sache nur schaden, weil neben dem schwachen Nationalbewußtsein die starke Bundesbank steht, die den europäischen Nachbarn heute kaum weniger Ängste einflößt als einst die deutsche Wehrmacht. D-Mark-Nationalismus – von Habermas zunächst den Ostdeutschen nachgesagt – droht exklusiv und nicht inklusiv zu wirken, trotz verbaler Bekenntnisse zu Europa. Fazit: ein Verfassungspatriotismus als deutsche Besonderheit ist soweit akzeptabel als er nicht das vornehmlichste Ziel vernünftiger deutscher Politik aus dem Auge verliert: nämlich ein Volk wie andere in Europa zu werden.

Anmerkungen:

1) Karl W. Deutsch: Der Nationalismus und seine Alternativen. München, Piper, 1972, S. 9.
2) Hagen Schulze: Staat und Nation in der europäischen Geschichte. München, Beck, 1994, S. 211.
3) Michelin: Vosges. Lorraine-Alsace. Paris, o.J. 22.Aufl., S. 13.
4) Hans-Ulrich Wehler: Nationalismus und Nation in der deutschen Geschichte. In: Helmut Berding (Hrsg.): Nationales Bewußtsein und kollektive Identität. Frankfurt, Suhrkamp, 1994 (163-175), S. 173.
5) Herfried Münkler/Hans Grünberger: Nationale Identität im Diskurs der Deutschen Humanisten. In: Berding, a.a.O., S. 211-248.
   Schulze, a.a.O., 1994, S. 142ff.
6) Bernhard Giesen u.a.: Vom Patriotismus zum völkischen Denken: Intellektuelle als Konstrukteure der deutschen Identität. In: Berding, a.a.O., S. 345-393.
7) Johann Gottfried Herder: Ideen zur Philosophie der Geschichte. Werke, Bd.4, Weimar, Volksverlag, 1957, S. 393 (16.BuchIV).
8) Bernhard Giesen: Die Intellektuellen und die Nation. Eine deutsche Achsenzeit. Frankfurt, Suhrkamp, 1993, S. 154.
9) Johann Gottlieb Fichte: Der geschlossene Handelsstaat. In: Ausgewählte Werke. Darmstadt, Wiss. Buchgesellschaft, 1962, Bd.3, S. 510 (Kap.III.3).
10) Peter Alter: Nationalismus. Frankfurt, Suhrkamp, 1985, S. 34.
11) Heinrich von Treitschke: Cavour. In: Ders.: Historische und politische Aufsätze. Leipzig, Hirzel, 1921, 8.Aufl., S. 391.
12) Otto Dann: Nation und Nationalismus in Deutschland 1770-1990. München, Beck 1993, S. 37.
13) Rainer Lepsius: Nation und Nationalismus in Deutschland. In: Ders.: Interessen, Ideen und Institutionen. Opladen, Westdeutscher Verlag, 1990, S. 232-255.
14) Materialien zum Bericht der Lage der Nation. Bonn, Bundesministerium für innerdeutsche Beziehungen, 1974, S. 85.
15) Emile Mâle: Studien über deutsche Kunst. Herausgegeben mit Entgegnungen von Paul Clemen u.a. Leipzig, Klinkhardt & Biermann, 1917, S. 60.
16) Times Mirror, Center für the People and the Press: The Pulse of Europe. A Survey of Political and Social Values and Attitides. New York, 1991, Qu.64: 73-79.
    Tabelle in Klaus von Beyme: Systemwechsel in Osteuropa. Frankfurt, Suhrkamp, 1994, S. 160.
17) New Democracies Barometer. Glasgow, University of Strathclyde, 1993, S. 19.
18) Immanuel Kant: Werke. Bd.6, Darmstadt, Wiss. Buchgesellschaft 1964, Bd.VI, S. 659.

19) Friedrich Nietzsche: Kritische Studienausgabe. Hrsg. Giorgio Colli und Mazzino Montinari: München/Berlin, DTV/de Gruyter, 1988, Bd.5, S. 184.

20) Anna u. Richard Merritt (Hrsg.): Public Opinion in Occupied Germany. The OMGUS-Surveys 1945-1949. Urbana, University of Illinois Press, 1970, S. 25.

21) Zahlen bei Klaus von Beyme: Das deutsche Nationalbewußtsein im internationalen Vergleich. In: Ders.: Der Vergleich in der Politikwissenschaft. München, Piper, 1988 (302-323), S. 310.

22) Zahlen bei Erwin und Ute Scheuch: Wie deutsch sind die Deutschen? Bergisch-Gladbach, Bastei/Lübbe, 1992, 2.Aufl., S. 189.

23) Scheuch a.a.O., S. 88. Martin und Sylvia Greiffenhagen: Ein schwieriges Vaterland. Zur politischen Kultur im vereinigten Deutschland. München, List 1993, S. 400.

24) Ebd, S. 95.

25) Zahlen bei Klaus von Beyme: Das politische System der Bundesrepublik Deutschland nach der Vereinigung. München, Piper, 1996, 8.Aufl., S. 71ff.

26) Bettina Westle: Traditionalismus, Verfassungspatriotismus und Postnationalismus im vereinigten Deutschland. In: Oskar Niedermeyer/Klaus von Beyme (Hrsg.): Politische Kultur in Ost- und Westdeutschland. Berlin, Akademie-Verlag, 1994, S. 43-76.

27) Ralf Dahrendorf: Die Sache mit der Nation. Merkur 1990, S. 823-824.

28) Hans-Ulrich Wehler: Nationalismus und Fremdenhaß. In: Ders.: Die Gegenwart als Geschichte. München, Beck, 1995 (144-158), S. 153.

29) Daten bei Erwin und Ute Scheuch: Wie deutsch sind die Deutschen? Eine Nation wandelt ihr Gesicht. Bergisch-Gladbach, Bastei-Lübbe, 1992, 2.Aufl., S. 85.

30) Klaus von Beyme: Systemwechsel in Osteuropa. Frankfurt, Suhrkamp, 1994, S. 155.

31) Hans Ebeling: Der Nationalitäten-Wahn. Hamburg, EVA, 1994, S. 9.

32) Jan G. van der Tas: Nur nicht „normal" werden. Die Zeit, Nr. 24, 9. Juni 1995, S. 8.

3) Nationale Identität: Wieviel innere Geschlossenheit braucht der Nationalstaat?

1) Die Suche nach Identität als Sehnsuchtsparole und Verlustanzeige

Mit der Verflüssigung aller sozialen Beziehungen bekam die Frage nach der Identität von Menschen und Bürgern ein in der klassischen Moderne ungekanntes Gewicht. Identität ist nach der ironischen Definition eines Philosophen „eine Sehnsuchtsparole und eine Verlustanzeige zugleich".[1] Die Frage nach der nationalen Identität wurde am intensivsten gestellt, als diese in Deutschland noch nicht (Anfang des 19. Jahrhunderts) und nicht mehr (nach 1945) gesichert schien. Konkurrierende Identitätsgefühle hat es jedoch seit der Entstehung des Nationalstaats immer gegeben: den Parochialismus, den Regionalismus unterhalb nationalstaatlicher Ebene, die Identifizierung mit multiethnischen Reichen (bis 1918), einer religiös fundierten Staatengruppe (etwa im Islam), heute zunehmend mit Europa. Schon wird der Globalisierung große Wirkungsmacht zugeschrieben, obwohl die Weltgesellschaft nach der herrschenden Lehre in der internationalen Politik eher in den luftigen Höhen autopoietischer Systemtheorie als in der empirisch nachweisbaren Loyalität der Bürger in den Staaten der Welt nachweisbar wird.

Nachdem das Pathos von Emanzipation und Befreiung – in Alltagsroutine verzehrt – seine gruppenbildenden Funktionen verloren hat, regt sich das Bedürfnis nach Orientierung und Halt.[2] Das Identitätsproblem, das in der Hegelschen Philosophie eine so herausragende Rolle spielte, ist von einigen Theorien – frei nach Tucholsky – nicht gelöst, sondern liegen gelassen worden. Eine Weltgesellschaft scheint sich konstituiert zu haben, die nur noch mit neuen kognitiven Lernprozessen angegangen werden kann. Die herkömmlichen Mittel der klassischen Moderne – vor allem die enge Symbiose des politischen und rechtlichen Teilbereichs – greifen nicht mehr und wurden von Luhmann schon wie eine Sackgasse der Evolution belächelt.[3] Seit Parsons wurde die Differenzierung vorgenommen, daß in der modernen Gesellschaft nur noch *Systemintegration* möglich sei, nachdem die Teilsysteme Umwelten darstellen, mit denen vernünftig kommuniziert werden kann, daß aber Sozialintegration nicht mehr erwartet werden könne, schon gar nicht durch noch so gut gemeinte Aktivitäten eines Nationalstaates. Inzwischen hat Luhmann sogar diese Antithese über Bord geworfen. Habermas, auf der anderen Seite, hält den Nationalstaat ebenfalls nicht mehr fähig, die Identität der Gesellschaft herzustellen, hielt aber an der Suche nach einer *vernünftigen Identität* in komplexen Gesellschaften fest.[4] Kollektive Identität war für ihn nur in reflexiver Gestalt denkbar, als Bewußtsein allgemeiner und gleicher Chancen der Teilnahme an Kommunikationsprozessen, in denen Identitätsbildung als kontinuierlicher Lernprozeß stattfindet. Anfang der 70er Jahre waren die beiden Antipoden der Theorie noch durch das Passepartout des „*Lernprozesses*" verbunden, ohne jeweils die theoretischen Prämissen der Gegenposition zu übernehmen. Beide sehen die Suche nach nationaler Identität als überholt an. Habermas aber hat seit den 70er Jahren in einer Entwicklung, die in „Faktizität und Geltung" (1992) kulminierte, den Glauben an die Bedeutung von Institutionen und Recht als integrative Kraft nicht in gleichem Maße verloren, wie Luhmann.

Die Leerformel „Lernprozesse" ist ganz sicher weiterhin konsensfähig. Nur noch archaische nationalistische Mythenbildner nehmen Identität als etwas naturwüchsig Existierendes an, und gerade sie sind an diesem Glauben oft verzweifelt und haben den Mangel des Nationalbewußtseins notfalls für alle weiteren anomischen Tendenzen in der Jugend verantwortlich gemacht.[5]

Identitäten wandeln sich laufend und treten in unterschiedlichen Mischungsverhältnissen auf. Schließlich haben alle Menschen als Rollenträger schon immer religiöse, kulturelle, berufliche, politisch-weltanschauliche Differenzen verarbeiten müssen. Die Suche nach der Identität ist seit Hegel, der im souveränen Verfassungsstaat die vernünftige Identität der modernen Gesellschaft gefunden zu haben glaubte, *multidimensionaler* geworden, aber nicht weniger *normativ* gefärbt: Habermas` Plädoyer für nationale Identitätsaskese in der stillen Bescheidung des Verfassungspatriotismus ist ebenfalls eine – durchaus respektable, wenn auch nicht realistische – normative Option. Sie beruht auf der inzwischen fast zu Tode gerittenen Unterscheidung einer *französischen staatsbürgerlichen* Konzeption der Nation, getragen vom *subjektiven Willen* partizipatorisch in einem täglichem Plebiszit dazu zu gehören, und der deutschen *ethnisch-historisch-kulturell* verstandenen Nation als *objektive Schicksalsgemeinschaft*. Auch, wenn man – wie der Verfasser – der Ansicht ist, daß es Zeit wird, dem durch Geschichte verständlichen Irrweg einer objektivistischen Nationsauffassung abzuschwören, die im Staatsangehörigkeitsrecht konsequenter Weise im *jus sanguinis* enden muß,[6] sollte man nicht in den Irrtum verfallen, Deutschland müsse sich nur dem französischen Modell der Nationsauffassung verschreiben, und das Gespenst des Nationalismus sei gebannt. Die universalistischen Bezüge der Identifikation durch Verfassungspatriotismus würden sich dann annähern. Aber der Eifer, mit dem deutsche Linke den Verfassungspatriotismus in einen Postnationalismus treiben möchten, wird in Frankreich kaum geteilt.

Das eher kulturelle Element, das durch das Verfassungsbekenntnis zur laizistischen Republik dem französischen Verfassungspatriotismus als Erbe eines seit der großen Revolution dauernden Kulturkampfes zwischen dem klerikalen und dem antiklerikalen Frankreich auferlegt wurde, macht es schwer, die „unteilbare Nation" an den Gedanken des Multikulturalismus mit geschützten Rechten für Ethnien und Religionen heranzuführen. Eine Tradition des *Sprachnationalismus* seit der Revolution hat ebenfalls einem kulturellen Element, wie der Sprache, im zentralistischen Frankreich eine Hypothek auferlegt[7], auch ohne metaphysische Überhöhung der Sprache als Element der Kulturnation wie in Deutschland. In der Vierfeldermatrix der Entwicklung von Legitimitätsgründen in der modernen Gesellschaft wurde die Idee des Nationalstaats nicht zufällig unter der Rubrik „kulturelles Subsystem" eingeordnet. Die kulturellen Konnotationen können sehr verschiedene sein. Die deutsche Tradition hat für ihre staatliche Zersplitterung den Begriff „*Kulturnation*" gefunden. Sie hat aber nach Erlangung der staatlichen Einheit der integrierenden Kraft des kulturellen Faktors nicht getraut und nach objektiven Sicherungen der Loyalität im *Blutsprinzip* gesucht. Frankreich hat für seine wenigstens in der rechtlichen Konzeption – nicht immer auch im sozialen Zusammenleben der Ethnien – gegebenen Toleranz nicht so sehr politisch-partizipatorische als kulturelle Gründe gehabt. Es traute der Integrationskraft der französischen Sprache und Kultur zu, ethnische Herkunftsunterschiede bedeutungslos werden zu lassen. Die Erfolge sind bis heute beträchtlich: man kann gewiß leichter als dunkelhäutiger Franzose sozial aufsteigen denn als türkischer Deutscher. Gaston Monnerville aus der Karibik brachte es bis zum Senatspräsidenten, in Deutschland schwer vorstellbar. Als Führer der Opposition gegen de Gaulles Verfassungsänderungspläne 1962 entschlüpfte de Gaulle zwar auch das Schimpfwort „ce sale nègre", aber nicht in der Öffentlichkeit. Es zeigte, daß das französische Modell nicht gegen Rassismus gefeit ist.

Deutschland mißtraute der Integrationskraft von Kultur, vielleicht aus der Erfahrung heraus, daß die deutsche Kultur nie die von einer Akademie uniformisierte Wirkung entfalten konnte, wie in Frankreich. In Deutschland entwickelte sich daher zwischen dem Dialekt sprechenden regionalistisch gestimmten *Bürger* und dem postnationalen kosmopolitischen *Intellektuellen* nur schwer eine entspannt-patriotische Intelligencija, wie sie für romanische Länder typisch ist, selbst für Italien, das eine ähnliche Tradition der staatlichen Fragmentierung und sprachlichen Differenzierung erlebte wie Deutschland. Aber die romanischen Länder orientierten sich weit länger als Deutschland an der französischen Kulturhegemonie. Die deutschen ethnisch-kulturellen Tröstungsphilosophien konnten nicht zufällig allenfalls in osteuropäischen Noch-Nicht-Nationen zwischen Tallinn und Skopje eine gewisse geistige Hegemonie entwickeln. In der Herderschen Variante entbehrte die deutsche Nationalstaatskonzeption zudem der Aggressivität gegen kleinere Ethnien. Herder bewahrte sich den Sinn dafür, daß vor allem an den friedlichen Slaven „mehrere Nationen, am meisten aber die vom deutschen Stamme" sich hart versündigt hatten.[8] Die „Rekonstruktion" von Sprache und Kultur, die nach der langen französischen Dominanz auch in Deutschland forciert wurde, kam bei den noch verspäteteren Nationen zum Teil erst nach dem Ende des realen Sozialismus. Wo Kultur- und Staatsnation lange nicht deckungsgleich waren, entstand im Vergleich zum französischen Kulturbegriff ein mythisiert-abgehobenes Bild, wie es sich noch in der Präambelkultur der nachsozialistischen Verfassungen in Osteuropa niederschlug – von der Anknüpfung an das altlitauische Reich bis zur Berufung auf das Erbe von Kyrillos und Methodius und die Tradition des Großmährischen Reiches in der Slowakei.[9] Der französische und angelsächsische Kulturbegriff erlaubte keine polemische Gegenüberstellung der *Zivilisation* – wie in Deutschland seit der Romantik. Kultur war nie völlig losgelöst von Technik und Politik. Zivilisation war der Oberbegriff und Kultur entwickelte keine antipolitischen Affekte, wie in vielen deutschen Ideologien.[10]

In den westeuropäischen Nationalstaaten, die aus einem absolutistischen System hervorgingen, wie England, Frankreich oder Spanien, wurde die Legitimation durch Religion und Fürstensouveränität kontinuierlich ersetzt durch die Nation auf der Grundlage der Volkssouveränität, die den Monarchen als Träger des Staates ablöste.[11] Nation als antiroyalistischer und antiaristokratischer Begriff hat sich in Frankreich darüber hinaus als Leitbegriff in der Revolution durchgesetzt. Eine politisch-demokratische Konzeption der Nation war damit im Keim angelegt.

2) Konzeptionen nationaler Identitätsstiftung in Ideologien und Nationen

Die Frage, wieviel innere Geschlossenheit ein Nationalstaat braucht, wurde von den politischen Ideologien und in den einzelnen Nationen unterschiedlich beantwortet. Einerseits haben die Variationen nationaler Entwicklung das Ausmaß der Identitätsanforderungen geprägt. Verspätete Nationen, wie Deutschland, haben nach einer mühsam und gewaltsam erreichten Einheit die innerlich für die Einheit nicht Gewonnenen gern als „vaterlandslose Gesellen" diskriminiert. Die unvollkommene *Inklusion* der Bürger setzte psychische Mechanismen der *Exklusion* in Gang. Der erste Weltkrieg zeigte freilich, daß auch bei Nationen ohne Kontinuitätsbrüche in der territorialen Integrität, wie Frankreich, Bedrohungsperzeptionen gigantische Exklusionsmechanismen auslösen konnte. Abweichung der Intellektuellen von nationalen Kriegszielen wurden in den klassischen parlamentarischen Rechtsstaaten wie Frankreich und England gelegentlich härter geahndet als im autoritären Deutschen Reich.[12]

Andererseits wirkten nationenübergreifende politische Ideologien auf das Ausmaß der Identitäts- und Loyalitätsanforderungen ein, welche die Nationalstaaten von ihren Bürgern verlangten. Es zeigte sich freilich, daß die faktische staatliche Entwicklung das Ausmaß der Wirksamkeit der großen Ideologien wie Liberalismus, Konservatismus, Nationalismus oder Sozialismus – und vor allem ihre politische Wirksamkeit im Parteiensystem – stark präformierte. Trotz der nationalliberalen Vereinnahmung großer Teile des Liberalismus in Deutschland bis hin zu Naumann und Max Weber haben aber die verschiedenen Traditionen immer nebeneinander bestanden. Wer von „Schelling zu Hitler" (Lukàcs) eine Entwicklungslinie zieht, darf auch die Entwicklung von Kant und Humboldt zu den Gegnern des Nationalsozialismus verschiedener weltanschaulicher Provenienz nicht unterschlagen. Die quer zu den Nationalstaatsbildungen liegenden politischen Ideologien haben die Abfolge der vier Stadien der Identitäts- und Loyalitätsbildung beeinflußt. Sie haben unterschiedliche Mischungsverhältnisse der Loyalitätsstiftung ermöglicht, sie haben aber die Stufen der Legitimierungsversuche moderner Staaten in keinem westeuropäischen Land ganz übersprungen.

Matrix: Soziale Subsysteme und Gründe der Identitätsstiftung

RECHT	KULTUR
Gesetzesstaat (vor 1789) *Rechtsstaat* Menschenrechte, Quelle der Rechtssetzung zunehmend die Repräsentation des Volkes, Gleichheit vor dem Gesetz, Abbau ständischer Privilegien	*Nationalstaat* (erste Hälfte des 19. Jahrhunderts) Zivilisation – Kulturnation – Volksnation Gleichheit der Angehörigen einer Nation
WIRTSCHAFT	POLITIK
Wohlfahrtsstaat Staatliche Politik fördert die soziale Gleichheit der Bürger, um die Chancen der demokratischen Partizipation zu egalisieren	*Demokratischer Staat* (1848 ff,1918 ff) Der Repräsentativstaat wird demokratisiert. Gleichheit der Partizipation aller Bürger.

Die Rolle von Staat und Nation war in keiner Epoche spannungslos. Nur das
Deutsche mit seiner Fähigkeit zu Substantiv-Komposita konnte solche Brüche
durch einen einheitlichen Begriff überspielen. Die *Demokratie* war im politischen
Subsystem notwendiger Weise auf den Staat bezogen. Das *kulturelle Subsystem*
sperrte sich gegen den Staat, je weniger dieser freiheitlichen Grundsätzen entsprach. Das kulturelle System kompensierte in Ideen der Kulturnation die fehlende Nationalstaatlichkeit oder zog sich in die Innerlichkeit zurück, soweit der
Nationalstaat verspätet erreicht wurde, aber den freiheitlichen Anforderungen,
die in der Phase der französischen Revolution noch zusammen zu fallen schienen,
nicht entsprach. Selbst der *Wohlfahrtsstaat* schien ein Widerspruch in sich. Nicht
wenige politische Ideologien wollten den sozialen Bereich nicht in erster Linie
dem Staat überantworten.

Am Anfang der nationalen Identitätsbildung stand der *Rechtsstaat*, der den
bloßen Gesetzesstaat, in dem der Fürst sich an die einmal gegebenen Gesetze zu
halten hatte, entwachsen war. Repräsentation der Bürger und Schaffung von
Recht durch alle Repräsentanten ohne Unterschiede in ständischen Kammern
gaben dem Rechtsstaat zugleich einen politisch-partizipatorischen Aspekt. Das
hinderte freilich im 19. Jahrhundert nicht, daß Relikte der ständischen Absonderung in zweiten Kammern auch in den klassischen Repräsentativverfassungen
fortlebten.

In Deutschland, das nach dem Bonmot eines führenden Staatsmannes wie Metternich nur ein „geographischer Begriff" war, hat sich naturgemäß die harmonische Verbindung der Prinzipien von Rechtstaat und Nationalstaat am wenigsten leicht vollzogen.

Kant kam einem modernen Verfassungpatriotismus am nächsten, da bei ihm Sprache und historische Entwicklung nur eine subsidiäre Rolle spielten und die Nation sich als politischer „*Republikanism*" darstellen sollte. Bei Fichte kam die Idee einer besonderen *nationalen Sendung* auf, die sich erst bei Hegel wieder historisierte, da Nationen im Geschichtsprozeß eine vorübergehende Fackelträgerrolle zufiel. Es handelte sich dabei keineswegs um Nationalstaaten im modernen Sinn. Noch der künftige Fackelträger Preußen paßte nicht in das Bild einer Abfolge von nationaler zivilisatorischer Vorherrschaft.[13]

Nach den Grundgedanken wurde Kant vielfach unter der Rubrik Liberalismus und Fichte unter Nationalismus eingeordnet, wobei letzteres Etikett quer zu den großen Ideologien stand. Jakobinische und historisierend-konservative Gedanken waren im Fichteschen Nationalismus eng verwoben. Der Nationalstaat wurde schon bei den Klassikern in höchst unterschiedlichen Mischungsverhältnissen von Freiheit und Gleichheit gedacht. Kant betonte vor allem die „*Freiheit von*". Sein Republikanismus aber war kein Nachtwächterliberalismus, weil die partizipatorische Komponente in dieser Staatskonzeption stark war. Die Freiheit „von" in rechtsstaatlichen Garantien für die Individuen werden bei glühenden Nationalisten hingegen überwiegend einem Kollektiv-Wir, einer „*Freiheit zu*" geopfert, in dem selbst die Freiheit zur Partizipation kollektiv genormt erscheint.

Ehe der Nationalstaat durch die französische Revolution zum europäischen Problem wurde, weil diese die alten ständischen Staatsgebilde zum Einsturz brachte und den Widerstand gegen die Revolutionsarmeen und den napoleonischen Imperialismus von Spanien bis Rußland entfachten, war der *Rechtsstaat* die Forderung der Zeit. Das Wort ist wiederum stark an das Deutsche gebunden und erhielt gerade im Deutschen eine antipartizipatorische Konnotation. Aber der Protoliberalismus der Aufklärung und der frühe Liberalismus der neuen Achsenzeit der französischen Revolution konnten sich auf einige Grundideen einigen, wie Rechte der Bürger, Primat des Individuums, Partizipation durch eine Repräsentativverfassung, in der die Macht durch Gewaltenteilung beschränkt war. *Freiheit* hatte von Locke über Kant und Humboldt zu Constant, Mill oder Mohl Vorrang vor der Idee der *Gleichheit*. Die Gleichheit wurde auf die Rechtsgleichheit beschränkt, die vor allem der Sicherung der Chancen des Erwerbsbürgers dienten.

Am pointiertesten wurde der Zusammenhang zwischen der Nation, dem Rechtsstaat und einer politischen Repräsentation in einem Parlament vom Abbé Sieyès formuliert: „qu`est-ce qu`une Nation? un corps d'Associés vivant sous une loi commune, et representés par la même legislature".[14] Die Nation konstituiert sich nach dieser Auffassung durch das Gesetz, das nicht mehr vom Monarchen ausgeht, sondern von einer Legislatur in freier Repräsentation – und nicht geteilt nach Ständen – deliberiert. Noch war eher eine Repräsentativverfassung als ein demokratischer Staat intendiert, da das allgemeine Wahlrecht nicht vorgesehen war und die Teilnahme an Besitz – und Bildungsqualifikationen – gebunden blieb. Zu den Rechten – wie dem Wahlrecht – traten bald *Pflichten* hinzu, vor allem die Wehrpflicht und die Schulpflicht. Dem lag der Erziehungsgedanke zugrunde, der selbst Rousseaus radikale Demokratieauffassung bestimmt hatte. Die Bürger wurden durch gemeinsame Wehr- und Schulpflicht auf ein gemeinsames nationales Handeln vorbereitet.

Der *Nationalstaat* drängte sich diesem Rechtsdenken durchaus systemfremd auf und erzwang weitere Gleichheiten: die Gleichheit der *citoyens*. Er schwächte die individualistische Komponente liberalen Denkens und förderte weitere *Gleichheit*. Dabei wurde im ersten Überschwang von Befreiungskriegen und Nation-Building nicht gesehen, daß ein Teil dieser Gleichheit in Gefahren für die Freiheit umzuschlagen drohte. Der Patriotismus der französischen Republik enthielt so viele Zwangselemente, daß der Konservatismus sich als Gegenbewegung zu formieren begann. Nicht selten waren die konservativen Vordenker, wie Burke oder Gentz und Friedrich Schlegel enttäuschte Liberale, die den Freiheitsbegriff, wie sie ihn verstanden, der Egalität des revolutionären und liberalen Überschwangs gegenüber stellten. Die *Liberalen* vertraten – wie die Radikalen – den Gedanken der Vervollkommnung der Bürger durch Erziehung. Von Humboldt bis Constant setzten sie sich jedoch auch in diesem Bereich von der jakobinischen Antikenschwärmerei der Radikalen ab: „Was die Alten von moralischen Mitteln anwenden mochten, Nationalerziehung, Religion, Sittengesetze, alles würde bei uns minder fruchten als größeren Schaden bringen". Humboldt hielt es für einen Vorteil von Monarchien, daß sie nicht soviel Kräfte der Individuen auf das „Mittel der Staatsverbindung" verwenden müßten wie Republiken.[15] Eine forcierte Herstellung von nationaler Gleichheit und Identität wurde von den meisten Liberalen abgelehnt. Rechtsstaat und Repräsentation wurden hingegen betont.

Wo der Nationalstaat nicht schon aus dem absolutistischen System naturwüchsig und unangefochten hervorging, sondern durch *nation-building* hergestellt werden mußte, erzwang er weitere Gleichheit durch das Erfordernis der Mitwirkung der Bürger. Selbst, wo Cavour die Nation mit Eisen schuf, konnte er an Volkshelden wie Mazzini und Garibaldi nicht vorbei. Nur in Deutschland hat Bismarck die Passivität des Bürgers bei der Nationsbildung, die sich auf Opfer in den Einigungskriegen beschränkte, durch ein allgemeines Wahlrecht belohnt. Aber ihm fehlte die Krönung der rechtsstaatlichen Repräsentativverfassung, die in den fortgeschrittenen Staaten überall in Richtung parlamentarische Mehrheitsregierung drängte.

Der Liberalismus stand dem demokratischen Prinzip anfangs weitgehend skeptisch gegenüber. Zweite – nicht demokratisch bestellte – Kammern als Barriere gegen den Volkswillen dominierten liberales Denken von den Federalist

Papers bis zu Constant. Beschränkungen des Wahlrechts haben selbst aufgeklärte Liberale der Mitte des 19. Jahrhunderts von Mill bis Mohl noch für unerläßlich gehalten. Eher *konservative* charismatische Führer von Napoleon III. bis zu Disraeli und Bismarck benutzten das demokratische Prinzip des erweiterten oder allgemeinen Wahlrechts, solange die sozialen Verhältnisse stabil genug erschienen, sodaß die Maxime „vote as you are told" noch Gefolgschaft fand. Demokratische partizipatorische Gleichheit des *citoyen* setzte sich im Liberalismus eigentlich erst an der Wende des 20. Jahrhunderts durch – in Deutschland etwa von Friedrich Naumann bis Max Weber, und die Konservativen haben zum Teil auch nach der Durchsetzung des demokratischen Prinzips in den meisten Systemen nach dem ersten Weltkrieg noch an eine korporative Verwässerung dieses Prinzips gedacht.

Die dritte große Ideologie, die im 19. Jahrhundert entstand, der *Sozialismus*, hatte gelegentlich Schwierigkeiten mit dem Nationalstaat, wie bei Proudhon mit seiner Liebe zu kleineren Einheiten, oder hielt ihn für ein bürgerliches Relikt, das Durchgangsstadium in der Evolution der Gesellschaftsformationen bleiben mußte, wie die Marxisten. Der Sozialismus hatte als revolutionärer Sozialismus vielfach ein gebrochenes Verhältnis zum Rechtsstaat und ein andersartiges Konzept des demokratischen Staates. In allen Varianten aber fügte er der Evolution der legitimatorischen Prinzipien der neueren Geschichte den *Sozialstaat* hinzu. Die Gleichheit der Bürger in der Demokratie war behindert durch die faktische Ungleichheit der Menschen. Je nach Ländern und Kräfteverhältnissen der großen Ideologien haben nicht wenige Liberale von Mill bis Mohl in Auseinandersetzung mit dem Sozialismus den sozialen Gedanken absorbiert. Konservative (Lorenz von Stein), oder konservativ-christliche Konzeptionen (Lamennais, Viktor Aimé Huber) haben sich mit dem sozialen Gedanken eher leichter getan als der dogmatische Liberalismus, der auf Marktwirtschaft und ein gewaltenteiliges Repräsentativsystem fixiert war.

Diese vier *Staatskonzeptionen* sind inzwischen von allen Ideologien und parteilichen Lagern in unterschiedlichen Mischungsverhältnissen akzeptiert worden. Marshall hat dem *politischen* und dem *rechtlichen* Bürger längst den *sozialen Bürger* hinzu gefügt.[16] Als die egalisierende Kraft des Wohlfahrtsstaats in den Verdacht geriet, eine oppressive ganzheitliche Utopie zu sein, und die subjektiven Identitäten jenseits von Staat und sozialer Gemeinschaft wiedertentdeckt wurden, hat man die *„cultural citizenship"* der Dreiteilung Marshalls hinzu gefügt, um die Gleichberechtigung des Prinzips *„Anerkennung"* neben der *„Distribution"* zu betonen.[17] Soweit Ethnien sich in ihrem Staat unterdrückt fühlten und nach Autonomie oder Selbstbestimmungsrecht bis zur Sezession strebten, haben sie die „Nation" unter dem Begriff *cultural citizenship* neben *Rasse* und *gender* wieder eingereiht, weil die nationale Frage nur für die privilegierten Großen gelöst schien. Die Gefahr war dabei, daß ein ethnischer Ausschließlichkeitsanspruch unter harmlos-spielerisch klingenden Etiketten wieder hoffähig zu werden drohte.[18]

Mit der postmodernen Fragmentierung kamen hingegen andere Prinzipien der modernen Staatlichkeit in die Kritik. Menschenrechte als Grundlage des Rechtsstaats wurden als europa-zentrisch relativiert und auch keineswegs anti-humanistische Theoretiker der Politik mußten einsehen: „Der direkte Versuch, den Menschenrechtsuniversalismus in einer Weltnation zu realisieren, würde deshalb sehr wahrscheinlich zu schlimmsten Terror führen, also in sein Gegenteil umschlagen".[19] Der Universalismus bedeutet in Europa kaum die Gefahr des Terrorismus. Aber es ist nicht zu leugnen, daß er die Fragmente des *patchworks of minorities* eher auf den Weg der Assimilation als den der Bewahrung der eigenen Identität verweist.

Das Pathos gegen die Relikte des völkischen Staates in Deutschland bei einigen Multikulturalisten wirkt gelegentlich widersprüchlich zu den eigenen Prämissen. Es ist unwahrscheinlich in einem ständig sich wandelnden Selbstbeschreibungsverhältnis, wie es die Nation darstellt, daß sich die einzelnen Elemente aus denen die Selbstbeschreibung sich zusammensetzt, harmonisch aufeinander abgestimmt sind. Sie sind natürlich auch eher postmodernes *Patchwork*, vielfach inkommensurabel. Die Universalität der Menschenrechte steht notwendigerweise in Gegensatz zu den bloßen Rechten der Angehörigen einer Nation, wie im Art. 116 GG, nachdem Staatsbürgerrechte an die deutsche Staatsangehörigkeit geknüpft werden. Nicht einzusehen ist zweifellos, daß weiterhin „Volksdeutsche" in Osteuropa bevorzugte Einwanderungsrechte zuerkannt bekommen. Die Integrationsschwierigkeiten der zweiten und dritten Emigrationswelle von Rußland- und Polen-Deutschen zeigt, daß das Potential derer, die nicht nur Wirtschaftsmigranten sind, zwischen Oberschlesien und Kasachstan ziemlich ausgeschöpft ist. Integrationistische Hintergründe dieser Bevorzugung in der Adenauerzeit sind längst gegenstandslos geworden. Aber der Widerspruch zu den universalistischen Gleichheitspostulaten des Artikels 3 wird auch bei Abschaffung unsinniger völkischer Relikte bleiben.

3) Integrationsideen und -mechanismen des modernen Nationalstaats

Die Loyalitätsanforderungen der Nationalstaaten waren aufgrund der beschriebenen staatlichen Entwicklungen und ihrer weltanschaulichen Begleitmusik in den politischen Theorien höchst unterschiedlich. Die Ausgestaltung des Staatsangehörigkeitsrechts war der Testfall für die Art der Identitätskonzeption. Am weitesten ging die Inklusion in der jakobinischen Verfassung vom 24. Juni 1793, wo jeder Mann, in Frankreich geboren oder wohnhaft, ab 21 Jahren die Bürgerrechte Frankreichs zugesprochen bekam. Einmalig war die Inklusion der Ausländer im Art. 1,4 dieser Verfassung, welche die Bürgerrechte eines Franzosen an einige Bedingungen band, wie „dort von seiner Arbeit lebt, oder Eigentum erwirbt, oder eine Französin heiratet, oder ein Kind adoptiert, oder einen alten Menschen ernährt" oder von der Legislative positiv beurteilt wird: „avoir bien merité de l'humanité".[21] Das weniger radikale Verfassungsprojekt der Gironde von 1793 war ebenfalls inklusiv gestimmt. Jeder Mann ab 21, der sich im „tableau civique einer Primärversammlung" einschreiben ließ, sollte die Bürgerrechte genießen, wenn er ein Jahr ohne Unterbrechung in Frankreich residiert hatte.[22] Nur die Verkürzungen der Residenzpflicht durch soziale Sonderbedingungen in der jakobinischen Verfassung fehlte. Beide Verfassungen blieben auf dem Papier, wurden aber zum Indikator für eine revolutionäre Auffassung von Staatsbürgerschaft. Diese war nicht an ethnische Voraussetzungen gebunden und bewährte sich in der Ausübung der Bürgerrechte und -pflichten. Die Realität der Inklusion von Ausländern seit 1793 sah freilich auch in Frankreich weniger liberal aus.

In Deutschland war die Weimarer Republik der erste Nationalstaat, der sich mit dem demokratischen Prinzip verband. Die Publizistik der Weimarer Zeit bewegte sich zwischen zwei Polen, die mit dem autoritären Nationbuilding-konzept bei Carl Schmitt und der Integrationslehre von Rudolf Smend beschrieben werden können. Bei Carl Schmitt wurde postuliert: „Die Voraussetzung dieser Art Demokratie ist *nationale Homogenität*". Der Staat trat an die Stelle der Volksidee. Gemeinsame Sprache konnte durch gemeinsame Vergangenheit und gemeinsame Zukunftshoffnungen ersetzt werden. Bei der Sicherung der nationalen Homogenität wurden bei Schmitt von den Einwanderungsgesetzen bis zu Aussiedlungsmaßnahmen und Schutz der heimischen Industrie viele Methoden leidenschaftslos billigend nebeneinander gestellt. Demokratische Homogenität als Erfordernis kam für Schmitt notwendig in Konflikt mit den liberalen Ideen von Gleichheit und Freiheit des einzelnen Menschen: „Ein demokratischer Staat würde sich durch eine konsequente Anerkennung der allgemeinen Menschengleichheit ... seiner Substanz berauben".[23]

Smends Integrationslehre setzt sich von der Gedankenlosigkeit der unlogischen Juxtaposition von Staatsmerkmalen (Staatsgebiet, Staatsvolk, Staatsgewalt) ab und kritisierte vor allem die heimliche Legitimitätsreserve der Staatsgewalt bei Carl Schmitt, die nur im Ausnahmezustand sichtbar wurde. *Persönliche Integration* (als Identifikation mit der Führung, einigen cäsaristischen Ansichten Schmitts nicht unähnlich), *funktionelle Integration* durch gemeinsame politische Partizipation und *sachliche Integration* durch Staatszwecke, die als Integrationsmittel die sie erlebende und verwirklichende Gemeinschaft tragen, setzten sich von positivistischen und dezisionistischen Konzeptionen ab.[24] Integration als grundlegender Lebensvorgang des Staates wurde von Smend verstehend in konzentrischen Kreisen der Gemeinschaftsbildung beschrieben. Obwohl die positivistisch-mechanistische Sicht der Integration durch Staatsinstrumente oder durch Dezision bei Carl Schmitt abgelehnt wurde, konnte auch Smend nicht umhin, im positiv-rechtlichen Teil seiner Abhandlung die „Verstaatlichung der Massen" (York von Wartenburg) durch Rechte und vor allem Pflichten durch Rechtsauslegung und Symbole zu behandeln, immer unter Versicherung, daß es keine formelle Integration ohne „sachliche Wertgemeinschaft" gebe.

Gerade diese *Wertgemeinschaft* ist in der Ära des Postmodernismus in Frage gestellt worden. Selbst der Freistaat Bayern wurde von Gerichten gezwungen, die noch als Wertkonsens unterstellte integrative Symbolik des Kruzifix im Klassenzimmer an Einspruchsmöglichkeiten der Bürger zu binden. *Political correctness* führt zunehmend dazu, daß alle Glaubensgemeinschaften die gleichen Rechte verlangen, und den christlichen Konsens selbst im symbolischen Bereich aufkündigen. Die nationale Identität wird immer weniger von einer Religion her definiert. Selbst bei multikonfessionellen Staaten, wie der Schweiz, der Niederlande oder Deutschlands, wurde lange der dominante Protestantismus zur fast kulturkämpferischen Richtschnur des staatlichen Selbstverständnisses. Dies hat in der Schweiz zu einem Sonderbundskrieg und in den Niederlanden zur Abspaltung der Südniederlande im Staat Belgien geführt. Selbst die USA, die sich als „melting pot" verstanden, haben den Protestantismus als Verstärkung der Dominanz der WASP-Mehrheit (white anglosaxon protestant) eingesetzt. Der Protestantismus in seinen Gemeinsamkeiten spielte eine gewichtige Rolle bei der Definition der nationalen Identität, aber es war nicht eine bestimmte Denomination, die eine Hegemonie erlangte, wie in europäischen Ländern mit den Relikten eines Staatskirchentums. In den USA mußte daher eine laizistische Symbolik die Integrationsfunktion übernehmen. Die multikulturelle Symbolik des Seeadlers mit den Fasci und der Erläuterung „e pluribus unum" erhielt fast sakrale Weihen – ähnlich wie die Fahnenzeremonien und das Singen der Nationalhymne nach höchst profanen Anlässen. Aus der Staatsbürgerschaft wurde in den USA fast eine Ersatzreligion gemacht, wie David Brewer, Richter am Supreme Court, 1900 formulierte: „Das Wahllokal ist der Tempel der amerikanischen Institutionen. Weder ein einzelner Stamm noch eine Sippe sind auserwählt, die heiligen Flammen zu sehen, die auf seinem Altar brennen. Wir alle sind die Priester".[25]

Die Erforschung der nationalen Identität hat vielfach die Ergebnisse der *Politischen Kultur*-Forschung nicht zur Kenntnis genommen. Das Abfragen von nationaler Identität bleibt meistens eindimensional. Die kognitiven, affektiven und evaluativen Dimensionen der politischen Orientierung richten sich auf sehr unterschiedliche Elemente der Legitimierung des Nationalstaats, die über die Standardfrage „sind Sie stolz auf Ihre Nation" weit hinausreicht (vgl. Tabelle). Stolz auf das Rechtssystem, die Kultur, die partizipativen Möglichkeiten der Demokratie und des Sozialstaats sind in den Systemen in unterschiedlichen Mischungsverhältnissen anzutreffen.

Die vier Subsysteme der Gesellschaft (Recht, Kultur, Politik und Wirtschaft) mit den von ihnen hervorgebrachten Legitimitätsvorstellungen haben je nach Nationalstaat ganz unterschiedliches Gewicht. Die *Rechtsstaatlichkeit* scheint ubiquitär. Der Verfassungspatriotismus ist daher international am konsensfähigsten. Dennoch sind die Auffassungen des Gewichts dieses Bereichs unterschiedlich. Die Prozeßwut der Amerikaner überwiegt die der Deutschen bei weitem, aber sie hat eine politische Konnotation. „Plea bargaining" und flexible Prozeßökonomie erlauben einen quasi-politischen Einsatz des Rechts. In

Deutschland hingegen wurde das Recht zur Zufluchtsstätte für den Angstkomplex vor der Politik. Alle partizipatorischen Aspekte der Politik wurden nach 1949 klein gehalten. Im Zweifel zieht der Bürger ein verfassungsgerichtliches Urteil einer politischen Entscheidung vor, und das System kennt keine political-question doctrine wie der Supreme Court der USA, der es erlaubte, dem Zwang sich in die Politik einzumischen, wenigstens in einigen Domänen, wie Außen- oder Finanzpolitik, zu entkommen.

Die Konzeptionen des *demokratischen Staates* sind verschieden, je nach dem Ausmaß der Akzeptanz plebiszitärer Entscheidungen neben der parlamentarisch-repräsentativen Willensbildung. Die Partizipationsbereitschaft ist als Indikator für die Identifikation mit dem System schwer heranzuziehen. Die Wahlbeteiligung ist zum Teil ein Produkt des Wahlsystems. Hohe Wahlbeteiligung, wie in Deutschland, ist nicht als Überidentifikation mit dem Staat gewertet worden, sondern als ritualistische Konformität: „Die Deutschen sind ordnungsgemäß zur Wahl angetreten" schrieb einmal eine ausländische Zeitung. Schon die Civic Culture-Studie stellte fest, daß die Deutschen zwar relativ zufrieden mit dem Funktionieren des Systems schienen, aber auf der symbolischen Ebene kaum starke Identifikation mit ihrem System zeigten.[26]

Der *Wohlfahrtsstaat* als legitimatorischer Exponent des Wirtschaftssystems spielte eine herausragende Rolle für die Identifikation der Deutschen. Spätere Studien zeigten, daß Almonds und Verbas Grundthese, daß die Deutschen sich eher mit unpolitischen Aspekten des Systems identifizieren, wie der Wirtschaft, noch immer nicht ganz falsch ist, daß aber die Akzeptanz des politischen Systems und des Grundgesetzes einen hohen Stellenwert bei wenigstens fünfzig Prozent der Bürger einnimmt (im Osten hingegen nur bei etwas über einem Viertel). Bei der Messung eines Permissivitätsindexes (Toleranz und Respektierung anderer Nationen) haben die Deutschen von 1981 bis 1991 die Briten überholt, denen einst die ausgewogenste politische Kultur in Europa nachgesagt wurde (vgl. Tabelle).[27] Dies ist ein weiterer Beleg dafür, daß nationale Identität keine ahistorische fixe Größe ist. Ganze politische Kulturen sind das Ergebnis von Lernprozessen und vor allem die Deutschen haben erstaunlich schnell die Ergebnisse der Civic Culture-Studie falsifiziert. Am wenigsten vielleicht im Bereich des politischen Systems. Aber die antipartizipatorische politische Kultur, die den Deutschen nachgesagt wurde, überraschte die Analytiker seit den 80er Jahren, als Deutschland plötzlich – im Gefolge des Aufstiegs der neuen sozialen Bewegungen und der Grünen – zum Mekka eines unkonventionellen politischen Verhaltens wurde.

Konklusion:
Identitäten unterliegen einem ständigen sozialen Wandel. Nationale Identität ist heute mit geringeren Anforderungen belastet als in der Zeit der Nationsbildung. Überhöhte Anforderungen an den Patriotismus waren in der Zeit der levée en

masse selbst in der französischen Revolution eine Gefahr für eine ausbalancierte Perzeption der eigenen Nation – vor allem als die nationale Homogenisierung sich in den Revolutionskriegen in eine Ideologie der „Befreiung" anderer Nationen umsetzte, die nicht selten in der Annexion von Gebieten endete. Affektive Identifikation mit der Nation – wie sie sich in Fußballweltmeisterschaften selbst bei Jugendlichen äußern, die sonst „Null Bock auf Nation" zu haben behaupten, – sind in einer Zeit entspannter Europäisierung eher unerwünscht. Affektionen sind leichter enttäuschbar als die kognitiven Aspekte der Identifikation. Insofern ist der den Deutschen – von Sternberger bis Habermas – verordnete rationale Verfassungspatriotismus die gewünschte Form der nationalen Identifikation. Aber die rationale Kühle des Verfassungspatriotismus hat Erlebnisdefizite, die nicht mit intellektueller Arroganz überspielt werden können. Daher erscheint eine *ausgewogene Identifikation* zwischen *rationalen* und *affektiven Elementen* der Identifikation sinnvoll. Diese *Ausgewogenheit* sollte sich auch auf die vier *Legitimationssäulen* des modernen Staates beziehen. Stolz auf das *politische System* erscheint dem deutschen Verfassungspatriotismus nach amerikanischem Vorbild wünschenswert. Aber kontinentale Traditionen ließen in Nordeuropa schwerlich sowenig Identifikation mit dem *Wohlfahrtsstaat* zu, wie er in Amerika möglich ist. Die altliberale Grundgesinnung, daß der Bürger seine Daseinsvorsorge in erster Linie in eigene Hand nehmen muß, soll zwar in der Zeit des Abbaus von Sozialstaatlichkeit auch in Europa langsam eingeübt werden. Aber es ist schwerlich zu erwarten, daß eine Minimierung des Sozialstaats, wie in Amerika, ohne schwere Legitimationsverluste und nationale Identitätszweifel von der Mehrheit hingenommen würden.

Die Nationalstaaten Europas sind trotz einer Angleichung der parlamentarischen Demokratien (auch das semipräsidentielle System Frankreichs oder Finnlands sind nur Variationen des Grundtyps), und der Rechtsstaatlichkeit – vor allem durch den Europäischen Gerichtshof – und der sozialen Sicherungssysteme noch immer sehr verschieden.

Die nationale Identität bleibt aufgrund von kulturellen und politischen Traditionen unterschiedlich. Bloßer Verfassungspatriotismus als Grundlage der nationalen Identifikation ist in den meisten Ländern nicht zu erwarten. Das gilt um so mehr, je stärker Europa zusammenwächst. Niemand vertritt ernstlich die These, daß die Europäische Gemeinschaft ein Nationalstaatsgebilde werden könne. Die Identifikation mit Europa, die der Eurobarometer mit ermüdender Regelmäßigkeit abfragt, und die bis Anfang der 90er Jahre einer sozialistischen Statistik ähnlich sah (jedes Jahr ein neuer Aufwärtstrend) kann nur in Richtung „Verfassungspatriotismus" tendieren (vgl. Tabelle). Im Gegensatz zu nationalen Rechts- und Politiktraditionen ist dieser angesichts der Undurchsichtigkeit von „Brüssel" für die meisten Europäer noch erlebnisarmer als das nationale System. Es wird sogar im wirtschaftlichen und rechtlichen Subsystem zunehmend als restriktiv empfunden und kann – im Gegensatz zum nationalen Staat – nicht für eine Weile affektiv überspielt werden. Noch gilt das verschiedenen Politikern zugeschriebene Bonmot: „Man kann nicht einen Markt lieben". Auch eine politische Union wird nicht verhindern, daß der „Staatenverbund" auch weiterhin überwiegend als ein gemeinsamer Markt wahrgenommen wird.

Es wird zunehmend sogar befürchtet, daß der Verfassungspatriotismus selbst auf europäischer Ebene Gefahren in sich birgt. Die „fremd verordnete Einheitlichkeit des Lebens" löst in vielen europäischen Ländern zunehmend nationalistische Gegenreaktionen aus.[28] Je stärker die Identitätsgefühle forciert auf größere Einheiten gelenkt werden, um so häufiger regen sich Tendenzen eines Neonationalismus in den europäischen Nationalstaaten und der regionalistischen Identitätssuche, wenn der Nationalstaat nach dem Gefühl der Bürger gegen „Brüssel" zu willfährig gewesen ist (vgl. Tabelle S. 78).

Tabelle: Indikatoren nationaler und übernationaler Identifikation in Europa (in Prozent)

Zugehörigkeitsgefühle der Bürger				für europ. Staatsbürgerschaft	Stolz auf die Nation	Es leben zu viele Ausländer im Land
	EU	National-staat	Region			
I	30	53	16	IRL 63	IRL 92	GR 64
LUX	25	62	12	I 62	GR 91	B 57
F	16	61	23	GR 61	P 89	F 55
IRL	16	77	7	F 57	DK 85	NL 47
NL	16	67	15	P 56	E 84	I 46
B	15	51	32	E 53	UK 81	UK 42
UK	15	71	14	UK 52	I 79	DK 41
D	14	59	27	NL 51	LUX 75	D 40
A	11	71	18	B 49	F 71	P 30
E	10	51	38	FIN 48	B 69	E 27
GR	10	74	16	LUX 40	NL 66	LUX 23
P	9	64	27	D 36	D 45	IRL 8
DK	7	79	13	S 31	--	--
S	6	69	25	A 26	--	--
FIN	4	78	18	DK 23	--	--
EU Durch-schnitt	16	61	22	50	70	43

Quellen: Eurobarometer 45, 1996, S. 88f, Eurobarometer 42, 1995, S. 67, 69.

Die Zahlen zeigen, daß Deutschland in der europäischen Identifikation im Mittelfeld liegt und daß die regionale Identifikation (27%) nur von Belgien, Spanien und Portugal übertroffen wird. Bei der Forderung einer europäischen Staatsbürgerschaft ist Deutschland im unteren Mittelfeld (36%). Nur die Skandinavier und Österreich zeigen weniger Begeisterung. Nationalismus kann dafür kaum verantwortlich gemacht werden. Deutschland bildet mit 45% das Schlußlicht, und wird selbst von Belgien weit übertroffen (69%), wo fraglich ist, ob es sich noch um eine Nation handelt. Der Toleranzindex gegenüber Ausländern zeigt, daß Deutschland wiederum im Mittelfeld angesiedelt ist. 40% finden, daß zu viele Ausländer im Land leben, an Duldsamkeit nur von Ländern wie Portugal, Spanien und Irland übertroffen, deren Ausländeranteil gering ist. Luxemburg bildet hier die Ausnahme. In der trilingualistischen Kultur hat sich die Bevölkerung an einen hohen Anteil von Ausländern gewöhnt, zumal dieser großenteils von mittelständischen Ausländern gestellt wird.

Die Umfragedaten des Eurobarometer legen den Schluß nahe, daß die nationale Identifikation nicht im Absterben begriffen ist, sich aber mit einer Option für eine europäische Staatsbürgerschaft verträgt. Die Neigung zu Exklusion von Ausländern korreliert nicht mit dem faktischen Anteil von Ausländern an der Bevölkerung. Nicht die am stärksten vom Problem betroffenen Länder, sondern Griechenland rangiert bei diesem Indikator an der Spitze.

Umfragedaten bieten Momentaufnahmen. Wo Aversionen gegen die EU hochgespielt werden, wie in Deutschland aufgrund der Debatte um überhöhte Transfers nach Brüssel, kann sich das Bild rasch verschlechtern. Wo der Tod des Nationalstaats mit dem Tod der Politik gleichgesetzt wird[29], kann es rasch zu Bewegungen kommen, die die Wiederherstellung der Politik mit einem neuen Nationalismus verbinden. Der Anlaß muß dabei keineswegs ein primär politischer sein. Im Bereich Sozialpolitik wird noch auf lange der Nationalstaat Hauptakteur bleiben, trotz aller Deklarationen von „social citizenship" im Maastrichter Vertrag.

Bestehende Nationen sind nicht immer als integraler Wiederanknüpfungspunkt politischer Aktionen geeignet. In multiethnischen Staaten, wie der Schweiz, die dem homogenisierenden Einfluß der Europäischen Union vorerst nur indirekt ausgesetzt sind, zeigen sich Rückzugstendenzen in die vier Ethnien und ihre Kantone. Belgien, nur noch ein Dachhaus, wird als Drohung für andere multiethnische Staaten empfunden. Deutschland ist ethnisch ziemlich homogen. Aber auch für dieses Land wurden Szenarien entwickelt, daß die EU die erneute Trennung in zwei deutsche Staaten fördern könnte. Die bloße „DM-Identität" (Egon Matzner) kann nach dieser Meinung nicht bestehen, wenn die DM dem Euro weichen muß.[30] Dieses Szenario ist einerseits ohne Kenntnis der Befragungsstudien zum nationalen Identitätsgefühl der Ost- und Westdeutschen skizziert worden. Ostdeutschland zeigt weit mehr als Westdeutschland ein traditionelles Nationalbewußtsein. Postnationale Einstellungen, die ein solches Szenario wahrscheinlich machen könnten sind nur bei 15.8% im Osten (gegenüber 20.8% im Westen) feststellbar.[31] Andererseits unterschätzt das Szenario die *Ambiguitätstoleranz* einer wachsenden Zahl von Bürgern in der Entwicklung mehrdimensionaler Identitäten. Österreich mit seinem eigentlich erst nach 1945 voll entwickelten nationalen Identitätsgefühl ist als Musterbeispiel dafür angeführt worden, daß eine Staatsnation mit erstaunlichen Widersprüchen der Selbstperzeption leben kann, was in die Hegelsche Paradoxie zu münden scheint, nach der die

Identität eine Identität mit der Nichtidentität ist.[32] Die Fähigkeit Symbiosen herzustellen – in Luxemburg sogar in einem trilingualistischen Modell – und dennoch seine nationale und kulturelle Identität zu festigen – scheint gerade den ambivalenten Spätnationen den Weg nach Europa besonders zu erleichtern.

Die Typologie von Traditionalismus, Verfassungspatriotismus und Postnationalismus macht die ersten Typen klar unterscheidbar. *Traditionales Nationalbewußtsein* schließt vorpolitisch-ethnische und transpolitisch-kulturelle Elemente ein, kann jedoch indifferent gegenüber der politischen Demokratie und den Werten der Verfassung sein. Weniger gut ist das postnationale Bewußtsein vom *Verfassungspatriotismus* abzugrenzen, da beide die primordiale Bedeutung der Nationen und Ethnien leugnen. *Postnationales Bewußtsein* ist jedoch kaum auf das politische und das Rechtssystem bezogen, sondern kann vom idealisierten Weltbürgertum bis zum Rückzug in die alternative Öko-Kommune eine Fülle von Identifikationsmuster umfassen. Der Postnationalismus wird von einigen Autoren als die Form der Identitätsbildung der Zukunft gesehen. Aber es gibt keinen Anlaß, diese Form zu idealisieren, weil ihr Ansatzpunkte für Identität sehr diffus sind. Die Geschichte zeigte, daß die bloße Vermeidung von Nationalismus im „*Negativpatriotismus*" (Isensee) noch keine Garantie sozialen Friedens ist. Experimente, die Rassen, Klassen, Gender-Gruppen oder Anarcho-Kommunen zum exklusiven Bezugspunkt der Identifikation zu machen versuchten, haben das gezeigt.

Von radikalen Liberalen wird jede Form forcierter Identitätssuche – auch die nach der personalen Identität – ganz sicher aber die nach nationaler oder kultureller Identität – als Attentat auf die individuellle Freiheit empfunden. Identitätssuche droht die Widersprüche und Ambivalenzen der Freiheit zu beseitigen und in kollektiven Prozessen den Einzelnen sozialen Zwängen zur Adaption auszusetzen.[33] Seit die *political correctness* die Identitätssuche immer neuer Opfergruppen forciert hat, wird das Verdikt, das sich noch bei Walzer findet[34], daß die Nation Hauptrepräsentant eines verwerflichen Partikularismus sei, vielfach schon bezweifelt. Walzer ging noch davon aus, daß die politische Nation jedem Partikularismus abhold sei.[34] Radikale Minderheitenvertreter bezweifeln dies – und fordern damit die Gegenmobilisierung der egalitären Staatsbürgernation heraus.

Ein liberal-demokratisches System kann mit Widersprüchen der Identitätsgefühle der Bürger leben und begrüßt sie sogar. Daher bietet sich der Verfassungspatriotismus als kleinster gemeinsamer Nenner für viele Forscher an, die kein Element der Identifikation der Bürger mit ihrem System bevorzugen und keine normativen Empfehlungen für die Identitätssuche geben wollen.

Aber schon Almond und Verba haben ja die bahnbrechende empirische Forschung mit einem handfesten Bias für eine gemäßigt partizipatorische rational-distanzierte *civic culture* verbunden, die im Konzept des Verfassungspatriotismus heute ihre Entsprechung findet. Die nationale Identität in ihrer rationalen Form hat den Vorteil, mit anderen Loyalitäten vereinbar zu sein.[35] Der Nationalismus des 19. Jahrhunderts erscheint im westeuropäischen Rückblick als eine pathologische Entwicklung, die leidvoll in vielen Kriegen überwunden wurde. Das nationale Identitätsgefühl kehrt bei den aufgeklärten Schichten der Nationalstaaten zunehmend zur Aufklärung zurück, in der von Voltaire bis Kant und Humboldt Patriotismus und Weltbürgertum keine Gegensätze darstellten. Fontanes Archibald Douglas, über den der englische König urteilt: „Der ist in tiefster Seele treu, der seine Heimat liebt wie Du" erscheint als überwundene Stufe, weil seine Heimatliebe zur totalen Entfremdung in anderen Kulturen führte („Wo immer die Welt am schönsten war, da war sie mir öd und leer").

Die Idee als Nationalstaats wurde in obiger Vierfeldermatrix dem Bereich der Kultur zugeordnet, und Sprache, gemeinsame Kultur und Geschichte haben den Nationalstaat zweifellos gefördert. Aber ohne wirtschaftliche Integration (der Zollverein ging in Deutschland dem Nationalstaat voraus) und ohne politische Gestaltung wäre es bei einer verschwommenen Idee von Kulturnation geblieben. Ethnos und Kultur waren nie gleichzusetzen: „Kultur als Anerkennung des Fremdartigen sprengt die inzestuöse und idyllische Enge des quasi-familialen Ethnos"...[36] Die Fähigkeit der Menschen mit Differenzen umzugehen, nimmt zu. *Exklusion* ist theoretisch gesehen sowieso eher eine unpräzise Restkategorie.[37] Schon aus Gründen der politischen Akzeptanz wird das Einzuschließende genauer definiert als das im Nationsbegriff Ausgeschlossene. Exklusion wird vom Staat allenfalls noch bei Asyl-, Bleiberecht- und Staatsbürgerschaftsrechten präzise geregelt. Inklusion und Exklusion werden im übrigen zunehmend auch an die Funktionssysteme der Gesellschaft delegiert.

Aufgeklärte postmoderne Gesellschaften stellen keine überhöhten Anforderungen mehr an die Loyalität ihrer Bürger – außer in Zeiten der Bedrohungsgefühle durch den Ost-West-Konflikt im Außenverhältnis und durch den Terrorismus im Innenverhältnis. Bei schwach ausgeprägter nationaler Symbolik fällt nicht einmal auf, daß ein großer Teil der Deutschen die Nationalhymne nicht richtig singen kann. Der postmoderne Staat hat auch die noch von Rousseau bis Humboldt so stark betonte *Nationalerziehung* kleiner geschrieben. Die Wehrpflicht wurde sogar in Frankreich abgeschafft, wo ihr in der großen Revolution übertriebene integrative Bedeutung zugemessen worden ist. Staatsbürgererziehung wird zunehmend auf den Verfassungspatriotismus ausgerichtet. Wenn aufgeklärte Staaten die Vermutung akzeptieren: „Wer nicht offen *gegen* uns ist – ist *für* uns", werden auch anti- und postnationale Deklamationen seltener. Selbst die Künstler, die einst ihre Entfremdung gegenüber dem System zelebrierten, zeigen heute eher ein entspanntes Desinteresse bei grundsätzlicher Systemakzeptanz.

Trotz alarmierender Belege für Ausländerfeindlichkeit in vielen Demokratien zeigt sich auch bei den Bürgern, die ihren Arbeitsplatz durch die Konkurrenz der Ausländer bedroht sehen und die anfällig für populistische Parolen erscheinen, eine erstaunliche Differenziertheit. Deutschland liegt dabei eher im unteren Mittelfeld (vgl. Tabelle). Die Ablehnung richtet sich gegen die Spätgekommenen, die als nicht arbeitende Ausländer mit staatlicher Alimentierung und

Wohnungszuweisung den einheimischen Unterschichtsangehörigen privilegiert erscheinen. Der Türke oder Algerier, der seit 20 Jahren im Lande am Aufbau des Betriebs und des sozialen Sicherungssystems mitgewirkt hat, ist von dieser Ablehnung weit weniger betroffen.

Die Verflüssigung aller sozialen Beziehungen macht am wenigsten von dem Gefühl der nationalen Identität halt. Differenzen werden angesichts der *transnationalen Mobilität* leichter akzeptiert und verarbeitet. Ein Rest von affektivem Patriotismus, in Verbindung mit einem rationalen Verfassungspatriotismus erscheint daher in konsolidierten Demokratien nicht mehr als Gefahr. Dieser Rest könnte als Kompensation für mangelnde emotionale Identifikationsmöglichkeiten mit einer fernen, für die meisten schwer durchschaubaren Europäischen Union, sogar an Bedeutung gewinnen. Postnationalismus in der Form eines negativen Nationalismus, der unkritisch Identifikationsobjekte vom Kiez bis zum Weltstaat akzeptiert, und nur den nationalen Ansatzpunkt für Identifikationsgefühle für suspekt hält, bleibt vermutlich ein Traum – und nicht einmal ein schöner.

Anmerkungen:

1) Rudolf Burger: Die falsche Wärme der Kultur. Fußnote zu einem neuen Bedürfnis. In: Informationen zur politischen Bildung, 1992, Nr.3, (9-16), S. 11.

2) Bernhard Giesen: Die Intellektuellen und die Nation. Frankfurt, Suhrkamp 1993, S. 28.

3) Niklas Luhmann: Weltgesellschaft (1971) In: Ders.: Soziologische Aufklärung 2. Opladen, Westdeutscher Verlag 1975, S. 51-71.

4) Jürgen Habermas: Können komplexe Gesellschaften eine vernünftige Identität ausbilden? In: Ders.: Zur Rekonstruktion des Historischen Materialismus. Frankfurt, Suhrkamp 1976 (92-126), S. 111.

5) Hans-Joachim Arndt: Identitätsstörungen bei Jugendlichen und Geschichtsbewußtsein. Hamburger Jahrbuch für Wirtschafts- und Gesellschaftspolitik, 1982, S. 115-134.

6) Klaus von Beyme: Deutsche Identität zwischen Nationalismus und Verfassungspatriotismus. In: Manfred Hettling/Paul Nolte (Hrsg.): Nation und Gesellschaft. Hans-Ulrich Wehler zum 65. Geburtstag. München, Beck 1996, S. 80-99.

7) Rudolf von Thadden: Aufbau nationaler Identität. Deutschland und Frankreich im Vergleich. In: Bernhard Giesen (Hrsg.): Nationale und kulturelle Identität. Frankfurt, Suhrkamp 1991 (493-510), S. 496.
Danièle Hervieu-Léger: Die Vergangenheit der Gegenwart: Die Neudefinition des „laizistischen Paktes" im multikulturellen Frankreich. In: Peter L. Berger (Hrsg.): Die Grenzen der Gemeinschaft. Gütersloh, Bertelsmann Stiftung 1997, S. 85-153.
Caroline C. Ford: Which Nation? Language, Identity and Republican Politics in France. History of European Ideas. Jg. 17, 1993, S. 31-46.

8) Johann Gottfried Herder: Ideen zu einer Philosophie der Geschichte. In: Werke, Weimar, Volksverlag 1957, S. 393.

9) vgl. Klaus von Beyme: Systemwechsel in Osteuropa. Frankfurt, Suhrkamp 1994, S. 262.

10) Norbert Elias: Studien über die Deutschen. Frankfurt, Suhrkamp 1989, S. 165.

11) Otto Dann: Begriffe und Typen des Nationalen in der frühen Neuzeit. In: Giesen a.a.O. 1991 (56-73), S. 60.

12) vgl. Wolfgang Mommsen (Hrsg.): Kultur und Krieg. Die Rolle der Intellektuellen, Künstler und Schriftsteller im Ersten Weltkrieg. München, Oldenbourg 1996.

13) Micha Brumlik: Nation und Weltinnenpolitik. In: Petra Braitling/Walter Reese-Schäfer (Hrsg.): Universalismus, Nationalismus und die neue Einheit der Deutschen. Philosophen und die Politik. Frankfurt, Fischer 1991: 22-38.

14) E.J. Sieyès: Qu'est-ce que le Tiers-Etat? Paris, ohne Verlagsangabe, 1789, 3.Aufl., S. 13.

15) Wilhelm von Humboldt: Ideen zu einem Versuch die Grenzen der Wirksamkeit des Staates zu bestimmen (1792). Stuttgart, Reclam 1995, S. 69, 71.

16) T.H. Marshall: Citizenship and Social Class. In: Idem.: Class, Citizenship and Social Development. Westport/Conn. Greenwood 1976, S. 67-122.

17) B.S. Turner: Postmodern Culture, Modern Citizens. In: Bart van Steenbergen (Hrsg.): The Condition of Citizenship. London, Sage 1994 (153-168), S. 159.

18) Agnes Heller/Sonja Puntscher Riekmann (Hrsg.): Biopolitics. The Politics of Body, Race and Nature. Aldershot, Avebury 1996.

19) Walter Reese-Schäfer: Universalismus, negativer Nationalismus und die neue Einheit der Deutschen. In: Braitling/Reese-Schäfer, a.a.O. (39-54), S. 43.

20) nicht ganz frei davon ist auch ein Nichtlinker wie Dieter Oberndörfer: Die offene Republik als Staatsform der Zukunft. In: Braitling/Reese-Schäfer, a.a.O., S. 167-200.

21) L. Duguit u.a.: Les constitutions et les principales lois politiques de la France depuis 1789. Paris, Pichon-Durand-Auzias 1952, S. 65.

22) ebd., S. 36 titre II, Art.1.

23) Carl Schmitt: Verfassungslehre. Berlin, Duncker & Humblot (1928). Neudruck 1957, S. 231, 233.

24) Rudolf Smend: Staatsrechtliche Abhandlungen und andere Aufsätze. Berlin, Duncker & Humblot 1968, 2.Aufl., S. 136ff, 476f.

25) zit.: Michael Walzer: Zivile Gesellschaft und amerikanische Demokratie. Berlin, Rotbuch 1992, S. 147.

26) Gabriel A. Almond/Sidney Verba: The Civic Culture. Princeton UP 1963, S. 429.

27) Zahlen in Richard Münch: Das Projekt Europa. Zwischen Nationalstaat, regionaler Autonomie und Weltgesellschaft. Frankfurt, Suhrkamp, 1993, S. 43.

28) Rüdiger Bubner: Brauchen wir einen Begriff der Nation? In: Braitling/Reese-Schäfer, a.a.O. (10-21), S. 20.

29) Jean-Marie Guéhenno: Das Ende der Demokratie. München, Artemis & Winkler 1994, S. 39.

30) vgl. Hermann Bausinger: Identität im deutschsprachigen Kultur- und Medienraum. In: Almende Nr. 44, Jg.15, 1995 (10-28), S. 19.

31) Bettina Westle: Traditionalismus, Verfassungspatriotismus und Postnationalismus im vereinigten Deutschland. In: Oskar Niedermayer/Klaus von Beyme (Hrsg.): Politische Kultur in Ost- und Westdeutschland. Opladen, Leske & Budrich 1996, 2.Aufl. (42-76), S. 64.

32) Robert Menasse: Zur Lage der Nation. Österreichische Identität und Vereintes Europa. In: Allmende, Nr.44, Jg.15, 1995 (49-60), S. 54.

33) Richard Herzinger: Die Tyrannei des Gemeinsinns. Ein Bekenntnis zur egoistischen Gesellschaft. Reinbek, Rowohlt 1997, S. 149.
34) Michael Walzer: Lokale Kritik – globale Standards. Hamburg, Rotbuch 1996, S. 174. Michael Walzer: Zivile Gesellschaft und amerikanische Demokratie. Berlin, Rotbuch 1992, S. 235.
35) Heinz-Gerhard Haupt/Charlotte Tacke: Die Kultur des Nationalen. In: Wolfgang Hardtwig/Hans-Ulrich Wehler (Hrsg.): Kulturgeschichte Heute. Göttingen Vandenhoeck & Ruprecht 1996 (255-283), S. 266f.
36) Claus Leggewie: Ethnizität, Nationalismus und multikulturelle Gesellschaft. In: Helmut Berding (Hrsg.): Nationales Bewußtsein und kollektive Identität. Studien zur Entwicklung des kollektiven Bewußtseins in der Neuzeit 2. Frankfurt, Suhrkamp 1994 (46-65), S. 58.
37) Niklas Luhmann: Inklusion und Exklusion, in: Berding, a.a.O. (15-45), S. 27.

4) Die kulturelle Identität Deutschlands nach der Vereinigung

1) Die Tradition: Kulturnation contra Staatsnation

Im Zeitalter der Postmoderne ist die Politik nicht mehr das naturwüchsige Zentrum, das die Gesellschaft zusammenhält. Mehr und mehr nimmt die Kultur ihren verwaisten Platz ein. Kultur aber spiegelt mehr noch als andere Bereiche der Gesellschaft, wie Wirtschaft und Politik, die Fragmentierung einer *Gesellschaft ohne Zentrum* wider. Was Hans Sedlmayr einst als „Verlust der Mitte" rückwärtsgewandt nostalgisch gebrandmarkt hatte, ist längst von den Deutern eines a-zentrischen Weltbildes akzeptiert worden.

Deutschland hat traditionell ein gebrochenes Verhältnis von Geist und Macht, *Kultur und Politik*. Selbst zivile Kanzler wie Ludwig Erhard ließen sich zu verbalen Ausfällen gegen die intellektuellen „Pinscher" hinreißen. Nur Brandt konnte ein zentrales Interesse an der Kultur nachgesagt werden. Nicht nur die Politik ist in einem föderalistischen Lande dezentralisiert, sondern vor allem die Kultur. Berlin war nie ein Zentrum der deutschen Kultur wie Paris oder London die Zentren ihrer Nationalkulturen darstellten. Die Suche nach einer Hauptstadt 1991 war nicht kulturpolitisch inspiriert. Sie war eher technokratisch gestimmt. In einer audiovisuell vernetzten Landschaft von dezentralisierten Bürokratien schien der sichtbare Mittelpunkt von Herrschaft und Kultur entbehrlich zu sein.[1]

Diese Haltung hatte Tradition in Deutschland. Schon Goethe klagte über die Kleinstaaterei des Geistes: „Denn wir führen im Grunde alle ein isoliertes armseliges Leben! Aus dem eigentlichen Volke kommt uns sehr wenig Kultur entgegen, und unsere sämtlichen Talente und guten Köpfe sind über ganz Deutschland ausgesät. Da sitzt einer in Wien, ein anderer in Berlin, ein anderer in Königsberg, ein anderer in Bonn oder Düsseldorf; alle durch fünfzig bis hundert Meilen getrennt, so daß persönliche Berührungen und ein persönlicher Austausch von Gedanken zu den Seltenheiten gehören."[2]

In Wien oder Königsberg sitzen heute keine deutschen Kultureliten mehr – aber auch auf einem halbierten Territorium dessen, was Goethe noch als „das Reich" ansah, blieb das Prinzip erhalten: extreme Fragmentierung. Durch die kulturelle Kluft zwischen Ost- und Westdeutschland nach der Vereinigung wird sich diese noch verstärken.

Auch mit der Vereinigung wird Berlin diese Fragmentierung nur mildern, nicht aber beseitigen können. Die Kluft zwischen Politik und Kultur kann durch die Zentrierung der nationalen Macht in der größten Metropole etwas gemildert werden. Aber die Berührungen der Teilsysteme werden auch in Zukunft geringer sein als in Frankreich, wo sich immer ein größerer Teil der kulturellen Eliten für die Politik zur Verfügung stellte, und umgekehrt so verschiedene Präsidenten wie

Pompidou oder Mitterand sich als Staatsmann und „*homme de lettres*" fühlten. Kulturminister von dem Gewicht eines Malraux oder Jack Lang konnten sich in Deutschland schon deshalb nicht entwickeln, weil der Bund nur in der auswärtigen Kulturpolitik Zuständigkeiten besaß. Wo der Bund nach der Vereinigung sich finanziell in der Erhaltung von Bildungs- und Kultureinrichtungen engagieren will, muß er dies zum Teil über para-staatliche Einrichtungen, oder sogar über private Vereine tun, denen Geld vom Bund anvertraut wird.

Diese kulturferne Tradition der deutschen Politik ist um so verwunderlicher, als Deutschland noch zur Zeit Metternichs als „geographischer Begriff" galt. Die beiden größten deutschen Dichter, Goethe und Schiller, verfaßten gemeinsam den Vers: „Zur Nation euch zu bilden, ihr hofft es, Deutsche vergebens. Bildet, ihr könnt es, dafür freier zu Menschen euch aus!" Das Bekenntnis zur „*Kulturnation*" Deutschland mußte die mangelnde staatliche Einheit ersetzen. An diese Tradition hat noch die Bundesrepublik in ihrem Anspruch auf Wiedervereinigung festgehalten. Je schärfer die DDR-Ideologie die „*Klassen-Nation*" Ostdeutschlands betonte, um so mehr wurde die gesamtdeutsche „Kultur-Nation" im Westen beschworen. Beide deutsche Staaten sprachen latent apodiktisch für ganz Deutschland: die DDR im Namen der „werktätigen Klasse"; die Bundesrepublik im Namen der unzerreißbaren Kulturnation. Die objektivistische Verdinglichung eines Prinzips herrschte auf beiden Seiten. Bundeskanzler Schmidt vertrat einmal die These, daß die Deutschen nicht darauf verzichten könnten, zur deutschen Nation zu gehören, selbst wenn sie wollten,[3] während Honecker die Nation zur gleichen Zeit als „historische Kategorie" abtat.[4] Bei Honecker war dies um so bemerkenswerter, als er im extremen Westen Deutschlands, an der Saar, aufgewachsen war. Nur die Volksrepublik China hielt – wegen ihrer eigenen Geschichte – als einziges sozialistisches Land daran fest, daß historische Nationen auch im Systemwettbewerb nicht dauerhaft gespalten werden könnten.

Willy Brandt hat mit dem Grundlagenvertrag eine de facto Anerkennung der DDR ermöglicht. Aber auch er hielt an der Wiedervereinigungshoffnung und an der Idee der Kulturnation fest. In seiner Regierungserklärung von 1973 schlug er vor, daß eine „öffentliche und private Anstrengung zur Förderung der Künste in eine Deutsche Nationalstiftung münden könnten.... In einer Nationalstiftung könnte auch das lebendige Erbe ostdeutscher Kultur eine Heimat finden." Es wurde gemunkelt, diese Idee sei durch Günter Grass in die Regierungserklärung hineingekommen.

Trotz des Auseinanderlebens der Wirtschafts- und Gesellschaftssysteme blieb die Einheit der Kulturnation in vielfacher Hinsicht im negativen wie im positiven erhalten. Der Vergleich der Architektur und des Städtebaus in beiden deutschen Staaten zeigte, daß die DDR vielfach mit zeitlicher Verschiebung ähnliche Bausünden nachvollzog, wie sie im Westen verübt worden waren.

Positiv war die Erhaltung der Einheit der Sprache zu vermerken. Als die DDR Mitte der 70er Jahre ihre Orthographiereform durchsetzen wollte, wurde sie von der Sowjetunion zurückgepfiffen.[5] Es ist viel über die „Plaste-und-Elaste-

Sprache" der DDR gewitzelt worden. Die Russizismen wie Datscha oder „die Spezifik" verschwanden relativ schnell aus dem ostdeutschen Sprachgebrauch. Anglizismen breiteten sich aus. Die DDR-Bevölkerung verfügte noch immer über zwei Sprachen, da der „Klassenfeind" jeden Abend über das Fernsehen ins Pantoffelkino kam, und Westdeutschland rein audio-visuell „Referenzkultur" blieb. Selbst Honecker hat sich einmal verplappert, als er öffentlich zugab, welche westdeutsche Fernsehserie er bevorzuge. Gelegentlich tun sich einzelne Politiker Ostdeutschlands noch schwer. 1991 ließ in Halle ein Staatssekretär die „sozialistische Marktwirtschaft" hochleben und verfehlte die „soziale Marktwirtschaft". Aber meistens sind die Freudschen Fehlleistungen unter Kontrolle.

2) Die Folgen der Territorialisierung von Kunstparadigmen in zwei deutschen Staaten

Die Aufgabe der Nationsidee blieb nicht auf die DDR-Propaganda beschränkt. Im DDR-Volk hingegen blieben viel archaischere gesamtdeutsche Gefühle wach als im modernisierten Westdeutschland. Folgerichtig schlug dort im Herbst der Ruf der Massen „wir sind das Volk" rasch in die Parole „wir sind ein Volk" um. Große Teile der westdeutschen Intellektuellen hatten sich mit den zwei Staaten abgefunden. Das war damals sicher friedensfördernd, wurde aber von Konservativen in einer „Galerie der Blamierten" angeprangert.[6] Als die Einigung wider Erwarten aller Anhänger wie Gegner 1990 möglich wurde, reagierten viele Intellektuelle erschreckt und abweisend. Günter Grass, als Exponent einer realistischen Politik gegen die extreme Linke zur Unterstützung Brandts in den 70er Jahren, wurde zum schärfsten antinationalen Kritiker, als ob er wieder einmal die Wonnen des oppositionellen Intellektuellen genießen wollte. Dies geschah, obwohl bei Grass, Böll, Walser, Lenz und einem großen Teil der Literatur nach 1945 in Deutschland eine *Provinzialisierung der Kultur* eingetreten war. Man litt an der Wunde „Deutschland" und verarbeitete gefühlvoll die Narben der Zerreißung des einstigen Deutschland. Die deutsche Literatur drohte ins Stadium der osteuropäischen Literaturen des 19. Jahrhunderts zurückzusinken, die nur zwei Themen kannten: die Liebe zu einer Frau, die sie nicht hatten, und die Liebe zum Vaterland, das unerlöst und fremdbestimmt schien. Erst die deutsche Einigung schien auch kulturell möglich zu machen, daß Deutschland eine Nation wie andere wurde.

Kulturellen Paradigmen, die in der Weimarer Republik im ganzen Reichsgebiet in einem latenten Kulturbürgerkrieg lagen, wurden nach 1945 territorialisiert. Die Wiedervereinigung schien diese Territorien aufzuheben. Aber der Konflikt in den kulturellen Eliten blieb. Er entterritorialisierte sich partiell. Auch westdeutsche Intellektuelle, vor allem die Linken, nahmen die alten Vorbehalte gegen die Einheitsstaatlichkeit auf, die sich einst nur gegen die konservativen Tendenzen des Nationalstaats gerichtet hatten.

Der Sozialismus, aus dem realen Sozialismus entlassen, konnte in die Idee zurückflüchten. Integraler Sozialismus war nicht möglich – das wußten auch die Linksintellektuellen. Aber ein „bißchen DDR", das Gute an der Grundidee, sollte gerettet werden. Ostdeutschland als selbständiger Staat schien berufen, ein besseres Deutschland zu bleiben. Ein Schutzraum gegen Kapitalismus und Konsumismus. Die sentimentale Redeweise der Bundesrepublik von den „Brüdern und Schwestern" verlor sich nach der ersten Vereinigungseuphorie. Die unterstützungsbedürftigen „Vettern und Cousinen" blieben übrig. *Phantasien des dritten Weges* kamen wieder auf, obwohl schon Marx über den preußischen Sozialismus von Rodbertus und Dühring hart geurteilt hatte, weil diese den Druck des Weltmarktes ignorierten, und durch „Ignoranz gegen alles, was außerhalb von Preußen vor sich geht", auffielen.

Auf der Suche nach dem dritten Weg verwickelte sich mancher in Widersprüche. Die Regierung Modrow hatte die „sozialistischen Errungenschaften" durch Appelle an Gorbatschow schützen wollen. Die Mehrheitsentscheidung des Wahlvolkes vom März 1990 machte seine Hoffnungen zunichte. Nur eine kleine Ausnahme gab es: Bonn mußte die Sozialisierungen anerkennen, welche die sowjetische Besatzungsmacht 1945-1949 durchgesetzt hatte. Auch DDR-Künstler, die sich mit dem DDR-Regime lange arrangiert hatten, wie Wolfgang Mattheuer, waren befremdet von der Anti-Einheitswelle in der Intelligenz des Westens wie des Ostens: „Auffällig ist mir eine durchgehende Tendenz in diesen Zeitungen. Alles gegen eine Einheit der beiden deutschen Staaten. Aufruf folgt auf Aufruf. Jeder ist gegen jede Art von Einheit gerichtet, während doch die Mehrheit der Bürger kein neues DDR-Experiment will. Oder täusche ich mich?"[7]

So mancher Skeptiker gegen die Einheit war als untadeliger Demokrat dafür, die demokratische „unaufgeklärte" Entscheidung des Volkes zu ignorieren, wenn dafür ein bißchen „gute" DDR-Identität gerettet werden konnte. Nicht die Russen sollten das garantieren, wie bei Modrow und der PDS. Aber man hoffte, durch Verlängerung der Zweistaatlichkeit Deutschlands in bilateralen Verhandlungen mehr Rettung der DDR-Identität heraushandeln zu können. Undurchdacht war dabei, daß diese Sonderidentität mit westdeutschem Geld hätte finanziert werden müssen. Mancher Linke vergaß, was er als geistvoller Kapitalismuskritiker schon gewußt hat: daß „das Kapital" für soviel Selbstleugnung rein strukturell nicht prädisponiert war. Das Problem der Intelligenz wurde, daß die Mehrheit der Ostdeutschen im März 1990 den *„unconditional surrender"* nachvollzog, den ganz Deutschland schon 1945 unterzeichnen mußte. Er war Westdeutschland nicht schlecht bekommen. Im Gegensatz zur Zeit nach dem Ersten Weltkrieg haben die Sieger sich Gedanken machen müssen, wie sie die Verlierer am Leben halten. Der Marshallplan war die Initialzündung. Die Marshallplan-Idee für Osteuropa ließ sich nicht realisieren. Aber die Bundesrepublik hat den Marshallplan auf ihre Weise noch einmal erfunden: Pro Kopf wurde etwa das 12fache an Geldern nach Ostdeutschland transferiert als Westdeutschland nach 1945 von Amerika erhielt.[8]

Trotz dieser gewaltigen Transfers – mit allen Friktionen und Fehlalloka-
tionen, die unvermeidlich sind, wenn man den „Teufel" der staatlichen Planwirt-
schaft mit dem „Beelzebub" einer para-staatlichen Treuhandgesellschaft austreibt
– war die *Enttäuschung* weiter Kreise Ostdeutschlands und der Intelligenz in
beiden Landesteilen groß. Ein kluger politischer Kopf unter den westdeutschen
Künstlern ostdeutscher Herkunft, wie Klaus Staeck, hatte das prognostiziert:
„Allerdings wird die DDR ... so weiterleben, wie das Dritte Reich überlebt hat:
als Legende von den menschlicheren Menschen, sich in sozialer Sicherheit wie-
gend, und der ewigen deutschen Frau, die nachts alleine über die Straße gehen
konnte."[9] An diesem quietistischen Bild einer sicheren DDR wirkten allerdings
konservative Kreise in Ostdeutschland nicht weniger mit als linke Nostalgiker.

Die *„blockierte Modernisierung"* des realen Sozialismus führte in allen sozialen Schichten zu neuen Blockaden, zur Verunsicherung der Lebensstile, zu
neuen psychischen kollektiven Neurosen des „Gefühlsstaus".[10] Daß ein um das
lutherische Gewissen ringender Protestantismus die Antiregime-Bewegung geführt hatte, blieb nicht ohne Einfluß auf die neue kollektive Befindlichkeit.

Die Intellektuellen von Links machten die kulturelle Integration schwer,
weil sie nun am wiedervereinigten Deutschland zu leiden vorgaben. Die *larmoy-
ante Befindlichkeitsliteratur* in der DDR wurde durch sie verstärkt. In Ostdeutschland war sie unvermeidlich. Westdeutsche Arroganz ist unangebracht. Die westdeutsche Nachkriegs-Trümmer-Literatur war im Grundton nicht anders gestimmt. Auch sie war eine latente Nostalgie nach einem verlorenen status quo
ante und eine Entfremdung angesichts der sich anbahnenden Modernisierung
gewesen.

Die Kultur drohte wieder zu zerfallen, nachdem sie bis 1871 und 1949-
1989 vielfach als das einigende Band der deutschen Staaten angesehen worden
war. Im 19. Jahrhundert hat Deutschland, zu seinem Schaden, die Kulturstaat-
sidee rasch aufgegeben und propagandistisch pervertiert. Eine *völkische Grundstimmung*, rassisch verbrämt, längst ehe der Nationalsozialismus diese Stimmun-
gen des Bürgertums ausnutzte, wurde als Bindekitt der Nation gesehen, die es
erlaubte, abweichende Gesellschaftsbilder, vor allem der Sozialdemokraten und
des politischen Katholizismus als „vaterlandslos" zu diskriminieren. Dies ist die
einzige Gefahr der deutschen Geschichte, die heute nicht wieder droht. Das heißt
freilich nicht, daß latenter Rassismus in der Ethno- und Ausländerpolitik sich
nicht wieder Gehör verschaffen kann. Aber dies ist erstmals nicht mehr ein rein
deutsches Phänomen.

Die Idee der Kulturnation als Tröstungsphilosophie der westdeutschen
Führung über 40 Jahre hat sich durchgesetzt. Sie müßte nun realisiert werden,
und hier beginnen die großen Probleme nach 40 Jahren unterschiedlicher Syste-
mentwicklung. In keinem Bereich ist die Exponierung einer gesellschaftlichen
Sphäre gegenüber dem freien Markt so desasträs wie in der Kunst. Die Kultur hat
in der DDR gewaltige Privilegien genossen. Kein Wunder, daß ein großer Teil
der Kulturschaffenden mit der kulturellen Wiedervereinigung nicht zufrieden

sein konnte, auch wenn er sie persönlich leidlich überstand.

3) Staatliche Hilfe zur Bewahrung des kulturellen Erbes in Ostdeutschland

Ein weiterer Widerspruch durchzieht die intellektuelle Kritik an der gesamtdeutschen Kulturpolitik: einerseits will man diesen Staat nur mit Vorbehalten – andererseits wird beklagt, daß er so ohnmächtig und untätig zusieht, wie das kulturelle Erbe der DDR verfällt.

In kaum einem europäischen Land – mit Ausnahme der Schweiz – sind die *kulturpolitischen Kompetenzen des Nationalstaats* so klein wie in der Bundesrepublik. Daß der Bund in die ostdeutsche Kulturlandschaft überhaupt eingreifen darf, verdankt er dem Einfallstor des Einigungsvertrages, der als internationaler Vertrag zustande kam. In ihm wurde der DDR „pflegliche Behandlung" des kulturellen Erbes versprochen. Finanzielle Zusagen wurden vage formuliert mit Sätzen wie: „nicht ausgeschlossen". Diese Vagheit war eine Konzession an die Kulturhoheit der Länder. Von der Infrastruktur des Bundes her ist die nationale Regierung denkbar schlecht auf die neuen Aufgaben des Beitrags zur kulturellen Identität vorbereitet gewesen.

Es gibt kein Kulturministerium, wie in anderen Ländern. Selbst der kulturpolitische Ausschuß des Deutschen Bundestages wurde Anfang der 80er Jahre aufgelöst. Ein Unterausschuß des Innenausschusses wurde zuständig. Zu Beginn der 13. Wahlperiode wurde auch dieser nicht mehr bestellt. Es gibt nicht einmal einen Staatssekretär mit ausschließlicher Zuständigkeit für Kunst und Kultur.[11] Der Bundestag hat in 40 Jahren nur drei Kulturdebatten zustandegebracht. Nur eine kleine Abteilung „Vertriebene und Kultur" im Innenministerium, mit einem Mini-Etat von 300 Millionen DM verwaltete die residualen Kompetenzen des Bundes im Kulturbereich.[12] Das DDR-Kulturministerium wurde am 2. Oktober 1990 aufgelöst. Der Kulturminister der Regierung de Maizière, Herbert Schirmer, gab im Interview zu Protokoll, daß man sich schon vor der Auflösung „im letzten Drittel doch sehr als Satellitenregierung empfunden" habe.[13] Der DDR-Regierung wurde früh suggeriert, daß ein zentrales Kulturministerium nicht in die föderalistische Landschaft passe. Die Bundesrepublik definierte sich als *„Kulturstaat"* im Gegensatz zur *„Staatskultur"* der DDR. In der Verfassungsdebatte 1992 tauchte der Vorschlag auf, die Kulturpflege als *Staatsziel* ins Grundgesetz aufzunehmen. 1994 gelang dieser Sprung ins Grundgesetz nur dem Umweltschutz.

Die DDR hat die Förderung der Kultur als Teil ihrer Legitimationsstrategie früh zum Programm gemacht. Auch westliche Analytiker schienen beeindruckt von den Zahlen. 1981 wurden etwa 2-2.5% von den Staatsausgaben in die Kultur investiert. In der Bundesrepublik war der Anteil nur 0.6%[14] Der Vergleich dieser Zahlen ist angesichts der Fragmentierung der Kulturförderung der Bundesrepublik ziemlich unsinnig. In der DDR gab es kein privates Sponsoring.

In den Etatposten eines sozialistischen Staates verbargen sich unter Kultur vielfach andersartige Ausgaben – ähnlich wie bei den Budgetkosten für Soziales. Aber kein Zweifel: die DDR hatte beachtliche Investitionen getätigt, und der Bund allein konnte die Verluste kaum wettmachen.

Auch im vereinten Deutschland hält sich der Topos, daß die Kulturausgaben als Anteil des Gesamthaushalts ständig sinken. Die Bundesregierung in ihrer Selbstdarstellung nimmt nur in Anspruch, „trotz der schwierigen Haushaltsentwicklung ... ihre Verpflichtungen zur Förderung von Kunst und Kultur sehr ernst" zu nehmen. Anfang der 80er Jahre lag der Anteil des Bundes für Kulturausgaben in seinem Budget bei 0.1%, während die Länder 1.1% und die Gemeinden 2.4% ihres Haushalts ausgaben. Nach den Zahlen der Bundesregierung für 1996 betrug der Anteil der Kulturausgaben 0.35% der Gesamtausgaben des Bundes.[15]

Nach Artikel 35 des Einigungsvertrages vom September 1990 übernahm der Bund bis 1994 für einen begrenzten Zeitraum die *Förderung von Kunst und Kultur.* Die Länder – die im Einigungsprozeß generell versuchten, ihre Kosten zu minimisieren – nahmen diesen zeitweiligen Kompetenzverlust aus finanziellem Kalkül hin. Ein Substanzerhaltungsprogramm, ein Infrastrukturprogramm und ein Denkmalsonderschutzprogramm wurden finanziert. Der Primat der Länder drückte sich in der Quotierung aus: Bund 49%, Länder 51%. Der Bund zahlte in dieser Übergangsfinanzierung etwas über 1.2 Milliarden – das war mehr als der Bund für die kulturelle Repräsentation im Ausland ausgab (1.1 Milliarden DM). 1991 wurde ein Programm „*Aufschwung Ost*", Sonderprogramm für Denkmalpflege und Erhaltung historischer Bausubstanz gestartet. Die vorgesehenen 230 Millionen DM waren angesichts des Erhaltungszustandes von DDR-Bauwerken ein Tropfen auf den heißen Stein.[16] (vgl. Tabelle)

1991 bis 1993 hat der Bund zur *Substanzerhaltung* in den neuen Bundesländern 1.5 Milliarden DM eingesetzt. Die Länder erstellten die Förder- und Prioritätenliste selbst. Die kostenintensiven laufenden Personalkosten bei Theatern und Orchestern waren ein Hauptposten in der Substanzerhaltung. Die Länder einigten sich auf den Verteilungsschlüssel (vgl. Tabelle) und steuerten wenigstens 50% zu den Kosten bei. Die geförderten Einrichtungen durften auch nach Ende des Haushaltsjahres nicht abgewickelt werden.

Nach den Kriterien der früheren Zonenrandförderung wurden die 720 Millionen DM (1991-1993) für ein Infrastrukturprogramm verteilt. Die staatliche Modernisierungshilfe reichte von den kleineren Museen bis zu Bibliotheken und Einrichtungen der Soziokultur.

Die verrottete Bausubstanz wichtiger *Denkmäler* erforderte einen Sondereinsatz von 187 Millionen DM (1991-1993). 49% trug der Bund. Die Deutsche Stiftung Denkmalschutz erhielt eine Anschubfinanzierung von ca. 40 Millionen. Das Bundesbauministerium reichte zusätzlich ein Programm zum Schutz *städtebaulicher Ensembles* ein (80 Millionen DM jährlich). Die *repräsentativen kulturellen Einrichtungen* in Berlin erhielten in drei Jahren 214 Millionen DM. Der Bund hat die Stiftung Kulturfonds als Ersatz für den Kulturfonds der DDR seit September 1990 gefördert, indem er den Stiftungshaushalt von 92 von 1991-1994 mit ca. 20 Millionen DM subventionierte. Der Kulturfonds dient vor allem zur Milderung der sozialen Nöte der Künstler in Ostdeutschland. Darüber hinaus kam es zur gezielten Direktförderung einzelner kultureller Ereignisse von ca. 25 Millionen DM.

Tabelle: Übergangsfinanzierung Kultur, Fördermittel nach Ländern 1991-1993

Programm	Berlin	Branden-burg	Mecklenburg-Vorpommern	Sachsen	Sachsen-Anhalt	Thüringen	länderüber-greifende Maßnahmen	Summen
Jahr	91 92 93	91 92 93	91 92 93	91 92 93	91 92 93	91 92 93	91 92 93	91 92 93 91-93
Substanz-erhaltungs-programm	104 80 64	74 47 57	51 47 44	197 164 129	85 72 59	73 46 55	16 16 2	600 472 410 1.482
Infrastruk-turpro-gramm	31 24 18	59 47 36	48 38 24	62 52 40	51 51 23	49 35 27	10 3	300 246 171 717
Denkmal-schutzson-derpro-gramm	4 7 4	10 14 8	9 11 6	11 15 9	8 40 7	8 11 6	23 4	50 93 44 187
Repräs. Kultur-Ein-richtungen Berlin	-	-	-	-	-	-	-	80 74 60 214
Kult. Einheit Deutschland	5,4 0,6 1,5	0,7 0,2 0,1	1,1 0,1 0,2	1,7 0,8 0,7	0,8 0,1 0,1	0,5 0,4 0,3	7,8 0,8 0,9	18 3 3,8 24,8
Summe	224 186 148	144 108 101	109 96 74	272 232 179	145 124 89	131 92 88	24 50 10	1048 888 689 2625

Die Fragmentierung im deutschen Föderalismus führte dazu, daß der Bund vor allem als Zahlungsinstanz gesehen wurde, der aber möglichst wenig Kompetenz eingeräumt werden sollte. Die *Kulturstiftung der Länder* wurde 1988 mit der Hälfte des Startkapitals (20 Millionen DM) vom Bund subventioniert. Der Bund handelte dabei die Möglichkeit heraus, in Bonn zwei Museumsbauten zu planen, die erst fertig wurden, als die Hauptstadtentscheidung längst zugunsten Berlins gefallen war. In der *Stiftung Preußischer Kulturbesitz* trugen die Länder nur ca. 20% bei, beanspruchten aber 40% der Stimmen. Die Gründung des letzten Relikts, das an Preußen erinnerte, welches von den Alliierten aufgelöst worden ist, war in der Adenauerzeit stark umstritten. Nach der Einigung ist seine Existenzgrundlage entfallen, da der Kulturbesitz den Ländern überantwortet werden soll.

Im Einigungsvertrag (Art. 35, Abs. 5) war jedoch die Stiftung Preußischer Kulturbesitz „vorläufig" mit der Trägerschaft für die Zusammenführung der ehemals staatlichen Museen in Ost und West betraut worden, deren künftiges Schicksal in einer sibyllinischen Äußerung verborgen blieb: „Auch für die künftige Regelung ist eine umfassende Trägerschaft für die ehemals staatlichen preußischen Sammlungen in Berlin zu finden." Seit 1974 waren alle alten Länder im Stiftungsrat vertreten, seit 1993 auch die neuen Bundesländer. Bayern drohte gelegentlich mit dem Austritt aus der Stiftung.[17] An den laufenden Kosten beteiligte sich der Bund mit 75%, bei der Gebäudesanierung mit 50%.

Die Stiftung Preußischer Kulturbesitz kam nach der Einigung unter schweren Beschuß. Nicht umstritten war die Entscheidung, auf der Museumsinsel in Berlin das „Neue Museum" wieder aufzubauen. Übel genommen wurde dem Stiftungsrat, daß er auch den früher geplanten Neubau einer Gemäldegallerie am West-Berliner Kulturforum (Nähe Tiergarten) weiter verfolgte. Die damit getroffene Entscheidung zugunsten eines *Gleichgewichts zwischen dem östlichen und dem westlichen Zentrum der Kultur* fand nicht ungeteilte Zustimmung, weil viele die volle Priorität für Kulturinvestitionen nur im Osten forderten (vgl. Kap.IV.4). Daß die Stiftung noch eigene Politik trieb, war entschiedenen Föderalisten ein Dorn im Auge. Seit der Vereinigung scheint diese wichtige Einrichtung eine starke Lobby zugunsten der Hauptstadt Berlin darzustellen. Das weckt weiteres Mißtrauen, wenn man bedenkt, wie knapp die Entscheidung für Berlin ausfiel, bei der die kleinen Parteien von der PDS bis zur FDP den Ausschlag gaben. Bis zur Einigung war die Finanzierung der Stiftung ein Tabu. Nach der Vereinigung zahlten die Länder nur noch einen begrenzten Beitrag. Das Wachstum der Ausgaben wurde allein vom Bund und vom Land Berlin getragen. Der Regierende Bürgermeister hat daher den Vorstoß gewagt, Bund und Berlin zu alleinigen Trägern der Stiftung zu machen. Die Überführung in die Rolle einer vielfach geforderten Nationalstiftung wird diskutiert.[18]

Schon Willy Brandt hatte 1973 in seiner Regierungserklärung eine Nationalstiftung vorgeschlagen, die sich am Vorbild der Stiftung Preußischer Kulturbesitz orientierte. Der Vorschlag wurde 1991 wieder aufgegriffen.[19] Eine *Kulturstiftung der ostdeutschen Länder* wurde vom Berliner Stadtentwicklungssenator Volker Hassemer gefordert. Ziel war eine Mischfinanzierung, die Zuschüsse an Vorleistungen der Länder bindet und auch das private Mäzenatentum ermuntert.[20] Die Diskussion um die Zukunft der Stiftung Preußischer Kulturbesitz wird vielleicht ein ähnliches Modell zu tage fördern. Bis dahin könnte es aber für viele Kultureinrichtungen bereits zu spät sein. Die mannigfaltigen Hilfen sind das größte Programm der Kulturpolitik, das es in der deutschen Nachkriegsgeschichte gab.

Eine faire Rechnung wird freilich die Globalzahlen der Statistik nicht konfrontieren können: Die rund 1.5 Milliarden Westhilfe machen etwa 30% des Kulturhaushalts der neuen Bundesländer aus, der auf 5 Milliarden geschätzt wurde. Die Gemeinden haben zudem aus dem wirtschaftlichen Programm „Aufschwung Ost" manches für die Kultur abgezweigt. Eine Gesamtrechnung wird somit schwierig. Andererseits müssen diese Zahlen mit den gestiegenen Preisen und Löhnen korreliert werden. DM ist nicht gleich Ost-Mark zu setzen.[21] Die DDR-Kulturpolitik hat sich auf spektakuläre Aktionen konzentriert und die

Zahlen wachsenden Kulturengagements wie eine heilige Hostie in der Statistik vor sich her getragen. Aber sie hat die Infrastruktur vernachlässigt. Bereits 1983 galten nach einem Gutachten 50% der Bühnen der DDR wegen Baufälligkeit nicht mehr als bespielbar.[22] Wie in der Wirtschaft war längst nicht mehr alles Gold, was in der DDR-Statistik noch zu glänzen schien. Trotz verschiedener alternativer Rechnungen besteht kein Grund mehr, an der Legende festzuhalten, die DDR habe mehr für die Kultur getan als der gesamtdeutsche Staat.

Der Kampf um die Kulturpolitik wurde zum Lehrstück über den Immobilismus des Föderalismus. Wo einige die Bundesinitiativen als Verletzung des Föderalismusprinzips ansahen, wollten andere eine „intelligente Wahrnehmung des Verfassungsauftrags" erkennen und forderten mehr Bundesengagement.[23] Die Kulturpolitik schuf weitere Mischfinanzierungen und gemeinschaftlich zwischen Bund und Ländern betriebene Einrichtungen, die im allgemeinen in der deutschen Föderalismus-Diskussion inzwischen in Verruf gekommen waren. Die deutsche Politikverflechtung hat jedoch deutliche Züge in Richtung *„unitarischer Bundesstaat"* entwickelt, da die Länder sich nur auf wenige kooperative Strategien einigen konnten. Mit alten problematischen Steuerungsinstrumenten – von der Treuhandgesellschaft bis zur Politikverflechtung – wurden jedoch erstaunliche Leistungen erzielt, die erst ex post facto fair gewürdigt werden können, wenn der Pulverdampf über dem Schlachtfeld täglicher Konflikte sich verzogen hat. In einigen Bereichen hat sich die Lage in Ostdeutschland jedoch tatsächlich verschlechtert, wie in der Kirchendenkmalpflege, weil es kein Kirchenbauprogramm der EKD und des Bundes mehr gibt und die Kirchen ärmer geworden sind.[24]

4) Hilfe zur Selbsthilfe

Schlimmere Folgen als die Staatskunst hatte die Erschlaffung der Künstler im Sozialstaat der DDR. Die Selbsthilfekräfte waren gelähmt. Das erste gesamtdeutsche statistische Jahrbuch von 1991 wies in Westdeutschland 74 Theatergemeinden und 305 Spielstätten aus. Auf dem Gebiet der ehemaligen DDR waren es 217. Wieder sind die Zahlen schwer vergleichbar. Zweifellos gab es pro Kopf der Bevölkerung in Westdeutschland weniger Ensembles.[25] Auch in der Musikpflege war die Leistung der DDR beachtlich. 76 Orchester standen 89 in Westdeutschland gegenüber. Zum Vergleich: USA 133, Großbritannien 9. Setzt man diese Zahlen zur Bevölkerung in Beziehung, so hatte die DDR 7.5 mal dichtere „Versorgung" der Bevölkerung mit guter Musik als die USA. Das klassische Land der deutschen Kleinstaaterei, Thüringen, hatte die größte Versorgungsdichte.[26] Wichtiger noch sind die qualitativen Seiten der Statistik. Im internationalen Vergleich wurde in Ostdeutschland die höchste Arbeitsmotivation festgestellt.

Der Bund hat seine Hilfe als Selbsthilfe verstanden. 1991 wurden weit weniger Orchester abgeschafft, als die Horrorvisionen in den Zeitungen zunächst behaupteten.[27] Deutschland blieb seiner etatistischen Tradition treu. Die

Hoftheater und Orchester der Duodez-Staaten hatten Deutschland schon immer zu einem der dichtesten Kulturräume der Welt gemacht. Diese Tradition hat den Sozialismus und den Postsozialismus überlebt.

Das „Kulturkombinat DDR" brach zusammen, aber die Selbsthilfe erstarb nicht völlig. Eine Fülle von regionalen und funktionalen Verbänden der Künstler und „Kulturschaffenden" entstanden 1989/90.[28] Selbsthilfegruppen, neue Galerien, kleine Verlage, entstanden in vielen Orten. Barbara Köhler brachte die Aufbruchstimmung in Verse: „Aber hier in Sachsen, hier wird alles nicht so heiß gegessen, wie's gekocht wird, und die Erde ist kreisförmig. Ein Präsentierteller. Worauf wir Sitzengelassene, jedermann sichtbar, die Suppe auslöffeln, einbrocken, auslöffeln."[29] Dem Ansturm der westlichen Verbände, Galerien und Verlagstruste konnte diese Kleinlandschaft nicht lange standhalten. Die Gewerkschaft „Kunst" fusionierte nach einigen Umbenennungen in die „IG Kommunikation". Der einst dem Kulturministerium unterstellte Verband der Theaterschaffenden löste sich auf. Spitzenkünstler wanderten nach Westen ab. Die Besucherzahlen stagnierten. Das Videokonkurrenzangebot und die neuen Medien gruben vielen Kultureinrichtungen das Wasser ab. Im Ostberliner Gorki-Theater waren nur noch 10% der Besucher Ostdeutsche.[30] Aber nur das mit 39 subventionierten Theatern überversorgte Berlin konnte die Publikumsverluste leidlich ausgleichen. Wer in der Westberliner Schaubühne keine Karte bekommt, geht ins Ostberliner Theater am Schiffbauerdamm, wo Karten – im Gegensatz zu früher – mühelos zu haben sind. Die staatlichen Konzert- und Gastspielagenturen, die Bezirksfilmdirektionen und andere Bildungseinrichtungen wurden „abgewickelt", wie ein neuer Ausdruck aus dem „Wörterbuch des Unmenschen" euphemistisch lautete. Dennoch wuchs zusammen, was nicht immer zusammen gehörte (Walter Grasskamp).

Eigenständige Verbände konnten sich nicht halten. Sie hielten sich nur da, wo westdeutsche Verbände die Interessenten nicht aufnahmen, wie z.B. der „Verband Deutscher Ingenieure" gegenüber den Fachhochschulabsolventen der DDR „mauerte". Ein DDR-Soziologenverband löste sich auf sowie die Deutsche Gesellschaft für Soziologie ihre Aufnahmepolitik liberalisierte, und ähnlich verlief die Entwicklung in den meisten Bereichen von Wissenschaft und Kultur. Die DDR-Nostalgie fand in einem Volk von „Vereinsmeiern" kaum organisatorische Ansätze. Populistische *Komitees für Gerechtigkeit* versuchten ab 1992, die Lücke wenigstens im sozialen und politischen Bereich zu füllen. Aber auch ihnen wird im festgefügten Parteienstaat Deutschlands kaum eine dauerhafte Chance eingeräumt.

Zwei Einrichtungen wurden zum Testfall der Eigenständigkeit ostdeutscher Intelligenz: der Schriftstellerverband und die Berliner Akademie. Der *Verband Deutscher Schriftsteller* in den IG Medien hielt im Mai 1991 in Travemünde seinen ersten gesamtdeutschen Schriftstellerkongreß. Es kam nicht zur polemischen Schlammschlacht. Man bemühte sich um einen echten Neuanfang. Die Exponenten des alten DDR-Literaturbetriebs, wie Hermann Kant, hatten den

Appell respektiert und erschienen nicht.

Die West-Berliner *Akademie der Künste* entschied mit 59:23:6 die Mitglieder der Ostberliner Akademie aufzunehmen. Die Mehrheit votierte für eine Wiedervereinigung „ohne Ansehen der Person", ohne Prüfung der Leistung, um sich positiv von den Abwicklungen der wissenschaftlichen Akademieinstitute und Universitäten Ostdeutschlands abzusetzen. Nur eine Minderheit trat aus, wie Rainer Künze und Günter Kunert von den Schriftstellern, und Antes, Baselitz, Lüpertz oder Richter unter den Malern. Viele waren in Ostdeutschland geboren. Nicht einmal Heiner Müllers Vorschlag, sowohl die Ost- als auch die Westmitglieder durch die Gauck-Behörde im Hinblick auf Aktivitäten in der Staatssicherheit der DDR überprüfen zu lassen, fand Gehör. Hermann Kant trat „freiwillig" aus, um den Generalpardon dieser en bloc-Übernahme der DDR-Künstler nicht mit seiner Person zu belasten.[31] Die „List der Vernunft" hatte zwei Akademie-Präsidenten, Walter Jens (West) und Heiner Müller (Ost), die gegen den vereinigten Staat aufgetreten waren, zur „Zwangswiedervereinigung" mit Hilfe der Berliner Staatsmacht veranlaßt – ein weiterer Beleg dafür, daß die etatistische Tradition in der Kulturpolitik noch lebendig ist. Nur wenige Mitglieder der West-Akademie wollten sich dem neuen gesamtdeutschen Konformismus – und den Wendungen des neuen Präsidenten Walter Jens, der erst gegen die en bloc-Vereinigung votiert hatte – nicht beugen.[32]

In der Kultur – wie in der politischen Kultur Gesamtdeutschlands – überwog bei den Westlern die Neigung zum Generalpardon. Die Emigranten und Oppositionellen, die wirklich gelitten hatten, hielten die Fahne der *Aufarbeitung moralischer Schuld* hoch. Am schärfsten wurden die Auseinandersetzungen zwischen Wolf Biermann und Sascha Anderson, als der letztere als Stasi-Spitzel in der oppositionellen Kunstszene der DDR entlarvt worden war.[33] Abgründe der Bespitzelung wurden durch die Öffnung der Akten sichtbar. Biermanns Gedicht: „Menschlich fühl ich mich verbunden – Mit den armen Stasi-Hunden - Die bei Schnee und Regengüssen – Mühsam auf mich achten müssen – Die Stasi ist mein Eckermann." – war für den Autor selbst kaum noch nachzuvollziehen.

Langfristig ist der *Markt* der Testfall für die Überlebensfähigkeit der Kultur. Nur antiquierter Geniekult übersieht noch, daß *Kunst und Wirtschaft* eng verflochten sind. Die nichtkommerziellen Kultureinrichtungen machten schon 1984 in der Bundesrepublik 2.3% der gesamtwirtschaftlichen Bruttowertschöpfung und 2.7% der Erwerbstätigen aus.[34] Mittelfristig werden die Aussichten der DDR-Kunst am Markt in den bildenden Künsten zumindest als nicht schlecht angesehen.[35] Der Pluralismus der Postmoderne öffnet Nischen auch für die Kulturerzeugnisse, die dem Mainstream von Documenta-Ausstellungen nicht zu entsprechen scheinen.

Dem Vorwurf des Abbaus der Kulturförderung in der DDR, dem sich auch Gerhard Masur aus dem sicheren New York anschloß,[36] stehen die Fakten der Wirtschaftswissenschaftler gegenüber: Die Kunst im Osten ist zu teuer. In ostdeutschen Großstädten werden mit 208 DM pro Einwohner etwa 85 DM mehr für Kultur als im Westen ausgegeben. Die Auslastungsquote von Theatern lag im Osten 1993/94 bei 66% – gegenüber 78% in Westdeutschland.[37]

Befragungsergebnisse in deutschen Großstädten zeigten, daß im ostdeutschen Leipzig die Bereitschaft kostendeckende Preise für Kultureinrichtungen um ein Vielfaches geringer war als in einer westdeutschen Stadt wie Dortmund.[38] Die Bewährung der Kultur am Markt erfordert weitere Anstrengungen zur Überwindung der Versorgungsmentalität in Ostdeutschland.

5) Die DDR-Kunst in der Bewährung am Markt

Der Prozeß des Zusammenwachsens der deutschen Teilkulturen wurde behindert, da eine Art Klassenkampf des Westens die Gleichberechtigung des Ostens erschwerte. Wie überall sind die Emigranten des Ostens am intolerantesten gegen die Daheimgebliebenen. Weltberühmte Künstler, die aus der DDR emigrierten wie Baselitz, haben nach 1989 die DDR-Kunst in toto als minderwertig und ideologisch verketzert. In Westdeutschland setzte sich etwa in der Malerei ab 1955 der abstrakte Expressionismus durch, der von Paris im Krieg nach New York emigriert war und nun mit den Siegern zurückkehrte. Deutschland suchte ohne viel Aufhebens Anschluß an die Weltkunst. Die deutschen Traditionen eines ungebändigten Expressionismus einerseits und eines kritischen Realismus andererseits wurden abgestoßen. Ein Maler wie Otto Dix blieb marginalisiert und marginalisierte sich durch zweitklassige Nachkriegsmalerei selbst. Die DDR territorialisierte die Glaubenskämpfe um die Kunst in der Weimarer Zeit. Der *kritische Realismus* wurde adoptiert und kanonisiert. Dies geschah in einem Ausmaß, daß selbst ein Otto Dix seine mangelnde Anerkennung in Westdeutschland nicht recht durch eine Option für Ostdeutschland kompensieren mochte.

Expressionistische Dichter wie Johannes R. Becher schlossen Frieden mit dem sozialistischen Realismus und paßten sich an. Brecht genoß innerhalb einer Minimalanpassung weite Narrenfreiheit. Die meisten lebten nicht lange genug, um mit dem sich verhärtenden kulturpolitischen Kurs der DDR in Konflikt kommen zu können.

Das Produkt der realistischen Sozialisation – vielfach durch Flucht in die Altmeisterlichkeit wie bei Heissig und Tübke gemildert – wurde nun von den Emigranten Ostdeutschlands, die in der Bundesrepublik etabliert waren, nicht eben willkommen geheißen. Nur wenige, wie Klaus Staeck, versuchten fair zu sein, auch dort, wo ihr Kunstgeschmack in der DDR nicht getroffen wurde. Nur wenige in der DDR Gebliebene, wie Altenbourg, fanden rasch Anerkennung und Markt im Westen, die sie auch früher latent gehabt hatten.

Ein neuer Glaubenskrieg zerriß die deutsche Kulturszene: der realistische DDR-Konformismus wurde aus der Kunst heraus definiert. Keineswegs nur von Emigranten, sondern vor allem vom Museumsbetrieb und den Sammlern. Ludwig in Aachen war eine Ausnahme in seinem innovatorischen Bestreben, Weltkunst schlechthin zu sammeln, von Brasilien bis in die Sowjetunion, um den viel beklagten Eurozentrismus zu überwinden.[39]

Das kulturelle Erbe der DDR war in der Architektur am sichersten. Der Palast der Republik und das Außenministerium waren gefährdet – letzteres wurde bereits abgerissen. Schinkels Bauakademie hat einige Aussichten als Rekonstruktion den alten Platz wieder einzunehmen. Das Lenindenkmal am Lenin-Platz wurde in sinnloser Weise demoliert. Aber die einstige Stalin-Allee hat genügend Nostalgie erweckt, um dem Modernisierungsvandalismus Stand zu halten.

Eine große Zahl der Theater und Ensembles ließ sich kaum unter marktwirtschaftlichen Gesichtspunkten halten. Selbst die Dissenter trösteten sich einst in der DDR mit dem Wort, das Hanns Eisler zu Heiner Müller gesagt haben soll: „Müller, Sie sollten froh sein, in einem Land zu leben, in dem Literatur so ernst genommen wird."[40] Für die Schikanen, mit denen die Zensur oppositionelle Literatur auf ihre Weise ernst nahm, war dies freilich kaum ein Trost. Aber es blieb auch bei Müller nach der Vereinigung eine Sehnsucht nach dem „Erfahrungsdruck", den das SED-Regime ausübte. Man konnte sich besser an der Diktatur reiben. Nicht wenige Schriftsteller bekamen in der westlichen Welt eine Aufmerksamkeit, die sie ohne Verfolgung und Behinderungen schwerlich genossen hätten. Der Markt legte sich nach 1989 wie eine lähmende Glocke auf die DDR-Intelligenz. Einige profitierten von ihm, indem sie die Befindlichkeitsliteratur geschickt vermarkteten. Nicht wenige zerbrachen an der Schwierigkeit, im pluralistischen Stimmengewirr eines Literatur- und Konsummarktes noch Gehör zu finden, weil der Oppositionswert der DDR-Provokationen in Westdeutschland offene Türen einrannte. Biermann geriet erst nach 1989 in Verdrängungswettbewerb mit neuen Rockgruppen, auch wenn die sangbare Lyrik eines altmodischen Bänkelsängers, der sich selbst bescheiden als „Liedermacher" bezeichnete, auch im Westen ihre Freunde behielt.

Diese Trendbeschreibungen sind Zuspitzungen, die möglicherweise nicht allen gerecht werden. Versucht man, in einer Matrix die Haltungen der DDR-Künstler in Anlehnung an das Schema individueller Anpassungsweisen des amerikanischen Soziologen Robert Merton zu klassifizieren, so lassen sich vier Haltungen schematisieren:

Matrix: Anpassungsweisen von DDR-Künstlern

aktiv	passiv
INNOVATION	RITUALISMUS
Plenzdorf	Kant
Altenbourg	Heissig (Pariser Kommune)
REBELLION (endete meist in Emigration)	ESKAPISMUS (meist historisierend)
Biermann	Christa Wolf (nach den Kindheitsmustern)
	Irmtraud Morgner
Baselitz, Penck, Staeck	Werner Tübke

Diese jeweiligen Haltungen blieben nicht folgenlos für den Anpassungsprozeß nach 1990. Die Innovatoren orientierten sich in der Marktwirtschaft vergleichsweise am leichtesten. Die Ritualisten waren „out". Die Rebellen hatten durch Emigration meist längst Anschluß an westliche Paradigmen gefunden. Wo sie die DDR-Stimmungen konservierten, wie Biermann, ist auf die Dauer ihre Adaption nicht gesichert. In der DDR gebliebene Jung-Rebellen entwickelten sich entweder in Richtung Innovation oder verblieben im Pathos der Eigentlichkeit und verloren damit ihre „Suhrkamp-Fähigkeit".

Umfragen nach der Wende zeigten, daß die Ostdeutschen im Durchschnitt ein traditionaleres Verständnis von Kultur hatten, das sich mit Werten der alten DDR-Kultur verband. So wurden in Ostdeutschland Begriffe wie Tradition, Erziehung, Tischsitten, Urlaub, ja sogar Körperpflege mit dem Begriff Kultur weit häufiger assoziiert als in Westdeutschland.[41] Obwohl die DDR auch einen traditonaleren Begriff von Nationalgefühl hatte, zeigte sich in der Nachwende-Literatur gerade keine nationale Begeisterung. Es überwog in der Lyrik ein Verlustgefühl, auch bei denen, die längst nicht mehr gläubige Kommunisten gewesen sind, wie bei Volker Braun:

„Was ich niemals besaß, wird mir entrissen.
Was ich nicht lebte, werd ich ewig missen".

Erfahrungen von Posthistoire breiteten sich aus, Vergänglichkeitselegie paarte sich mit schnoddriger Aussichtslosigkeit, wie bei Durs Grünbein:

„Revolutionsschrott en masse, die Massen genasführt
Im Trott von bankrotten Rotten, was bleibt ein Gebet:
Heiliger Kim Il Sung, Phönix Pjönjangs, bitt für uns".[42]

Es wird eher Ende statt Wende suggeriert, und die innere Landkarte eines geschichtslosen Ichs gezeichnet.[43)]

Die Anpassungsschwierigkeiten der Kulturschaffenden an die Marktwirtschaft sind keine ostdeutschen Besonderheiten. In allen ex-sozialistischen Ländern tauchten ähnliche Probleme auf. Die meisten haben jedoch mehr staatlichen Dirigismus für eine Übergangsphase beibehalten. Da wurde ein zentrales Kulturministerium nicht wie in der DDR einfach aufgelöst.[44)] Instinktives Mißtrauen löst in allen sozialistischen Ländern die expressive deutsche Kunst aus, wenn sie nicht figurative Züge bewahrte, wie bei Baselitz, Kiefer oder Immendorff. Auch im Westen wird diese Kunst vielfach als zu „teutonisch" empfunden. Wenn große Ausstellungen, wie die von 1985 über die „Kunst der Bundesrepublik Deutschland" in London, jedoch allzu viele Künstler präsentieren, die ebenso gut aus einem anderen Lande kommen könnten, dann wurde diese „Wüstenlandschaft" von den Kritikerpäpsten nicht eben gnädig aufgenommen.[45)]

Ein russischer Künstler, der enttäuscht aus Amerika Ende 1990 in sein Land zurückkehrte, artikulierte, was viele Osteuropäer empfinden: „Die Leute im Westen brauchen unsere Kunst überhaupt nicht. Sie verlangen von der Kunst schöne Formen, geistreiche Einfälle, philosophische Rätsel zur Unterhaltung der Intellektuellen, und nackte Frauen für einfache Kerls. Das ist eine andere Welt. Wir sind nicht sie, und unsere Probleme sind nicht die ihren."[46)] Besucher einer Beuys-Ausstellung in Moskau, die interviewt wurden, zeigten, daß diese Äußerung keine Einzelmeinung im Osten ist.

Die kritischen Intellektuellen Ostdeutschlands wissen, daß auch Ostdeutschland in der Kultur „nicht so weiter machen kann wie bisher". Die eigene Kultur wird unter der Reizüberflutung mit westlicher Kunst in neuem Licht gesehen. Da kann es zu Pauschalierungen kommen, wie bei Heiner Müller gegenüber einigen Ost-Theatern: „Schließen wegen Niveau-Verlust!"[47)] Plötzlich erscheint auch gutes DDR-Theater den östlichen Kritikern irgendwie antiquiert. Das Publikum in Ost und West liebt in seiner Mehrheit die „Grantler" und Entfremdungsdeklamatoren auf deutschen Bühnen wie Thomas Bernhard, Botho Strauß oder Franz Xaver Kroetz nicht durchgängig. Aber die Kritik hat sich an sie gewöhnt, und könnte als Alternative mit dem positiven Pathos des Überzeugungstheaters in der Nachfolge von Bert Brecht nicht mehr viel anfangen.

Eine eigenständige Wendekunst zu erwarten ist noch zu früh. Einzelne Werke wie Klaus Pohls „Karate Billy kehrt zurück" oder F.C. Delius' „Die Birnen von Ribbeck" sind hoffnungsvolle Anfänge. Große Literatur darf bei minutiöser Schilderung des einmaligen Vorgangs der Wende jedoch nicht erwartet werden. Distanz ist nötig – gerade in der Kunst! Aber es ist zu hoffen, daß in Ost und West die alte Pathetik verschwindet, die einmal in einer Anthologie zusammengefaßt wurde: „Die Wunde, die Deutschland heißt".

Die Schwierigkeit der deutschen Literatur auf dem Weltmarkt sind kein bloßes Problem der ostdeutschen Literatur: „Deutsche Autoren liegen wie Blei" und „gedankenschwere Nabelschau"[48)] lautete das Urteil ausländischer Buchimporteure. Allenfalls Patrick Süskinds „Parfum" gelang – erstmals nach Erich Maria Remarques „Im Westen nichts Neues" – wieder ein Welterfolg auf dem Buchmarkt.

In der Kulturpolitik ist die *Hysterie um die internationale Wettbewerbsfähigkeit* noch nicht in dem Ausmaß ausgebrochen, in dem sie die wirtschaftliche Diskussion beherrscht. Nationalkulturen können eine ganze Weile selbstgenügsam sein. Der deutschen Kultur wird vor allem dann im Ausland eine Chance gegeben, wenn sie nicht als „Hausmeister" oder „Hauswart" auftritt, sondern sich auf eine „internationale Wohngemeinschaft" einstellt.[49] Erst wenn die Betroffenheitsliteratur dem Anschluß an die kosmopolitischen Traditionen von Goethe bis Thomas Mann weicht, kann eine gesamtdeutsche kulturelle Identität in der Literatur auch im Ausland wieder positiver wahrgenommen werden.

Anmerkungen:

1) Klaus von Beyme: Hauptstadtsuche. Frankfurt, Suhrkamp, 1991, S. 127.
2) Goethes Gespräche mit Eckermann. Berlin, Aufbau-Verlag, 1955, S. 324.
3) Bericht zur Lage der Nation. Hrsg. vom Bundesministerium für innerdeutsche Beziehungen. Bonn/Coburg, 1975, S. 5.
4) Zitate in J. Gabbe: Parteien und Nation. Zur Rolle des Nationalbewußtseins für die Grundorientierungen der Parteien in der Anfangsphase der Bundesrepublik. Meisenheim/Hain, 1976, S. 234ff.
   Kosing: Nation in Geschichte und Gegenwart. Berlin (DDR), Dietz, 1976, zum offiziellen DDR-Standpunkt.
5) Wolfgang Thierse: Sprich, damit ich dich sehe. Ein anderes Deutsch, doch keine andere Sprache in der Vergangenheit der DDR. FAZ, 7.4.1992, S. 36.
6) Jens Hacker: Deutsche Irrtümer. Berlin, Ullstein, 1992.
7) Wolfgang Mattheuer: Äußerungen. Leipzig, Reclam, 1990, S. 240.
8) Wolfgang Seibel: Necessary Illusions. The Transformation of Government Structures in the New Germany. Revue Tocqueville 1992, S. 177-197.
9) Klaus Staeck: Vom Verschwinden der DDR. In: Eulenspiegel, Nr. 24, 1990, S. 5.
10) Thomas Koch: Deutsch-deutsche Einigung als Kulturproblem. Deutschlandarchiv, 1991, Nr. 1, S. 16-25.
    H.-J. Maaz: Der Gefühlsstau. Ein Psychogramm der DDR. Berlin, Argon, 1990.
11) Winfried Sühlo: Kulturstadt Berlin? In: Hermann Glaser u.a. (Hrsg.): Zukunft Kulturpolitik. Hagen, Kulturpolitische Gesellschaft 1997 (120-129), S. 125.
12) Dieter E. Zimmer: So schleppt sich alles notdürftig dahin. Die Kultur in den neuen Bundesländern. Die Zeit, Nr. 14, 1991, S. 55.
13) Nach-Fragen in ein geschlossenes Ministerium. Interview mit Herbert Schirmer und Volker Hassemer. In: Bildende Kunst, Nr. 12, 1991, S. 5ff.
14) Jost Hermand: Kultur der Bundesrepublik. 1965-1985. München, Nymphenburger, 1988, S. 61.
15) Presse- und Informationsamt der Bundesregierung: So fördert der Bund Kunst und Kultur, Bonn 1997, S. 122.
16) Bundesminister des Inneren: Bericht zum Stand der Übergangsfinanzierung der Kultur im Beitrittsgebiet. Bonn, 20. Sept. 1991, S. 2.
17) FAZ, 5.2.1992, S. 27.
18) Werner Knopp: Die Kraft und die Last der Tradition. Der Präsident der Stiftung Preußischer Kulturbesitz rechtfertigt die umstrittenen neuen Museumsplanungen in Berlin. FAZ, 26.3.1991, S. 36.
    Die zweite Chance für Preußens Erbe – und sie wurde genutzt. Der Tagesspiegel, 15.10.1997, S. 7 (Interview mit dem scheidenden Präsidenten Werner Knopp).

19) Zimmer, a.a.O., S. 55
20) Thomas Rietzschel: Aufschwung ohne Kunst. Die Kulturstiftung der ostdeutschen Länder. FAZ, 15.5.1991, S. 33.
21) Thomas Rietzschel: Ende einer Legende. Geld und Kultur im Osten. FAZ, 11.3.1992, S. 27.
22) Cornelia Dümcke: Überlebenskampf ohne Chancen. Die Deutsche Bühne. 1991, Nr. 3, S. 54-56.
23) Norbert Lammert (Staatssekretär im Bundesbildungsministerium): Aufgeklärter Föderalismus. FAZ, 7.5.1992, S. 33.
24) Gottfried Kiesow: Denkmalpflege im vereinten Deutschland: eine kritische Bilanz. In: Christian Marquart (Red.): Denkmalpflege im vereinten Deutschland. Stuttgart, DVA, 1997 (32-43), S. 43.
25) Statistisches Jahrbuch 1991 für das vereinte Deutschland. Stuttgart, Metzler/Poeschel, 1991: 419f.
26) Jutta Allmendinger: Staatskultur und Marktkultur. Ostdeutsche Orchester im Vergleich. In: Kultur und Kulturträger in der DDR. Berlin, Akademie Verlag 1993, (215-281) S. 255.
27) ebd. S. 247.
28) G. Feist/E. Gillen (Hrsg.): „Kunstkombinat DDR". Berlin, Nishen, 1990, S. 221.
29) zit. Jürgen Verdofsky: Sachsen am Meer - Ahoi. Frankfurter Rundschau, 27.6.1991.
30) Die Zeit, Nr. 46, 1990, S. 73: Wir stutzen den Baum. Kultursenator Ulrich Roloff-Momin über die Berliner Theaterkrise. Der Spiegel, Nr. 28, 1992, S. 180-181.
31) Thomas Rietzschel: Sieg der Diplomatie, FAZ, 4.2.1992, S. 29.
32) Günter Kunert: Kampf um eine dubiose Ehre. Günter Kunert über die Berliner Akademie der Künste und ihren alten, neuen Präsidenten Walter Jens. Der Spiegel, Nr. 17, 1992, S. 258-261.
33) Klaus Schlesinger: Ich gestehe! Ich verlange! Die Zeit, Nr. 8, 1992, S. 61 und Der Spiegel, Nr. 17, 1992, S. 40-51; Das Kaninchen frißt die Schlange. Wolf Biermann über die Stasi-Debatte. Tiefer als unter die Haut. Wolf Biermann über Schweinehunde, halbe Helden und andere Funde aus seinen Stasi-Akten. Der Spiegel, Nr. 5, 1992, S. 180-185.
34) M. Hummel/M. Berger: Die volkswirtschaftliche Bedeutung von Kunst und Kultur. Berlin, Duncker & Humblot, 1988; Ralf Rytlewski: Tut Berlin gut? Die externen Effekte der neuen Kulturpolitik. In: Werner Süß (Hrsg.): Die Bundesrepublik in den 80er Jahren. Opladen, Leske, 1991, S. 171-184.
35) Walter Grasskamp: Die unästhetische Demokratie. München, Beck, 1992.
36) Albrecht Dümling: Nachdenken über die Vereinigung. Tagesspiegel 30.7.1997, S. 29.
37) Teure Kunst im Osten. Tagesspiegel 23.7.1997, S. 19.

38) Albrecht Goeschel u.a.: Die befragte Reform. Neue Kulturpolitik in Ost und West. Berlin, Deutsches Institut für Urbanistik 1995, S. 240f.

39) Walter Grasskamp: Die unästhetische Demokratie. München, Beck, 1992.

40) zitiert in Heiner Müller: Krieg ohne Schlacht: Leben in zwei Diktaturen. Köln, Kiepenheuer 1992, S. 175.

41) Elisabeth Wolf-Csanády: Wertewandel und Kulturpolitik in der Bundesrepublik Deutschland und Österreich. Frankfurt, Lang 1996, S. 84.

42) Von einem Land und vom anderen. Gedichte zur deutschen Wende. Hrsg.: Karl Otto Conrady. Frankfurt, Suhrkamp, 1993, S. 51, 26.

43) Walter Erhardt: Gedichte 1989. Die deutsche Einheit und die Poesie. In: ders./Dirk Niefanger (Hrsg.): Zwei Wende-Zeiten. Blicke auf die deutsche Literatur 1945 und 1989. Tübingen, Niemeyer, 1997, (141-165), S. 155.

44) zum Vergleich: Wolf Oschlies: Agonie oder Aufschwung der Kultur? Osteuropäische Kulturpolitik unter den Bedingungen einsetzender Marktwirtschaft. Berichte des Bundesinstituts für ostwissenschaftliche und internationale Studien. 1991, Nr. 28.

45) FAZ, 23.12.1985, S. 25.

46) Alexander Jakimow: Rückkehr aus dem Jenseits. Westliche Kultur weckt Unbehagen im Osten. Beobachtungen eines Moskauer Kunstkritikers. Frankfurter Allgemeine Zeitung, 20.2.1991, S. 31.

47) Tageszeitung, 7.5.1991.

48) Gedankenschwere Nabelschau. Der Spiegel 12, 1992, S. 258-263.

49) Hermann Glaser: Kultur und Gesellschaft in der Bundesrepublik. Eine Profilskizze 1945-1990. Aus Politik und Zeitgeschehen, 1991, B. 1/2, (3-15), S. 15.

III. Kulturpolitik und das Nationale Erbe: Denkmalpflege

1) Das Kulturdenkmal zwischen Wissenschaft und Politik

Die Denkmalpflege scheint mir auf dreifache Weise mit politischen und sozialen Imperativen konfrontiert zu werden:

(1) Durch Konzessionen an Gesellschaft und politische Stellen in der Klassifikationsfrage.

(2) Durch Überforderung des Denkmalpflegers als Ombudsmann des öffentlichen Interesses, das gelegentlich nicht nur denkmalpflegerisch formuliert wird.

(3) Durch die Welle der sozialen Begeisterung für die Restauration von Bauwerken über das Maß hinaus, das der Denkmalpfleger in der Regel glaubt verantworten zu können.

(1) Klassifizierung – ein Einfallstor der Politik?

Die Wissenschaft ist Bundesgenosse aller Denkmalpfleger, die möglichst viele Denkmale schützen, möglichst umfassend inventarisieren, und wenn irgend möglich, der Klassifizierung von Denkmalen entgehen wollen. Die Gegengruppe gerät leicht in den Verdacht, von der Politik funktionalisiert zu werden. Politik – so wird in einem Gemeinplatz souffliert – muß aufs Machbare achten. Selbst ein Schöngeist unter ihnen, wie Kulturminister Hans Maier in Bayern, machte in seiner Kritik vor den denkmalpflegerischen Mitarbeitern seines Amtes nicht halt: „Ich denke aber auch an die Denkmalpfleger selbst und appelliere an sie, daß sie nicht durch kleinliches Festhalten an jedem Steinchen vertretbare Lösungen unmöglich machen mögen."[1]

Politik als Kunst des Machbaren innerhalb des Befristeten scheint die Denkmalpflege in Richtung auf Prioritätensetzung und Klassifizierung zu drängen. Die soziale Erweiterung des Schützenswerten ist eine weitere Tendenz, die zur Differenzierung Anlaß gibt, aber klassifikationsverhindernd insofern wirkt, als zwischen dem schönsten Zechenhaus und der lieblichsten Wallfahrtskirche eine wissenschaftliche Wertung nicht möglich ist.

Die Frontstellung scheint klar: Wissenschaft, möglichst positivistisch und historistisch verstandene Wissenschaft, auf der einen Seite ist das Gute. Politik – in Deutschland ohnehin noch vielfach als Reservat des unabwendbaren aber eigentlich nicht ganz sauberen verstanden – hingegen droht Denkmale zu vernichten und Denkmalpfleger zu korrumpieren. Von der Genesis der Denkmalpflege her ist die Stellungnahme für die Wissenschaft gegen die Politik kaum zu halten. Der Schöpfer einer ersten zentralstaatlichen Denkmalpflege war Guizot in Frankreich, Wissenschaftler und Politiker zugleich, der erste Leiter des Amtes, Loudovic Vitet, war Politiker.[2]

Politisch-patriotische Motive und wissenschaftliche Orientierungsmuster, Denkmäler analog zur historischen Urkunde zu sehen, die archiviert werden müssen, und daher nur konserviert nicht restauriert werden dürfen, flossen zusammen.[3]

Denkmalpflege war immer in Gefahr, Handlanger der Politik zu werden. Der positivistische Schutzmantel der Idee vom Archivieren der Kulturdenkmäler war nicht gefeit gegen politische Nebenzwecke, wie die Kaiser-Elogen in Dehios Denkmalreden zeigten. Gerade die Anwälte einer modernen Öffnung zu neuen Anliegen öffentlichen Interesses haben neue Politisierungsgefahren eröffnet. Einige Sirenenklänge von links wollten den Denkmalpfleger zum plebiszitären Sozialanwalt vom ästhetisch Schönen auf das Feld des sozial Guten locken.

Ein Zitat statt vieler: „Der Denkmalpfleger muß zu einer Art Ombudsmann für gewachsene Sozialstrukturen werden".[4] Gegen diese Verlockungen ist der Denkmalpfleger – den Moerschschen Tageslauf eines Beschäftigten in diesem Traumberuf tief internalisiert – weitgehend immun. Wäre er es nicht, die eben etwas verständnisvollere Zusammenarbeit mit anderen Teilen der Verwaltung, die im Städtebauförderungsgesetz immerhin verbal angelegt ist[5], wäre bei einer solchen Überdehnung der Rolle des Denkmalpflegers schnell zerstört und würde ihn auf den Boden *politischer Kompetenzrealitäten* zurückführen.

Weder die Frage Wissenschaft oder Politik noch die Frage Klassifikation oder nicht lohnen einen Glaubenskrieg unter Denkmalpflegern. „Die Probleme werden von der Menschheit nicht gelöst, sondern liegen gelassen", sagt Tucholsky und das wird vermutlich auch das Los dieser Debatte sein.

Vielleicht läßt sich ein Minimalkonsens auf folgender Basis erzielen: im Prinzip keine Klassifizierung von Denkmälern zu fördern, sie aber nach Bedarf zum Guten einsetzen. Solcher Art Flexibilität führt dann auch von dem in der Fragestellung angelegten Dualismus von Wissenschaft und Politik weg. Auch in der Wissenschaft stecken latente Anreize für Klassifizierung:
(1) Bekanntlich hat selbst das Dehio-Handbuch die alte historistische Auffassung aufgegeben, daß jedes Kulturdenkmal gleich nah zu Gott sei. Mit der Ausdehnung des Schützenswerten, wird Klassifizierung als *Reduktion von Komplexität* notwendig. Der *Druck von Baedecker-Sternen* macht auch vor den wissenschaftlichsten Inventarisierungen nicht halt. Wo Denkmallisten noch nicht komplett sind, oder auf juristische Bedenken stoßen, gilt subsidär ohnehin noch vielfach „der Dehio".[6]
(2) Ein wenig beachtetes Einfallstor der Klassifizierung liegt im wissenschaftlichen Teil der Arbeit des Denkmalpflegers selbst. Trotz aller verbalen Ablehnung gibt es unterschiedliche Bewertungskriterien der Länder, wie ein flüchtiger Blick auf die Denkmalziffern ergibt, wenn man sie in Deutschland auf die Bevölkerung und Fläche umrechnet. Aber es gibt auch *Differenzen in den Ländern* selbst. Denkmalpfleger, die in marginalen Gebieten ihres Landes inventarisiert haben,

geben gelegentlich zu, daß sich angesichts überwiegend bescheidener Baulichkeiten im Fichtelgebirge die Maßstäbe verschieben und halten es für möglich, daß spätere Prioritätensetzung auf Landesebene sie wieder zurechtrücken muß. Selbst taktische Gesichtspunkte angesichts möglichen Widerstandes seitens der Besitzer sind gelegentlich einkalkuliert worden.[7] Umgekehrt, kann es zur Unterbewertung von Denkmälern im Windschatten spektakulärer Denkmale kommen, wie Riedl am Fall des 19. Jahrhunderts in Heidelberg zeigte.[8]

(3) Der Denkmalpfleger bedient sich solcher Wertungen und Neubewertungen mit Erfolg, *wenn er damit Gefährdetes retten kann.* In einem Beitrag über „Abbruchkandidaten mit Zukunft" im Nachrichtenblatt des Landesdenkmalamtes in Baden-Württemberg, wird den politischen Entscheidungsgremien, die auch bereit waren, einen unter falschen Voraussetzungen gefaßten Entschluß zu revidieren; hohes Lob gezollt.[9] Haben nicht auch denkmalpflegerische Instanzen häufig ihr Urteil revidieren müssen? Georg Mörsch lehnte 1977 die komparative Einstufung von Denkmalen ab, um andere Exemplare der gleichen Gattung nicht zu gefährden.[10] Klassifikation heißt immer vergleichen. Mit Recht aber umfaßt Komparatistik seit der Logik von John Stuart Mill immer zwei mögliche Vorgänge: die Differenz- und die Übereinstimmungsmethode. Zur Rettung eines Bauwerks wird die Differenzmethode vielfach angewandt, das einmalige dieses Objekts herausgehoben, ohne andere abzuwerten. Klassifizierende Bewertung wird zum Mittel der individuellen Heraufstufung, so erbittert auch die kollektive Deklassierung ganzer Objektgruppen abgelehnt wird. Im Normativen ist hier die Bewertungsarbeit des Denkmalpflegers der des Sozialwissenschaftlers nicht so unähnlich: im Sozialen wird soziale Mobilität akzeptiert und propagiert als Mittel individuellen sozialen Aufstiegs, die kollektive Deklassierung ganzer Gruppen jedoch aufs schärfste abgelehnt.

Das sind die *latenten* von der mehr *wissenschaftlichen* Seite der Tätigkeit des Denkmalpflegers herrührenden Schlupflöcher der Klassifikation. Es gibt auch *manifeste*, eher von der *politischen* Seite der Denkmalpflege herrührende Einfallstore, bedingt durch das Streben nach *Schutz im Krisenfall* und *zusätzlichem Schutz* über die laufende Arbeit hinaus.

(4) Der Katalog der bekannten und konsensfähigen Argumente gegen Klassifizierung, den Regine Dölling 1974 zusammenstellte, leitete bruchlos dazu über, daß Schutzlisten im Rahmen der Haager Konvention besondere Probleme bereiteten.[11] Daß sie notwendig seien, wurde öffentlich nicht bezweifelt, zumal die nach 1945 geführten Stellvertreterkriege noch keinen Beleg dafür bieten, daß Baedeker-Angriffe gegen die kulturelle Existenz von Völkern künftig unterbleiben werden.

(5) Die *Struktur des Föderalismus* in der Kulturpolitik drängt auf Prioritätensetzung, die Klassifikationstendenzen Vorschub leistet. Der Bund ist nur finanziell zuständig zur „Erhaltung und zum Wiederaufbau von Baudenkmälern mit besonderer nationaler kultureller Bedeutung". Nur in Baden-Württemberg (§§ 2 und 12) und in Schleswig-Holstein (§1 und 5) ist auch gesetzlich auf Landesebene

einer solchen Tendenz das Tor geöffnet, was die Präsidenten der Landesdenkmalämter der beiden Länder nicht etwa einiger gemacht hat.

(6) Die *Beschaffung von Zusatzmitteln* macht gegenüber Prioritätensetzung und
damit impliziter Klassifikation anfällig. Bayern und die DDR haben heute auch
in der Denkmalpflege gewiß weniger gemein, als Preußen und Bayern je in der
Geschichte gehabt haben. Aber wenn es um ein Schwerpunktprogramm geht,
tragen von Hans Maier bis zum regionalen Denkmalpfleger alle den 2 bayrischen
Fünfjahresplan für Denkmalpflege im Herzen[12]. Ein Fünfjahresplan gehört
sprachlich eher ins Repertoire der DDR. Da ist jedoch nicht Lenin, sondern
Montgelas, der hier fortlebt,[13] und beiden ist auf ihre Weise der Geist der Klassifikation wesensimmanent. Bürokratie ist hierarchisch strukturiert und kann sich
auch die Denkmalswelt nicht anders als hierarchisch vorstellen.

Ist der Denkmalpfleger zu tadeln, der hier Konzessionen machte? Mitnichten.
Die Landesregierung von Baden-Württemberg hat im Mai 1979 ein mittelfristiges
Schwerpunktprogramm für die Denkmalpflege beschlossen. Die 120 Objekte, die
1980 bis 1985 gefördert werden sollten, zeigten, daß man die Klassifikation auch
gegen sich selbst benutzen kann. Da ist, nur durch eifersüchtigen Landesteilpro-
porz – der auch zu den politischen Ritualen unserer drei größten Flächenstaaten
in der Bundesrepublik gehört – beeinträchtigt, ein gutsortiertes ausgewogenes,
keineswegs nur am erhabensten Denkmal orientierte Liste herausgekommen, in
der man eher – wie der Titel schon verrät – die Kleinodien als die spektakulären
Prunkstücke der Landeskultur fördert und damit ist sicher zum Wohle manchen
Kleinods die Liste als List der schützenden Vernunft eingesetzt worden.

2) Der Denkmalpfleger – Ombudsmann des öffentlichen Interesses im plebiszitären Aufwind?

Wissenschaft und Politik wirkten im Guten wie im Bösen bei einigen Trends in
der Denkmalpflege zusammen. Gleichwohl bleibt das Bemühen, sie säuberlich zu
trennen, wie es Gebeßlers Wort suggeriert, der öffentliches Interesse – eine
politische Dimension – rein negativ definiert: „Dieser Anspruch wird dann nicht
umfassend erfüllt, wenn nicht wissenschaftlich fundierte, sondern subjektive,
politisierte oder in demokratischer Geschmacksabstimmung erwirkte
Momentanwertungen bestimmend werden für das Geschick des Denkmals."[14]
Dabei sollte nicht vergessen werden, daß Denkmäler immer subjektiv gesetzt
werden, wie Alois Riegl schon lapidar feststellte[15]. Daher wird der Vorwurf
manchmal zugespitzt auf die *„plebiszitäre Denkmalsetzung"*[16].

Der Denkmalpfleger wird gewiß nicht grundsätzlich gegen neue *Experimente mit Bürgerbeteiligung* bei Planungsprozessen sein. Was aber geschieht,
wenn die Planung sich auf einem *denkmalträchtigen Grund wie dem Kölner Rathausplatz bewegt?*[17] Im Konfliktfall kann der Denkmalpfleger sich an den wohlmeinenden Volksbeschluß der Bürgerplaner so wenig gebunden fühlen wie an die

Vorentscheidung professioneller Stadtplaner. Der Denkmalpfleger als Anwalt dessen, was zur Zeit keine Lobby hat, muß vielfach bereit sein, *sich unbeliebt zu machen*, bei *Profis* und *Bürgern*. Dies geschieht auf zweierlei Weise: einmal durch seine Ausstattung mit einer *Vetomacht*, die in einer aufgebrachten Öffentlichkeit gelegentlich sogar als Einschränkung von Grundrechten bewertet wird. Zitat aus der Frankfurter Allgemeinen zum Entwurf eines Denkmalgesetzes in Nordrhein-Westfalen: „Vertreter von Denkmalbehörden sollen künftig Grundstücke und Wohnungen betreten und durchstöbern können. Sie sind allmächtiger als die Strafverfolgungsbehörden, die dazu immerhin noch eines richterlichen Durchsuchungsbefehls bedürfen."[18]

Der totale Denkmalschutz der Utopie wird hier schon als Realität unterstellt. Die rechtsstaatliche Behinderung der protektiven Funktion von Denkmalpflege wird bei solchen Stellungnahmen übersehen. Es gibt keine justizfreien Hoheitsakte in der Bundesrepublik wie in anderen Rechtsstaaten. Verwaltungsgerichte sind mehr auf Kompromißabfindung angelegt als auf Setzung autoritativer Entscheidungen von oben und zwingen die Exponenten jeder Kulturbehörde zu Kompromissen, die sie nicht als optimal empfinden. Hier gibt es Parallelen zu anderen Bereichen der Wissenschaft: Kaum ein Land kennt solche Anfechtungswellen bei Prüfungsentscheidungen wie die Bundesrepublik. Der skrupulöse Professor, bei dem sich ein Kandidat wegen Formfehlern der „Behörde" Universität durchklagt, kann sich trösten, daß die Bewährung meist erst nach der Prüfung im Leben kommt. Entscheidungen in der Denkmalpflege sind hingegen vielfach Entscheidungen über Leben und Tod eines Denkmals. Hier liegt ein brisantes Problem im Verhältnis von Denkmalpflege und Politik. Man wird gelegentlich den Eindruck nicht los, als ob die Politiker weniger den Geldmangel fürchten – den sie als Argument immer parat haben – als die Prozeßlawine, die Wählerstimmen kosten kann. Die Denkmalpflege muß hier durch Aktivierung ihrer kommunikativen und konsultativen Fähigkeiten gegensteuern, um dem Bürger klarzumachen, daß die Aufnahme seines Häuschens in eine Denkmalliste nicht die „kalte Enteignung" bedeutet.

Ein zweiter Punkt, an dem sich der Sozialanwalt in Sachen des Kulturerbes gelegentlich unbeliebt machen muß, ist, daß er seine Bewertungskriterien nicht *Volksabstimmungen* unterwerfen kann, die manchmal von wohlmeinenden Presseorganen veranstaltet werden. Mit plebiszitärem Rückenwind kann ein Denkmalpfleger die Stadt von oben nach unten schrittweise zu erhalten versuchen. Am leichtesten gibt es den Rückenwind bei Türmen, schwerer bei Sälen im Inneren repräsentativer Bauten und am schwersten bei marginalen Kleinbürgerhäuschen. Ärgerlich ist, daß jedoch der gleiche Denkmalpfleger, der die Äußerungen des Volkswillens gelegentlich dankbar aufgreift, bei anderen Fragen den Volkswillen ignorieren muß. Die Entscheidung, ob im Weißen Saal des Charlottenburger Schlosses eine Kopie nach Antoine Pesne oder eine moderne Paraphrase von Hann Trier das Sinnvolle ist, konnte dem Denkmalpfleger nicht durch

Umfragen in Berliner Zeitungen, die bis zu 90 % für schlichte Restaurierung waren, abgenommen werden.[19]

Andererseits wird der Denkmalpfleger als Ombudsmann öffentlichen Interesses dankbar sein, wenn der Volkszorn sich erhebt, weil die Denkmalpflege noch nicht oder nicht mehr zuständig ist. Die spektakulärsten Atrozitäten der Ensembleverunstaltung, die überregionale Denkmalswehmut mobilisierten, sind zum Teil entstanden, weil man die Denkmalpflege *noch nicht* für zuständig hielt, da gar kein Denkmal angetastet werden sollte, von Bad Wimpfen bis Erbach im Odenwald. Es gibt aber auch Sündenfälle der Denkmalpflege, wo sie *nicht mehr* zuständig erscheint, weil sie ihr Plazet zum Abbruch gegeben hat, wie im Fall einiger Teile des Grahamschlößchens in Heidelberg-Handschuhsheim. Der Denkmalpfleger, der eine frühere partielle Abbruchentscheidung bedauert, kann für die Bürgerinitiative nur noch beten.[20] Öffentliche Identifizierung mit ihr ist angesichts des Kompetenzgeflechts schon kaum möglich. Regierungspräsidenten sind als Zwischeninstanz ja auch nicht in allen Fällen die geborenen Feinde der Denkmalpflege. Im Gegenteil, in den Ländern, in denen sie existieren, sind sie im ständigen Profilierungsdrang zwischen Landes- und Kommunalebene sogar die Instanz, die sich noch am ehesten einen Kampf für die „Zukunft der Vergangenheit" aufzuladen bereit ist. Denkmalpfleger sind ohne es zu merken gelegentlich selbst eine Art Politiker. Sie sind nicht bereit, sich an einem Ort für eine Orangerie zu verkämpfen, wo sie an anderer Stelle mit Hilfe der gleichen Mittelinstanz ein ganzes Schloß retten können.

Denkmalpfleger sind in diesen Konflikten vermutlich eher Zentralisten, weil die Gefahr im Kampf der lokalen Lobbyisten zerrieben zu werden um so größer erscheint, je tiefer autonome Entscheidungsbefugnisse delegiert worden sind. Regierungsbezirke scheinen in gewisser Weise noch immer der beste Kompromiß zwischen Basisnähe und Entrücktheit von lokalen pressure groups.

Ein neues Gespenst geht um: Die Sanierungswelle könnte gegenüber dem gerade erst geweckten Masseninteresse an der Denkmalpflege in die Vorderhand geraten. Die plötzlich entdeckte Lücke im Wohnungsbau kommt der Denkmalpflege sicher nicht zugute, so sehr uns auch die Politiker versichern, daß nicht an eine Umverteilung der Mittel gedacht sei, was sich angesichts der Größenordnungen bei Sanierungsvorhaben ohnehin nicht befürchten läßt. Der Konflikt ist weniger in der Mittelvergabe als in der Prioritätensetzung angelegt. Angesichts des Bürgerunmuts kann es den Denkmalpfleger nicht freuen, gelegentlich zum Komplizen von Sanierungsinteressen zu werden, die keineswegs den bedürftigsten Quartieren Vorrang einräumt.[21] Der Denkmalpfleger ist in der Regel nicht von der Bausubstanz der bedürftigsten Quartiere in ihrem Wert zu überzeugen. Der Denkmalpfleger kann seine Unterstützung von Stadtteilsanierungen nicht in erster Linie unter sozialen Aspekten sehen. Er kann auch die ihm gelegentlich angediente Rolle des Ombudsmannes für „gewachsene Sozialstrukturen"[22] nicht noch zusätzlich übernehmen, ohne den vielzitierten „Kernauftrag" zu verletzen. Das gilt selbst dort, wo Denkmalpfleger die natürlichen Bundesgenossen der

Interessen der Mehrheit der Bürger zu sein scheinen, wenn auch mit verschiedener Begründung. Bei der Diskussion von Standorten für Kaufhäuser kann der Denkmalpfleger gerade, wenn er auch soziale Gesichtspunkte als künftige Gefährdungsquellen für Denkmäler antizipiert, nicht grundsätzlich seinem gefühlsmäßigen Impetus zu einem klaren Nein nachgeben.

Der Exodus der Massenkaufkraft in Supermärkte auf freiem Feld kann auf die Dauer eine Altstadt auf andere Weise so stark veröden, wie der von Fußgängerzonen geförderte Basareffekt, der den Charakter denkmalgeschützter Zonen verunstaltet.[23] Alle Kaufhaussünden in Altstädten, die nicht als flaue Kompromisse hingenommen worden sind, wie Wolfenbüttel, Freiburg, München, Würzburg und andere, sind ja nicht durch bloßes Schlafen der Denkmalbehörden zustandegekommen, sondern sind Kompromisse, die auch sozialstrukturelle Langzeiterwägungen einschlossen. Der Denkmalpfleger kann gelegentlich im Interesse der Erhaltung von Baudenkmälern zur Gewissenlosigkeit gegenüber dem Nutzer geradezu gezwungen werden. Anders wäre die verdienstvolle Initiative des Regierungspräsidiums Stuttgart, Denkmalpfleger für „verkäufliche Baudenkmale" als eine Art Grundstücksmakler einzusetzen, nicht durchführbar.[24] Die subsidiäre Benutzung des Marktes für jene Objekte, die kein staatlicher Prioritätenplan mehr vor dem Ruin bewahren kann, kann nicht auch noch angestammte Bevölkerungsgruppen bei den Objekten zu halten versuchen. Bei Schlössern würde das auch linken Kritikern des Marktprinzips kaum einleuchten. Aber der „Markt zur Aufstockung des Plans" in der Denkmalpflege wird damit leben müssen, daß ein Dorfpfarrhaus von einem städtischen Intellektuellen zu höchst weltlichen Zwecken umfunktioniert wird.

Ein Rest „elitärer Verstocktheit" gegenüber dem demokratischen Willensbildungsprozeß wird nicht auszulöschen sein, gerade, wenn man Denkmalpflege im modernen Sinne als eine Art Umweltschutz ansieht.[25]

Umweltschutz und Denkmalpflege versuchen präventiv Zerstörungen zu verhindern. Wenn sie jedoch geschehen sind, sind die Folgen für den Schützer von natürlicher Umwelt nicht so unumkehrbar wie für den Schützer von Kulturdenkmälern. Flüsse werden mit großen Investitionen wieder gereinigt. Fauna und Flora wird mit Umsicht zum Teil wiederhergestellt – meist in gebändigter und geschönter Form. Aber die an Hexenhausmalerei grenzende IG-Farbenpracht sanierter Städte von Lübeck bis Heidelberg sind ja auch nicht immer wiederhergestellter Urzustand. Materialgerechtigkeit bei Bau und Werkstoffen hat Grenzen, sonst müßte man am Ende die alte Fähigkeit nach zwei Jahren wieder Patina anzusetzen, noch reproduzieren, die so manche Restaurierung im Ostblock nach kurzer Zeit wieder sehr authentisch aussehen läßt. Der Umweltschützer kann jedoch trotz mancher Parallele zum Denkmalschutz eher Schadstoff-Toleranzgrenzen ausrechnen als der Denkmalpfleger, der nicht auf die Reproduzierbarkeit organischer Wesen hoffen kann.

3) *Restaurierung zwischen Wissenschaft und Politik*

Gewisse Annäherungen zwischen Umwelt- und Denkmalschutz wurden schon angedeutet, und sie haben vielleicht zu dem stärksten Paradigmawechsel in der Denkmalpflege seit einigen Jahren geführt. Der alte Schlachtruf „Nicht restaurieren, wohl aber konservieren"[26], für den Dehio noch die Einigkeit der Kunstwissenschaft unterstellte, die eigentlich erst später eintrat, als nach 1945 weniger zu konservieren als zu restaurieren übriggeblieben war, verlor einiges von seinem apodiktischen Charakter. Länder, die Jahrhunderte zwischen den Großmächten zerrieben worden sind, bis in Versuche ihre nationale kulturelle Identität auszulöschen wie Polen und Korea, waren im Restaurieren von Anfang an nicht prüde. Vielleicht ist es ein Zeichen des noch leidlich Weggekommenseins, daß wir uns leisten konnten nach dem Krieg den Dehioschen Purismus weiter zu pflegen, wo nicht konservative Stadtväter wie in Freiburg oder Münster alle Antiquiertheitsschelte auf sich nahmen, weil der Konsens in einer relativ homogenen Bürgerschaft sie zu tragen schien.[27] Gelegentlich vergessen wurde, daß vielfach schlicht das Kostenargument in den Wiederaufbaujahren durchschlug, wie 1976 gegen eine Aufzählung der Sünden des Kölner Wiederaufbaus durch Hiltrud Kier eingewandt worden ist.[28]

Die Haltung zur Restauration mit allen ihren Varianten wie Rekonstruktion, analytische Denkmalpflege, Sanierung, Instandsetzung, Rennovation, Revitalisierung[29], hat sich gewandelt. Hätten die Terroristen ihren mutmaßlichen Plan, das Heidelberger Schloß in die Luft zu sprengen, realisieren können, die Dehioschen Grundsätze, an eben jenem Kunstwerk pointiert entwickelt, wären in der Gesellschaft der Bundesrepublik mit Sicherheit unterlegen.

Auch in der Haltung zur Restauration – oder richtiger Imitation – verschiebt sich zur Zeit die schlichte Parallele von Wissenschaft = verantwortungsvolle Denkmalpflege und Politik = der Versuch, die Denkmalpflege für Zwecke in Dienst zu nehmen, die nichts mehr mit ihr zu tun haben. Auch in Teilen der Wissenschaft vollzieht sich hier ein Gesinnungswandel. Kunsthistoriker und Denkmalpfleger sahen nach dem Krieg die Notwendigkeit, sich an den Zeitgeist anzupassen. Nur wenige wagten gegen die Dehioschen Prinzipien zu verstoßen, die sie gelernt hatten. Dem funktionalistischen Neugestaltungsgedanken entgegenzutreten für möglichst weite Restauration, hätte geradezu wie Parteinahme für protofaschistische Heimatschutzarchitektur gegen die als entartet verfemte Moderne ausgesehen. Deshalb war es ein Segen, wenn Ideen wie der Wiederaufbau des Leibniz-Hauses in Hannover von denen zuerst geäußert wurden, die als Initiatoren eines modernen Städtebaues mit dem Abrücken von der überlieferten Straßenführung und Kleinteiligkeit der Baukörper, wie Rudolf Hillebrecht, unverdächtig waren. Sie durften ihr Damaskus in Warschau haben und schon 1958 darüber nachzudenken beginnen, das Leibniz-Haus notfalls an einem anderen Standort wieder aufzubauen.[30] Ich habe seit Ende der 70er Jahre keinen Kunsthistoriker oder Denkmalpfleger getroffen, der die Opfer der Verunstaltungen des

Peller-Hauses in Nürnberg noch einmal auf dem Altar der Prinzipien Dehios bringen würde. In Paderborn wurde einem Denkmalpflegerkongreß gezeigt, wie man Ergänzungen von Bestehengebliebenem so absetzen kann, daß kein falscher Anspruch erhoben wird.

Für die Öffnung von Wissenschaft und Politik gegenüber dem Paradigmawandel, gibt es kein besseres Beispiel als der Vergleich zweier Fassungen eines Aufsatzes des Tübinger Kunsthistorikers Jürgen Paul zum Knochenhaueramtshaus in Hildesheim. In der ersten Fassung schloß er noch versöhnlich: „Wenn man damals für den Wiederaufbau des Knochenhaueramtshauses gewesen wäre, hätte man sich aber identifizieren müssen mit allem, was dahinter steckte: kulturtheoretisch, ideologisch, politisch". In der zweiten Fassung bekamen die Denkmalpfleger mehr ab: „Der Streit um das Hildesheimer Knochenhaueramtshauses ist nicht nur ein kleines Lehrstück deutscher Nachkriegsgeschichte und -kultur, sondern er gibt auch nachzudenken auf über die Gefahr der *Arroganz in unserer intellektuellen Kultur* und über die Grenzen der Zuständigkeit ihrer ethischen Prinzipien".[31]

Gerade die Kunstwissenschaft findet heute vielfach Möglichkeiten, die Restauration von Bedeutungsträgern zu befürworten, wo die ältere Generation von Denkmalpflegern gegen alles hätte verstoßen müssen, was ihr von der gleichen Wissenschaft einst beigebracht wurde. Entweder kann man wie beim Goldenen Saal in Augsburg mit Heinrich Kreisel argumentieren, daß das eigentliche Kunstwerk sich in Plänen und Rissen manifestiere[32] und damit der Dehio-Maxime grobsinnliche Verdinglichung bloßer Konkretisierung von Kunst in Materie vorwerfen – die Konsequenzen dieser Doktrin bei Zerstörung von Nachkriegsarchitektur für unsere archivierfreudige Zeit wage ich kaum anzudeuten – oder man beruft sich auf die Notwendigkeit freier Variation alter Straßenführung, Grundrißaufteilung und Reproduktion von Ambiente zur Wiederherstellung von Sinn und Geborgenheit in der Unwirtlichkeit der Städte. Soziologen wie Erika Spiegel haben die Theorie des kollektiven Gedächtnisses des französischen Soziologen Maurice Halbwachs, der in einem deutschen KZ umkam schon früh wiederentdeckt, um den sozialen Trägern solcher kollektiven Rückerinnerung nachzuspüren. Nehme ich jedoch einen Anwendungsfall der Halbwachsschen Theorie auf die Kreuzzüge und die Architektur im Heiligen Land hinzu, so kommen mir wieder Zweifel. Dort wurde gezeigt, wie Christen in jener frühen Zeit sich ihre Gendenkstätten schufen nach ihren höchst subjektiven kollektiven Bedürfnissen und nicht so sehr nach empirischen Anhaltspunkten aus den Überlieferungen der Heiligen Schrift, eine Eigenschaft, die moderne Gruppenbildungsprozesse vielleicht ebenfalls noch nicht ganz verloren haben.[33]

Es zeigt sich, daß die modernen Träger kollektiver Erinnerung nicht immer jene Bewohner der Städte sind, denen auch rigide Denkmalpfleger nach 1945 allenfalls gestatteten, zu rekonstruieren, wenn sie sich ohne Säumen ans Werk machten, sondern Gruppen, die meist „zugereist" sind und erst in einem intellektuellen Sinnfindungsprozeß sich mit dem untergegangenen oder bedrohten Stadtteil identifizieren und nach authentischen Bundesgenossen im Quartier fahnden.[34]

Das kollektive Gedächtnis, das sich des neuen Denkmalkults bemächtigt, ist vielfach nicht „naiv", sondern „sentimentalisch", über intellektuelle Zwischenschritte vermittelte Identifikation mit den Objekten der Stadt, in der man beschloß Identität zu finden. Bei mancher Bürgerinitiative, wo das Interesse durch Alteingesessenheit der Mehrheit der Anwohner hingegen noch naiv und urständig legitim erscheint, spielt Denkmalpflege als Begründung in den Verlautbarungen keine Rolle.[35]

Wo eine Allianz zwischen Bürgerinitiative und Denkmalpflege sich gleichwohl anbahnt, wird die Denkmalpflege spätestens dort auf ihren Ressortgeist zurückgeworfen, wo sie sich vor den Karren von Instandbesetzern gespannt sieht, denen die Denkmalwerte der Gebäude weit weniger wichtig sind, als die Experimentierwiese für alternative Lebensformen.

Schluß

Die Front und die Allianzen zwischen Wissenschaft und Politik einerseits und Denkmalpflege andererseits sind heute sicher differenzierter zu sehen. Eines aber kann der Außenstehende, der nicht dem Verdacht des Selbstlobs unterliegt, der kleinen Crew der Denkmalpfleger von kaum zweihundert Mann bescheinigen: es ist ihm kein Bereich moderner Staatsintervention bekannt, wo eine so kleine Gruppe eine für die äußere Gestalt unserer Gesellschaft so entscheidende Rolle spielt. Diese Rolle gilt es auszuweiten, über die bloße Verpflichtung von Präsidenten der Landesdenkmalämter als Honorarprofessoren hinaus, und dazu wird die Sensibilisierung der Politik gebraucht. Peinlich für den progressiven Deuter der Rolle von Denkmalpflege ist es, daß es so etwas wie ein Süd-Nordgefälle im Denkmalbewußtsein zu geben scheint, wie Georg Mörsch 1980 andeutete[36], gemessen an Indikatoren wie viele Denkmäler benannt wurden, Ausgaben für die Denkmalpflege im ganzen und pro Kopf der Bevölkerung oder pro Denkmal. Daß die Kontroverse zwischen Exponenten des Nord-Süd-Konflikts zum Teil getragen wird, ist ein pikanter Nebenumstand. Schleswig-Holstein meldet die bescheidenste Denkmalzahl aller Flächenstaaten außer dem Saarland, und Bayern und Baden-Württemberg die größte. Bei den Ausgaben für Denkmalpflege pro Kopf der Bevölkerung ist das Verhältnis ähnlich. Die „bayrische Schule" aber streitet für Ausweitung der Listen und gegen Prioritätensetzung. Baden-Württemberg scheint ihm darin zu folgen, und im Denkmalbereich kann man die Bavarisierung der Kulturpolitik in diesem Lande sicher positiver einschätzen als in anderen Kulturbereichen. Dieses anfechtbare Zahlengerippe, das durch fehlende Daten über private und kirchliche Denkmalpflege ergänzt werden könnte, zeigt jedoch gerade, daß Denkmalpflege und Politik in einem anderen Bereich zusammenhängen, als unsere Fragestellung suggeriert. Politikanalysen in anderen Bereichen zeigen Schwerpunkte der beiden großen Parteien in bevorzugten Politikbereichen. Länderbudgetanalysen zeigen, daß parteipolitisch neutral allenfalls die Verkehrspolitik erscheint. Wenn SPD-geführte Länderregierungen einen Vorsprung in Bildungs- und Sozialpolitik haben[37], so haben in anderen Bereichen bisher eher unionsgeführte Regierungen Prioritäten gesetzt. Zu diesen Gebieten gehört die Denkmalpflege, wenigstens in den größeren Flächenstaaten. Wenn man Berlin als atypischen Fall ausklammert, hat Niedersachsen in den letzten Jahren den höchsten Zuwachs an Mitteln für Denkmalpflege, der einzige Flächenstaat, der in den letzten Jahren die Regierungspartei wechselte. Ausgeglichener ist die Bilanz, wenn man das hauptamtliche wissenschaftliche Personal (auch hier mögen gelegentlich Unebenheiten in der Einordnung das Ergebnis verzerren, so daß wir die Zahlen, nur weil wir sie „schwarz auf weiß" besitzen, nicht „getrost nach Hause tragen" können) mit den Denkmalzahlen in Relation setzt. Hier ist die Variable „armes Land – reiches Land" offenbar entscheidender als die politische Variable. Eine erklärungsbedürftige Ausnahme von der Regel stellt Hessen dar, wo das Verhältnis besonders ungünstig erscheint. Klammert man Berlin als Sonderfall aus, so sind hier die größten vier Flächenstaaten vergleichsweise am besten ausgestattet, kein sehr politisierbarer Befund. Großflächige Staaten brauchen ausdifferenziertere Behörden und haben größere Distanzen durch Personal im Außendienst zu überwinden.

Es wäre in jedem Falle vorschnell, aus diesen Daten einen Trend für alle Ewigkeit abzuleiten. Teil des erwähnten Paradigmawechsels ist die Tatsache, daß wie beim Nationalbewußtsein erstmals keine Gleichung „starke Betonung = konservative Gesinnung" mehr aufzustellen ist. Der *Wertkonservatismus* hat sich in den Bereichen von Nationalgefühl, Heimatliebe, Schutz von Kulturgütern und Identität in kleineren Gemeinschaften vom Strukturkonservatismus partiell gelöst.

Anmerkungen:

1) Hans Maier (Hrsg): Denkmalschutz. Zürich, Interfrom AG, 1976, S. 11.
2) Franz Graf Wolff Metternich: Die Denkmalpflege in Frankreich. Berlin, Deutscher Kunstverlag, 1944, S. 7.
3) Willibald Sauerländer: Erweiterung des Denkmalbegriffs? „Deutsche Kunst und Denkmalpflege" fortan: DKD 1975, H. 1/2 (117-130), S. 122.
4) Roland Günter/Eugen Bruno: Von der Denkmalpflege zum Schutz der Stadt. Archithese, 1974, H. 11 (30-37), S. 33.
5) vgl. Hartwig Beseler: Städtebauförderungsgesetz und Denkmalpflege. Stadtbauwelt 1973, H. 37, S. 41-42.
6) vgl. dazu: Hartwig Beseler/Dietrich Ellger: Das Denkmal zwischen Inventar und Liste. Bestandsaufnahme einer Bestandsaufnahme. DKD 1971, (150-155), S. 151.
7) Michael Brix:: Bemerkungen zu den Bayrischen Denkmälerlisten. In: Institut für Bau- und Kunstgeschichte der TU Hannover. Günther Kokkelink/Heinz-Detlef Theen (Hrsg.): Hannover, 1976, (121-129), S. 121, 122.
8) Peter Anselm Riedl: Heidelberger Altstadt. In: Hiltrud Kier (Hrsg.): Die Kunst unsere Städte zu erhalten. Stuttgart, Forum Verlag, 1976, (44-61), S. 57.
9) Abbruchkandidaten mit Zukunft. Regierungsbezirk Freiburg. Denkmalpflege in Baden-Württemberg. 1978, No. 3, (136-143), S. 136.
10) Georg Mörsch: Zur Wertskala des aktuellen Denkmalbegriffs. DKD, 1978, H.2 (188-192), S. 188.
11) Regine Dölling: Denkmalschutz und Denkmalpflege in der Bundesrepublik Deutschland. In: Denkmalpflege in der Bundesrepublik Deutschland. Geschichte, Organisation Aufgaben, Beispiele. München, Heinz Moos Verlag, 1974, (9-23), S. 18.
12) 2. Fünfjahresplan für Denkmalpflege. Bayrisches Staatsministerium für Unterricht und Kultus. München, 1972.
13) zu diesem Zusammenhang: Paul Siebertz: Denkmalschutz in Bayern. Diss. München, 1977, S. 24ff.
14) Kleinodien in Baden-Württemberg. Denkmalpflege heute. Stuttgart, Innenministerium Baden-Württemberg, Juli 1980, S. 7.
15) Alois Riegl: Der moderne Denkmalkultus. Gesammelte Aufsätze. Augsburg/Wien, Filser, 1929, (144-193), S. 148.
16) Tilmann Breuer in: August Gebeßler/Wolfgang Eberl (Hrsg.): Schutz und Pflege von Baudenkmälern in der Bundesrepublik Deutschland. Stuttgart, 1980, S. 24.
17) Peter C. Dienel: Pilotstudie „Bürgergutachten Rathausplatz Köln". Wuppertal, 1979 (hektographiert).

18) Lothar Bewerunge: Rechtslos vor totalem Denkmalschutz. FAZ, 11.Sept. 1979, S. 21.

19) vgl. Helmut Börsch-Supan: Kopie und Paraphrase als Ersatz zerstörter Deckenmalereien im Schloß Charlottenburg. DKD 1980, H. 1/2, (90-95), S. 94.

20) Regierungspräsidium: Kein Bürgerbegehren. RNZ, 11.5.1981, S. 5.

21) vgl. dazu: Wilfried Nelles/Reinhard Oppermann: Stadtsanierung und Bürgerbeteiligung. Göttingen, Schwartz, 1979, S. 20.

22) vgl. Günter/Bruno, op. cit., S. 33.

23) vgl. dazu: Albert Knöpfli: Altstadt und Denkmalpflege. Ein Mahn- und Notizbuch. Sigmaringen, Thorbecke, 1975, S. 24ff.

24) Regierungspräsidium Stuttgart: Verkäufliche Baudenkmale. Erhaltungswürdige Baudenkmale suchen erhaltungswillige Käufer. Prospekt, 1980, Stuttgart 1980.

25) Friedrich Tamms/Wilhelm Wortmann: Städtebau. Darmstadt, Habel, 1973, S. 234.

26) Georg Dehio: Denkmalschutz und Denkmalpflege. In: Ders.: Kunsthistorische Aufsätze. München, Oldenbourg, 1914, (261-282), S. 275.

27) Niels Gutschow: Der Wiederaufbau des Prinzipalmarktes in Münster 1945-1961. DKD 1980. H.1/2, S. 41-49.
Karl Schmitz: Gerettet vor dem Zeitgeist. Für einen Moment zurück nach Freiburg. FAZ, 17. Mai 1980, (Bilder und Zeiten).
Jürgen Paul: Der Wiederaufbau des Kornhauses in Freiburg i.Br. und einige Betrachtungen über Architektur und Geschichtsverständnis. Archithese, 1974, No. 11, S. 11-19.

28) Werner Baecker: Die Kunst unsere Städte zu erhalten, dargestellt am Beispiel Köln. In: Kier, op. cit., (249-263), S. 249.

29) vgl. Friedrich Mielke: Die Zukunft der Vergangenheit. Grundsätze, Probleme und Möglichkeiten der Denkmalpflege. Stuttgart, DVA, 1975, S. 39.

30) Anna Masuch: Das Leibnizhaus in Hannover. Problematik der Rekonstruktion in Hinblick auf Stadtstruktur, Bauwerk und Detail. DKD 1980, H. 1/2, (77-89), S. 83.

31) Jürgen Paul: Das Knochenhaueramtshaus in Hildesheim. Post mortem. Vom Nachleben einer Architektur als Bedeutungsträger. Niederdeutsche Beiträge zur Kunstgeschichte, 1979, (129-148), S. 148. Ders.: Der Streit um das Knochenhaueramtshaus in Hildesheim. DKD 1980, H. 1/2, (64-76), S. 76.

32) Christian Baur: Zur Frage der Rekonstruktion des großen Nürnberger Rathaussaales. DKD 1980. H. 1/2, (59-63), S. 59.

33) Maurice Halbwachs: Das kollektive Gedächtnis. Stuttgart, 1967, S. 127. Ders.: La topographie légendaire des Evangiles en Terre Sainte. Etude de mémoire collective. Paris, PUF, 1941, S. 178ff, 180ff.

34) Erika Spiegel: Über Wert und Unwert des Alten für die Bewohner historischer Städte. Zeitschrift für Stadtgeschichte, Stadtsoziologie und Denkmalpflege. 1975, (285-306), S. 294ff.

35) ein Beispiel für viele: Handbuch Bürgerinitiativen in Frankfurt. (Für Leben in der City). Frankfurt, Verlag im Leseladen, 1978, S. 87.

36) Georg Mörsch: Wer bestimmt das öffentliche Interesse an der Erhaltung von Baudenkmalen? Mechanismen und Problematik der Auswahl. DKD 1980, H. 1/2, (126-129), S. 126.

37) Manfred G. Schmidt: CDU und SPD an der Regierung. Ein Vergleich ihrer Politik in den Ländern. Frankfurt, Campus, 1980, S. 130.

2) Staatsarchitektur der Diktaturen – ein Objekt der Denkmalpflege?

1) Damnatio memoriae gegenüber der Staatsarchitektur des Faschismus?

Die Architektur der Diktaturen als Objekt der Denkmalpflege ist unter den Künsten in einer besonderen Lage aus mehreren Gründen:

(1) *Architektur als unbewegliche Kunst kann nicht einfach vom neuen Regime abgeräumt werden.* Einzelne Bauten der Täter wurden zerstört, von den Münchner Ehrentempeln bis zu Hitlers Berghof in Berchtesgaden oder der Reichskanzlei. Andere ideologisch belastete Orte wie das Reichsparteitaggelände in Nürnberg überlebten auf Grund ihrer marginalen Lage in der Stadt in einem fragwürdigen Erhaltungszustand. Viele Großbauten vom Olympiastadion, den Ordensburgen, dem Haus der Kunst, oder dem Gauforum in Weimar wurden von NS-Emblemen gesäubert, und weiter- oder umgenutzt.[1] Die SED hatte keine Bedenken in das protofaschistische Gebäude der Reichsbank zu ziehen, nachdem Neubaupläne sich als nicht bezahlbar erwiesen hatten. Die polnischen Behörden hatten keine Bedenken, in Gauleiter Hankes pompöse Architektur am Oder-Ufer in Breslau zu ziehen. In Gauleiter Sauckels Domizil in Weimar – mit Blick auf Buchenwald – wurde ich selbst in DDR-Zeiten zu internationalen Tagungen eingeladen. Hinter vorgehaltener Hand wurde von der neuen Diktatur die Bedeutung des Baus erklärt. Hinweisschilder waren in der DDR, wie in der alten Bundesrepublik, rar.

Malerei als bewegliche Kunst hingegen wurde vielfach ins Magazin gebracht, vor allem die NS-Kunst. Wo arme Museen in der DDR von Rostock bis Chemnitz sich neue Kunst nicht leisten können, gibt es immer wieder verständnislose Kommentare von Westkritikern, daß man eigentlich nur DDR-Kunst geboten bekomme. In der Sowjetunion bot der Umbau der Tretjakov-Galerie schon in der Perestroikazeit eine Handhabe, die ideologischen Zeugen des Stalinismus zu entfernen und die neutraleren Werke des sozialistischen Realismus zu betonen. Die weitere Säuberung russischer Museen nach dem Zerfall der Sowjetunion gab Gelegenheit, die stalinistische Agitationskunst aus dem Magazin einem devisenbringenden Zweck der Ausstellung im Westen zuzuführen.[2]

(2) Ein Grund für die größere Beharrlichkeit der Existenz der Staatsarchitektur liegt – neben der Nutzbarkeit des Baus – auch in der *größeren Kontinuität architektonischer Leitbilder* als in anderen Künsten. 1945 war keine Stunde Null – und ob 1989 eine solche in der Architektur war, wird sich erst in einigen Jahren für Rußland und andere Länder sagen lassen. Die Symbiose von Nationalpopulismus und Post-Kommunismus in vielen der „neuen Demokratien"[3] läßt befürchten, daß auch in der Architektur mancher Rückgriff vorgenommen werden wird.

In der Malerei war nach 1945 die Öffnung zum „internationalen Stil" stärker als in der Architektur, wo dieser sich erst mit Verzögerungen durchsetzte, in Deutschland etwa ab 1955.[4] In Italien war die Kontinuität der städtebaulichen Leitbilder generell größer, sowohl beim faschistischen Konzept, das Piacentini formuliert hatte: *„Höchst klassisch im Geist, aber super-modern in der Realisierung"* (Beispiel: der Bahnhof in Florenz), als auch in der Kontinuität zum nachfaschistischen Bauen.[5] Der veränderte Entwurf der Stazione Termini in Rom konnte nach dem Krieg gebaut werden. Wiederaufbaugebiete in Livorno oder Florenz südlich des Arno haben in ihrer Baugesinnung sehr viel stärker Relikte der alten Monumentalarchitektur bewahrt, als die „vielen kleinen braunen Reichskanzleien, nur ohne Gipsadler und Fahnenstange", die ausländische Kritiker der eher traditionalen Aufbauarchitektur in Deutschland vorgeworfen haben[6]. Die Architektur unterliegt vermutlich nach der Transformation zur Demokratie auch deshalb einem geringeren Wandel, weil Architekten ein unersetzbares Knowhow haben. Einerseits neigen sie leichter zur Anbiederung an Diktaturen, weil sie ohne diesen Opportunismus nicht bauen können. Nolde konnte in der Stille weitermalen, Le Corbusier hat selbst Pétains Vichy-Regime seine Dienste angeboten, um bauen zu können.[7] Andererseits sind die technischen Grundlagen des Bauens in jedem Regime zu verwenden. Neuferts Baukonstruktionslehre konnte mit geringen Eingriffen entnazifiziert werden, NS-Anleitungen zum Malen hingegen waren nach 1945 ungenießbar. Vor allem in Italien haben Architekten – im Rahmen einer gewissen Pluralität, die Mussolini als Herrschaftsmittel bewußt einsetzte – weiterbauen können. In Italien haben Überblicke über die Architektur die enorme Kontinuität gezeigt und die Bilder demonstrieren, daß 1930-1960 auch stilistisch der Wandel nicht so bedeutsam war, wie die antifaschistische Rhetorik in der Politik es gern gehabt hätte.[8]

Über das Verbleiben von Bildern der Diktaturepoche in Museen und über die Nachfrage nach diesen Erzeugnissen auf dem Kunstmarkt bestimmen Eliten. Architektur hingegen entwickelt Vertrautheitswerte auch für die Nichteliten. Diese finden – wie Umfragen immer wieder zeigen – diese klassizistische Momumentalarchitektur in der Regel schöner als die Architektur der klassischen Moderne. Abrißgelüste gegenüber dem „Haus der Kunst" würden mehr öffentlichen Widerstand schüren als die Entfernung einer Breker-Plastik aus dem Museum. Malerei wird mit dem Regimewechsel leichter als kitschig und verlogen entlarvt. Bei der Architektur kommt nur die Staatsbaukunst unter Beschuß, und diese macht die Minderheit der schützenswerten Objekte aus. Neben ihr gab es auch im Nationalsozialismus die eher modernistische Industriearchitektur und die Wohnungsbauarchitektur, die unter dem Diktat der Forderung „anständige Baugesinnung" gewisse Varianten aufwies, obwohl paradoxerweise der Nationalsozialismus mit seiner Betonung der deutschen Stämme und Gaue mehr als jedes Regime zuvor getan hat, um einen angeblich „deutschen Stil" zu vereinheitlichen.

Der Malerei der Diktatur wird häufig in toto die Qualität abgesprochen. In der DDR haben gerade die Emigrierten wie Penck, Baselitz und andere im Westen erfolgreiche Maler postuliert, daß es keine wertvolle Malerei in der DDR gegeben habe. Das Urteil hat mehr Berechtigung in einem Land, dessen intellektuelle und künstlerische Elite eine Referenzkultur im Westen vorfand, in die sie emigrieren konnte. In der Sowjetunion wurden einige Avantgardekünstler umgebracht, aber viele Begabte mußten sich anpassen. Im italienischen Faschismus wurde beim Mailänder Justizpalast und bei der Triennale ein Programm mit Wandgemälden entworfen, für das anerkannte Künstler wie Lucio Fontana, Manzù, Severini, Carrà und De Chirico herangezogen wurden – undenkbar im Stalinismus oder im Nationalsozialismus.[9] Manchen der Kompromittierten wurde nach dem Ende des Faschismus kein Strick gedreht, weil ihre Qualität im ganzen nicht in Frage gestellt werden konnte. Solche Gestalten hat weder der Nationalsozialismus noch der Stalinismus hinterlassen. Diktaturen in romanischen Ländern waren schon früh in diesem Bereich toleranter und auch die Nachdiktatur konnte es sein. Dem Maler der „Königsmörder", Jaques-Louis David, ist vom Restaurationsregime bedeutet worden, daß er aus der Emigration zurückkommen könne. Louis XVIII kaufte für den Palais Luxembourg zwei wichtige Bilder von ihm. Das war mehr als Napoleon – trotz einiger Versprechungen – je realisiert hatte.[10] Das Urteil über Maler, die in der Diktatur etabliert waren, fiel nur milde aus, wenn sie noch in den neuen Zeitgeschmack hineinpaßten, wie David selbst in einem sich verbiedermeiernden Klassizismus. Ob man der faschistischen Architektur einige ästhetische Werte abgewinnen konnte, wurde immerhin schon vor der postmodernen ästhetischen – nicht politischen – Rehabilitation der faschistischen Bauwerke gefragt und nicht völlig verneint.[11] In Deutschland bedurfte es dazu der Reästhetisierung aller Maßstäbe. Allenfalls ausländische Theoretiker wie Leon Krier, wagten von den Unterdrückungszusammenhängen abzusehen, wenn sie Speer als Architekten feierten.

(3) Bei der Frage nach der Erhaltung von Staatsarchitektur der Diktaturen werden überwiegend *andere Kriterien angelegt als bei historischen Bauten*, denen die *opinio communis doctorum* einen Vorschuß für künstlerische Qualität gibt. Ein Standardwerk der Denkmalpflege, wie die Einführung von Gottfried Kiesow[12], ging noch davon aus, daß der Fachmann die künstlerische Qualität – obwohl sie nicht objektiv zu messen sei – „aus seiner speziellen Kennerschaft und dem Überblick über den gesamten Denkmälerbestand heraus sofort erkennen" könne. Der *Bestimmungszweck* wird zum Ausgangspunkt. Bei der Ermittlung der Qualität kann aber nur Dorfkirche mit Dorfkirche und Wassermühle nur mit Wassermühle verglichen werden. In Anwendung auf Denkmale der Diktaturen könnte daraus geschlossen werden:
- Die NS-Staatsarchitektur ist als ganzes Genre *künstlerisch zweitrangig*. Immer wieder wird Nikolaus Pevsners Verdikt zitiert, daß jedes Wort über die NS-Architektur „zuviel" sei.[13] Selbst Namenskalauer waren in dieser Auseinan-

dersetzung erlaubt: „speerlich, kreislich, troostlos". Daraus könnte gefolgert werden, daß die Zeugnisse dieser Zeit kein Objekt der Denkmalpflege sind. Diesen Schluß hat aber kaum ein deutscher Kunsthistoriker gezogen.

–   Innerhalb zweitrangiger Architekturepochen – die ja auch sonst gelegentlich vorkommen sollen (z.B. im Wilhelminismus), selbst, wenn eine positivistische Betrachtung jede Epoche als „gleichnah zu Gott" ansah – läßt sich der Kiesowsche Blick des Experten anwenden, der *die vergleichsweise besten Stücke aus dem Miserablen herausfindet* und für erhaltenswert erklärt.

Der Chef der Hessischen Denkmalpflege Kiesow, am hessischen Denkmalgesetz von 1974 wenigstens als Ratgeber beteiligt, wird die Bestimmung des Gesetzes respektieren, daß „die Kulturdenkmäler als Quellen und Zeugnisse menschlicher Geschichte und Entwicklung" zu schützen seien. Die meisten Denkmalgesetze haben einen rein immanent-kunsthistorisch-ästhetischen Schutzgrund längst zu den Akten gelegt. Einige Kunsthistoriker haben die Frage nach dem künstlerischen Wert als „antihistorisch" erklärt, weil es das Kunstwerk von den historischen Bedingungen seiner Entstehung abhebe.[14] Schon Alois Riegl brachte die jeweilige Wertschätzung von Kunstwerken in Beziehung zum modernen *Kunstwollen*. „Nicht den Werken selbst kraft ihrer ursprünglichen Bestimmung kommt Sinn und Bedeutung von Denkmalen zu, sondern wir modernen Subjekte sind es, die ihnen dieselben unterlegen".[15] Die Auseinandersetzung tobte seither um die Priorität künstlerischer und historischer Bedeutsamkeit von Bauwerken. Eberhard Grunsky[16] hat mit Recht an die Vermittlungsposition erinnert, die den Konflikt entschärft. Es ist die ikonographische Methode Panofkys – so umstritten sie auch in der Architekturgeschichte geblieben ist.[17] Die ikonologische Analyse unterschied den *Sachsinn* (Einsicht in den Zweck auf der Grundlage natürlicher Erfahrung) in einer vorikonographischen Phase der Deskription, den *Bedeutungssinn* in einer ikonographischen Analyse und schließlich den *Dokumentsinn*, den die ikonologische Stufe der Analyse zutage fördert.[18] Bandmann fand Stufe 2 und 3 nicht schematisch auf Architektur anwendbar. Aber die analytischen Operationen, die sie beinhalten, würden auch über die Staatsarchitektur von Diktaturen hinreichend interessantes zutage fördern, um sie wenigstens historisch bedeutsam und erhaltenswert erscheinen zu lassen. Der ikonologischen Theorie ist vielfach vorgeworfen worden, daß sie die eigentlich künstlerische Bewertung vernachlässige. Der Eifer Aby Warburgs, zweitrangige Fresken im Palazzo Schifonia in Ferrara astrologisch zu entschlüsseln, wo es anderwärts wertvollere Wandgemälde gab, ist schon Zeitgenossen gelegentlich befremdlich vorgekommen. Aber es ist wahrscheinlich, daß die Entschlüsselung der Bedeutung von Schmuckelementen an der Stalinallee in einiger Zeit ähnlichen ikonologischen Eifer auf sich ziehen wird.[19]

Die Denkmalpflege neigt aber noch immer vielfach zu einer *kunsthistorisch-immanten Betrachtungsweise*, die zunächst *wertfrei* an die Denkmale herangeht.[20]

Damit wird aber eine auch historische Würdigung nicht verbaut. Architekturhistoriker, die Denkmalpfleger in erster Linie sind, haben ohnehin weniger Schwierigkeiten, die sozialen und politischen Entstehungsbedingungen stärker in die Betrachtung einzubeziehen.

Ein sozialhistorischer Ansatz verbindet sich mit einem Historismus, der vielfach nach einer *Theorie der Jahresringe* an den Bestand an Denkmalen herangeht. Bei den fünfziger Jahren zeigte sich dies Verfahren in auffälliger Weise: die für die fünfziger Jahre typischen Kinobauten waren in Gefahr. Das letzte Exemplar in einem Bundesland sollte wenigstens erhalten werden, auch wenn es im Vergleich seines Genres vielleicht nicht das hervorragendste war.[21] Die Bundesländer pflegen dann in einen fruchtbaren Wettbewerb zu geraten: je ein Exemplar pro Bundesland sollte als Minimum erhalten werden.

Beim Nationalsozialismus hingegen waren vor allem die *Opfer-Orte* als Gedenkstätten wichtig. Angesichts der Dichte der KZs aber wehrte sich eine finanzbedachte Bürokratie gegen die Proliferation der Gedenkstätten: das Bayrische Kultusministerium erklärte, je eine Gedenkstätte im Norden und im Süden Bayerns sei genug.[22]

Schwieriger noch ist das Verhältnis der Nachwelt, die auf *damnatio memoriae* (T.W. Adorno) geeicht ist, zu den *Denkmalen der Täter.* Abriß droht 50 Jahre nach dem Ende des Regimes nicht mehr. Es wurde als Illusion erkannt, durch Abriß von NS-Bauten ihre Fortwirkungen zu beseitigen.[23] Die abgerissenen Schlüsselbauten sind durch medienwirksame Reproduktion in vielen Zusammenhängen präsent. Seit der Neofaschismus zu einer ernsten Gefahr in Deutschland wurde, wächst die Furcht vor natürlichen Rottungsorten der neuen braunen Horden. Es zeigt sich aber, daß sie sich atavistisch wie die Kröten verhalten, deren Instinktsteuerung sie im Frühjahr nach ihrer Geburt an eine Pfütze zurückkehren heißt, obwohl diese bereits ausgetrocknet ist. Neonazis versammeln sich auf dem Obersalzberg zu einem regelrechten Nostalgietourismus, obwohl dort kein Denkmal überlebte. Kommentierte Schaustellung der NS-Gebäude kann manchmal mehr Aufklärungswert entwickeln als das Wirkenlassen von NS-Ruinen, die mit dem Totenkult und der Einkalkulierung der NS-Ideologie von Ruinenschönheit, harmonieren. Selbst die Benutzung der Symbole der NS-Diktatur, Hakenkreuz und Hitlergruß, hat heute nicht den gleichen Stellenwert wie damals. Nicht selten sind sie ein Mittel zur Schockierung in einer verblüffungsfesten laisser-faire-orientierten sozialen Umwelt. Das Grab in Wunsiedel wird nur von wenigen Skinheads als wirklicher „Bedeutungsträger" verehrt, sondern ist eher Anknüpfungspunkt für Randale zur Überwindung von Langeweile in Oberfranken und in der Oberpfalz.

Vier Haltungen ließen sich nach dem Krieg gegenüber den NS-Bauten feststellen:

	aktiv	passiv
historisch-pragmatisch	Erhaltung durch Fortnutzung (Tempelhof, Olympiastadion) oder Umnutzung (Ordensburg Vogelsang, Gauforum Weimar)	Stehenlassen, um unbefangenere Zeiten zur Entscheidung über die Zukunft abzuwarten (Parteitagsgelände in Nürnberg)
normativ-betroffen	Konservierung unter der Auflage, daß eine Gedenkstätte oder wenigstens eine Mahntafel den Kontext nicht vertuscht (Bendler-Block, Buchenwald u.a.)	Abriß (Reichskanzlei, Münchner Ehrentempel, Obersalzberg)

Mit Zunahme der Jahrgänge, welche die „Gnade der späten Geburt" in einem unbefangeneren Umgang mit der Staatsarchitektur des Nationalsozialismus in Anspruch nehmen, wächst die Tendenz zu jener aktiven Haltung, die Umnutzung und Konservierung befürwortet. Die wachsende wissenschaftliche Aufarbeitung der NS-Architekturgeschichte[24] führte zu einer Entdämonisierung, selbst wenn Versuche des Gegenteils, die Neuwürdigung durch Ästhetisierung, bei einigen Postmodernen überwiegend abgelehnt werden.[25] Nicht nur das *Kunstwollen* hat die NS-Architektur teilweise einer Umbewertung unterzogen, wie man mit Riegl mutmaßen könnte, sondern auch das *Geschichtswollen*, wenn die gewagte Analogie der Begriffsbildung erlaubt ist. In einer gefestigten wehrhaften Demokratie, die einerseits die rechtsextremistischen Gefahren nicht mehr bagatellisiert, andererseits aber hinreichend selbstbewußt ist, um von NS-Symbolen keine direkte Ansteckungsgefahr mehr zu befürchten, kann in einer Mischung aus Erhaltungsinteresse und didaktischem Mahninteresse die Denkmalwürdigkeit vieler Bauten ohne Gegenmobilisierung postuliert werden. Der kunsthistorische Paradigmawandel vom Einzeldenkmal hin zum *Ensemble* ist ebenfalls nicht ohne Einfluß geblieben. In Berlin hat man zeigen können, daß die Beseitigung von NS-Architektur vielfach den städtebaulichen Zusammenhang verwischen würde. Aus einem historischen Entwicklungsgeflecht kann man nicht unliebsame Teile herausschneiden, sondern muß mit ihrer Last zu leben lernen.[26]

2) *Damnatio selectiva gegenüber der Staatsarchitektur des realen Sozialismus*

Bei der DDR fällt die *damnatio memoriae* milder und selektiver aus – schon, weil Teile der Bevölkerung sich mit ihrer Vergangenheit identifizieren. Nach der Wende wurde im Rückblick die Gleichsetzung von Nazi- und Kommunismusregime als „totalitär" wieder vielfach üblich. Aber besonders die Kritiker, die sich gegen die Magie der Steine aussprachen, und davon abkommen wollten, daß –

saxa loquuntur – von der bloßen Form schon eine Verführung ausgehe[27], konnten allenfalls eine negative Konvergenz in ihrer Entspannungspolitik gegenüber den Steinen vertreten: die DDR-Architektur konnte nicht schlechter behandelt werden als die NS-Architektur. Viele Kritiker lehnten es ab, nur die formalen Ähnlichkeiten der architektonischen Selbstdarstellung der beiden deutschen Diktaturen herauszustellen. Er wurde vielfach nach *Regimezielen* differenziert: im Faschismus sollte mit alt-neuen Formen eine *alte Gesellschaftsordnung* symbolisiert werden. Im Kommunismus hingegen legitimierte der Rückgriff auf alte Formen ein fundamental *neues Gesellschaftssystem*.[28] Aber auch die Gleichsetzung von Nationalsozialismus und Kommunismus war nach dem Untergang des Sowjetsystems nicht ausgestorben. Eine Sicht, die vor allem die Ähnlichkeiten der Instrumente sozialer Kontrolle und Repression ins Zentrum rückte, kehrte zurück zum *Totalitarismuskonzept* als regimeübergreifendes Paradigma. Selbst von Linken wurde die Totalitarismustheorie wieder aufgegriffen, nachdem sie in der Zeit der Entspannung bei den meisten DDR-Forschern verpönt schien.[29] Die Frankfurter Schule der Sozialforschung hatte sich zunächst in ihrer Architekturkritik gegen die *„allumfassende Erniedrigung des Menschen"* im NS-Städtebau gerichtet.[30] Später wurde der bürgerliche *„Rationalfaschismus"* der 60er Jahre angeprangert. Zugleich aber entstand eine *negative Konvergenztheorie*, die auch vor der Architekturgeschichte nicht halt machte. Aber dennoch wurde dem realen Sozialismus meist noch die „gute soziale Absicht" unterstellt, wo doch im Nationalsozialismus blanker Zynismus gegenüber der Masse herrschte. Als das *„Kunstkombinat DDR"* unterging, gab es nicht wenige Künstler und Architekten in Ostdeutschland, die den Aufruf „Für unser Land" vom 26. November 1989 unterschrieben hatten, die sich für die Weiterführung der sozialistischen Alternative der DDR aussprachen.[31] Künstler wie Wolfgang Mattheuer, die noch im Dezember 1989 beklagten, daß alle Aufrufe ein „neues Experiment" wollten, wo doch die Mehrheit der Bürger der DDR offensichtlich kein neues Experiment wollte, waren ziemlich isoliert.[32] In der westdeutschen Intelligencija gab es ähnliche Strömungen. Wer wie Walser oder Enzensberger auf die nationale Karte setzte, war förmlich ausgegrenzt.

Die Träume vom *Dritten Weg* wurden rasch von den Realitäten der Märzwahl 1990 überholt. Aber die gesamtdeutsche Stimmung unter den Intellektuellen hat die DDR in ihrem ideologischen Kern – abzüglich der praktischen Entartungen – weiterhin positiv bewertet. Nach den ersten Enttäuschungen folgten 1994 in Umfragen 77% der Ostdeutschen der Auffassung der Mehrheit der Intellektuellen, daß die Idee des Sozialismus gut war.[33] Gegenüber dem Nationalsozialismus gab es zu keiner Zeit eine so hohe Sympathiequote für die Grundidee. Immerhin haben die Omgus-Surveys der Amerikaner 1945-49 bis zu 55 Prozent ähnliche Einstellungen unter den Westdeutschen ermittelt.[34] Diese Einstellungen hatten sich nach wenigen Jahren des Aufbaus verflüchtigt. Ähnliche Nostalgie-Wellen sollten daher auch bei den Ostdeutschen langfristig in ihrer Bedeutung nicht aufgebauscht werden.

Bei der Frage nach der Denkmalwürdigkeit der DDR-Architektur fällt jedoch ins Gewicht, daß nach 1945 die Intelligencija *antifaschistisch* gestimmt war, nach 1989 hingegen die Intellektuellen *nicht prinzipiell antisozialistisch* dachten. Die Architektur der sozialistischen Länder hat insgesamt gute Aussichten, als erhaltenswert eingestuft zu werden. In einigen Ländern hat sich das Kontinuitätsdenken schon in der Rückkehr der Reformkommunisten an die Macht ausgewirkt (Litauen 1992, Polen 1993, Ungarn 1994). In den ostdeutschen Ländern wäre dies wegen der jeweils möglichen großen Koalition der westdeutschen Parteien ausgeschlossen. Aber in den ganz (PDS) oder halb-ostdeutschen Parteien (Bündnis 90/Grüne) wächst die Stimmung für die pflegliche Behandlung des kulturellen Erbes der DDR. Diese ist im Einigungsvertrag (Art.35) von der westdeutschen Regierung zwar zugesagt, aber nicht für die Kulturerzeugnisse der DDR spezifiziert worden. Nur die tschechische Republik hat per Mehrheitsbeschluß im Parlament das sozialistische System zu einem verbrecherischen Regime erklärt. Bei allem Eifer zur Aufdeckung von Regierungskriminalität in der DDR wird auch im Westen nicht davon ausgegangen, daß die Täter-Orte so ungeheuerliche Staatsverbrechen erlebt haben, daß sie schon deshalb abgerissen werden müßten.

Die Denkmalpflege in den ostdeutschen Ländern hat aber vordringlichere Sorgen als die Rettung der typischen DDR-Bauten. Viele von ihnen haben noch nicht die 30 Jahre erreicht, die als Mindestalter nötig ist, um sie unter Schutz zu stellen. Das „Nationalkomitee für Denkmalschutz" beim Innenministerium hat in ihrer Pflegepolitik seltsame Sprünge vollführt: es begann mit einer Kampagne für die *Architektur der 50er Jahre.* Die nächste Stufe war die Beschäftigung mit den *NS-Bauten.* Erst in einer dritten Phase wird die *DDR-Architektur* die verdiente Aufmerksamkeit finden. Die Vereinigung der Landesdenkmalpfleger war kaum weniger zögerlich. Zunächst mußten die Folgen der *Politisierung der Denkmalpflege* in der DDR gemildert werden. Die Klassifikation in Bauten, die an die Arbeiterbewegung gemahnen und anderen, hatte einen gewaltigen Nachholbedarf im Normalbereich der Denkmalpflege angestaut.[35] 1991 in Potsdam hat der Vorsitzende der Vereinigung der Landesdenkmalpfleger gefordert, zunächst einmal Kriterien zu entwickeln, „sowohl bei der Denkmalbewertung der DDR-Zeit, als auch bei den Rekonstruktionsfragen". Ansonsten wurde erwähnt, was nicht geschehen sollte: die Mauer, so hohen Denkmalwert sie auch hatte, gegen die Öffentlichkeit erhalten zu wollen, verrottete Betriebe und Verkehrsanlagen (der Kupferhammer in Ohrdruf könnte eine Ausnahme darstellen), die monströsen Plattenbaugebäude in Marzahn und anderwärts. Von der Staatsarchitektur wurde die Stalin-Allee als Ausnahme gewertet, deren Denkmalwürdigkeit unstreitig sei.[36]

Trotz einer weitverbreiteten Meinung der Intellektuellen, wurde im Kulturbereich der ehemaligen DDR weniger eingeebnet als vielfach behauptet. Am pfleglichsten wurden vergleichsweise Theater und Orchester behandelt.[37] Der Bund ist in der Kulturerhaltung und Denkmalpflege sogar über seine verfas-

sungsmäßigen Kompetenzen hinausgewachsen und hat – mit Duldung zahlungs-
unwilliger Länder – gefördert, auch da, wo er zum Kummer der Verfassungs-
rechtler und Finanzexperten, gar nicht zuständig war.[38] Daß diese Förderung
aber kaum der DDR-Architektur zugute kommen wird, ist anzunehmen.

Wie nach 1945 kam es 1989 nicht zur Bulldozer-Politik. Das Lenin-
Denkmal in Berlin war eine nicht sehr rühmliche Ausnahme. Die Abrißwut
hätte wenigstens gebremst werden müssen, solange die Gestaltung des Platzes
noch nicht entschieden war. Schierer Geldmangel hat den Palast der Republik
bisher vor seinem Abrißschicksal bewahrt. Der städtebauliche Ideenwettbewerb
Spreeinsel prämiierte drei Arbeiten, die den Abriß des Palastes und des Staatsratsgebäudes vorsahen. 9 weitere Preisträger wollten wenigstens den Staatsrat erhalten. Diese Entscheidung wurde als *fait-accompli* benutzt, um selbst den keineswegs gebotenen Abriß des Staatsratsgebäudes zu legitimieren.[39] Den Kampf um
Wiederaufbau oder neue städtebauliche Lösung haben die *Rekonstruktionisten*
trotz ihrer werbewirksamen Schloßattrappe vorerst verloren. Beide Seiten haben
sich kaum mit dem Graffunder-Plan auseinandergesetzt, den Palast der Republik
mit einer Teilrekonstruktion zu verbinden, dabei waren die Rekonstruktionisten
zu einer solchen – für sie zweitbesten Lösung – noch eher bereit als die Modernisten. Die *Antirekonstruktionisten* konnten sich auf eine breite Phalanx der architektonisch versierten Intellektuellen stützen, die bis in die Akademie der Künste
reichte.[40] Rekonstruktionsvorhaben können auf eine große *Ablehnungskoalition*
von Denkmalpflegern bis zu den Architekten rechnen. Nur bei Schinkels Bauakademie haben auch die Architekten auf der Constructa 1992 eine Ausnahme
statuiert, weil es sich gleichsam um ein hochrangiges Bauwerk handelte, das zugleich Statussymbol der eigenen Zunft werden konnte.[41] Denkmalpfleger haben
die alte Dehio-Devise *„konservieren nicht restaurieren"* noch hinreichend internalisiert, um bei Restruktionen vorsichtig zu sein. Sie wissen aber, daß schon das
Konservieren dem Restaurieren vielfach nahekommt, vor allem bei moderner
Architektur mit schweren Schäden der tragenden Bauteile. Aber selbst die Frauenkirche in Dresden – deren Trümmer so lange als Mahnmal wirkten – kann auf
Billigung der Restauration nicht hoffen.[42] Die Vereinigung der Landesdenkmalpfleger hat auf ihrer Tagung 1991 in Potsdam ihre Verantwortung nur für „nicht
reproduzierbare Geschichtserzeugnisse" bekräftigt. Restaurationen können nur
Bedeutung für „das Handeln der Gegenwart" haben.[43] Das Nationalkomitee für
Denkmalschutz hat sich in einer Entschließung zum Ausbau Berlins im Mai 1993
widersprüchlich zu dieser Kontroverse geäußert: einerseits sollte „Verfälschung
des historischen Stadtraums" vermieden werden, andererseits wurden Rekonstruktionen immerhin einkalkuliert, soweit sie nicht „zu Lasten der Rettung
vorhandener historischer Bausubstanz gehen". Die Antirekonstruktionisten
sehen aber in jeder Rekonstruktion eine Verfälschung des jetzt vorhandenen
Stadtraums.[44]

Diese Kontroverse kann hier nur soweit interessieren, als Restauration zu
Lasten der Konservierung von DDR-Architektur geht, und hier sind nicht alle

Würfel gefallen. Seltsam bleibt, daß ideologisch unbelastete Gebäude wie Schinkels Bauakademie die normalen Fronten verdrehen können. Restaurieren wird hier gebilligt, um den Preis des Abrisses des DDR-Außenministeriums. Gerade bei seinem unmaßstäblichen Hineindrängeln in die Fluchtlinie der Linden, hätte sich selbst dann keine schützende Hand gerührt für die Erhaltung, wenn das Argument der Asbest-Verseuchung nicht instrumentalisiert worden wäre.

Außerhalb der Plätze Berliner Staatsarchitektur war die Politik der Spitzhacke nach der Wende zurückhaltend. Die monumentale Plastik an der Leipziger Universität – eine Parodie auf Marxi Himmelfahrt – konnte bleiben. Nur um die Straßennamen tobte allerorten der Kampf, aber tote Gebäude waren kaum zu beklagen.

Im Vergleich zur oben genannten Matrix für NS-Bauten war das Verhalten gegenüber den DDR-Bauten auch bei den Westlern eher historisch-pragmatisch als normativ-betroffen. Den Bauten der DDR wird gleichsam heimgezahlt, was die DDR-Führung gegenüber den Bauten der bürgerlichen und vorbürgerlichen Kultur versäumt hat: *sie haben keine Priorität*, auch wenn man sie nicht aktiv angreift. Man zieht sich gleichsam auf die *Fristenlösung* zurück, die man den ostdeutschen Frauen durch § 218 vorenthielt: wenn die Grenze der ca. 30 Jahre überschritten ist, die man in der Regel braucht, um mit hinreichender Distanz über ein Gebäude zu befinden, wird man weiter sehen. Die 30-Jahres-Grenze ist nicht so zementiert, wie im Archivwesen. Nach einigen Denkmalsgesetzen erlaubt der Begriff „abgeschlossene Epoche" auch schützende Eingriffe zugunsten der DDR-Architektur. In Chemnitz hat Landeskonservator Gerhard Glaser nicht nur die Marx-Großplastik sondern auch sein Umfeld unter Denkmalschutz gestellt und Investoren wie Stadtverwaltung begannen zu befürchten, daß die ganze Innenstadt zum „DDR-Museum" erklärt werden könnte.[45] Die Sorgen vor zuviel Denkmalschutz für DDR-Architektur dürften übertrieben sein. Ein großer Teil der DDR-Architektur nach 1965 wird auch künftig geschädigt durch „*die Ungnade der späten Geburt*". Für die Alltagsarchitektur der DDR wird vermutlich die Option „in Schönheit sterben lassen" gewählt, die sonst ausdrücklich die Ausnahme in der Denkmalpolitik sein sollte.[46]

Resümee:

Die beiden deutschen Diktaturen werden im Umfang ihrer kriminellen Energie und in ihrem Unterdrückungsgrad unterschiedlich bewertet, obwohl paradoxerweise die Stasi, dank technischer Fortschritte und geringerer Regimelegitimität, viel umfassender bespitzelte als die Gestapo. Einige Historiker halten die DDR sogar für totalitärer als Hitler-Deutschland.[47] Das Verdikt gegenüber der Staatsarchitektur der DDR ist kaum weniger heftig als gegen die Nazi-Bauten. Es wirkt sich aber nur an historisch empfindlichen Stellen aus. Wandlitz wurde nicht wie der Obersalzberg gesprengt.

Die Frage nach der *Ästhetik der Staatsarchitektur* wird unterschiedlich beantwortet. Die NS-Epoche ist fern gerückt und nur einige Postmoderne zitieren einzelne Formelemente wieder, wie Stirling am Wissenschaftszentrum die Fensterstürze vom Tempelhof. Die DDR hat in einigen Epochen mit zeitlicher Verspätung Trends des Westens nachgeholt, so sehr sie auch gegen diese anfangs polemisierte.[48] Manche Architektur der DDR kann daher gar nicht in der Weise abgelehnt werden, wie die schon zu ihrem Erbauungszeitpunkt „obsolete" faschistische Architektur, oder wenn, dann nur aufgrund ihres handwerklich schlechten Zustands und der Folgen für die Erosion des Bauwerks.

Auch gegenüber der DDR-Architektur wird es zur Anerkennung ihrer Denkmalswürdigkeit kommen. Zwei Grenzen sind jedoch bei der Architektur aller Diktaturen vermutlich in Deutschland dauerhaft gezogen: Diese Epochen *bleiben ungeliebt.* Die Denkmalpflege steht immer vor zwei Fragen:
- *Wollen die Menschen* die Architektur der Diktatur erhalten?
- *Können die Regierungen* diese Erhaltung bezahlen?

(1) Es gibt eine aufgesetzte postmoderne Nostalgie nach einzelnen Elementen der Nazi-Architektur. Als Breitenbewegung dürfte der optische Neofaschismus keine Chance haben. Also wird es auch keine Jubiläen und positiven Gedenktage geben. Das Jubiläumswesen, das vielen Bauten hilft, wird sich auf Stätten wie Plötzensee oder Bendler-Block beschränken. Nach der unerwarteten Wiedervereinigung *hat Deutschland* plötzlich „*wieder mehr Geschichte*".[49] Dieser Umstand wird die Aufmerksamkeit des Staates und seiner Denkmalarbeit verlagern und keine Schwerpunkte bei den Hinterlassenschaften der Diktatur zulassen. Es wird vermutlich keine ernsthafte Nostalgie nach der DDR geben, wenn die Wunden der Wende verheilt sind. Umfragen zeigten, daß die tatsächliche Rückkehr der alten DDR unter ein Prozent der Ostdeutschen wünschen. Es wird daher auch keine positiven Gedenktage für die DDR geben. Die DDR-Führung muß froh sein, wenn sie nicht aus den Widerstandsgedenkstätten eliminiert wird, weil ihr Widerstand als „Widerstand zweiter Klasse" abklassifiziert wird. Die Diktaturen anderer Länder erleben selektiv eine Renaissance. Die *französische Revolution* ist denkmalwürdig. Der Nationalfeiertag gedenkt einer historischen Denkmalzerstörung, der Bastille. Aber es gibt im ganzen Land nur eine Reminiszenz an Robespierre – in seinem Geburtsort Arras. Es gibt keine Napoleon-Denkmäler, aber die Madelaine-Kirche wird gepflegt. Der Terror der Diktatur hingegen wird ausgeblendet. Die *russische Oktoberrevolution* wird als historisches Ereignis denk- und denkmalwürdig bleiben, wenn der erste Ansturm der Entleninisierung vorrüber ist. Das Mausoleum wird geräumt, aber Lenin wird vermutlich wieder zur Integrationsfigur werden, wie Napoleon oder Atatürk, zur Erinnerung an nationale „*grandeur*". Die Architektur der Aufbruchsjahre ist noch heute ein Mythos – auch bei westlichen Intellektuellen. Auch Rußland wird vermutlich die Terrorepochen ausblenden, und selektiv seiner Revolution gedenken.

Deutschland aber hatte keine Revolution. „Adolf legalité" hat Revolution nur als Phrase im Munde geführt, und die kleinbürgerlichen „Gastsieger" der Roten Armee, die Revolution in Osteuropa exekutierten, werden auch in Zukunft kaum Ansatzpunkt für historisches Gedenken sein. Eine Ausnahme könnte Rumänien werden, wo wenige Jahre nach dem Tod des „Conducators" seine Freunde bereits für die Errichtung einer Gedenkstätte trommeln. In den meisten anderen Ländern bleibt die sozialistische Staatsarchitektur ungeliebt, aber geduldet, wie der Warschauer Kulturpalast und die Marszalkowska Straße.

(2) Die zweite Frage zur Denkmalpflege gegenüber der Architektur der Diktaturen lautet: *können die Regierungen die Erhaltung bezahlen?* Denkmalpfleger hassen den Verdrängungswettbewerb, aber auch sie müssen auswählen. Wer viele Denkmäler hat, wie Bayern, bevorzugt lange Denkmalslisten, wer schon wenige hat, wie Schleswig-Holstein, verfuhr auch noch – zumindestens in der Ära Hartwig Beseler – restriktiv in der Aufnahme von Objekten in die Denkmalliste.

Kostenfragen können für den Denkmalpfleger nicht im Zentrum der Auswahlkriterien stehen. Bei der Alternative „Schloß Bruchsal oder eine zweitrangige Synagoge" fällt die Alternative meist zugunsten des historisch herausragenden Baus aus, und man versucht die Synagoge an den Markt zu verweisen. Die Landesregierung sucht Investoren mit Denkmalshilfeangeboten.

Die Architektur der Diktaturen wirft besondere Probleme durch ihre *Megalomanie* auf. Durch den falschen Schein, den die Diktaturen bevorzugten, ist die *Substanz noch stärker gefährdet* als bei der modernen Architektur allgemein. Die Bauten der Wilhelminischen Zeit waren auch lange ungeliebt, aber sie waren solide. Sie trotzten im Zweiten Weltkrieg sogar den Bomben, vom Rathaus in Hannover bis zur Pleißenburg in Leipzig. Ihr Gebrauchswert verbot ihre Vernichtung im Falle der Beschädigung. Der Gebrauchswert der NS-Architektur war nicht mehr gleich groß. Die Dauerhaftigkeit, welche die Propaganda im Munde führte („wir bauen für die Jahrtausende"), war in vielen Fällen zweifelhaft. Die Verblendung von Natursteinen verschleierte vielfach die Verrottetheit der Eisenträger dahinter.[50]

Denkmalpflege heißt immer auch Auswählen, wie die hitzige Debatte um die Klassifikation von Bauwerken zeigte.[51] Die Aufwendungen für unterschiedliche Pflegeobjekte müssen abgewogen werden. Die Priorität wird bei Kostenknappheit schwerlich bei den ungeliebten Relikten der Diktaturen liegen. Falls es – ein hypothetisches Beispiel – zum finanziellen Verdrängungswettbewerb zwischen Investitionen in die Gauleiter-Villa in Weimar und der Wieland-Gedächtnisstätte käme, würde sich Weimar sicher für die Klassik entscheiden. Die normalen Abwägungskriterien würden vermutlich nicht gelten. Emphatiker des Mahnmalkults würden „Verdrängung von Buchenwald" wittern und als rationales Argument die Einrede der großen Zahl von Klassikergedenkstätten in Weimar anführen. Schließlich gäbe es ja noch Goethe-, Schiller-, Herder- und Nietzsche-Gedenkstätten. Dennoch würde vermutlich – pragmatisch und doch grundsätzlich – zugunsten des Bauwerks entschieden, das dem Kulturverständnis der Mehrheit am nächsten steht. Das „*kollektive Gedächtnis*" *der Bürger* ist in der Regel für das Hergebrachte, oder was es dafür hält. Auch Denkmalpfleger haben gelernt, mit dem Mehrheitsprinzip zu leben. Das Mehrheitsprinzip aber gibt der Erhaltung der DDR-Architektur geringe Chancen.

Anmerkungen:

1) Winfried Nerdinger: Bauen im Nationalsozialismus. Von der quantitativen Analyse zum Gesamtzusammenhang. In: Ders. (Hrsg.): Bauen im Nationalsozialismus. Bayern 1933-1945. München, Architekturmuseum der Technischen Universität, 1993 (8-17), S. 10.

2) Agitation zum Glück. Sowjetische Kunst der Stalinzeit. Bremen, Edition Temmen, 1994, S. 9.

3) Klaus von Beyme: Systemwechsel in Osteuropa. Frankfurt, Suhrkamp, 1994, S. 124ff.

4) Klaus von Beyme: Der Wiederaufbau. Architektur und Städtebaupolitik in beiden deutschen Staaten. München, Piper, 1987, S. 60ff. Klaus von Beyme, Werner Durth, u.a. Hrsg.: Neue Städte aus Ruinen. Deutscher Städtebau der Nachkriegszeit. München, Prestel, 1992, S. 7ff.

5) Marcello Piacentini: Onore dell` architettura italiana. Architettura, Juli 1941, S. 266f, zit., in: Margit Estermann-Juchler: Faschistische Staatsbaukunst. Köln, Böhlau, 1982, S. 255.

6) H. Schoszberger: Blick über die Grenzen. Neue Bauwelt, 1950, H.12 (185-192), S. 187.

7) Die Entlarvungsliteratur wächst seit Hartmut Frank (Hrsg.): Faschistische Architekturen. Hamburg, Christians, 1985, S. 17ff.

8) Marcello Rebecchini: Architetti italiani 1930-1960. Rom, Officina Edizioni 1990, S. 7, Giorgio Muratore u.a.: Italia, Gli ultimi trent'anni. Bologna, Zanichelli 1988, S. 7.

9) Inszenierung der Macht. Ästhetische Faszination im Faschismus. Berlin, NGBK/Nishen 1987, S. 256f.

10) Anita Brookner: Jacques Louis David. London, Chatto&Windus 1980, S. 179.

11) Ueli Pfammatter: Moderne und Macht. „Razionalismo": Italienische Architekten 1927-1945. Braunschweig, Vieweg, 1990, S. 147ff.

12) Gottfried Kiesow: Einführung in die Denkmalpflege. Darmstadt, Wissenschaftliche Buchgesellschaft, 1982, S. 41.

13) Nikolaus Pevsner: Europäische Architektur. München, Prestel, 1967, 2. Aufl., S. 466.

14) Hans Jantzen: Wert und Wertung des Kunstwerks. Festschrift für Kurt Bauch. München, Prestel 1957, S. 9-22.

15) Alois Riegl: Der moderne Denkmalkultus. Gesammelte Aufsätze. Augsburg, Filser, 1929, S. 148.

16) Eberhard Grunsky: Kunstgeschichte und Wertung von Denkmälern. Deutsche Kunst und Denkmalpflege. 1991, H.2 (107-118), S. 109f.

17) Klaus von Beyme: Politische Ikonologie der modernen Architektur. In: Hermann Hipp/Ernst Seidl (Hrsg): Architektur als politische Kultur. Berlin, Reimer 1996, S. 19-34.

18) Erwin Panofsky: Sinn und Deutung in der bildenden Kunst (Meaning in the Visual Arts). Köln, Dumont Schauberg, 1985. Schema, S. 50.

19) Dies zeichnet sich ab im Beitrag von Niels Gutschow zu dem Hamburger Kongress zur Politischen Ikonologie. In: Hipp/Seidl, a.a.O.

20) Nerdinger, a.a.O., S. 11.

21) vgl. Werner Durth/Niels Gutschow (Hrsg.): Architektur und Städtebau der 50er Jahre. Bonn, Schriftenreihe des Nationalkomitees für Denkmalschutz, 1990, passim.

22) Winfried Nerdinger: Umgang mit den Spuren der NS-Vergangenheit. Indizien zu einer Geschichte der Verdrängung und zum Ende der Trauerarbeit. In: Werner Durth/Winfried Nerdinger (Hrsg.): Architektur und Städtebau der 30er/40er Jahre. Bonn, Schriftenreihe des Deutschen Nationalkomitees für Denkmalschutz. 1993 (119-124), S. 119.

23) Hans-Ernst Mittig: NS-Architektur für uns. In Durth/Nerdinger 1993, op.cit. (125-149), S. 125.

24) vgl. die Übersicht bei Wolfgang Schäche: Architektur und Stadtplanung des „Dritten Reiches" im Spiegel der Bau- und Kunstgeschichte. Deutsche Kunst und Denkmalpflege, 1989, H.1, S. 5-14.

25) Die krasseste Apotheose: Leon Krier (Hrsg.) Albert Speer. Architecture, Brüssel, Archives d'Architecture moderne, 1985.

26) Helmut Engel: Die Architektur der Zeit von 1933 bis 1945 als Teil der Geschichtslandschaft Berlin. Deutsche Kunst und Denkmalpflege, 1989, H.1 (15-22), S. 22.

27) Vittorio Magnano Lampugnani: Auf dem Weg zu einer faschistischen Architektur? Formale Tabuisierung und Machtdarstellung im Bauen. In: Ders.: Architektur als Kultur. Köln, Dumont, 1986 (214-228), S. 216.

28) Estermann-Juchler, a.a.O. S. 264.

29) Klaus Schroeder/Jochen Staat: Der diskrete Charme des Status quo: DDR-Forschung in der Ära der Entspannungspolitik. Leviathan, 1993, S. 24-63.

30) Hans Ernst Mittig: Thesen der kritischen Theorie bei der Analyse der NS-Kunst. In: Andreas Bernd u.a. (Hrsg.): Frankfurter Schule und Kunstgeschichte. Berlin, Reimer, 1992 (85-116), S. 101.

31) Günter Feist: Kunstkombinat DDR. Berlin, Nishen, 1990, 2.Aufl., S. 215.

32) Wolfgang Mattheuer: Äußerungen. Leipzig, Reclam, 1990, S. 240.

33) Die Idee lebt weiter. Der Spiegel, Nr.33, 1994, S. 111.

34) Anna und Richard L. Merritt (Hrsg.): Public Opinion in Occupied Germany. Urbana, University of Illinois Press, 1970, S. 32.

35) Hans Berger: Tendenzen der Denkmalpflege in der DDR. Deutsche Kunst und Denkmalpflege, 1991, H.1, S. 2-8.

36) Hans-Herbert Möller: Denkmalpflege in Deutschland. Aufgaben, Probleme, Ziele nach der Wiedervereinigung. Deutsche Kunst und Denkmalpflege, 1991, H.2 (102-106).

37) M. Ackermann: Der kulturelle Einigungsprozeß. Bonn, Friedrich Ebert Stiftung, 1991, Jutta Allmendinger: Staatskultur und Marktkultur, ostdeutsche Orchester im Vergleich. In: Stiftung mitteldeutscher Kulturrat (Hrsg.): Kultur und Kulturträger in der DDR. Berlin, Akademie Verlag, 1993, S. 215-281.

38) Vgl. Klaus von Beyme: Die Wunde, die Deutschland heißt? Kulturelle Identität nach der Vereinigung. Universitas, 1993, S. 154-169.

39) Initiative gegen den Abriß des ehemaligen Staatsratsgebäudes auf der Spreeinsel. Berlin, Juni1994 hektographiert, S. 1.

40) Harald Bodenschatz u.a.: Stadt-Schloß - Stadt-Mitte? Berlin, Spreeinsel-Initiative, Berlin, Juni 1993, Akademie der Künste: Zur historischen Mitte Berlins. Denkschrift. Berlin, 1992.

41) Pro Bauakademie. Argumente für eine Neugründung. Dokumentation der Diskussion auf der Constructa '92 am 8. Februar 1992 in Hannover.

42) Meinungsstreit Wiederaufbau der Dresdner Frauenkirche oder Erhaltung der Ruine als Denkmal? Deutsche Kunst und Denkmalpflege, 1991, H.1, S. 79-90.

43) Vereinigung der Landesdenkmalpfleger - Stellungnahmen. DKD, 1991, S. 96.

44) Deutsches Nationalkomitee für Denkmalschutz: Ausbau Berlins zur deutschen Hauptstadt. Entschließung. Mai 1993, S. 4.

45) Michael Mönninger: Stützpunkte der Seele. Denkmalschutz für das sozialistische Bauerbe in Chemnitz. Der Spiegel, 40, 1994, S. 67-76.

46) Möller, a.a.O., S. 103.

47) Armin Mitter/Stefan Wolle: Untergang auf Raten. Unbekannte Kapitel der DDR-Geschichte. München, Bertelsmann 1993, S. 545.

48) vgl. Klaus von Beyme: Der Wiederaufbau. A.a.O. Andreas Schätzke: Zwischen Bauhaus und Stalinallee. Architekturdiskussion im östlichen Deutschland 1945-1955. Braunschweig, Vieweg, 1991, Thomas Hoscislawski: Bauen zwischen Macht und Ohnmacht. Architektur und Städtebau in der DDR. Berlin, Verlag für Bauwesen, 1991.

49) Otto Borst: Vom Nutzen und Nachteil der Denkmalpflege für das Leben. In: Wilfried Lipp (Hrsg.): Denkmal - Werte - Gesellschaft. Zur Pluralität des Denkmalbegriffs. Frankfurt, Campus 1993 (85-119), S. 110.

50) Mittig, a.a.O., S. 142f.

51) Deutsche Kunst und Denkmalpflege, 1981, Heft 2.

IV. Stadtgestaltung als Kulturpolitik

1) Stadtkultur und städtische Kulturpolitik

Die deutsche Sprache in ihrer fatalen Fähigkeit, mehrere Hauptwörter zu einem Begriff zusammensetzen zu können, macht einen Begriff wie den der Stadtkultur schon rein sprachlich erklärungsbedürftig. Der Architekt wird eher an die *„Kultur der Stadt"* denken im Sinne des Klassikers von Lewis Mumford: The Culture of Cities[1]. Der Sozialwissenschaftler wird hingegen auch die *„Kultur in der Stadt"* im Blick haben. Damit ergibt sich für den Analytiker eine Zweiteilung der Betrachtungsweise:
- Die Kultur der Stadt
- Die Kultur in der Stadt

1) Die Kultur der Stadt

Im Amerikanischen war das Thema der „Culture of Cities" vielfach eine Frucht der Verbindung von Stadtplanung und Urban Sociology, im deutschen Sprachbereich war diese hingegen verhältnismäßig selten. Erst in den 60er Jahren machte sie Fortschritte, als viele Bereiche unter dem Eindruck der Studentenrevolte sich politisierten und soziologisierten. Die Kooperation verlief im ersten Anlauf durchaus unglücklich. Heidelberg-Emmertsgrund wurde zu einem Testfall. Mitscherlich glaubte anschließend, daß es keine erfolgreiche Stadtplanung geben könne, und ein Architekt wie Hans Kammerer resümierte: „Vor lauter Soziologie die Architektur vergessen" und „es hat sich einfach gezeigt, daß der Versuch, den Herrn Mitscherlich aus seinem Elfenbeinturm herauszulocken, gescheitert war. Der soll einfach in seinem Turm bleiben und schreiben ... und nicht versuchen, dahin zu gehen, wo Nägel mit Köpfen gemacht werden müssen".[2] Frustrationsfreie Kooperation zwischen Sozialwissenschaftlern und Architekten bedarf offenbar längerer Sozialisationsperioden.

In Europa entwickelte sich eine etablierte *Stadtsoziologie* nach Art der Schule von Chicago in Amerika verhältnismäßig spät. Dabei hatten die großen Pioniere einer empirischen Soziologie wie Pareto, Max Weber, Durkheim, Simmel und Tönnies sich am Rand mit dem Thema schon beschäftigt. Pareto unter dem subjektiven Aspekt der „Beziehung zu Orten"[3], Weber unter dem objektiven Aspekt einer Typologie der Städte nach ihren zentralen Funktionen. Da bei Weber die Stadt vom Markt her definiert wurde, spielte die Tendenz zur Entwicklung von *City-Städten* eine besondere Rolle, die „fast nur aus Geschäftshäusern" bestehend gedacht wurde[4]. Max Weber wußte, daß die „empirischen Städte" alle Mischformen seiner Typen waren, er hat sich aber in seiner Skizze nicht mit den Ausformungen einer City in allen seinen Städtetypen befaßt. Von Simmel und Durkheim gingen starke, aber nicht immer günstige Einflüsse auf die Stadtsoziologie aus. Die Stadt auf der Grundlage moderner arbeitsteiliger Gesellschaft und höherer Kultur wurde historisch hoch gewürdigt. Für die Gegenwart aber wurden eher die negativen Seiten der Auflösung traditioneller Moral und Familie, der Entstehung von Anomie, ja sogar Kriminalität herausgestellt.[5] Simmels Stichwort von 1903 über den „Erfolg der Zusammendrängung von Menschen und Dingen ...", die das Individuum zu seiner höchsten Nervenleistung reizt" führte schon bei ihm zu der Konsequenz, daß die Persönlichkeit als entwertet galt. Durkheims Anomietheorie war über die Schule von Chicago nicht weniger einflußreich.[6] Ein relevanter Forschungsgegenstand „Stadt" entwickelte sich gleichwohl kaum, da die moderne Gesellschaft für Durkheim und andere mit dem Stigma behaftet war, die ausdifferenzierte Gesellschaft selbst zu sein, die örtliche Untereinteilungen als zweitrangig erscheinen ließen. Reizüberflutung und Persönlichkeitsvergessenheit wurden auch die Stichworte für eine *Psychologie der Stadt*, die noch weit später entstand.[7]

Erst mit wachsender Urbanisierung verstärkte sich in vielen europäischen Ländern die Stadtkritik und beeinflußte auch das Bild der Stadt in der frühen Stadtsoziologie. Im 19. Jahrhundert hatte mit einigen Ausnahmen, wie Wilhelm Heinrich Riehl, noch stärker der Konsens vorgeherrscht, daß Stadt und Kultur unlösbar miteinander verbunden waren. Marx lobt im „Kommunistischen Manifest" noch die Großtat der frühen Bourgeoisie in ihrer progressiven Phase, daß sie die Stadtbevölkerung gewaltig vermehrte und „einen bedeutenden Teil der Bevölkerung dem Ideotismus des Landlebens entrissen" habe.[8] Der englische Dichter Charles Colton formuliert an der Wende zum 19. Jahrhundert nicht weniger scharf: „If you would be known and not know, vegetate in a village; if you would know and not be known, live in a city."[9]

Die *subjektive Seite der Beziehung zu Städten* ist in der *Raumpsychologie* mehr thematisiert worden als in der Stadtsoziologie. Die Urban Sociology und *Sozialökologie*, wie sie R.E. Park entwickelt hatte, konzentrierte sich stark auf Demographie, soziale Organisation und Sozialpsychologie, schloß aber die kulturellen Elemente, Werte, Normen und Traditionen, die zur Culture of Cities gehörten, weitgehend aus.[10] In der *Raumpsychologie* geriet die Analyse immer wieder in die Gefahr, daß die *Raumerlebnisse zur bloßen Metapher seelischer Verfassungen* wurden, die sich jedoch aus dem Erbauten oder aus dem sozialen Kontext des Raumes nicht schlüssig ableiten ließen.[11] Selbst bei empirischen Untersuchungen ließen sich die Unterschiede der Antworten nicht ohne weiteres von feststellbaren Unterschieden in der räumlichen Umwelt festmachen.[12] Die Kataloge der Wahrnehmungsdimensionen von Stadtkultur waren komplex (Multifunktionalität, Versorgung, Gleichförmigkeit der gebauten Umwelt, Überschaubarkeit, Funktionenmischung, Unterhaltung und Dienstleistungen, Kommunikation und Sozialisation). Einzelne Faktoren ließen sich da kaum noch isolieren.

Kritiker der Schule von Chicago, die monierten, daß man Städte nicht im Sinne bloßer ökonomischer Nutzenmaximierung studieren könne, endeten meist bei komplexen Funktionenkatalogen. Neue Kritik erwies sich als nötig, Wertvorstellungen und ökonomisches Kalkül waren nicht so säuberlich trennbar. Wird nicht moderne Kulturpolitik in der Stadt ganz deutlich auch ökonomisch begründet, seit andere Wachstumsquellen für die Städte spärlicher sprudeln?

Die Leitbilddiskussion nach dem Krieg in Deutschland war von diesen alten Debatten durchaus nicht unbeeinflußt. Die einen wollten den ökonomischen Aspekt als den in der Trümmerlandschaft dringlichen herausstellen. Die anderen waren in einer Art internalisierten Morgenthau-Plan-Denken skeptisch und empfahlen, sich auf die kulturellen Werte zu besinnen.

„Altstadt" war gelegentlich im Wiederaufbau der Nachkrigszeit der restaurative Slogan der Traditionalisten, „Citybuilding" hingegen der Kampfruf der Modernisten. Altstadt hob mehr auf die kulturelle, City mehr auf die kommerzielle Seite des Zentrums ab. Gelegentlich wurden beide Begriffe auch synonym gebraucht. Sozialwissenschaftler hatten vergleichsweise den wertfreiesten Begriff von City. Sie war das Ergebnis einer Differenzierung des innerstädtischen Raums in Funktionsbereiche eigenen Charakters.[13] Von einer ausdifferenzierten City mochten einige Sozialwissenschaftler nur bei Städten über eine halbe Million Einwohner sprechen.[14] Aber auch kleinere Städte haben gelegentlich schon vor dem Zweiten Weltkrieg einige Funktionen der City aus der Altstadt ausgelagert, nicht nur in Düsseldorf, das die Marge überschritt, sondern auch in Kiel und Hannover, die darunter blieben.

Die Stadtkultur ist sozialwissenschaftlich nicht hinreichend erforscht und selbst wenn sie es wäre, ließe sie sich kaum planerisch steuern, wenn nicht die *Stadt-Umland-Geographie* bei der Arbeit berücksichtigt wird. Die Zeiten waren auch nach 1945 rasch vorbei, daß die Planer in Trümmern in utopischer Weise über neue Stadtfunktionen nachdachten – als etwa der Gedanke auftauchte, aus Stuttgart eine Bäderstadt zu machen.[15]

Stadtkultur an sich erwies sich als so komplex, daß immer nur Teile davon erforscht wurden. Studien über einzelne Städte ließen sich kaum verallgemeinern. Je näher ein Ansatz der Raumpsychologie an der Kulturanthropologie war, umso mehr wurde die Wahrnehmung städtischer Umwelt als mit *kulturellen Bedeutungen* durchsetzt angesehen. Wahrnehmung von Städten ist nicht wie Wahrnehmung von Natur, sondern Wahrnehmung von Kultur.[16] Aber das dürfte auch auf Wahrnehmung von Natur zutreffen. Das Erlebnis des Schwarzwaldes oder der Alpen ist nicht „natürlich", sondern von Kultur oder auch nur Unkultur der Schnulzen über Alpenglühen und Schwarzwaldmädels vorgeformt.

Aber es gibt noch eine andere Schule in der Raumpsychologie, welche die subjektiven Umweltwahrnehmungen als Abbilder der objektiven Merkmale der materiellen Wohnumgebung darstellten.[17] Die meisten Studien beziehen sich jedoch auf die nähere Wohnumwelt außerhalb des Stadtkerns, der für die Stadtkultur als ganzes eher marginale Bedeutung hat. Einig scheint die Raumpsychologie jedoch zu sein, daß die Umwelt dem Menschen nicht mechanisch gegenübergestellt werden kann. Der Mensch schafft, interpretiert und gestaltet die Umwelt um, und ist dabei von kulturellen Prägungen im Sozialisationsprozeß geleitet. Kultur – und spezieller Stadtkultur – ist demnach „ein dynamisches System, das in begrenztem Ausmaß die Fähigkeit zur Selbstregulation besitzt".[18] Eine strikte Determinierung menschlichen Verhaltens durch die gebaute Umwelt – die manchmal ausgesprochen oder unausgesprochen utopischen Stadtplanungen zugrundelag – wird nicht mehr angenommen.

Darin liegt eine der Quellen der Frustration in der Zusammenarbeit zwischen Sozialwissenschaftlern einerseits und Stadtplanern und Architekten andererseits. Die Aussagen der Stadtsoziologie beziehen sich allzu sehr auf das soziale Miteinander in der Stadt, aber nur indirekt auch auf die gebaute Umwelt.

Soziologische Kritik an der Stadtkultur setzt an bei dem aus dem Gleichgewicht geratenen *Verhältnis von Öffentlichkeit und Privatheit*. Die Diskreditierung der Öffentlichkeit im Nationalsozialismus und der ins Private flüchtende Aufbauwille nach dem Krieg hat die Familie zwar aus dem Wirbel der Auflösung sozialer Beziehungen heraushalten können und sogar noch gestärkt. Dieser Rückzug aber hat nach Schelsky zu einer Primitivierung und Überforderung der Familie geführt.[19] Die *Flucht in die Privatheit* wurde nicht nur von der emphatischen Kulturkritik der Frankfurter Schule als Kulturverlust empfunden, auch gerade der Familie, weil die totale Privatisierung das Familienleben verkümmern läßt.[20] Eine solche Kritik konnte aber in der Regel nur angeben, was zu unterlassen ist, nicht aber, was der Städtebau tun soll. Zu der Vermeidung gehörte vor allem Kritik an der Funktionentrennung.

Ein Teil der Modernisten war im Aufbau nach 1945 für strikte Funktionentrennung. Der Hamburger Oberbaudirektor Meyer-Ottens wetterte gegen das „sinnlose Durcheinander von Wohnen und Arbeiten" in den Innenstädten von Hamburg und Altona.[21] Aber es gab auch Modernisten, die keineswegs für ein Verbannen des Wohnens aus den Zentren waren. Nostalgie-verklärt ist heute das Baugebiet rund um die Kreuzkirche in Hannover, bei der Hillebrecht auch die Kulturfunktion der Kirchen bedachte, denen er die Gemeinde erhalten wollte. Auch bei weniger gelungenen Beispielen südlich des Frankfurter Doms, im Ostteil der Nürnberger oder der Wormser Altstadt und an der Moselfront in Koblenz, hat der soziale Wohnungsbau in der Altstadt einiges von der Mischung von Funktionen zur Erhaltung einer Vielfalt von Funktionen in der Altstadt als Konzeption realisiert.

Forcierte Stadtkultur, wie sie Rudolf Schwarz für Köln vorschwebte, in seiner Vision der „edlen Hochstadt", die „nicht mehr so sehr von Arbeitern bewohnt ist, sondern vorab von den Menschen, die für die ganze Landschaft das Hohe zu leisten haben und dafür in die Stadt berufen werden"[22], blieb intellektuelles Hirngespinst. Erst in der dritten Aufbauphase nach der Stadtluxussanierung unzerstörter Altstadtbereiche ist etwas davon wahrgeworden, aber sicher nicht im Sinne von Rudolf Schwarz. In Mannheim wurde das harte Wort eines früheren Bürgermeisters, „Mannheim liegt nicht am Rhein, sondern am Schloß" benutzt, um neue Ideen für die Nutzung der um den Mittelteil bereinigten Schloßruine zu lancieren. „Sozialer Wohnungsbau" für die Kulturschaffenden und „anspruchsvollen Menschen" war selbst bei der KPD der Stadt erwogen worden[23].

In der Regel gab es jedoch kein klares Konzept über die Funktionenmischung im Wiederaufbau, und die Kulturfunktion im engeren Sinne – die Kultur in der Stadt – konnte in der ersten Phase keine Priorität haben. Die *Zwischengruppen der Stadtkultur*, die eine bürgerliche Stadtkultur einst schaffen halfen wie Orden, Logen, Klubs, künstlerische Zirkel, waren durch Hitlers brutales Experiment und die Armut der Nachkriegszeit erodiert. Dies schuf eine Leerzone zwischen den Intimgruppen der Privatheit und der bürokratisierten staatlichen Öffentlichkeit[24]. Die *Sukzession der Bevölkerung* in den einzelnen Stadtteilen und vor allem die Bewegung vom Cityzentrum an die Peripherie ist bei den meisten Planungen nicht vorausgesehen worden[25].

Der *Niedergang der Stadtkultur* schien durch
- mangelnde Vorausschau der sozialen Prozesse in den Städten und
- aufgrund von Fehlplanungen des Aufbaus nach dem Krieg gefördert worden zu sein.

Urbanität wurde zum neuen Gegenbild. Edgar Salins Vortrag über *Urbanität* beim Augsburger Städtetag von 1960 fachte eine Debatte an. Seine Analyse klang nicht sehr hoffnungsfroh hinsichtlich der Machbarkeit neuer Urbanität. Neu war das Wort nicht. Schon 1945 hatte es die Runde gemacht. Jatho hatte Urbanität als „Wiederverkörperung aus dem Geist" definiert. Es war eine Absage an den Wiederaufbau und eine moderne Rekonstruktion des Essenz der Stadt Köln gemeint. Eine Tröstungsvokabel in Trümmern[26].

Der Schlachtruf Urbanität hatte drei Stoßrichtungen:
- gegen die Funktionentrennung in der Stadt aus dem Geist der Charta von Athen;
- gegen den Nachbarschaftsgedanken und die Isolierung der Stadtteile;
- gegen die Trabantenstadtbewegung, die den Aufbau viel zu früh vom Zentrum an die Peripherie der Großstädte verlagert hatte.

Urbanität war das Zauberwort, das von Konservativen wie Tenbruck, Linksliberalen wie Bahrdt und Linken wie Mitscherlich beschworen wurde.

(1) Zur Wiederherstellung von Urbanität schien die *Kritik an der Funktionentrennung* der Stadt das wichtigste. Aber auch die Hierarchisierung der Straßen in der verkehrsgerechten Stadt und neues Verständnis für Korridorstraße und Blockbebauung kennzeichneten den neuen Impuls. Die Studentenbewegung sah den Städtebau verkommen zum „funktionell und gegliederten Kasernenbau"[27]. Der Ausdruck von Karl Kraus, er brauche von einer Stadt nur „Asphalt, Straßenspülung, Haustorschlüssel, Luftheizung, Warmwasserleitung," aber keine Gemütlichkeit, denn gemütlich sei er selber, geriet unter Linken in Mißkredit[28]. Städtebau als Rechenexempel leidenschaftsloser technischer Spezialisten wurde in einer neuen Funktionalismuskritik angeprangert[29].

Die *cité radieuse* Le Corbusiers kam nicht nur bei den Linken unter Beschuß, da die Korridore noch unter dem Erlebniswert der Straßen rangierten. Sie sind keine Straßen und dienen nur einer Funktion, der Fortbewegung, genau wie die Straßen zwischen den Hochhäusern oder die Grünanlagen zwischen ihnen, die einer abstrakten Erholungsfunktion gewidmet sind. Die kleinen Birkenwälder, die in Moskau in den überdimensionierten Magistralen heranwachsen, dienen in ihrer Schmuddeligkeit vor allem nach der Schneeschmelze im Frühjahr geradezu als Zentren kommunikativer Urbanität im Vergleich zu dem sterilisierten Grün zwischen westlichen Hochhausanlagen.

Andere Funktionen als Fortbewegung: Sich zeigen, Window-shopping, frische Luftschnappen, der Kneipenbummel, kurz: das multifunktionale Bummeln schien nicht ermutigt zu werden. Durchrationalisierte Funktionenspezialisierung und Flächennutzung droht nicht nur zur Monotonie zu führen, sondern auch zum Verlust an öffentlicher Fläche, die nicht spezialisierten Zwecken dient, wo menschliches Leben sich frei mischt, und die Lebensbereiche sich ungeplant verklammerten[30].

(2) Die *Nachbarschaftsideologie* geriet in Mißkredit. Sie hatte keine gruppenbildende Kraft entwickelt, und tendierte mehr und mehr zu Segregation. Die Mischung sozialer Gruppen in der Aufbauphase erwies sich als künstlich und wurde durch Bevölkerungsbewegungen und Sukzessionen rasch aufgelöst. Die Vorstellung, daß mehr als flüchtige Kontakte entstünden, erwies sich als irrig. Die vorurteilslose Einordnung der flüchtigen Kontakte in der urbanen Stadt, vom Flirt bis zur Anrempelei, wurde auch als Teil der Stadtkultur anerkannt[31].

Vor der Diskriminierung des amorphen Gewimmels in der Stadt waren selbst aufgeklärte Geister nicht gefeit, die dem „Idiotismus des Landeslebens" feindlich gesonnen waren, und agrarromantische Verklärungen à la Wilhelm Heinrich Riehl nicht mitmachten. Engels schrieb in der Schrift zur „Lage der arbeitenden Klasse in England" von 1845: „Schon das Straßengewühl hat etwas Widerliches, etwas, wogegen sich die menschliche Natur empört. Diese Hunderttausende von allen Klassen und aus allen Ständen, die sich da aneinander vorbeidrängen, sind sie nicht alle Menschen mit denselben Eigenschaften und Fähigkeiten und mit demselben Interesse, glücklich zu werden? Und doch rennen sie aneinander vorüber, als ob sie gar nichts gemein, gar nichts miteinander zu tun hätten, und doch ist die einzige Übereinkunft zwischen ihnen die stillschweigende, daß jeder sich auf der Seite des Trottoirs hält, die ihm rechts liegt, damit die beiden aneinander vorbeischießenden Strömungen des Gedränges sich nicht gegenseitig aufhalten; und doch fällt es keinen ein, die andern auch nur eines Blickes zu würdigen. Die brutale Gleichgültigkeit, die gefühllose Isolierung jedes einzelnen auf seine Privatinteressen tritt um so widerwärtiger und verletzender hervor, je mehr diese einzelnen auf den kleinen Raum zusammengedrängt sind"[32].

Angesichts seiner Klassenperspektive konnte Engels dem Straßengewühl nur Widerliches abgewinnen. Es ist schon zweifelhaft, daß damals die Menschen in London oder Manchester das Straßengewühl so einseitig negativ beurteilten wie Engels, sonst wäre es wohl zu stärkeren Vermeidungsstrategien gekommen. Gerade bei starker Klassentrennung und der „*deference*" der Unterklassen, die für England lange typisch waren, ist der *Voyeureffekt* der Unterklassen als kleine kompensatorische Befriedigung nicht gering zu veranschlagen.

„*Urbanitas*" war in der frühen bürgerlichen Gesellschaft synonym für „gutes Benehmen", also eine bürgerliche Eigenschaft, an der nicht alle Schichten gleicherweise teilhatten. Ein Beobachter im elisabethanischen Zeitalter erklärte: „Good behavior is yet called urbanitas because it is rather found in cities than elsewhere"[33].

(3) *Trabantenstädte* und der Versuch der Schaffung *suburbaner Zentren in den Vororten* auf Kosten der Innenstadt gerieten in Mißkredit. Es zeigte sich, daß ein großer Teil der Bevölkerung in den Vorstädten auf die City bezogen blieb. Einkauf ist ein Aspekt. Aber das Einkaufen in der Altstadt wäre angesichts der entstehenden Shopping Centers und der Auslagerung von Geschäften nur eine Erklärung gewesen.

In städtischen Gesellschaften mit geringer ins Auge springenden Klassenunterschieden, als sie Engels feststellte, ist „Urbanität" nicht weniger eine Attraktion der Zentren. Nach empirischen soziologischen Untersuchungen Anfang der 60er Jahre wurden größere Anschaffungen in München von 84%, in Frankfurt von 82%, in Hannover von 79%, in Hamburg von 56% und in Duisburg von 39% in der Innenstadt gemacht[34]. Die Attraktivität des Stadtzentrums scheint nach dieser Hierarchie einerseits mit den Entfernungen, die zurückzulegen sind und mit der kulturellen und sonstigen Attraktivität der Innenstadt zu korrelieren. Daher liegt Duisburg weit hinter Städten mit einer attraktiveren Altstadt. Diese Befunde lassen sich heute auch exakter schichtenmäßig aufschlüsseln, als dies in Friedrich Engels' Pauschalanklage geschah. In Hamburg erbrachte eine Untersuchung das Bild, daß 70% der Oberschicht, 66% der Mittelschicht, aber nur 50% der Arbeiterschicht den Einkauf in der City bevorzugen[35].

Die Attraktion der Stadtkultur für Altersgruppen und Geschlechter ist noch zu wenig untersucht. Das alte Verdikt, daß unsere Städte vornehmlich für berufstätige männliche Erwachsene gebaut seien[36], ist nicht mehr in gleicher Weise richtig wie früher. Für Alte, Frauen und Kinder, selbst für Behinderte, sind die Städte wieder wohnlicher geworden.

Urbanität war ein kritischer Gegenbegriff der Sozialwissenschaftler. Konkrete Empfehlungen im Hinblick auf Baumaßnahmen wurden kaum gegeben, jedenfalls seltener als im Wohnungsbau. Eine Skepsis gegen repräsentative kulturelle Großbauten aber war allgemein verbreitet. Dies war umso stärker der Fall, als kulturkritische Absichten von den „Urbanitätern" rasch kommerziell umgedeutet wurden. Verdichtung wurde mit Urbanität gleichgesetzt. Der qualitative Aspekt von Stadtkultur wurde vom quantitativen wieder überrollt, und erst in der dritten Nachkriegsphase im Zeichen der Wachstumsverlangsamung, der behutsameren Stadtsanierung, der Denkmalnostalgie und Stadtbildpflege wieder stärker betont.

Der Begriff „Urbanität" appellierte mehr an Empfindungen als daß er analytisch eindeutig definiert war. Die Identifizierung der Bürger mit ihrer Stadt – die subjektive Seite der Stadtkultur – ist mehr beschworen als empirisch untersucht worden. Wenn das Märkische Viertel als Symbol eines inhumanen Städtebaus angeprangert wird, so wird man das kaum direkt auf die Architektur zurückführen können. Mit Recht wurde von Bernward Joerges geltend gemacht, daß ähnliche soziale Fehlentwicklungen in ganz anders strukturierten Siedlungen vorkommen, und daß die einstige Lösung der sozialen Probleme vielleicht den Blick freistellt für eine zum Teil bemerkenswerte Architektur[37]. In der Tat, es ist vergessen worden, wie historische Neugründungen, die wir heute als Inbegriff von identitätsschaffenden urbanen Städten empfinden wie Petersburg oder Madrid ca. hundert Jahre brauchten, um von den Bewohnern voll angenommen zu werden, und die Anomierate auf den Durchschnitt der Städte des Landes zu drücken.

Selbst Hochhaussiedlungen sind voreilig in Verruf geraten, weil sie häufig eine höhere Verbrechensrate aufwiesen und mehr Zeichen einer sozialen Desintegration zeigten. Oscar Newman hat für Amerika einen Zusammenhang zwischen Kriminalität und Wohnen im Hochhaus hergestellt.[38] Unstrukturierte Räume und Anonymität können Anomie-Potential anlocken und verstärken, aber nicht schaffen. Selbst im Sozialismus mit seiner Begeisterung für die neuen sozialistischen Städte in der zweiten Aufbauphase der DDR erkannte man, daß in Bezirken wie Frankfurt mit neuen Städten die Kriminalitätsrate am höchsten war. Aber Frankfurt war dicht von Berlin gefolgt, der Hauptstadt mit vergleichsweise der größten Urbanität der DDR. Gegenproben warnen vor voreiligen Schlüssen: es gab selbst in der DDR eine wachsende Kriminalität an der Ostsee in Städten mit vergleichsweise gesicherter historischer Identität wie Rostock oder Stralsund, als Folge des Tourismus im Sozialismus.[39]

Ortsidentität wird nicht über Nacht erworben, und sie kann auch durch Prozesse, die die Zusammensetzung der Bevölkerung rasch verändert, selbst in gefestigten Gemeinwesen wieder verloren gehen. Was die Psychologen „Place-identity" nennen, ist ein außerordentliches fragiles Bündel positiver und negativer Kognitionen und Gefühle gegenüber der physischen Umwelt.[40] Das über das Medium „Liebe" realisierte Raumgefühl wird häufig mit dem vagen Begriff „Heimat" umschrieben, der nicht weniger als der Begriff „Urbanität" mißbraucht wurde, und der vor allem dort aushilft, wo es bei einer Siedlung zur Urbanität auch vom Anspruch her nicht reicht. Emotionale Bezüge aufgrund persönlichen Erlebens vor allem in der Jugend stehen aber neben Heimat- und Stadtkulturabstraktionen, die durch Erziehung und Werbung erzeugt werden. Nicht selten wird vor allem die Kleinstadtidylle durch verkitschte Dallas- und Denver-Sendungen verstärkt.[41]

Die Befunde empirischer psychologischer Untersuchungen zur Identifikation mit städtischer Umwelt zeigen gelegentlich paradoxe Ergebnisse. In Heidelberg stehen Neckar und Neckartal mit ihren landschaftlichen Schönheiten (40%) an erster Stelle der Äußerungen über das Stadtprofil. Das Schloß (28,6%) kommt erst an zweiter Stelle. In Mannheim werden die Industrie und der Wasserturm für am bemerkenswertesten gehalten. Im krassesten Fall könnte also ein kunsthistorisch nicht besonders bemerkenswertes Bauwerk wie der Mannheimer Wasserturm mangels anderer Identifikationsobjekte einem international berühmten Kunstwerk einer anderen Stadt den Rang ablaufen.[42] Einerseits dominieren persönliche Bezüge in den Urteilen, andererseits gehen die von Werbung und Stadtverwaltung geschaffenen Klischees stark in das Urteil ein. In einer wenig mit Kunst- und Naturschönheiten gesegneten Stadt wie Mannheim, oder einer Mittelstadt in wenig auffallender Lage wie Oldenburg ist das Selbstimage vergleichsweise weniger von fremdgesteuerten Klischees vorgeprägt.

Die Bezogenheit auf die Werte der Innenstadt variieren mit der Citynähe eines Gebiets. Je moderner ein Wohnviertel, um so geringer scheint das Historische einer Stadt zum Identifikationsmerkmal zu werden. Schwer zu generalisieren ist die Rolle persönlicher Bezüge. Gelegentlich hat man den Eindruck, daß es für die Bewohner, die an einem Ort geboren sind, keine häßlichen Städte gibt. Der erste Kuß unter dem Gasometer im stinkenden Ludwigshafen schafft genauso intensive Identitätsgefühle für eine Stadt wie ein vergleichbares Erlebnis unter einer Linde auf dem Kirchplatz einer schönen historischen Stadt. Zu vermuten ist, daß die Dominanz von persönlichen Bezügen und Klischeeanfälligkeit vom Bildungsgrad abhängen. Psychologische

Untersuchungen haben solche sozialen Aspekte jedoch weitgehend vernachlässigt. Mit steigendem Bildungsgrad ist die „Kultur in der Stadt" prägend für die Stadtkultur.

Stadtkultur wird nicht dem Selbstlauf überlassen und ist keine bloße Funktion von Differenzierungs- und Arbeitsteilungsprozessen, wie in der frühen formalen Soziologie manchmal suggeriert wurde. Stadtkultur wird durch Kulturpolitik mitgeformt. An der Schwelle zur dritten Wiederaufbauphase etwa um 1973 ist nicht zufällig als Konzept für die Stadtentwicklung der kulturelle Aspekt neben Umweltqualität und sozialem Ausgleich unterstrichen worden, wie sie der Deutsche Städtetag unter dem Titel „Wege zur menschlichen Stadt" diskutierte.[43] Die zweite Aufbauphase mit ihrem Planungsenthusiasmus hatte den Glauben an die Machbarkeit der Dinge gestärkt, aber die qualitative Zielfindung dabei aus den Augen verloren. Die Zielfindung wurde jetzt wieder betont, aber der Glaube an die Machbarkeit wurde nicht aufgegeben, obwohl es Stimmen gab, wie die von Daniel Bell, die Kultur und Technologie so stark im Widerstreit sahen, daß der Konflikt zwischen Rationalität in der Wirtschaft und Hedonismus und Emotionalität in der Kultur zu noch weiteren Verwirrungen führen müsse.[44]

2) Die Kultur in der Stadt

Die Machbarkeit von Stadtkultur war jedoch zu Beginn der dritten Phase des Aufbaus mit Hinwendung zu Umweltqualität und Denkmal- und Stadtbildpflege nicht mehr in dem Sinne gegeben, daß das Selbstbild der Stadt sich noch beliebig formen ließ.

Nicht einmal die Väter des Aufbaus, die sich in der Illusion der Stunde Null wiegten, hatten solche Möglichkeiten. Auch in den Trümmern von 1945 haben die Traditionen der Vergangenheit das Machbare eingegrenzt. Die Kultur in der Stadt, obwohl in der Gebäudesubstanz weit geringer in der Ausdehnung als die Geschäftscity, ist von dem funktionalen Differenzierungsprozeß der Städte ebenfalls stark in Mitleidenschaft gezogen worden. In Düsseldorf wurde die Altstadt zum Vergnügungsviertel, die Geschäftscity hatte sich schon vor dem Zweiten Weltkrieg außerhalb der Altstadt entwickelt. Die Kulturbauten aber blieben von beiden Funktionsbereichen gleich günstig erreichbar. In Kiel hingegen hat man vorgeschlagen, wenigstens die „gastlichen Stätten jedes Hafenbezirks" wieder stärker in der Altstadt anzusiedeln[45], aber ein St. Pauli ließ sich nicht voluntaristisch kommandieren. Bei den nichtzerstörten Mittelstädten konnte die City die Altstadtsubstanz zum Teil verdrängen wie in Flensburg und Oldenburg, oder die Altstadt zwar kommerzialisieren, aber alle kommerziellen Großbauten an der Peripherie ansiedeln, wie in Heidelberg. Ein durch Verlagerung des Bahnhofs freigewordenes Gelände und ein von landesweiter Nostalgie protegiertes Stadtbild machten diese Option möglich, die nur in wenigen anderen unversehrten Städten gegeben war. Die City mit den Polypenarmen der Kaufhäuser fraß sich vor allem in den versehrten Städten tief in die Altstadtsubstanz von Lübeck bis Augsburg. Diese Prozesse beeinträchtigten beide: Kultur der Stadt und Kultur in der Stadt. Ersteres durch Verödung der Region nach Ladenschluß, die zweite durch soziale Marginalisierung der Kulturbauten, obwohl der Standort der Kulturbauten nur selten verlagert wurde. Schon im 19. Jahrhundert sind Opernhäuser, Theater und Museen vielfach am Rand der Altstädte angesiedelt worden. Selbst in einigen kleineren Großstädten gerieten sie damit in eine vergleichsweise große Entfernung von der Altstadt, die am Rande des für Fußgänger zumutbaren lag, wie in Braunschweig (Theater, Anton-Ulrich-Museum). Mit der Ausdifferenzierung der City-Funktionen trennten sich damit auch gelegentlich die Kultur der Stadt und die Kultur in der Stadt zunehmend. Die Kultur der Stadt wurde jedoch auch noch durch weitere Differenzierungsprozesse beeinflußt, die den Raum außerhalb der Altstädte umfaßten. Ein Teil der kommerziellen Cityfunktionen verlagerte sich außerhalb der Stadtmitte. Nur recht exklusive Geschäfte, wie der Pelzhandel, wiesen eine starke Cityfestigkeit auf, wie man anhand von Dortmund nachgewiesen hat[46]. Zur Kultur der Stadt gehört jedoch ein gutes Mischungsverhältnis attraktiver Einkaufs- und kultureller Funktionen, ohne daß sich diese Mischung für alle Städte uniform angeben ließe. Je nachdem, welche Funktionen eine Stadt für das Umland hat, schießen einzelne Funktionen stärker ins Kraut. Heidelberg wird damit leben müssen, daß der Drosselgasseneffekt des Kneipengewerbes mit Kulturfunktionen in unangenehmen Wettbewerb tritt. Ludwigshafen und Mannheim kompensieren ihre mangelnde überregionale Amüsierqualität nicht ohne Erfolg mit beachtlichen kulturellen Aktivitäten im Theater-, Konzert- und Museumsbereich. Kultur in der Stadt hilft Kultur der Stadt.

Die umfangreichsten Kulturbauten der Nachkriegszeit sind die *Universitätsbauten*. Ausbau und Neubau von Hochschulen geriet als Unterpunkt 1 in die Gemeinschaftsaufgaben von Bund und Ländern in Artikel 91a, die von der großen Koalition in das Grundgesetz eingefügt wurden. Das bauliche Resultat dieses Schnellwuchses wurde meist scharf gegeißelt, am schärfsten in Bochum, am wenigsten in Konstanz. Aber selbst in Konstanz, wo gelobt wurde, daß der eng verschachtelte Borgo, der – entgegen der CIAM-Doktrin – als Universität entstand, seine kommunikativen Qualitäten besitzt[47], ist diese Mini-Urbanität nicht etwa der städtischen Urbanität zugute gekommen. Gewiß ließ sich eine neue Universität nicht in eine Kleinstadt wie Konstanz oder die einzige voll erhaltene Altstadt einer deutschen Großstadt wie Regensburg pressen. Aber auch in Regensburg wurde die Auslagerung von Cityfunktionen anfangs allzu sehr propagiert und später durch Schaffung von kleinmaßstäblichen Studentenwohnheimen zu korrigieren versucht. Sie sollte zwei Fliegen mit einer Klappe schlagen: in der Stadt urbanes Leben führen, und die Studenten aus den Hochhausghettos befreien, gegen die sie als bürokratische Einrichtungen vielfach eine gesunde Aversion bewahrten[48].

Den Universitätsbau kann man nicht rückgängig machen, sondern allenfalls bei der Auslagerung auch der geisteswissenschaftlichen Institute der jüngsten Neugründungen, wie Bamberg oder Passau, vorsichtiger verfahren. Aber der Prozeß der sonstigen Auslagerung der Kulturbauten scheint gestoppt zu sein. Die Vorstellung, daß Konzerthallen, Theater und Museen fernab vom Stadtgetriebe an der Peripherie der Altstadt angesiedelt werden müßten, erscheint überholt.

„Kultur der Stadt" und „Kultur in der Stadt" werden mehr und mehr aufeinander bezogen. Das neue Kulturzentrum südlich des Tiergartens in Berlin mit seinen majestätischen Solitären hat noch niemals jemand als gelungenes Ensemble empfunden, das optimal auf das Leben der Stadt bezogen ist. Dieser Standort ließ sich ohnehin nur aus dem Schielen auf eine potentielle Wiedervereinigung und der möglichen Lage eines Kulturzentrums zwischen dem östlichen und dem westlichen Teil der Stadt rechtfertigen. Die beiden Cities sind vor der Spaltung Berlins entstanden, und auch nach der Überwindung der Spaltung verschwanden sie nicht so rasch.

Neue Kulturbauten in der Altstadt entwickeln einen Freizeitwert jenseits ihrer Bildungsfunktion, wie das Centre Pompidou in Paris, wenn sie in Zentrumsnähe angesiedelt sind. Die Akzeptanz eines Museums als Ort für Selbstbetätigung von Kindern und Erwachsenen kann sogar umgekehrt proportional zur überregionalen Kunstbedeutung sein, wie das Museum in Dortmund zeigt. Die schönsten Einrichtungen werden, wie im Sprengel-Museum in Hannover, ihren Gebrauchswert nicht steigern können, wenn die Lage des Museums zu fern von der City ist.

Die Fehler der Aufbauperiode nach dem Zweiten Weltkrieg waren nicht unvermeidlich. Gerade einige der entschiedenen Modernisten, die Erfahrungen mit Reißbrettstädten hatten, waren auf das Problem der Urbanität schon in den 30er Jahren gestoßen worden. Werner Hebebrand, einer jener Architekten, die mit Ernst May in der Sowjetunion bauten, bekannte 1964, als die Urbanitätsdebatte angelaufen war, daß man schon in der Sowjetunion mit deutscher Beteiligung schwere Fehler gemacht habe: „Wir planten diese Städte als eine zwar funktionell richtige Aneinanderreihung von Siedlungen im Zeilenbau, chemisch rein und geordnet nach besten Erkenntnissen. Und was sagten die Russen? Sie fragten „Wo ist denn eure Friedrichstraße?" Das war im Jahr 1932 in Sibirien, als mir persönlich jedenfalls die verschwundene Urbanität klar wurde, lange bevor die Soziologen das Wort erfunden hatten."[49] Konsequenzen für den Wiederaufbau nach dem Krieg hatten diese Einsichten nicht. Manche der Modernisten waren bereit, die Verödung von Stadtkultur in Kauf zu nehmen als Preis für Lockerung und Durchsonnung der Wohnviertel, für funktionsgerechten Verkehr und Konzentration der Einkaufscity. Walter Schwagenscheidt, der auch zu dem Team der Baumeister in der Sowjetunion gehört hatte, schien da weniger Skrupel zu haben. Er stellte die Frage, ob man denn diese Urbanität noch brauche. „Wer will denn abends noch in die Stadt gehen und sich dort privat mit Freunden und Bekannten treffen, es sei denn nach dem Theater oder einer kulturellen Veranstaltung. Die „Parties" draußen sind inzwischen viel beliebter geworden. Die Stadtzentren sind nun einmal abends tot. Fragen Sie doch einmal die Menschen, die in den neuen Siedlungen wohnen, ob man das alles ändern müsse, nur um den Städtebaukriterien zu Gefallen zu sein."[50]

Schwagenscheidt hat damit „Kultur der Stadt" und „Kultur in der Stadt" noch klar funktional getrennt. Nur anläßlich von hohen Ereignissen von Kultur in der Stadt schien auch für die anderen Funktionen der Sozialen Begegnung sich noch ein bescheidener Raum zu öffnen.

Kultur der Stadt aber ist gerade nicht an die Haupt- und Staatsaktionen der kulturellen Szene gebunden. Auch der im bürgerlichen Sinn Ungebildete, der nie ins Theater oder Museum geht, muß an der Stadtkultur teilhaben. Meist wird er nur für allgemeine Erlebniswerte mobilisiert, wenn es darum geht, eine Stadtsilhouette wieder erstehen zu lassen. Schöne Türme haben den Spendenwillen der Bevölkerung im Wiederaufbau enorm stimuliert, von St. Peter in München bis zur Komplettierung der Turmhauben in Braunschweig oder dem Jubiläumsdrang, alle wichtigen romanischen Kirchen in Köln wieder erstehen zu lassen. Bei Wiederherstellungen votierte das Volk in der Regel konservativ und restaurativ, ob die Frage lautete Antoine Pesne oder Hann Trier an der Decke des Charlottenburger Schlosses oder Neugestaltung oder Restauration des goldenen Saals im Rathaus in Augsburg.

Vielfach handelt es sich dabei um manipulierte Pseudopartizipation. Moderne Stadtkultur kann jedoch vor allem durch nichtmanipulierte Partizipation bereichert werden. Konservative wie Tenbruck verlangten nur passiv die Bereitstellung von nichtreglementierten Räumen. Aber selbst die fest funktionsgerecht verplanten Räume können durch Partizipation der Betroffenen für die meisten akzeptabler gemacht werden. Es gibt zwei Schulen zur Entwicklung des urbanen Raums, deren eine die Kontinuität städtischen Lebens und seiner baulichen Formen betont.[51] Die andere betont stärker den sozialen Wandel.

Was man in der Urbanisierungsdebatte den „Sieg der Zahlen über die Bilder" genannt hat,[52] ist vermutlich am ehesten durch Einbeziehung der Betroffenen zu konterkarieren. Wo der Druck der öffentlichen Meinung nicht unstrukturiert-populistisch blieb, sondern unter organisierter und strukturierter Beteiligung der Bürger wie beim Rathausviertel in Köln stattfindet, zeigte sich, daß die Stadtkultur nicht ausschließlich den Experten anvertraut werden mußte[53]. Die Schaffung von Freiräumen zur Wiederbelebung historischer Ortsmittelpunkte muß auch nicht ausschließlich den Behörden überlassen werden, wie Experimente in Hessen zeigen.[54] Aber auch für die Schaffung von alternativen Kultureinrichtungen – vom Ausbau der Markthalle in Johannesburg für Theater und Museen bis zu einer blühenden Loft-Kultur in Teilen New Yorks – gibt es manches Modell, das sich nicht in den geordneten Bahnen eines Modells der funktionsgerechten Stadt entwickelte und gleichwohl lebendiges Leben in die Stadtkultur einbrachte.

Die Umfrageforschung zeigte, daß die stärkste emotionale Ortsbindung nicht bei den Bürgern festgestellt wurde, die das stärkste Heimatgefühl artikulierten. *Heimatgefühl* beruht auf örtlichen Intimgruppen. *Ortsbezogenheit* hingegen beruht auf der Integration in das soziale und politische Geflecht der ganzen Stadt.[55] Daher könnten auch Vertriebene und Zugereiste eine solche Ortsgebundenheit rasch erwerben.

Stadtkultur im weitesten Sinne hat daher immer auch etwas mit sozialen und politischen Aufgaben zu tun, und daher kann nur ein Teil von Stadtkultur von Architekten allein geschaffen werden. Kulturpolitik als Begriff hat sich erst in den 20er Jahren durchgesetzt[56]. Der generelle Anspruch einer umfassenden Kulturpolitik, wie er sich vor allem nach dem Zweiten Weltkrieg entwickelte, schuf neue Koordinationsprobleme, insbesondere da Kulturpolitik der Stadt im engeren Sinne und Architektur und Städtebau kaum je in die gleiche politische Zuständigkeit fielen.

Die Kulturpolitik der Stadt gestaltet die Stadtkultur zunehmend. Besonders im Museumsbereich sind in den letzten Jahren zahlreiche neue Angebote geschaffen worden, die zu expandierenden Besucherzahlen führten, während die Theaterbesuche sanken. Die Kulturpolitik baut Barrieren ab und führt unterprivilegierte Schichten an die Kultur der Stadt heran. Umgekehrt aber beginnt sie auch die alternativen Kulturen zu fördern, auch wenn sie nicht jede alternative Kulturinitiative sogleich in den Stadthaushalt aufnehmen kann.[57]

Wird Stadtkultur und Kultur in der Stadt damit zunehmend stärker verschränkt, so bleibt andererseits eine gewisse Distanz unaufhebbar. Die kulturellen Stadt-Land-Beziehungen machen diese Kluft unausweichlich.[58] Ein großer Teil der Kultur in der Stadt wird nicht von ihren Bürgern in Anspruch genommen. Hamburg hat die Berücksichtigung dieses Umstandes bei der Zuteilung der Mittel im horizontalen Finanzausgleich der Länder mehrfach eingeklagt. Immer größere Teile der Stadtbürger ziehen sich in die Privatheit zurück. Die neuen Medien haben dies unausweichlich gemacht. Theaterbesuchszahlen sinken. Selbst für Moskau wurde dies 1987 festgestellt, obwohl der sozialistische Zuteilungsstaat Theaterkarten nicht nur verkauft und mannigfaltigere Lenkungsmechanismen hat als die westliche Demokratie. Die Theaterbesuche sanken pro Kopf im Jahr von 1,94 (1970) auf 1,56 (1985)[59] aber lagen noch ein Drittel über der Bundesrepublik (1,01). Die Museumsbesuche sanken von 2,28 auf 1,99 im gleichen Zeitraum, was um so erstaunlicher ist, als Museen leichter als Theater ihre Defizite durch Werbung im Tourismus ausgleichen können. Obwohl überall die Theaterbesuchszahlen sinken, hatte das Theater einen großen Anteil am Kulturhaushalt der Städte: das schwankte von 69% in Gelsenkirchen bis 26% in Mannheim, wie Bernhard Schäfers ermittelte.[60]

Kulturpolitik spielt eine wachsende Rolle. Nicht, daß Kulturpolitik in der Stadt als Verfassungsauftrag gewertet werden kann, wie Peter Häberle emphatisch erklärte,[61] fördert ihre Bedeutung, sondern wirtschaftliche Notwendigkeiten in Zeiten stagnierenden Wachstums. In einem Land mit einem dichten Netz von Städten bedeutet dies auch Konkurrenz um die Aufmerksamkeit der Umlandbewohner. Wo die Anballung großer Städte am größten ist, wie im Ruhrgebiet, hat jede einzelne Stadt es am schwersten auf der Attraktivitätsskala ganz oben zu rangieren.

Die kulturpolitisch fundierte Attraktivität von Städten ist vor allem mit den Indikatoren Theaterbesuch, Museumsbesuch und Anzahl und Qualität der Sehenswürdigkeiten gemessen worden. Eine Untersuchung für den Deutschen Städtetag stellte fest, daß Berlin, München, Bonn, Karlsruhe, Kassel, Mainz und Würzburg hoch rangieren.[62] Kassel und Würzburg sicher unter anderem wegen einer verhältnismäßig konkurrenzlosen Lage, Bonn in scharf konkurrierender Lage durch den Hauptstadt-Bonus. Die Attraktivität kann nicht aus der bloßen Größe der Stadt und indirekt aus der Höhe ihrer Kulturausgaben deduziert werden. Millionenstädte wie Hamburg (bei den Museen) und Köln (beim Theaterbesuch) haben mit kleineren Städten nicht Schritt halten können. Bei den attraktivsten Mittelstädten wie Celle, Detmold, Lüneburg im Norden und Bamberg, Konstanz, Trier im Süden sind die historisch gewachsenen alten Reichsstädte oder ehemalige Residenzstädte vorn. Vor allem bei letzteren spielt der Residenzcharakter vielfach eine Rolle für die Herausbildung der Tradition attraktiver Musik- und Theaterkulturen.

Abschließende Bemerkungen

Es gibt keine klare Determinierung des Verhaltens der Bürger durch bestimmte Bauten. Die Stadtkultur wird von der Kultur in der Stadt und der Kulturpolitik zunehmend beeinflußt. Aber auch sie ist nicht durch kurzfristige Aktivitäten machbar.

Jeder Determinismus in die eine oder andere Richtung hat sich als irreführend erwiesen. Es zeigte sich, daß politische und soziale Verhältnisse weit eher bestimmte Formen des Bauens erzwingen, als umgekehrt Bauformen soziale Verhältnisse verändern.[63] Die *Erlebnisqualität von Städten* – die subjektive Seite der Stadtkultur – erweist sich als abhängig von Funktionen für den Betroffenen. Selbst Hochhäuser oder ausgefallene Bauformen prägen sich kaum als Merkzeichen ein, wenn sie nicht eine wichtige, vom Bürger benötigte Funktion haben, und solche Erlebnisqualitäten sind vielfach abhängig auch von politischem Bewußtsein und Partizipationsmöglichkeiten.[64] Der Architekt und Städtebauer kann bei der Aufführung des Stückes Stadtkultur die Bühne errichten. Kulturpolitiker können sich um die Regieassistenz bemühen, aber das Stück wird von anderen geschrieben und von vielen aufgeführt, die keine Regie voll unter Kontrolle hat.

Anmerkungen:

1) L. Mumford: The Culture of Cities. New York, Harcourt, Brace, 1938
2) In: H. Klotz: Architektur in der Bundesrepublik. Gespräche mit Günter Behnisch u.a. Berlin, Ullstein, 1977, S. 168ff.
3) V. Pareto: Allgemeine Soziologie. Tübingen, Mohr 1955, S. 82f.
4) M. Weber: Wirtschaft und Gesellschaft. Tübingen, Mohr, 41956, 2. Halbband, S. 738.
5) P. Saunders: Soziologie der Stadt. Frankfurt, Campus, 1987, S. 53ff; G. Schneider: Qualität als methodologisches Desiderat der Umweltpsychologie. In: G. Jüttemann (Hrsg.): Qualitative Forschungen in der Psychologie. Weinheim, Beltz, 1985 (297-322), S. 313ff.
6) G. Simmel: Die Großstädte und das Geistesleben. In: Die Großstadt. Vorträge und Aufsätze zur Städteausstellung. Dresden, v. Zahn & Jentsch, 1903 (183-206), S. 194f.
7) E. Durkheim: De la division du travail social. Paris, PUF, 1960, 7.Aufl., S. 237ff.
8) K. Marx/F. Engels: Werke. Berlin, Dietz, 1969, Bd.4, S. 466.
9) Ch. Colton: Lacon, Bd.1, S. 334 zit. H.M. Proshansky: The City and Self-Identity. Environment and Behavior, 1978, Nr.2 (147-169), S. 147.
10) R.E. Park: Human Communities. New York, 1952, S. 43ff.
P. Atteslander: Soziologie und Raumplanung. Einführung in ausgewählte Aspekte. Berlin, De Gruyter, 1976, S. 101.
11) L. Kruse: Räumliche Umwelt. Die Phänomenologie des räumlichen Verhaltens als Beitrag zu einer psychologischen Umwelttheorie. Berlin, De Gruyter, 1974, S. 150.
12) B. Hamm (Hrsg.): Lebensraum Stadt. Beiträge zur Sozialökologie deutscher Städte. Frankfurt, Campus, 1979, S. 86.
13) G. Stöber: Das Standortgefüge der Großstadtmitte. Frankfurt, EVA, 1964, S. 22.
14) H.P. Bahrdt: Humaner Städtebau. Hamburg, Wegner, 1968, S. 177.
15) H. Vietzen: Chronik der Stadt Stuttgart 1945-1948. Stuttgart, Klett, 1972, S. 370.
16) C.F. Graumann: Ökologische Perspektiven in der Psychologie. Bern, Hans Huber, 1978, S. 11.
17) Hamm, op. cit.; S. 88.
18) G. Kaminski (Hrsg.): Umweltpsychologie. Perspektiven, Probleme, Praxis. Stuttgart, Klett, 1976, S. 80.
19) H. Schelsky: Wandlungen der deutschen Familie in der Gegenwart. Dortmund, 1953, S. 353.
20) H.P. Bahrdt: Die moderne Großstadt. Soziologische Überlegungen zum Städtebau. Reinbek, Rowohlt, 1961, S. 58.
21) O. Meyer-Ottens: Zum Aufbau der Stadt Hamburg. Baurundschau, 1947 (460-477), S. 474.

22) R. Schwarz: Gedanken zum Wiederaufbau von Köln. In: G. Binder (Hrsg.): Grundfragen des Aufbaus in Stadt und Land. Aufbau-Sonderheft, Heft 2, Stuttgart, Hoffmann, 1947 (8-27), S. 15.

23) J. Irek: Mannheim in den Jahren 1945-1949, Stuttgart, Kohlhammer, 1983, Bd. 1, S. 200.

24) H. Dunckelmann: Lokale Öffentlichkeit. Eine gemeindesoziologische Untersuchung. Stuttgart, Kohlhammer, 1975, S. 20.

25) Vgl. J. Friedrichs: Stadtanalyse. Soziale und räumliche Organisation der Gesellschaft. Reinbek, Rowohlt, 1977, S. 34ff.

26) C.O. Jatho: Urbanität. Über die Wiederkehr einer Stadt. Düsseldorf, Schwann, 1946, S. 24.

27) H. Berndt: Der Verlust von Urbanität im Städtebau. Das Argument, 1967, Nr. 44 (263-286), S. 286.

28) K. Kraus: Auswahl aus dem Werk. Frankfurt, Suhrkamp, 1961, S. 37.

29) A. Lorenzer: Städtebau: Funktionalismus und Sozialmontage. In: H. Bernd u.a.: Architektur als Ideologie. Frankfurt, Suhrkamp, 1968, 41971 (51-104), S. 51.

30) F.H. Tenbruck: Raumordnung. Zeitschrift für Politik, 1966, H. 2 (113-144), S. 144.

31) H. Oswald: Die überschätzte Stadt. Olten, Walter, 1966, S. 107.

32) K. Marx/F. Engels: Werke. Berlin, Dietz, 1969, Bd. 2, S. 257.

33) zit. in: L. Mumford: The Culture of Cities. New York, Harcourt, Brace and Co., 1938, S. 479.

34) W. Hartenstein, B. Lutz: City München. Frankfurt, EVA, 1963, S. 62.

35) E. Pfeil: Die Familie im Gefüge der Großstadt. Hamburg, 1965, S. 44ff.

36) E. Kühn: Anmerkungen zum Verhalten des Großstädters. In: H.-G. Gadamer/P. Vogler (Hrsg.): Sozialanthropologie. Stuttgart, Thieme, 1972 (255-287), S. 270.

37) B. Joerges: Gebaute Umwelt und Verhalten. Baden-Baden, Nomos, 1977, S. 8.

38) O. Newman: Defensible space – crime prevention through urban design. New York, Macmillan, 1973.

39) A. Freiburg: Kriminalität und Kriminalpolitik in der DDR. 1968-1983. In: D. Voigt (Hrsg.): Die Gesellschaft der DDR. Berlin, Duncker & Humblot, 1984 (65.116), S. 90f.

40) H.M. Proshansky u.a.: Place-Identity: Physical World Socialization of the Self. Journal of Environmental Psychology, 1983 (57-83), S. 74ff.

41) H. Klüter: Raum als Element sozialer Kommunikation. Gießen, Giessener geographische Schrift, H. 60, 1986, S. 125.
H. Klüter: Räumliche Orientierung als sozialgeographischer Begriff. Geographische Zeitschrift, 1987, S. 86-98.

42) C.F. Graumann/G. Schneider: Projektbericht: Umweltrepräsentation und Ortsbezogenes Selbstverständnis (am Beispiel der Stadt). Zuma-Nachrichten, 1981, 8, S. 25-49.
G. Schneider: Psychological Identity of and Identification with Urban Neighbourhoods. In: O. Frick (Hrsg.): The Quality of Urban Life. Berlin, De Gruyter, 1986, S. 203-218.

43) Wege zur menschlichen Stadt. Köln, Neue Schriften des Deutschen Städtetages, Heft 29, 1973, S. 97ff.

44) D. Bell: Die Zukunft der westlichen Welt. Kultur und Technologie im Widerstreit. Frankfurt, Fischer, 1976, S. 23ff.

45) H. Boehm: Kiels innere Neugestaltung. Die Neue Stadt, 1948 (287-298), S. 297.

46) R. Mackensen u.a.: Daseinsformen der Großstadt. Tübingen, Mohr, 1959, S. 93.

47) Vgl. M. Schreiber (Hrsg.): 40 Jahre Moderne in der Bundesrepublik. Stuttgart, DVA, 1986, S. 93.

48) Vgl. W. Hebebrand: Zur Neuen Stadt. Berlin, Mann, 1969, S. 121.

49) W. Hebebrand, op. cit., S. 64.

50) Zit. Hebebrand, op. cit., S. 57.

51) I. Krau, J. Pieper: Zur Lage. Urbaner Raum und städtische Öffentlichkeit. Stadtbauwelt, 1987, Nr. 95, S. 1305.

52) W. Durth: Vom Sieg der Zahlen über die Bilder. Stadtbauwelt, 1985, Nr. 88 (1928-1933).

53) H. Bongardt u.a.: Bürger planen das Rathausviertel ... Frankfurt, Lang, 1985, S. 23ff.

54) G. Welz: Räume lokaler Öffentlichkeit. Die Wiederbelebung Historischer Ortsmittelpunkte. Frankfurt, Institut für Kulturanthropologie, 1986, S. 263.

55) H. Treinen: Symbolische Ortsbezogenheit. Kölner Zeitschrift für Soziologie und Sozialpsychologie, 1965 (73-97, 254-297), S. 295.

56) W. Horn: Kulturpolitik in Düsseldorf. Opladen, Leske, 1981, S. 9.

57) D. Sauberzweig: Kultur und Urbanität. Archiv für Kommunalwissenschaften, 1986 (1-21), S. 16.

58) P. Schöller: Formen und Schichten kultureller Stadt-Land-Beziehungen. In: G. Wiegelmann (Hrsg.): Kulturelle Stadt-Land-Beziehungen in der Neuzeit. Münster, Aschendorff, 1978, S. 29-44.

59) V.E. Gimpel'son, S.P. Spil'ko: Chorošo-li organizovan dosug Moskvičej? Sociologičeskie issledovanija, 1987, Nr. 4 (50-59), S. 51.

60) B. Schäfers: Stadt und Kultur. Karlsruhe (hektograph.), 1987, S. 19.

61) P. Häberle: Kulturpolitik in der Stadt – ein Verfassungsauftrag. Heidelberg, v. Decker & C.F. Müller, 1979.

62) W. Bodenstedt/M. Herber: Die kulturelle Attraktivität deutscher Städte für Image und Fremdenverkehr. Der Städtetag, 1983, S. 722-726.

63) M. Schwonke: Kommunikation in städtischen Gemeinden. In: W. Pehnt (Hrsg.):
Die Stadt in der Bundesrepublik. Stuttgart, Reclam, 1974 (45-63), S. 57; Zum
Determinationsproblem: B. Joerges: Gebaute Umwelt und Verhalten. Baden-
Baden, Nomos, 1977, S. 12.

64) Thomas Sievert: Die Stadt als Erlebnisgegenstand. In: Pehnt, op. cit., (29-44),
S. 42, 44.

2) Sowjetische Einflüsse auf den frühen Städtebau der DDR

Einleitung

Wie die Leitbilder, welche Politik und Städtebau der DDR prägten, unterlagen auch die Leitbilder der Beurteilung der DDR-Politik einem mehrfachen Paradigmenwechsel:

1) In der *ersten Phase*, als in der Bundesrepublik noch von der „Ostzone" gesprochen wurde, und die wesentlich länger dauerte, als die erste Phase der DDR-Städtebaupolitik (etwa bis zum Mauerbau oder dem Ende der Ära Adenauer), wurde auf der Basis einer *Totalitarismustheorie* die Eigenleistung der DDR-Führung stark verkleinert. Alles – Leistungen wie Fehlleistungen – schien aus der Kommandozentrale Moskau zu stammen.

2) In einer *zweiten Konsolidierungsphase* hat die Mehrheit der DDR-Forscher des Westens positivistische Neutralität gegenüber ihrem Untersuchungsgegenstand geübt. In der Phase der Détente wurde sogar vielfach liebend möglichst viel *DDR-Sonderentwicklung* entdeckt.

3) Nach dem Zusammenbruch gewannen Modelle einer *Superdeterminierung durch den Totalitarismus* erneut Anhänger. Täglich neue Quellenfunde zeigen, daß die Sowjetunion auch nach ihrer Zeit als direkte Besatzungsmacht noch häufiger interveniert hat, als die Forschung angenommen hatte. Ein Schockerlebnis war für viele, die über die DDR-Städtebaupolitik geschrieben haben, der Fund von Simone Hain, daß die 16 Grundsätze nicht – wie von allen angenommen – ein Gewächs eines ideologischen Kompromisses in der DDR waren, sondern offenbar als russischer Text bereits einer Expertenkommission, die nach Moskau reiste, vorgelegt wurde. Wieweit damit DDR-Vorwirkungen auf den Text auszuschließen sind, bleibt von der weiteren Forschung noch zu klären.[1]

Für einen Historiker in der Tradition der Haupt- und Staatsaktions-Geschichtschreibung wäre das der berühmte Federstrich, der ganze Bibliotheken zu Makulatur macht. In der Tradition der Sozialgeschichte und der Sozialwissenschaften kommt dem Fund einer bisher unbekannten Quelle – ohne den archivalischen Spürsinn damit zu verkleinern – geringere Bedeutung zu:

- Die DDR-Architekten hatten von dieser sowjetischen Vorgabe keine *Kenntnis* oder waren durch vorauseilenden Gehorsam bereit, in dem ihnen vorgelegten Dokument, die eigenen Intentionen wieder zu erkennen.
- Die fremde Intervention wurde *zunehmend bedeutungsloser,* als der Basiskonsens angenommen wurde. Hermann Henselmann hätte keinen Widerruf schreiben müssen, wenn seine Ablehnung des dekorativen Klassizismus aus der Sowjetunion nicht eine Oppositionsphase bedeutet hätte.[2] Er versüßte sich diesen Sprung über seinen eigenen Schatten mit allerlei ironischen Einschränkungen. Kein geringerer als Bert Brecht soll geholfen haben, ihm diesen Schritt durch Überzeugungsarbeit zu erleichtern.

– Die 16 Grundsätze wurden formell in der zweiten Phase der Städtebaupolitik der DDR nicht widerrufen, aber *zunehmend ausgehöhlt* und auch vor 1955 nicht immer beachtet. Wirklich beachtet wurden eigentlich nur die Grundsätze, die politischen Zwecken dienten, wie die Passagen über Magistralen, zentrale Plätze und Dominanten. Kostspielige Grundsätze, wie der Grundsatz 7, der den Fluß als Achse zu betrachten hat, sind zwischen Rostock und Magdeburg vielfach mißachtet worden. Im Grundsatz 14 beschränkte sich der Inhalt der Architektur noch auf die Leerformel „demokratisch", die später rasch zu „sozialistisch" weiterentwickelt wurde.

In einem Interview mit der Nationalzeitung vom 5. Mai 1950 wurde Aufbauminister Lothar Bolz nach seiner Moskaureise befragt. Man kann nicht sagen, daß er die Wahrheit verschwieg. Er hielt vermutlich wirklich die Sowjetunion im Städtebau für führend, vor allem wegen des Neubaus ganzer Städte, die woanders kein Pendant hatten. Er betonte, daß aber die Sowjetunion nicht einfach kopiert werden könnte, und bestätigte den Eindruck, den die sonstigen Quellen vermitteln, daß die sowjetischen Experten selbst auf die Unmöglichkeit der Kopie hingewiesen hätten. Eine unmittelbare Mitwirkung sowjetischer Städtebauer und Architekten wurde nicht vereinbart. Auch das entspricht weitgehend der späteren Realität. Falsch war lediglich die Behauptung, daß keine einzige deutsche Stadt von der Sowjetarmee in Brand gesteckt worden sei. Bei Lev Kopelev in „Chranit' večno" läßt sich nachlesen, wie wenig vor allem in der ersten Phase der Besetzung deutschen Territoriums in Ostpreußen diese Aussage haltbar ist.

Selbst wenn solche Einschränkungen an der Bedeutung der sowjetischen Intervention nicht akzeptiert werden, wird der Historiker die Breitenwirkung der sonstigen Literatur, die den Bauschaffenden ihrer Zeit zugänglich war, nicht als überflüssig erachten. Diese wird die bisher übliche Periodisierung nicht umstoßen:

(1) In der *ersten Phase* gingen sowjetische Taktik und DDR-Strategie im Kampf um den Primat in Deutschland eine Synthese ein, die sich im Leitbild des Städtebaus mit vielen Anschauungen der Durchschnittsarchitekten traf.

(2) In der *zweiten Phase* wurde der Wandel nach Stalins Tod teils aus ideologischen, teils aus ökonomischen Gründen schon relativ frei akzeptiert und verarbeitet.

(3) In einer *dritten Phase* kam der Wandel des Leitbilds eher aus dem Westen, bedurfte aber noch der ideologischen Umweglegitimation in Moskau.

In diesen drei Phasen sind die Kanäle sowjetischen Einflusses auf die DDR-Städtebaulehre in jeweils unterschiedlichen Mischungsverhältnissen wirksam. Es lassen sich deren fünf klassifizieren:

1) Direkter sowjetischer Einfluß.
2) Ideologische Einflüsse über SED-Parteitage und Konferenzen.
3) Leitbilddiskussion in der Bereichsideologie der Städtebauer.
4) Kadertraining.

5) Beratung sowjetischer Experten bei Wettbewerben und Projekten.

Etwa in dieser Reihenfolge spiegelt sich die Genesis und das Gewicht von Interventionssträngen in der DDR ab. Später wandeln sich die Prioritäten. Diese fünf Punkte sollen dieser kurzen Analyse zugrundegelegt werden.

1) Direkter sowjetischer Einfluß

Architektur und Städtebau in der ersten Phase wurden als Kunst gleichberechtigt neben andere Künste gestellt. Wegen des unmittelbar sozialen Nutzens stand der Städtebau in der Hierarchie der *artes liberales* traditionsgemäß hoch. Da in jener Zeit wenig gebaut wurde, blieb die Einheit der Künste auch in der sowjetischen Einflußpolitik noch stark betont. Eine DDR-eigene Zeitschrift für Architektur entstand erst 1952. Die Diskussion in diesem Bereich mußte in westlichen Zeitschriften (bis 1949) oder in Kunstzeitschriften stattfinden.

Beginnend mit Sachsen 1946 fanden in den ehemaligen DDR-Ländern *Künstlerkongresse* statt. *Sowjetische Kulturoffiziere* wie Fratkin und Tulpanov gaben Lizensierungen bekannt („Bildende Kunst") und erläuterten die neueste Ždanov-Rede mit Tiraden gegen die künstlerischen Abweichler vom Realismus in der Sowjetunion, die auch für die kommende DDR nichts gutes ahnen ließen.[3] Das „Haus der Kultur der Sowjetunion" und die „Gesellschaft zum Studium der Kultur der Sowjetunion" von 1947 intensivierten die sowjetische Vorbilddiskussion. In der SMAD-lizensierten Presse, wie der „Tägliche Rundschau", häuften sich die Attacken des sowjetischen Kunstoffiziers Alexander Dymšič, die auch in die deutsche Kunstszene intervenierten.[4] Von der sowjetischen Architektur hatten die neuen „antifaschistischen" Eliten meist noch weniger Ahnung als von Literatur, Musik und bildender Kunst. Entscheidend für die Diffusion von Grundkenntnissen war die Übersetzung „30 Jahre sowjetische Architektur in der RSFSR" von 1950.[5]

Die vielfältigen Interventionen der Kulturabteilung des SMAD wurde auch in DDR-offiziellen Publikationen nicht abgestritten.[6] In der Realismusdebatte wurde bald auch die Architektur einbezogen. Daß ein Zuckerbäckerstil unter „Realismus" subsumiert werden konnte, ließ sich nur rechtfertigen, wenn man in der Ära der Ždanovschen Kunstdiktatur als Realismus alle Prinzipien definierte, die sich als Lenins Kunstauffassung herausfiltern ließen: narodnost' (Volkstümlichkeit), idejnost' (ideologischer Gehalt), klassovost' (Klassengehalt) und partijnost' (Parteilichkeit).[7] Mit solchen Definitionen wurde der ideologisch-strategische Gehalt eines auch neutraler möglichen Realismusbegriffes jedoch deutlich.

Ein kritischer Sozialist unter den Architekten wie Henselmann hatte in einer Zeit, da selbst der bald als Fellow-traveller-Organisation im Westen untersagte Kulturbund noch positive Worte für das Bauhaus fand, seine nicht verhehlte Mühe mit dem Realismusbegriff. Weder „Sozialismus" noch „Realismus" waren für ihn 1948 so hinreichend feste Begriffe, daß die Jugend sich an ihnen orientieren konnte.[8]

Problematisch war ebenfalls, ex post facto, das Konglomerat von ideologischen Assoziationen unter den Begriff „Stalinismus" zu subsumieren. Stalinismus war kein einheitlicher Stil. In der eigenwilligen Definition von Dieter Hoffmann-Axthelm steckt der Stalinismus weniger in dem Gebauten, als in den Mängeln des Gebauten.[9] Diese Mängel ergaben sich vor allem aus der Abschaffung eines Berufes, des Architekten. Seine Tätigkeit wurde von zahlreichen anderen Rollen überlagert, die vom Studium des Marxismus-Leninismus bis zu den sozialen Problemen reichten und zu wenig Aufmerksamkeit für den Kernbereich ließen. Zudem hat die Struktur bürokratischer Unverantwortlichkeit in der Kollektivierung des Bauschaffensprozesses gerade die künstlerische Seite, die anfangs ideologisch so betont wurde, verkümmern lassen.

Gerade bei den zentralen *Stadtamputationen*, die als Teil dieser Mängelanalyse des DDR-Städtebaus zu Buche schlagen (Schloß, Fischerkiez, Schinkels Bauakademie, das Potsdamer Stadtschloß), – einige dieser Abrißbeschlüsse wurden vorübergehend storniert, und deuten auf interne Meinugsverschiedenheiten hin[10] – kann ein sowjetischer Einfluß nicht entschuldigend ins Feld geführt werden. Bis hin zu Chruščevs ironischen Fragen nach dem Schloß zeigte sich, daß die Sowjetunion schon ein entspannteres Verhältnis in der Aneignung des vorsozialistischen Kulturerbes hatte.[11]

In der Literatur ist gelegentlich von „sowjetischen Anweisungen" die Rede. Trost schien dabei, daß es sich um „reimportierte Gedanken des deutschen Städtebaus und der Nationalökonomie" handelte.[12] Das wird im einzelnen durch Regionalforschung noch nachgewiesen werden müssen.

Leicht läßt sich dieser Einfluß dort nachweisen, wo die *sowjetische Macht* auf deutschem Boden ihre *eigenen Interessen* verfolgte. Die sowjetische Botschaft unter den Linden wurde nicht nur hinter vorgehaltener Hand auch von DDR-Architekten wie Henselmann kritisiert.[13] Die Prioritäten in der Verteidigungsarchitektur waren von außen induziert (z.B. das Marineministerium für die Volkspolizei in Berlin-Oberschöneweide bis hin zu als Landwirtschaftsgehöfte getarnten Grenzbefestigungsanlagen). Selbst die offiziöse Bonner Literatur bescheinigte der DDR voreilig, daß die Weisungen im Industriebereich geringer gewesen seien als in der Landwirtschaft.[14] Diese Vermutung ist eher unwahrscheinlich angesichts der vielen Betriebe, die damals noch direkt in sowjetischer Regie geführt wurden, und die das sowjetische Faustpfand im Streit mit den Westmächten um Reparationen gewesen sind.

2) Parteikonferenzen

Ein Einfallstor indirekter Einflußnahme der Sowjetunion waren zweifellos die Parteikonferenzen und ZK-Plenumstagungen. Keine ließ sich das propagandaträchtige Thema „Bauen" entgehen. Ulbrichts tragische Liebe zur Architektur war dabei eine unberechenbare intervenierende Variable, die nicht auf sowjetische Weisungen zurückgeführt werden muß, wenn er nicht gerade über „Die Aufgaben der Architektur und das Vorbild der Sowjetarchitektur" dozierte.[15] Dabei wurde freilich in der Version der „Deutschen Architektur" dann ein Nebensatz zur Totalüberschrift hochstilisiert!

Die ideologischen Grundsatzartikel – beginnend mit Ernst Hoffmann 1952 – wurden aus Anlaß von *außerstädtebaulichen Ereignissen* geschrieben: wie eine Fünfjahrplanperiode, die 2. Parteikonferenz, das Marx-Jahr 1953, der 5. Parteitag der SED, ein Ministerratsbeschluß. *Innerorganisatorische Anlässe* boten Plenumssitzungen der Deutschen Bauakademie, ein Kongreß der Internationalen Architektenunion. Verklammern ließ sich jederzeit Politik und Städtebau durch Ernennung von Spitzenpolitikern zu Ehrenmitgliedern der Bauakademie. Hinweise auf die Sowjetunion fehlten gerade in den ideologischen Grundsatzartikeln stärker als bei der Behandlung von Detailproblemen. Hoffmann macht eine Ausnahme mit der ausführlichen Begründung seiner anti-kosmopolitischen und anti-westlichen Haltung durch Zitate aus Stalins Nationalismusschrift.[16] „Das gesunde Kunstempfinden des Volkes" wirkte dabei wie ein terminologischer Rückgriff auf das vorangegangene Regime, wurde aber mit dem „beispiellosen Patriotismus der Sowjetvölker" abgestützt. Die schöpferische Übernahme sowjetischer Formen bedeutete für Hoffmann keine „Aufpfropfung...sondern entspricht vollständig den inneren Entwicklungstendenzen der anderen Länder und ihrer Architektur", zumal keine Imitation einzelner sowjetischer Gebäude geplant sei.

Ein Vergleich der Zeitschriften „Architektura SSSR" und „Deutsche Architektur" in der ersten Phase des Aufbaus der DDR zeigt stark verwandte Muster. Grundsatzartikel, Rückblicke auf historische Architektur, Einzelprojekte wechseln in ähnlichen Frequenzen. Die DDR-Zeitschrift brauchte freilich einige Jahre, um an die Detailiertheit der Probleme heranzukommen, die „Architektura SSSR" schon um 1950 erkennen ließ. Sicher wäre es naiv, sowjetische Einflüsse auf die Volksdemokratie im Städtebau an den Artikeln der führenden Architekturzeitschrift festmachen zu wollen. Dennoch fällt auf, daß zwar schon 1952 eine Rubrik „Architektur der Volksdemokratien" im Inhaltsverzeichnis auftaucht, diese aber 1954 durch „westliche und östliche Architekturbetrachtung" abgelöst und 1955 schon als „ausländische Architektur" zusammengefaßt wird. Bis 1955 taucht die DDR nur zweimal auf. Kurt Liebknecht durfte 1952 über Berlin berichten. Ein wenig hochrangiger Kandidat der Wissenschaften interessierte sich für Ziegelbau in der DDR-Provinz, ein absolut inadäquates Thema für die großen Bauvorhaben jener Phase des sozialistischen Impetus, der noch kaum Rücksichten auf Wirtschaftlichkeit nahm.[17] Selbst im Vergleich zu anderen Volksdemokratien, die in der üblichen undifferenzierten Symmetrie nacheinander vertreten wurden, wurde die DDR stiefmütterlich behandelt. Polen und Rumänien waren vergleichsweise häufiger vertreten. Erst in den 60er Jahren wird die Balance gerechter. Das Städtebauproblem der Koordinierung von Nova Huta zu Krakau schien bis dahin die sowjetischen Städtebauer weit mehr zu faszinieren als das nicht behandelte Problem von Stalinstadt (Eisenhüttenstadt). Zur Verherrlichung der Verdienste von Stalinstadt fand man nur einen reisenden slowakischen Ingenieur[18], der sich der Aufgabe ohne jede analytische und vergleichende Betrachtung entledigte.

Wie in der Literatur der anderen Länder (außer Polens) auch, war die Aufmerksamkeit der Volksdemokratien für das sowjetische Vorbild größer. Das vielgeschossige Wohnhaus wurde durch Nachdruck sowjetischer Beiträge schon verherrlicht, als man – außer bei der Stalin-Allee – noch bewußt entschied, das Moskauer Höhenvorbild nicht nachzuahmen.[19] Zwischen den Zeilen wurde deutlich, daß man eher in der Kunst des Städtebaus als in der Architektur bereit war, von Moskau zu lernen.[20] Die sowjetische Ideologie, daß sich das Nationale in der *Form* und das Sozialistische im *Inhalt* besonders gut an der Landwirtschaftsausstellung in Moskau zeigen ließe – die größte Ansammlung von gedanklich rekonstruierter Monumentalheimatarchitektur, die sich auf der Welt finden läßt[21] – wurde wegen der Lektion für die nationale Vielfalt unter den Volksdemokratien ausführlicher von einem sowjetischen Autor behandelt als in der sowjetischen Fachzeitschrift. I.V. Žoltovskij – wegen seines Surplus an Neo-Palladanismus auch in der Sowjetunion nicht unumstritten (etwa am Bau der Staatsbank und des Inturistgebäudes von 1934) – nahm reichlich persönliche Erinnerungen an Lenin zum Anlaß für seine Ansichten über „die wahre und die falsche Schönheit in der Architektur".[22] Reiseberichte von DDR-Architekten in andere Länder – vor allem nach Polen – fielen weit panegyrischer aus. Wieder nagte der Stachel des Neides durch den Vergleich zwischen Nowa Huta und Stalinstadt am Selbstbewußtsein des DDR-Städtebaus.[23] Das sowjetische Vorbild, regelmäßig Berichte über den Städtebau sozialistischer Länder schon im Inhaltsverzeichnis auszuweisen, wurde in „Deutsche Architektur" erst ab 1958 nachgeahmt.

Nicht aller Wandel in den ideologischen Diskussionen war von außen induziert. Der Aufstand von 1953 zwang zu Konzessionen. Die Zeitschrift „Deutsche Architektur" wurde vom Sockel der Entrücktheit in der Bauakademie herunter geholt und zugleich Organ des Bundes Deutscher Architekten. Kurt Liebknecht ließ durchblicken, daß der Wandel des Leitbildes im Anschluß an die All-Unions-Baukonferenz der Sowjetunion von 1954 nun nicht etwa den bisher verfemten „Formalisten und Konstruktivisten" in die Hände arbeiten dürfte. Das sowjetische Orakel, in Gestalt von Baranov, wirkte beim neuerlichen Schwenk eher mildernd, als er den Enthusiasmus für die industrielle Bauweise, die Chruščev ausgerufen hatte, mit dem Hinweis dämpfte, daß nicht jeder einzelne Bau industriell vorgefertigt sein müsse.[24] Daß sich einflußreiche Ideologen nach Bedarf hinter sowjetischen Größen versteckten, ist nicht auszuschließen. Es wurde offenbar, als die Jugend in der Ausbildung meuterte. Ein Brief der Studentenkonferenz der Bauhochschulen der DDR mußte veröffentlicht werden, in dem man sich über den halbherzigen Wandel erregte. Man berief sich dabei auf sowjetische Reformer: „Während man sich in der Sowjetunion nicht scheute, selbst Chefarchitekten abzusetzen, setzen sich unsere führenden Architekten noch nicht einmal ernsthaft mit ihren Fehlern auseinander."[25] Mit dem Kurswechsel zum industriellen Bauen kamen ab 1957 vielfach sowjetische Fachleute zu Wort, die nicht manipuliert eingesetzt wurden. Man wollte ihre vom Konsens getragene Antwort wirklich wissen (vgl. Punkt 5).

3) Leitbilddiskussionen als Bereichsideologie

Immer wieder wurden die 16 Grundsätze als Anti-Charta von Athen aufgefaßt.[26] Das ist richtig, wenn die ideologische Begleitmusik ernst genommen wird. Aber einmal waren in der ersten Phase Kontakte zu den Bannertragern der CIAM-Ideen nicht ganz abgerissen. Gropius versuchte etwas für Paulick in Amerika zu tun. Angeblich hat er dem CIA gesagt, daß er zwar Kommunist aber dennoch „ein wertvoller Mensch sei".[27] Der so Charakterisierte hielt Gropius zwar für einen unverbesserlichen bürgerlichen Liberalen, aber war ihm weiterhin gewogen.

Angesichts der Sozialisierung derer, die bisher als federführend bei der Arbeit an den 16 Grundsätzen im Geist der Bauhaustraditionen galten, ist es nicht verwunderlich, daß eine Inhaltsanalyse keine radikale Antithese zur Charta von Athen gibt. Selbst wo abweichende Vorstellungen geäußert wurden, können gewisse Neigungen, den Passepartout-Terminus „organisch" als Gegensatz zum alten Bauen zu begreifen, nur aus gemeinsamen Traditionen stammen und wären selbst von einem sowjetischen „Federführer" aus dieser Tradition geschöpft. Liebknecht, als erster Präsident der Bauakademie, war 1931-1947 wissenschaftlicher Mitarbeiter der Akademie für Architektur in Moskau gewesen und dem sowjetischen Denken am stärksten verbunden.[28] Hier wäre nach Vorarbeiten zu den Grundsätzen schon in Moskau zu suchen. Auch Simone Hain hat diesen Gegensatz – vor ihrem Dokumentenfund – nicht konstruiert. Man gab sich gemäßigt im Geiste der Moderne, vermied aber kompromittierende Hinweise auf westliche Vordenker wie Reichow, Göderitz oder Gutschow.[29] Reichow wurde noch 1958 von Henselmann als Vorbild empfohlen. Die „Deutsche Architektur" hatte auch sonst keine Scheu, im Dritten Reich kompromittiert erscheinende Größen gelegentlich gedenkend zu erwähnen.[30] Städtebau und Architektur müssen auch in diesem Fall stärker gesondert werden. Viele DDR-Architekten und ihre sowjetischen Vorbilder waren progressiver im Städtebau als in der Architektur. Das Vakuum, das die Streitigkeiten zwischen Desurbanisten und Band-Stadttheoretikern einerseits und den Anhängern der kompakten Stadt der Urbanisten andererseits hinterlassen hatten, ließ Spielräume zu, auch wenn sich die Waage zugunsten der letzteren neigte.

Die Frage bleibt, ob manche Formulierungen der 16 Grundsätze ernstgemeint oder taktisch zu verstehen waren, denn die Architektenschaft stand damals noch im Kampf um den Vorrang in der deutschen Kultur und zur Überwindung „der verbrecherischen Spaltung unseres Vaterlandes".[31] Die 16 Grundsatze wurden nicht abgeschafft, sondern – wie der Staat in der Ideologie – sie „starben ab". Daher war spätere ideologische Präzisierung spätestens seit der sowjetischen Wende von 1954 kaum noch möglich.

Die *ideologische Leitbilddiskussion* in der Architektur war unterschiedlich je nach Bauvorhaben. Ohne eine neue Totalitarismus-Theorie zu kreieren, drängen sich Parallelen zum Nationalsozialismus auf, wo Industriebau anderen ästhetischen und konstruktiven Gesetzen folgte als Wohnungsbau und der Bau repräsentativer Gebäude. *Industriebau* hatte zwar Vorrang, und auch der Wohnungsbau wurde nur dort forciert, wo er auf ihn bezogen war, mit Ausnahme der Magistralen, in der repräsentativer Bau als Wohnungsbau zusammenflossen – sehr im Gegensatz zum nationalsozialistischen Modell. Die Ideologen mußten zugeben, daß die Industriearchitektur in der DDR zurückgeblieben war und „wie früher" vorging, während sich im Wohnungsbau und im „gesellschaftlichen" Bau große Wandlungen vollzogen hatten. Gerade dieser Rückstand sollte durch das Vorbild Sowjetunion aufgeholt werden.[32] Zunächst hielt man sich in der DDR auch hier bei der Frage auf, wieweit Dekoration im Industriebau erlaubt sei. Nur vorsichtig wurden die eigentlichen Probleme angesprochen: Beim Industriebau droht Maßstabslosigkeit und Unmenschlichkeit. Beispiele dafür wurden jedoch aus der NS-Architektur geboten. Die sowjetischen Beispiele waren positiv gemeint, unterschieden sich aber in der Maßstäblichkeit kaum von den abgebildeten abschreckenden Beispielen. Für die Antischmuck-Front wurden wiederum sowjetische Zeugen beschworen, die sich offenbar gegen Hanns Hopp richteten.[33] Die Mängel des Industriebaus sollten zunehmend durch Flucht nach vorn in das sowjetische Vorbild gelöst werden.

Vor Maßstabslosigkeit fürchtete man sich ab etwa 1955 nicht mehr. Im Gegenteil wurden die Mängel des DDR-Industriebaus auf die Kleinteiligkeit der Produktion und die Zersplitterung der Planung zurückgeführt, die ausgiebig mit Chruščev-Zitaten bekämpft wurden.[34] Nachdem Stalin-Stadt die internationale Anerkennung versagt geblieben war, wurde in der zweiten Phase die zweite sozialistische Stadt, Hoyerswerda, herausgestellt, weil hier die Verbindung von Industrie- und Wohnbau besser darzustellen schien.[35]

Mit der Rezeption des Chruščev-Kurses kam jedoch eine neue verhängnisvolle Dimension in die Debatte. Der Slogan *„den Kapitalismus einholen und überholen"* wirkte im Bauwesen besonders verheerend, weil sie den Teufel der stalinistischen Gigantomanie mit dem Beelzebub einer chruščevistischen Überdimensionierung auszutreiben drohte. Die Ideologen gingen in sich: man habe in den letzten Jahren zu sehr die künstlerische Seite des Bauens diskutiert, und darum die technische Seite vernachlässigt.[36] Noch immer wurde nach einer Balance sowjetischen Musters gestrebt: das Einholen des Kapitalismus dürfte sich nicht auf die „technischen Errungenschaften" beschränken.[37] Die neue Devise der *Industrialisierung* kam für viele DDR-Architekten offenbar wie eine Erlösung, die sie von dem Druck befreite, der Fassadenkosmetik eines historisierenden Stils zujubeln zu müssen. Die Erleichterung wurde freilich innerlich wieder „erschwert" durch eine völlig unkritische Typisierungskampagne. Die Zeiten der schönen künstlerischen Ergüsse über „das Typische" in der Realismusdebatte waren vorbei.[38] Die „Vergesellschaftung des Entwurfprozesses" war der erste Schritt zur Aushöhlung des kreativen Architektenberufes.[39] Einerseits hat die neuerliche Sowjetisierung Unbehagen hervorgerufen. Andererseits wurde der Trost gespendet, daß auch die Typisierung nationale Varianten der Baukunst voll erhalte.[40] Um 1955 bestand einige Hilflosigkeit um die Typisierung, wie sich an den Leserbriefspalten zeigte. Das sowjetische Orakel, unter dem Titel: „Der richtige Standpunkt in Fragen der Architektur" befragt, kam jedoch eher zu vorsichtigen Schlüssen: nur Einzelfragen seien gelöst, es gäbe nicht einmal ein allgemeines Werk über die Theorie der sowjetischen Architektur, daß den sozialistischen Realismus konsequent und vorbildlich behandelt habe. Verspätungen der DDR-Rezeptionen zeigten sich an: Tassalow begründete noch mit Stalinzitaten, woran dieser Mangel liege. In der Sowjetunion wäre das um die Zeit so nicht mehr gedruckt worden.[41] Sorgen um die Werkgerechtigkeit des Architektenberufes wurden mit solchen Vagheiten nicht zerstreut. Die Frage „Muß man den Dingen ansehen, wie sie gemacht sind?" wurde zum Gegenstand kontroverser Diskussion.[42] Der Wohnungsbau kam durch die sowjetische Wende von 1954/55 von seinem Sockel der Verschmelzung mit repräsentativen Aufgaben der Magistralen- und Aufmarschplatzgestaltung herunter, und wurde mehr in seiner Breitenanwendung diskutiert.

In der ersten Phase richtete sich die Stalin-Allee zweifelsfrei auch am Vorbild der Gorkistraße in Moskau aus. Der sozialistische Inhalt wurde durch Formen nationalen Gehalts ergänzt. Am Frankfurter Tor wurden von Henselmann Turmvarianten nach Gontard und nach Schlüter angeboten.[43] Man mußte froh sein, wenn die strenger klassizistischen Traditionen gewählt wurden und nicht allzu barocke Varianten, um den Genius loci Berlins auch in der „nationalen Form" zum Ausdruck zu verhelfen. Bei der Rezeption sowjetischer Vorbilder darf man sich die Abhängigkeiten nicht so einseitig vorstellen, daß die sowjetischen Begutachter der Pläne immer begeistert waren, nachdem Henselmann vor Ulbricht seinen dekorativen Kotau machen mußte. Gegen den Tor- und Turm-Gedanken konnten die sowjetischen Besucher schwer Einwände erheben, aber über die Plazierung der Elemente haben sie sich offenbar recht kritisch geäußert.[44] In den privaten kleinen Umfragen vor Ort auf den Baustellen, die Henselmann vornahm, konnte er erfahren, daß die „Vorstellung von Schönheit", die im „Herzen unseres Volkes lebt", mit den ersten Ergebnissen noch nicht befriedigt war, und das lag nicht nur an der kritisierten Unterlassung der zwei Prozent der Bausumme, die für die Dekoration von Wohnungsbauten vorgesehen war, und vielfach nicht zum Einsatz kam.[45] Für die Turmhaus-Architektur berief man sich wiederum auf die konservativeren Baumeister der Sowjetunion, wie Zoltovskij. Mit sowjetischen Meistern konnte man um so härter mit Henselmanns Vorschlägen ins Gericht gehen, bei denen die Eckgebäude nur „isolierte Häuser" darstellten, die sich nur dadurch hervorhöben, daß sie höher seien.[46] Daß Henselmann am Strausberger Platz vom Schinkelschen Schnick-Schnack abgelassen hatte und zur Versachlichung des Turmhausgedankens beitragen wollte, wurde nicht honoriert.

Die *Typisierungsdebatte* ab 1954/55 machte diese Kontroversen rasch obsolet. Die DDR hatte in der Frühphase der Rezeption den *„Elementebaukasten"* kreativ verstehen wollen. Das Ergebnis waren aber bald schnell typisierte Gebäude: die Kaufhalle, die Kinderkrippe, die Schule, später kamen die Turnhalle und das Volksschwimmbad hinzu.[47] Die offene *Zeilen- und Reihenbebauung*, die in der ersten Phase als westlich-dekadente Auflösung der Stadt bekämpft worden war, setzte sich mit der Industrialisierung durch.[48] Die schonende Schließung von Baulücken war nun technisch recht kompliziert. Diskrepanzen der Tiefbauinfrastruktur und der neuen Magistralenführung, die man an der Stalinallee noch mit immensen Folgekosten geduldet hatte, selbst, wo es sich nur um Lückenfüllbau handelte, verschwanden. Die *Monotoniedebatte* der späteren Zeit war damit vorprogrammiert.

Die Industrialisierungs- und Typisierungsphase führte nicht zu einem Comeback der heimlichen Funktionalisten. Das sowjetische Vorbild wurde nach wie vor mit immer heftigeren Ausfällen gegen die westliche Architektur begleitet. Ein „östliches Hansaviertel" wollte man nicht.[49] Die Turmhausdebatte lebte später unter der *Zeichenarchitekturdebatte* erneut auf – mit den bekannten Schwierigkeiten, in die Henselmann geriet. Die Leere, welche durch die Aufgabe der 16 Grundsätze für Gestaltungsfragen des Zentrums hinterlassen worden war, gab freilich auch Henselmann noch eine Chance. Einige seiner entdekorierten Zeichen, wie der Fernsehturm in Berlin oder der Hochbau der Leipziger Universität, konnten in diesem leitbildideologischen Vakuum gedeihen. Der gesellschaftliche Repräsentativbau blieb weitgehend unrealisiert. Die SED zog in ein Gebäude, das zur Hinterlassenschaft des Ancien Régimes gehörte. Die zugige Platzgestaltung an der Stelle, wo das Schloß bis heute seine Riesennarbe schwären läßt, wurde auch von der DDR-Kritik bald nicht mehr als das eigentlich gewollte empfunden.[50]

4) Kader-Training

Der reale Sozialismus ging im allgemeinen davon aus, daß erst durch Kadertraining der nötige Gesinnungswandel langfristig herbeigeführt werden könnte. Die Moskauer Emigration, wie sie Liebknecht verkörperte, war in der Architektenschaft nicht eben reich vertreten. Die Architekten, die mit May in der Sowjetunion gebaut hatten, wie Schwagenscheid, Hebebrand u.a. bauten im Westen. Einige der linkeren westlichen Architekten wirkten anfangs noch in Preisgerichten oder an Wettbewerben mit.[51] Aber selbst Scharoun und Max Taut ließen sich nicht einfach für die neue Transformation vereinnahmen. Beim gemeinsamen „Friedenskampf" wurde jedoch auch die Zusammenarbeit mit „Formalisten" in der DDR Anfang der 50er Jahre noch nicht abgelehnt.[52] Die sowjetische Architektur wurde für die Organisation des Architektenstudiums in Form und Inhalt als vorbildlich angesehen. Es wurde bemängelt, daß die Studenten sich der Vorlesung über „historische Bauformen" nur formal unterzögen.[53] Ende der 50er Jahre wurde dann weniger das ideologische und ästhetische Beiwerk des Studiums als der Praxisbezug der Moskauer Ausbildung als vorbildlich propagiert.[54] Im Vergleich zur Ausdifferenzierung der Studiengänge schien das Schema, das die Deutsche Bauakademie 1952 vorgestellt hatte[55], recht theorielastig.

Schon vor dem Paradigmenwechsel zum industriellen Bauen kam es in der Praxis immer wieder zu Anlehnungen an die Sowjetunion. Ehrhardt Gießke berichtete, daß 1953 bei der Schaffung der Fundamente für den ersten Stahlbetonskelettbau der Republik die Betongüte nicht ausreichend war. Man beriet sich mit „unzulässigem Zögern" mit sowjetischen Spezialisten, um eine wichtige Lektion der Elementemontage im Skelettbau zu erhalten.[56]

Bei der Plattenbauweise holte man sich ebenfalls vielfältige Anregungen aus der Sowjetunion. In der ersten Phase durften sich diese Gebäude nicht von den konventionell in Ziegelbauweise hergestellten Bauten unterscheiden, und wurden noch verputzt.[57] Später wurden zum Teil Ziegelblöcke schon verputzt geliefert – kein Wunder, daß der Erhaltungszustand bei schlechten Transportmitteln den dekorativen Zweck verfehlte. Aber die dienende Rolle der Technik wurde in dieser Phase noch betont.[58] Die westliche Gegenpropaganda machte es sich freilich damals noch zu leicht, wenn sie behauptete: „Die ganze Idee dieser Arbeitsindustrialisierung erscheint utopisch und ist kaum ernstzunehmen."[59] Der quantitative Erfolg war beachtlich und keineswegs utopisch, nur die städtebaulichen Konsequenzen der Monotonie belehrten über die Gefahren einer „realisierten Utopie".

5) Beratung bei Wettbewerben und Projekten

Eine letzte Form des sowjetischen Einflusses war eher nichtstaatlicher Natur und gleicht den Einflüssen, die sich durch Internationalisierung des Bauens überall abspielen.

Die Internationalisierung wurde nicht zuletzt vom Westen angeregt, als 1957 der Westberliner Senat einen Wettbewerb ausschrieb. Die Antwort der DDR war die Ausschreibung eines internationalen Wettbewerbs zur „sozialistischen Umgestaltung des Zentrums der Hauptstadt der DDR, Berlin". Das Preisgericht war gleichwohl nicht sehr international gesonnen. In einer „Selbstkontrahierung" wurde der Entwurf des Entwurfbüros im Bauministerium prämiert. Der Höhendrang der DDR-Entwürfe hob sich unvorteilhaft von sowjetischen Vorschlägen ab. Naumov (Leningrad) brachte flachere Lösungen ein, im Geiste des Moskauer Palastes des Obersten Sowjets, der sich dem Kreml-Ensemble in bemerkenswerter Weise anpaßte. Der Bulgare Tonev kritisierte ebenfalls, daß die meisten Entwürfe die Maßstäblichkeit der Monumentalität geopfert hätten.[60] In der DDR herrschte keineswegs Einigkeit. Selmanagic lehnte die Idee der Dominante grundsätzlich als „unsozialistisch" ab, da der „Mensch das Maß aller Dinge" geworden sei. Friedrich Bergmann hingegen, Mitglied der Deutschen Bauakademie, verlangte ein besonders hohes Gebäude, um sich gegen andere im Stadtbild behaupten zu können.[61] Im Konflikt um Henselmanns Visionen der Dominante mit Stahlnadeln verkehrten sich gelegentlich die Fronten, und auch sowjetische Diskutanten konnten den Vorwurf zu hören bekommen, daß sie wohl noch der Gartenstadt-Idylle anhingen.[62] In der Diskussion um die Leipziger Oper sahen sowjetische Diskutanten die Gefahr, daß die Stadt Leipzig – ohnehin nicht durch sehr charakteristische Architektur hervorstechend – wiederum ein Gebäude an zentraler Stelle plaziere, daß auch woanders stehen könne.[63] Das war Kritik, die normal und nötig ist. Hier von unzulässigen sowjetischen Einflüssen zu sprechen, wäre kleinlich, gemessen an internationalen Standards. Das ideologische streamlining der DDR-Architekten war längst erfolgreich abgeschlossen. Die „Unsicherheit des gesellschaftlichen Auftraggebers" (Bruno Flierl) war das Einfallstor von äußeren Einflüssen, nicht der bewußte Manipulationsversuch der Sowjetunion.

Schlußbemerkung

Die schleichende Abkehr von den 16 Grundsätzen, die einer einfühlsamen Rekonstruktion der vorsozialistischen Stadt das Wort geredet hatte, kam in der zweiten Phase des Städtebaus mit der üblichen Verspätung weniger Jahre. Die Triebkraft des Paradigmenwandels, mit erstaunlichen Parallelen in Ost und West, blieb in der Literatur nicht unerklärt, wie Hoscislawski wähnte.[64] Sie wurden als Ausdruck einer wirtschaftlichen Aufschwungphase erklärt, die den Aufbau ganz den wirtschaftlichen Zielen unterordnete. Dabei zeigte sich eine negative Konvergenz von Kapitalismus und Realsozialismus, die durch Diffusion bis in bauliche Formen reichte. Die Sowjetunion in der Zeit der Reformen von Chruščev und des frühen Brežnev trat in ihre „beste Phase" ein. Den Optimismus, den sie verbreitete, brauchte sie ihren Satelliten nicht im einzelnen durch Gewalt nahezubringen. Es hatten sich Nomenklatur-Eliten herausgebildet, die diesen Führungsanspruch zu glauben bereit waren. Der Kalininskij Prospekt wurde nicht mehr in gleicherweise kopiertes Vorbild, wie einst die Gorki-Straße in Moskau. Es gab inzwischen genügend Varianten in Ost und West. Im Zeitalter der Détente wurde das sinnlose Polemisieren gegen den imperialistischen Städtebau gemildert. Ein gewisses Selbstbewußtsein hatte sich eingestellt, das den Einfluß der Vormacht in erträglichen Maßen hielt.

Die oben erwähnte negative Stalinismusdefinition, die den DDR-Städtebau auf seine Defizite festlegte, wies auf ein Problem hin: der gewichtigste sowjetische Einfluß lag in der ideologischen Gleichschaltung der Satelliten, die auch vor der Partialideologie städtebaulicher Leitbilddiskussionen nicht Halt machte. Wo darüberhinaus noch eine bestimmte Organisationsform der Wirtschaft und des Bauwesens kopiert wurde, mußten sich funktionale Äquivalente an Mängeln in allen Bereichen des sowjetischen Herrschaftsbereiches einstellen. Das erklärt, warum von Magdeburg bis Wladiwostok vieles ex post facto ähnlich aussieht, obwohl die baulichen Akteure in ihren Ländern durchaus gewisse Handlungsspielräume hatten.

Anmerkungen:

1) Simone Hain: Die Reise nach Moskau. Erste Betrachtungen zur politischen Struktur des städtebaulichen Leitbildwandels des Jahres 1950 in der DDR. Wissenschaftliche Zeitschrift: Hochschule für Architektur und Bauwesen, Weimar. 1993, Reihe A,H.1/2: 5-14. Lothar Bolz: Über das Bauwesen in der Sowjetunion. Berlin,Verlag der Nation, 1951,S. 28-31.

2) Hermann Henselmann: Der reaktionäre Charakter des Konstruktivismus. ND 4.Dez. 1951, S. 3.
Dazu ausführlich: Thomas Hoscislawski: Bauen zwischen Macht und Ohnmacht. Architektur und Städtebau in der DDR. Berlin, Verlag für Bauwesen, 1991, S. 63.

3) Günter Feist: Stationen eines Weges. Daten und Zitate zur Kunst und Kunstpolitik der DDR. 1945-1988. Berlin, Nishen 1983, S. 10f.

4) Tägliche Rundschau, 24. Nov. 1948.

5) Deutsche Bauakademie (Hrsg.): 30 Jahre sowjetische Architektur in der RSFSR. Leipzig, VEB Bibliographisches Institut. 1950.

6) Die SED und das kulturelle Erbe. Berlin, Dietz, 1988, S. 81ff.
Ulrich Kuhirt (Hrsg.): Kunst der DDR 1945-l959. Leipzig, Seemann, 1982, S. 4Off. Die Betrachtung von der sowjetischen Seite: Alexej N. Kotschetow: Meine Begegnung mit Dresden. Erinnerungen an die Anfänge unserer Kulturrevolution. 1945-49. Berlin, Weimar, 1980.

7) Matthew Cullerne Bown: Kunst unter Stalin 1924-1956. München, Klinkhardt & Biermann. 1991. S. 107.

8) Hermann Henselmann: Kunst und Gesellschaft. Forum 2, 1948, S. 46-53, hier S. 43. Dazu ausführlich: Andreas Schätzke: Zwischen Bauhaus und Stalinallee. Architekturdiskussion im östlichen Deutschland 1945-1955. Braunschweig Vieweg, 1991, S. 32ff.

9) Dieter Hoffmann-Axthelm: Rückblick auf die DDR. Arch plus 103, 1990, S. 66-74, hier S. 68.

10) Hoscislawski, a.a.O., S. 96.

11) Vgl. Klaus von Beyme: Der Wiederaufbau. Architektur und Städtebaupolitik in beiden deutschen Staaten. München, Piper, 1987, S. 57f.

12) Frank Werner: Städte, Städtebau, Architektur in der DDR. Erlangen, IGW, 1981, S. 30. Als Beispiel für Reimport wurde genannt: L. Bylinkin: Stalins städtebauliche Grundsätze. Reihe Studienmaterial der DBA. 1953.

13) Schätzle, a.a.O., S. 55.

14) Bartho Plönies: Planen und Bauen in der Sowjetischen Besatzungszone und im Sowjetsektor von Berlin. Bonn, Bonner Berichte aus Mittel und Ostdeutschland. 1953, S. 40, S. 16f.

15) Walter Ulbricht: Über Fragen der Architektur und des Städtebaus. DA, 1953. S. 146f.

16) Ernst Hoffmann: Ideologische Probleme der Architektur. DA, 1952, S. 20-23, S. 73-75, S. 131-138.

17) B. Ruzin: Opyt glinobitnogo strojtel'stva v Germanskoj Demokratičeskoj Respubliki. Architektura SSSR. 1955, Nr. 6, S. 35-40.

18) Emanuel Hruska: Über den Aufbau der Städte in der Deutschen Demokratischen Republik. DA, 1955, Nr. 3, S. 140f.

19) Neues von der sowjetischen Architektur, DA 1952, S. 76-82.

20) Kurt Liebknecht: Über das Typische in der Architektur. Lehren aus dem XIX. Parteitag der KPdSU(B). DA, 1953, S. 1-3.

21) A. Zukov: Architekturno-planirovočényj ansambl' vsesojuznoj sel'skochozjajstvennoj vystavki. Architektura SSSR. 1954, Nr. 7, S. 7-14.
Jury Zaralolow: Nationale Züge in der Architektur der Unions-Landwirtschaftsausstellung in Moskau. DA, 1964, Nr. 6, S. 248-257.

22) DA, 1955, S. 1-3.

23) Leo Stegmann: Studienfahrt nach Polen. DA, 1952, S. 184-186.

24) Kurt Liebknecht: Die Bedeutung der Unions-Baukonferenz in Moskau für die Aufgaben im Bauwesen der Deutschen Demokratischen Republik. DA, 1955, Nr. 1, S. 50-64.
Einige aktuelle Fragen der Architektur und des Städtebaus. DA, 1956, S. 288f.

25) Ein offener Brief und eine Antwort. DA, 1956, S. 287.

26) Hoscislawski, a.a.O., S. 105.

27) zit. Manfred Müller: Das Leben eines Architekten. Portrait Richard Paulick. Halle, Mitteldeutscher Verlag, 1975, S. 106.

28) von Beyme: Der Wiederaufbau, a.a.O., S. 283, 287.

29) Simone Hain: Berlin Ost: „Im Westen wird man sich wundern". In: Klaus von Beyme, Werner Durth u.a. (Hrsg.): Neue Städte aus Ruinen. Deutscher Städtebau der Nachkriegszeit. München, Prestel, 1992, S. 32-57, hier S. 33.

30) DA, 1958, S. 52. DA, 1955, S. 522 zum Tod von Wilhelm Kreis.

31) Hoffmann, a.a.O., 1952, S. 20.

32) Hans Hopp: Zum Problem der Industriearchitektur. DA, 1954, S. 27-31, hier S. 30.

33) Leo Stegmann: Fragen des Industriebaus. Deutsche Architektur, 1955, S. 385-391.

34) Rudolf Schüttauf: Der Weg zur Industrialisierung des Bauwesens in der Deutschen Demokratischen Republik. DA, 1955, S. 65-81.

35) Helmut Mende: Das Großplattenwerk von Hoyerswerda. DA, 1956, Nr. 2, S. 62-69. Franz Reuter: Die städtebauliche Planung von Hoyerswerda. DA, 1956, Nr. 2. S. 55-61.

36) Kurt Liebknecht: Die Wissenschaft im Dienste der Industrialisierung des Bauwesens. DA, 1956, Nr. 3, S. 103-105, hier S. 104.

37) Kurt Magritz: Die Industrialisierung des Bauwesens und die künstlerischen Aufgaben der Architektur. DA, 1956, Nr. 2, S. 49-51, hier S. 50.

38) Richard Paulick: Typus und Norm in der Wohnungsarchitektur. DA, 1953, S. 218-223.

39) Gerhard Kosel: Über die Methode der Typenprojektierung. DA, 1955, S. 194-203, hier S. 203.

40) Hans Gericke (Vizepräs. des BDA): Um den fortschrittlichen Charakter unserer Architektur. DA, 1955, Nr. 7, S. 328-330, hier S. 329.

41) W. Tassalow: Der richtige Standpunkt in Fragen der Architektur. DA, 1955, S. 289-292, hier S. 292.

42) DA, 1955, Nr. 3, S. 188-189.

43) Simone Hain, a.a.O., 1993.

44) Hermann Henselmann: Aus der Werkstatt des Architekten. DA, 1952, S. 156-164, hier S. 158.

45) Hermann Henselmann: Einige kritische Bemerkungen zum Wohnungsbau. DA, 1952, Nr. 3, S. 106-113, hier S. 107, S. 110.

46) Kurt Magritz: Einige Gedanken zur Turmhausarchitektur. DA, 1953, Nr. 3, S. 106-lll, hier S. 110.

47) Werner, a.a.O., S. 37.

48) Junghans, DA, 1952, Nr. 4, S. 169.
Hoscislawski, a.a.O., S. 106.

49) Hain, a.a.O., S. 1992, S. 51.

50) von Beyme, a.a.O., S. 307ff.

51) von Beyme, a.a.O., S. 274f.

52) Günter Juhre: Zur Ausbildung unseres Architektennachwuchses. DA, 1952, S. 83-86. hier S. 86.

53) Ebd., S. 86, S. 84.

54) Georg Funk/Leopold Wiel: Die Ausbildung der Architekten an der Moskauer Hochschule für Architektur. DA, 1958, S. 670-672.

55) Juhre, a.a.O.. S. 83.

56) Ehrhardt Gießke: Bauen mein Leben. Berlin, Dietz, 1988, S. 20.

57) Hoscislawski, a.a.O., S. 79.

58) Liebknecht, a.a.O., 1952, S. 11.

59) Plönies, a.a.O., S. 60.

60) Bruno Flierl: Wie wird das Zentrum von Berlin gestaltet? DA, 1960, S. 134-136, hier S. 134.

61) Friedrich Bergmann: Zur Bauplanung Stadtzentrum Berlin. Hochhaus oder Turm? DA, 1959, S. 13-15.

62) Bruno Flierl: Hermann Henselmann, Architekt und Architektur in der DDR. In: Hermann Henselmann: Gedanken, Ideen, Bauten, Projekte. Berlin, Henschel, 1978, S. 26-52, hier S. 40.
Einige aktuelle Fragen der Architektur und des Städtebaus. DA, 1956, S. 288f.

63) Beiträge zur Architekturdiskussion über das neue Opernhaus in Leipzig. DA. 1954, S. 64-69.
64) Hoscislawski, a.a.O., S. 33.

3) Gibt es einen Stil der fünfziger Jahre in Architektur und Städtebau?

1) Periodisierungen

Einst lernte man in der Schule die Definition eines Meters: „Ein Meter ist der Abstand zweier Marken auf dem Urmeter in Paris." Ein ähnliches Kunstprodukt der Mathematik ist die Dekade – und es wäre mehr als verwunderlich, wenn sich politische und kulturelle Ereignisse in Jahrzehntsprüngen vollzögen, trotz der besonders guten Vorsätze, welche die Akteure bei Anbruch einer neuen Dekade in der Sylvesternacht haben mögen, daß nun alles anders werden müsse!

Die Bezeichnung 50er Jahre ist eine saloppe und unscharfe Redeweise, nicht jedoch ein wissenschaftlich haltbarer Terminus. Dennoch weiß man in der Architektur- und Städtebaugeschichte in etwa, was gemeint ist, und obwohl dieser Inhalt keineswegs mit dem der Zeit von 1950-1960 voll deckungsgleich ist, können wir durch die Hintertür die 50er Jahre als Epochenbegriff wieder einführen.

Die Geschichtswissenschaft kommt ohne diesen Epochenbegriff aus. Sie hält sich gern an Termini wie „Adenauerzeit". Denkt ausnahmsweise einmal ein Historiker über die 50er Jahre als Epoche nach, wie Hans-Peter Schwarz, so liegt die Epochenzäsur in der Herausbildung eines *neuen internationalen Systems*, in dem die Bundesrepublik eine wichtige Rolle spielt. Ansonsten sind die 50er Jahre als die Jahre eines *„beispiellosen"* Modernisierungsschubs gewürdigt worden.[1] Das gilt für Wertsysteme und Lebensformen.

Es bleibt die Frage, ob im Lichte anderer Epochenzäsuren der Modernisierungsschub der 60er Jahre in der Architektur und im Städtebau nicht noch weit auffälliger ist. Auch für die Architektur waren die *60er Jahre* die Zeit der *„triumphierenden Ökonomie"* voller Aufbruchstimmung und Optimismus, wo die 50er Jahre noch skrupulös und unsicher tastend gewesen sind.[2] Wertet man nur Umbruchstimmung und Wandel der Lebensformen, dann kann die Zäsur eher bei 1945 angesetzt werden. Neuerdings plädieren Historiker wieder für den Epocheneinschnitt zwischen Stalingrad und Währungsreform.[3]

Wer den Epochenbegriff in seiner Ausdehnung aufweicht und nach Zäsuren sucht, wird leicht immer weiter zurückverwiesen. Dahrendorf hatte ja schon Wirbel verursacht: die Deutschen – „unmoderne Menschen in der modernen Welt" – wurden bereits im technokratischen Nationalsozialismus zwangsmodernisiert.[4] Allen, die eine Kontinuitätshypothese der Nachkriegsarchitektur vertreten: bescheidener gewordener Postfaschismus – ornamentlos, kahl, geschrumpft, modernisiert „durch die amerikanischen Material-, Konstruktions- und Designstandards bis der faschistische Vorstellungskern nicht mehr erkennbar war"[5], muß eine solche Rückverlagerung der Zäsur gelegen kommen. Mit dem Abflauen der sozialkritischen Literatur über die Ursprünge der Republik im Sinne der „verpaßten Chancen" wurde eine kulturgeschichtliche Betrachtung wieder üblich. Plötzlich schienen die „falschen Fuffziger" nostalgieverklärt.[6]

Kulturgeschichtliche Darstellungen – wie die von Jost Hermand – haben jedoch die Dekaden so wenig gesondert, wie die Geschichten der deutschen Malerei oder internationale Geschichten der modernen Architektur.[7] Problematisch wird jedoch ein Epochenbegriff der 50er Jahre dann, wenn er offenbar nur in Deutschland Sinn macht. Am ehesten werden die 50er Jahre in der amerikanischen Geschichte der Malerei noch abgesondert, als Zeit der *Dominanz des abstrakten Expressionismus*, der in den 60er Jahren zwar nicht verdrängt, aber doch als wichtigste Strömung abgelöst wurde.[8] In Deutschland dauerte dies wesentlich länger. Offenbar läßt sich nicht, wie in der DDR, aufgrund direkter politischer Einwirkung aus der Sowjetunion, eine klare Epochenzäsur festmachen, nach der Chruščevs neue modernere Baugesinnung sich in der DDR um 1955 durchsetzte und nun die Positionen der vorangegangenen Epoche rigoros bekämpfte.[9]

Auch wenn man die politischen *cleavages der Weimarer Zeit* in zwei deutschen Staaten territorialisiert sieht.[10], läßt sich dies für die Fronten der städtebaulichen Leitbilder kaum behaupten. Es fällt ein gewisser *Gleichschritt des Paradigmawandels* auf. Die erste Phase wurde um 1955 umgepolt – in der DDR vor allem durch den politischen Einfluß der Schutzmacht Sowjetunion. Die 50er Jahre als Epoche bleiben jedoch erhalten, wenn man vor allem *Alltagsarchitektur* studiert, wie sie neuerdings auch aktive Architekten interessiert. Meinhard von Gerkan ließ von seinen Schülern ein wahres Gruselkabinett zusammenfotographieren.[11] Je stärker man sich an einer Höhenwanderung origineller Schrittmacher orientiert oder gar nur an Schubladenarchitektur, Wettbewerbsentwürfen und Ausstellungen, um so früher wird man die Zäsur ansetzen. Aber manches spricht bei einem elitenorientierten Ansatz jenseits des alltagsarchitektonischen Gesamtbildes der Republik dafür, daß um 1957 ein Wandel eintrat. Die repräsentative ministerielle Selbstdarstellung der Aufbauleistungen gliedert ohne Begründung in Zeiträume zwischen 1949-1957 und 1957-1968.[12] Durth/Gutschow plädierten mit guten Gründen für ihre Dekade 1948 - 1958.[13] Sie lassen ökonomische Eckdaten gelten, wie die Währungsreform 1948 und den Eintritt der annähernden Vollbeschäftigung von 1959. Diese Begründung ist einleuchtender als eine allzu vordergründige Agententheorie, welche der Sphäre von Kunst und Architektur wenig Autonomie einräumt. Die „absolute Mehrheit" für die Union bei den Bundestagswahlen 1957 wurde nach Waltraud und Joachim Petsch der Anlaß, sich von den „ideologisch entbehrlich gewordenen Architekturformen" zu trennen, die nicht mehr „produktionsrelevant" sind.[14] Man sollte die Sondergesetzlichkeiten von Kunst und Architektur so weit respektieren, daß man nach immanenteren Kriterien sucht. Als solche können eine ganze Reihe von Indikatoren dienen.

Ist der Fokus einer Darstellung das Lob der 60er Jahre, so erscheint alles davor nur „Unterbringungsarchitektur", „fünfstöckige Satteldach-Kasernen in öden Reihenhauszeilen und biederen Bungalows einfallsloser Eigenheimpolitik". Aber selbst diese Darstellung von Nestler und Bode setzt den Einschnitt Ende der 50er Jahre an.[15] Ist der Fokus die 50er Jahre, so verklärt er sich hingegen meist im Vergleich zu den 60er Jahren. Das „Mittelmaß" der 60er Jahre war durch Häufung und Dimensionierung in den Augen einiger Architekturhistoriker noch penetranter als das Mittelmaß der 50er Jahre.[16] Der Streit ist offenbar nicht zu schlichten. Für die jeweiligen Dekaden werden in allen Kritiken gern weite Bereiche herausgenommen: Kirchenbau und Bau kultureller Einrichtungen in den 50er Jahren, viele Industrie- und andere Großbauten in den 60er Jahren, und das Ausland urteilte bei beiden oft milder als die einheimischen Kritiker.

Die Antwort auf die Frage nach der Einheit der 50er Jahre fiel unterschiedlich aus, je nachdem, ob ein Analytiker politische, wirtschaftliche, soziale, ideologisch-kulturelle oder formal-ästhetische Maßstäbe anlegte. In der *Politik* hat man gelegentlich die Zäsur 1957 vermutet, als die Unionsparteien die absolute Mehrheit errangen und die Konsolidierungsphase im Inneren und die Phase der Integration Westdeutschlands in Westeuropa zu einem vorläufigen Abschluß kam. Ebenso häufig wird jedoch Erhards Regierungsantritt 1963 und noch häufiger sein Abtritt 1966, der in die Phase der großen Koalition leitete, als Epochenzäsur empfunden.[17]

Wirtschaftliche Maßstäbe für die Absteckung der Perioden haben bei linken Kritikern wenig Schwierigkeiten hervorgerufen, die 50er Jahre als Einheit zu begreifen. Aber soweit sie die „bloße Akzeleration der Expansionsrate" als das treibende Moment empfanden, dehnten sich die 50er Jahre von 1948 bis zur ersten Wirtschaftskrise 1966.[18]

Die *soziale Modernisierung* hat in den 50er Jahren im Vergleich zu Frankreich und Großbritannien beschleunigt stattgefunden und schien Ralf Dahrendorf im Rückblick von 1965 als unumkehrbar.[19] Im westeuropäischen Vergleich schien etwa die Modernisierung in Frankreich durch einen langsameren und weniger dynamischen Industrialisierungsprozeß geprägt.[20] Der transnationale Vergleich machte jedoch deutlich, daß die gerade an der Bundesrepublik vielfach ausprobierte *Antithese Restauration oder Modernisierung* falsch angelegt ist.

Die Restaurationsthese ist es jedoch, welche die *ideologisch-kulturelle Perspektive* beherrscht. Die Restauration in einer „Verdrängungskultur" wurde von Jost Hermand scharf gegeißelt.[21] Leichtes Spiel hatte man mit dem Vergleich zweier Nachkriegszeiten. In der Tat: in kaum einem Land ist die kulturelle Produktivität nach dem Ersten verlorenen Weltkrieg so bemerkenswert gewesen, so daß die zweite Nachweltkriegszeit dem Vergleich nicht standhielt. Aber galt ähnliches nicht auch für Frankreich und Italien, und ganz sicher für Rußland? Frankreich hat ab 1940 einen Exodus der Avantgarde in die USA erlebt und die USA hätten vermutlich auch ohne diesen Impetus die kulturelle Führung nach 1945 übernommen. Frankreich behalf sich mit der Vorstellung, daß New York Paris die Fackelträgerrolle in der Kunst „gestohlen" habe.[22] Aber diese Tröstung über den Bedeutungsverlust als kulturelles Zentrum der Welt war nur eine der großen Verdrängungsleistungen des „Gastsiegers" Frankreich. Inzwischen ist auch das Vichy-Tabu gebrochen und die Kontinuität der Eliten – bis hin zu Mitterand – kann offen diskutiert werden.

Im Gegensatz zum Ersten Weltkrieg waren alle beteiligten Völker mit wenig Begeisterung in den Krieg gezogen. Es gab keine Enttäuschung hehrer Hoffnungen zu verarbeiten, die in den „Stahlgewittern" untergegangen waren. Die Kultur nach 1945 war daher in Europa - in den USA war das ganz anders – überwiegend in Moll gestimmt und von keinen großen Gegenideen geprägt.

Die Restaurationsthese in der Kultur war für die 50er Jahre am einflußreichsten in der *Literatur*. Kaum eine Nachkriegsgeschichte der deutschen Literatur, die die Restaurationsformel nicht als Grundthese oder Epocheneinteilung benutzte.[23] Paradoxerweise wurde die Bonner Republik, als sie ab 1990 in eine Berliner Republik einmündete, im Rückblick als erhaltenswert verklärt. Die eher Konservativen hatten mit der Reevaluierung der 50er Jahre schon seit dem Regierungswechsel 1982 begonnen, als sie nach einem Leitmodell für die geplante „geistige Wende" Ausschau hielten. Die postmoderne Verklärung der 50er Jahre fiel eher spielerisch aus und hatte tatsächlich mit dem Ernst der Durchsetzung der klassischen Moderne in der Adenauer-Ära wenig gemeinsam, wenn man sich nicht nur an verspielte Formparallelen hält, die gelegentlich auch Rückgriffe auf die 50er Jahre im Design mit sich brachten.

Die Restaurationsthese über die 50er Jahre war in der *Literatur* besonders hartnäckig, weil die soziale und politische Realität an sozialistischen Aufbruchshoffnungen weiter Teile der Intelligencija gemessen wurden, die jedoch ex tunc unrealistisch waren – nicht erst, als der Kalte Krieg solche Hoffnungen auf Dritte Wege unter seiner Polarisierungswalze begrub.

Für die *bildende Kunst* der 50er Jahre ist die Restaurationsthese ebenfalls vertreten worden.[24] Aber in diesem Bereich hatte sie einen schweren Stand, weil die Durchsetzung der Abstraktion nur bei denen nicht als Innovationsschritt anerkannt wurde, die sich im Realismus-Abstraktions-Streit, der sich nach 1945 auf deutschem Boden territorialisierte, auf die Seite eines sozialistischen Realismus schlugen. Das aber taten nur wenige. Kurt Winkler wurde aufgefordert nach der ersten großen Dresdner Kunstausstellung (1946) über „Realismus in der Kunst" zu reden. Es war eine Zeit, in der in Deutschland noch kaum dogmatische Verfestigungen gegen den Realismus verbreitet waren. Der Redner war jedoch verdutzt als in der Diskussion der Sekretär des „Kulturbundes zur demokratischen Erneuerung Deutschlands" erklärte, er habe das Thema verfehlt, es ginge hier um „sozialistischen Realismus". Die Konklusion der auch aus dem Westen angereisten Experten: „Es dauerte einige Zeit, bis wir einsahen, daß damit ganz schlicht die naturalistische Illustration der Parteiideologie gemeint war".[25]

Erst in den 50er Jahren kam es zu einer weitgehenden Polarisierung von figurativen und abstrakten Künsten, die auch als politischer Gegensatz empfunden wurden. Mit dem Anschluß an die abstrakte Kunst hoffte man in Deutschland das „*Weltniveau*" zu erreichen, obwohl die deutschen Künstler mit wenigen

Ausnahmen, wie Baumeister, im Ausland kaum zur Kenntnis genommen wurden. Öffentlichkeit und Sponsoren folgten diesem Trend keineswegs enthusiastisch, aber es kam wenigstens zur Duldung, weil diese zum „Lackmustest für Toleranz und Pluralismus" geworden ist.[26] Moderne Kunst, Wirtschaft und Politik gingen somit ein ideologisches Zweckbündnis ein.

Dies war in der *Architektur* anders. Architektur ist nie nur Kunst, sondern war im Wiederaufbau vor allem Notwendigkeit zum Überleben. Die Architektenschaft - keineswegs nur im Banne der konservativen Münchner oder Stuttgarter Schulen in Süddeutschland – waren bei der Herstellung von Gebrauchsarchitektur überwiegend traditionell eingestellt. Das ließ sich auch für die frühe DDR der 50er Jahre erhärten: „Es ist eine Legende, daß sich die meisten damals tätigen Architekten nur widerwillig der Architektur der nationalen Bautraditionen angeschlossen hätten."[27] Entsprechend „heimatstilig" war denn auch der Wiederaufbau in kleineren Städten von Neubrandenburg bis Gera.

In keinem Bereich wird man die Einheit der 50er Jahre daher so stark in Frage stellen müssen, wie in Architektur und Städtebau. Die Analyse wird getrübt durch die notwendige Diskrepanz zwischen der weit über Plansoll der ersten Regierung Adenauer liegenden Fertigstellung von Wohnungen und der Qualität des Gebauten. Es wurde zur Pflichtübung der internationalen Literatur, die Aufbauleistungen der 50er Jahre in künstlerischer Hinsicht vernichtend zu kritisieren. Als Gründe, die speziell auf Deutschland zutrafen, wurden Ursachen genannt, wie der Bruch der Kontinuität zum Neuen Bauen, in dem Deutschland einst führend war, die Armut, der *brain drain* der Emigration, die Isolierung der deutschen Architekten und der mangelnde Mut, die Bodenfrage großzügig zu lösen.[28] Erst später entdeckte man auch in Deutschland herausragende Einzelleistungen, wie im Kirchenbau, und begann transnational zu vergleichen: auch Frankreich hat die Städte nicht im LeCorbusier-Look als Hochhäuser auf Stelzen wieder aufgebaut: von Saint Malo bis Saint Dié weicht der Aufbau stark vom tristen Modernismus in Le Havre ab.[29] Dennoch blieb es vor allem bei ideologischen Verdächtigungen der Architektur der 50er Jahre: „lauter kleine braune Häuser und Miniaturreichskanzleien mit etwas weniger Säulen, Gipsadlern und Fahnenstangen, aber sonst wie früher". „Verarmte Naziarchitektur" lautete das Verdikt.[30] Übersehen wurde dabei, daß der Staatskonservatismus vom Londoner Verteidigungsministerium bis zum Wiederaufbau Livornos in Italien in den frühen 50er Jahren ebenfalls noch Anklänge an postfaschistische Elemente zu finden sind. Sie beschränken sich keineswegs auf den Heidelberger Bahnhof von 1954.

Bitter war der Vorwurf im „Journal of the American Institute of Architects" es mangele den deutschen Architekten an Talent.[31] Er war einseitig auf die ECA-Siedlungen der Marshallplan-Hilfe zugeschnitten. Bei ihnen wurde die alte *Blockbauweise* verlassen, aber der *Zeilenbau* wirkte unbeholfen und variationsarm, mangels Erfahrungen und wegen der rigiden Kostenauflagen. Gerade das Professionalitätsargument überholte sich rasch. In den 60er Jahren wurde den deutschen jungen Architekten in Amerika bescheinigt, daß sie kompetenter seien als die meisten amerikanischen Architekturstudenten und daß sie weniger zum cocktail party talk neigten.[32]

Die viel beklagte Provinzialität der Architektur der 50er Jahre wurde nur von wenigen Industriebauten durchbrochen, wie dem Thyssenhaus in Düsseldorf. Mit einer entmaterialisierten Haut aus Glas und Metall und elegant versetzten Scheibengliederung signalisierte es im Zentrum der Verwaltung der Ruhrindustrie den Deutschen schon 1955: „wir sind wieder wer". Die Architekten Hentrich und Petschnigg berechtigten zu den schönsten Hoffnungen. Sie enttäuschten diese spätestens beim Bau der Ruhr-Universität in Bochum (1962).

Die *Provinzialität* der 50er Jahre hatte jedoch gerade für das kritisierende Ausland eine positive Kehrseite: in keinem hochentwickelten Land kamen so viele *ausländischer Architekten* schon in den 50er Jahren zum Zuge, vor allem in West-Berlin: Freie Universität, Kongreßhalle (Stubbins, 1957), Unité d'habitation von Le Corbusier, von der dieser sich jedoch wegen vieler Veränderungen distanzierte, und vor allem die internationale Präsenz im Hansa Viertel. Einige ausländische Architekten wie Alvar Aalto (Bremen, Neue Vahr 1958, Wolfsburg, Kulturzentrum 1958), Bakema (Rathaus Marl 1958) oder Arne Jacobsen (Hansa-Viertel, Berlin 1958) hatten sogar in Deutschland ihren ersten Durchbruch zu internationaler Geltung.

Die Mängel der Architektur der 50er Jahre wurden später gern auf die *Theorielosigkeit* zurückgeführt.[33] Als die Ideen Mitte der 60er Jahre im Gefolge der Politisierung durch die Studentenrevolte zu sprudeln begannen, verloren sie jedoch bald die Bodenhaftung, trotz der unentwegt geforderten sozialen Bezüge. Die mühsam erreichte Kooperation von Sozialwissenschaften und Architekten wich bald einer totalen Ernüchterung. Als Alexander Mitscherlich das drohende Gewitter am Horizont der Siedlung Heidelberg-Emmertsgrund aufziehen sah, zog er sich von seiner Beratung zurück. Den Architekten sprach Hans Kammerer aus der Seele, wenn er ihm nachrief: „Vor lauter Soziologie die Architektur vergessen, es hat sich einfach gezeigt, daß der Versuch, den Herrn Mitscherlich aus seinem Elfenbeinturm herauszulocken, gescheitert war. Der soll einfach in seinem Turm bleiben und schreiben über das, was er sieht, hört und weiß, und nicht versuchen dahin zu gehen, wo Nägel mit Köpfen gemacht werden müssen."[34]

2) Wandlungen in den 50er Jahren

Epochenabgrenzungen erwiesen sich als ideologisch präformiert. Ein analytisch-komparativer Ansatz wird versuchen, *Werturteile* über ganze Dekaden zu vermeiden. Die Zäsuren erweisen sich als abhängig von einzelnen Indikatoren, von den ideologischen Leitbildern bis zu den verwendeten Materialien.

(1) Die großen *Leitbildkontroversen* von der Stadtlandschaft bis zur Hochhausdebatte waren erstaunlich kurzlebig. Das „sanfte Gesetz" das die Traditionalisten in den frühen 50er Jahren beschworen, wurde von der Konzeption der „verkehrsgerechten Stadt", des *Citybuilding* und der *Verdichtung* außer Kraft gesetzt. Reste der Idee der offenen Stadtlandschaft fielen in den 60er Jahren den „Urbanitätern und Verdichtern" zum Opfer.[35]

Die These vom Postfaschismus, für die es bis 1955 vor allem in der „Amtsratsarchitektur" mannigfache Belege gibt, übersieht, daß die für die 50er Jahre typische Baukunst sich von der Schwere des traditionellen Bauens und der alten Blut- und Bodengesinnung durch einen *Drang zu schwebender Leichtigkeit* und geradezu frivolen Vergessens des Geschehens neigte: transparente Wände mit breiten Verglasungen zwischen zierlichen Stützen, geschwungene Bewegungsabläufe gegen strenge Symmetrie, neben monotoner Symmetrie der Rasterbauten. Pavillons, Schwebedächer, Messinggeländer, Mosaik und Schmiedeeisen wurden gerne eingesetzt. *Neue Materialien* bestimmten das Bild,[36] wie Beton, Plastik, Glasbaustein, gebremste Modernität in der zaghaft vorlugenden Dachplatte, die wie eine Konzession des Flachdachbaus an das traditionelle Haus wirkte. Die Zeitschrift „*Film und Frau*" hat man verdächtigt, einflußreich für die Herausbildung des textilig-femininen Geschmacks jener Jahre mit seiner pastelligen Farbgebung gewesen zu sein.[37]

(2) Erst die postmoderne Architektur hat in den verwendeten Formen und Ornamenten wieder so unverstellt *Zitate aus der zeitgenössischen Kunst* verwendet. Die Übertragung der Motive des abstrakten Expressionismus als der vorherrschenden Richtung der Zeit wirkt vor allem dort deplaziert, wo keine Rücksicht mehr auf das transportierende Material, wie Plastik und Acella genommen wird. Die Unsicherheit im Umgang mit den neuen Baustoffen und ihre wahllose Anhäufung ist ganz sicher ein Kennzeichen der Epoche. *Isomorphien zwischen der Kunst der Zeit und der Architektur* kann man auch dort feststellen, wo es nicht zu fragwürdigen Anleihen kam, etwa zwischen den spiegelnden Rasterfassaden und einigen Richtungen der zeitgenössischen Malerei.[38] Ende der 50er Jahre endete das Pathos der Einfachheit. Jürgen Paul spitzte den Gedanken zu der These zu: „die *funktionalistische Hochrenaissance* wurde von einem *funktionalistischen Barock* abgelöst" mit horizontal umlaufenden Bändern, grazilem Stabwerk und luftigen Lamellen.

(3) Eine relativ klare Epoche bilden die 50er Jahre in ihren *Siedlungen*. Oft wird behauptet, daß die 60er Jahre den Aufbau an die Peripherie verlegten. Tatsache war, daß schon die 50er Jahre damit begannen, nicht nur beim Bau von Besatzungsghettos. Die ECA-Siedlungen, die der Marshallplan ermöglichte, sind bis auf Bremen alle in den Außenbezirken entstanden. Erst Ende der 50er Jahre kam ein neuer Typ Großsiedlung auf, wie in der Neuen Vahr in Bremen oder in der Frankfurter Nordweststadt. Die Großsiedlung entideologisierte sich. Schwagen-

scheidts freie pluralistische Raumstadt ist gegen die sozialdemokratische Behäbig-
keit der Römerstadt Ernst Mays ausgespielt worden, zu Unrecht. May hat sich
selbst gewandelt, wie er in der Neuen Vahr oder in Darmstadt-Kranichstein do-
kumentierte. Die Maxime: *Low rise – high density* wurde auch von ihm vergessen.
Man gewann gegenüber den spießigen Siedlungen der 50er Jahre einiges an Groß-
zügigkeit und Variation, man verlor jedoch an Atmosphäre. Die Häufung der
Punkthäuser ließ keinen Erlebnisraum entstehen, trotz Berufung auf die Raumstadt. Die 50er Jahre schufen keine neuen *Städte* nach britischem Vorbild, sondern *Trabantenstädte*, die in vielen wichtigen Funktionen auf die City angewiesen
blieben.

Der *strenge Zeilenbau* wurde bald *aufgelockert*. Dörfliche Nostalgie, male-
risch geschwungene Straßenführung, geringe Variation der Haushöhen blieben
charakteristisch. Anfangs waren selbst die Fensterläden und das Steildach noch
dominant. Gelegentlich zog diese Art der Siedlungsbauweise sogar in die Innen-
städte ein, wie südlich des Frankfurter Doms. Manchmal ist sie heute nostalgisch
verklärt, wie das Gebiet um die Kreuzkirche in Hannover. Die Siedlungen der
50er Jahre sind als spießig belächelt worden, aber sie waren noch nicht megalo-
man, und ihr psychischer Wohnwert ist späteren komfortableren Bauten gegenüber eher positiv bewertet worden.

(4) Das *freistehende Eigenheim* wurde als besonders hartnäckige Forderung der
Bundesbürger angesehen. In Abwehr des DDR-Sozialismus war die Adenauer-
Regierung nur allzu bereit, diesem Drang entgegen zu kommen. Immer schon
war das Eigenheim zum Gegenbegriff gegen kollektivistische sozialistische Uto-
pien geworden, wie in dem Bonmot Chestertons: „Man hat dem Menschen alles
versprochen – vom himmlischen Jerusalem bis zum Sozialismus auf Erden. Der
Mensch in seinem Eigensinn aber wollte immer nur eins: ein Häuschen mit Gar-
ten". Die Stilisierung des Eigenheimdrangs als deutsche Blut- und Bodenromantik
hält wiederum einer vergleichenden Analyse nicht stand. Die drei Länder, die
man gern mit saubermannsideologischen Eigenheimen assoziiert, die Schweiz, die
Niederlande und Deutschland, haben wegen der hohen Bevölkerungsdichte zugleich den geringsten Anteil an Wohnungseigentum oder gar freistehenden Eigenheimen verwirklichen können.

(5) Der Modernisierungsdrang der 50er Jahre hielt sich noch in *den Proportionen
der alten Stadt* . Die alten Dominanten waren unbestritten. Die Wiederherstellung der Stadtsilhouette, vor allem durch Wiederherstellung der Türme, ließen
sich die Bürger etwas kosten, die sonst eher der Behebung der Wohnungsnot
Priorität vor der Stadtbildpflege einräumten. „*Erhaltung des Stadtgrundrisses*" war
Minimalkonsens zwischen Modernisten und Traditionalisten. Mancher Glaubenskrieg um die Erhaltung der Stadt scheint nach einem Vergleich der Pla-
nungsvorschläge überflüssig. In Frankfurt war der Vorschlag der Altstadtfreunde
nicht so weit von dem des Stadtplanungsamtes. Auch der Höhendrang der Bau-

ten respektierte meist die Schamgrenze der höchsten Kirche. Selbst in Frankfurt wurde diese Grenze erst mit der Hochschule für Erziehung Mitte der 60er Jahre überschritten.

(6) Hauptsünde der 50er Jahre schien die *Idee der verkehrsgerechten Stadt*. Die 60er Jahre haben mit gigantischen Stadtautobahnen und Außenringen Schneisen in die Städte geschlagen. „*Haussmannisierung*" ist dieser Prozeß nach dem Baron Haussmann und seinem Wirken in Paris zwischen 1850 und 1870 in Paris genannt worden.[39] Die schmaleren Schneisen der 50er Jahre von der Ost-West-Achse in Hamburg bis zur Nord-Süd-Schneise in Kassel oder der Rennbahn, die das Saartal in Saarbrücken zerschnitt, gingen auf die 50er Jahre zurück, weil nur damals noch Weichen gestellt werden konnten. Sie betrafen aber die Innenstadt! Auch die weitschauendsten Planer, wie Hebebrand, konnten sich nicht vorstellen, daß die Zeil in Frankfurt nicht wieder die wichtigste Ost-West-Verbindung sein werde.

(7) Nur in einer Hinsicht sind die 50er Jahre säuberlich mit der Dekade abgegrenzt, weil 1960 das *Bundesbaugesetz* um ein Jahrzehnt zu spät kam. Das Bauleitplansterben in den Städten begann. Verfahrensfehler wurden überall entdeckt, und in den Lücken halbgültiger Baupläne konnten Großunternehmen ihren Verhandlungsspielraum mit dem Stadtregiment ausnutzen und die Umwidmung immer weiterer Außenbezirke der City einleiten. Die Liberalisierung des Wohnungsmarktes der 60er Jahre hob sich vorteilhaft von dem Mief der Wohnungsämterbürokratien ab, welche die Menschen gängelten. Aber sie hatte ihren Preis durch steigende Grundstückspreise, wachsende Ansprüche und Megalomanie.

Die Fünfziger, als unser aller Armutssozialisation der älteren Generation zu lange verdrängt, verleiteten in den 80er Jahren zu nostalgieverklärter Betrachtung. Die Inspektion der 50er Jahre endet nach einer gewaltigen Beschimpfung häufig mit der Feststellung, daß die „*Rasteritis*" zwar „zu den elendsten Machwerken der Architektur aller Zeiten" gehöre. Dennoch, so lautet der unerwartete Schluß, sei bis 1957 die „vorläufig beste Zeit" gewesen.[40]

Die Qualität des Umbruchs in Deutschland ist mit den „*roaring twenties*" in den USA verglichen worden, sicher zu Unrecht in Bezug auf die Spitzenerzeugnisse der Kultur. Aber im Alltag vollzog sich tatsächlich eine vergleichbare Dynamik mit der Motorisierung, der Technisierung des Alltags und der Entwicklung eines wohlgemuten Hedonismus. Von den „Trizonesiern", die 1948 im Kölner Karneval ihren Frust in optimistischen Leichtsinn umsetzten, bis hin zur deutschen Halbmoderne, die bis Ende der 50er Jahre das Kulturleben dominierte, scheint es doch so etwas zu geben, wie den „Geist der 50er Jahre", und er wird zunehmend weniger belächelt. Inzwischen hat sich das Nationalkomitee für Denkmalpflege der Architektur der 50er Jahre angenommen. 1990 fand anläßlich der Constructa in Hannover eine Fachtagung über „Architektur und Städtebau der 50er Jahre" statt. Erschreckende Bilanzen des Abrisses wurden bildlich demonstriert. Kaum eines der charakteristischen Lichtspielhäuser der 50er Jahre hatte überlebt. Im Makrobereich der Architektur ereignete sich ähnliches wie im Mikrobereich meiner Familie. Meine Kinder fanden meine Krawatten und Sonnenbrillen aus den 50er Jahren „brüllhäßlich". Als ich sie endlich weggeworfen hatte, baten sich mich, ihnen diese Relikte zu überstellen. Sie fanden sie aufgrund eines postmodernen Paradigmawandels nun plötzlich „affengeil". Kein Zufall, daß die Publikation zu dieser Tagung den stilisierten Appell trug: „Nicht wegwerfen".

Anmerkungen:

1) Hans-Peter Schwarz: Die Fünfziger Jahre als Epochenzäsur. In: Jürgen Heideking u.a. (Hrsg.): Wege in die Zeitgeschichte. Berlin, de Gruyter, 1989 (473-496), S. 474.

2) zu den 60er Jahren: Heinrich Klotz: Architektur und Städtebau. Die Ökonomie triumphiert. In: Hilmar Hoffmann /Heinrich Klotz (Hrsg.): Die Sechziger. Die Kultur unseres Jahrhunderts. Ein Econ-Epochenbuch, Düsseldorf, Econ, 1987 (133-247), S. 133.

3) Martin Broszat u.a. (Hrsg.): Von Stalingrad zur Währungsreform. Zur Sozialgeschichte des Umbruchs in Deutschland. München, Oldenbourg, 1989.

4) Ralf Dahrendorf: Gesellschaft und Demokratie in Deutschland. München, Piper, 1965, S. 115ff.

5) Dieter Hoffmann-Axthelm: Deutschland 1945 - 1980. Der Architekt ohne Architektur. Arch plus, 1981, Nr. 56 (13-22), S. 15.

6) vgl. Axel Schildt/Arnold Sywotteck: Wiederaufbau und „Modernisierung". Zur westdeutschen Gesellschaftsgeschichte in den fünfziger Jahren. APuZG, B 6-7, 1989, S. 18-32.

7) Jost Hermand: Kultur im Wiederaufbau. Die Bundesrepublik Deutschland 1945-1965. München, Nymphenburger, 1986.

8) Diana Crane: The Transformation of the Avantgarde. The New York Art World 1940-1985. Chicago UP, 1987.

9) vgl. Klaus von Beyme: Der Wiederaufbau. Architektur und Städtebau in beiden deutschen Staaten. München, Piper, 1987, S. 291ff.

10) Hoffmann-Axthelm, a.a.O., S. 15.

11) Meinhard von Gerkan: Alltagsarchitektur. Wiesbaden, Bauverlag, 1987.

12) Ideen, Orte, Entwürfe. Architektur und Städtebau in der Bundesrepublik Deutschland. Berlin, Ernst, 1990.

13) Werner Durth/Niels Gutschow: Architektur und Städtebau der Fünfziger Jahre. Bonn, Nationalkomitee für Denkmalschutz, 1987, S. 16.

14) Waltraud und Joachim Petsch: Bundesrepublik eine Neue Heimat. Städtebau und Architektur nach `45. Berlin, Elefanten Press, 1983, S. 83.

15) Paolo Nestler/Peter M. Bode: Deutsche Kunst seit 1960. Architektur. München, Bruckmann, 1976, S. 9.

16) Vittorio M. Lampugnani: Architektur und Städtebau des 20. Jahrhunderts. Stuttgart, Hatje, 1980, S. 169.

17) Klaus von Beyme: Die politische Willensbildung der Bundesrepublik Deutschland der 50er Jahre im internationalen Vergleich. In: Axel Schildt/Arnold Sywottek (Hrsg.): Modernisierung im Wiederaufbau. Die westdeutsche Gesellschaft der 50er Jahre. Bonn, Dietz 1993, S. 819-833.

18) Jost Hermand: Positionen und Kontroversen. In: Architektur und Städtebau der fünfziger Jahre. Ergebnisse der Fachtagung in Hannover 1990. Redaktion Werner Durth und Niels Gutschow. Bonn, Schriftenreihe des deutschen Nationalkomitees für Denkmalschutz, Bd.41, S. 88f.

19) Ralf Dahrendorf: Gesellschaft und Demokratie in Deutschland. München, Piper 1965, S. 476.

20) Wilfried Loth: Der Durchbruch zur Dynamisierung. Die französische Gesellschaft in den 50er Jahren. In: Schildt/Sywottek, a.a.O. 1993, S. 69-79.

21) Hermand, a.a.O., S. 88f, Ders.: Kultur im Wiederaufbau. Die Bundesrepublik Deutschland 1945-1965. München, Nymphenburger 1986, S. 145ff.

22) Serge Guilbaut: How New York Stole the Idea of Modern Art. Chicago UP 1983.

23) Helmuth Kiesel: Die Restaurationsthese als Problem für die Literaturgeschichtsschreibung. In: Walter Erhart/Dirk Niefanger (Hrsg.): Zwei Wendezeiten. Tübingen, Niemeyer 1997, S. 13-45.

24) Martin Damus: Kunst in der BRD 1945-1990. Reinbek, Rowohlt 1995, S. 69ff.

25) Kurt Winkler: Allgemeine Deutsche Kunstausstellung. Dresden. In: Stationen der Moderne. Die bedeutenden Kunstausstellungen des 20. Jahrhunderts in Deutschland. Berlin, Berlinische Galerie 1989, 4.Aufl. (353-359), S. 359.

26) Walter Grasskamp: Die unbewältigte Moderne. Kunst und Öffentlichkeit. München, Beck, 1989, S. 137.

27) Thomas Topfstedt.In: Architektur und Städtebau der 50er Jahre. a.a.O. 1990, S. 95.

28) Christoph Hackelsberger: Die aufgeschobene Moderne. Ein Versuch zur Einordnung der Architektur der Fünfziger Jahre. Berlin, DKV, 1985, S. 33ff. C. Feuerstein: New Directions in German Architecture. New York, Braziller 1968, S. 103.

29) vgl. Jeffrey M. Diefendorf (Hrsg.): Rebuilding Europe's Bombed Cities. London, Macmillan 1990.

30) H. Schoszberger: Blick über die Grenzen. Neue Bauwelt 1950. H.12 (185-192), S. 187.

31) zit. Philip Rappaport: Städtebau und ECA in: Hermann Wandersleb (Hrsg.):Neuer Wohnbau. Ravensburg, Otto Maier 1952, Bd.1 (47-51), S. 169.

32) J. Burchard: The Voice of the Phoenix. Post war Architecture in Germany. Cambridge/Mass., MIT Press 1966, S. 1-6.

33) Hans-Peter Schwarz: Visionen und Tendenzen in Architektur und Städtebau. In: Bundesministerium für Raumordnung, Bauwesen und Städtebau (Hrsg.): Ideen, Orte, Entwürfe. Architektur und Städtebau in der Bundesrepublik Deutschland Berlin, Ernst & Sohn 1990 (103-116), S. 103.

34) In: Heinrich Klotz: Architektur in der Bundesrepublik. Gespräche mit Günter Behnisch u.a. Berlin, Ullstein 1977, S. 168-170.

35) vgl. Einleitung: Klaus von Beyme, Werner Durth u.a. (Hrsg.): Neue Städte aus Ruinen. Deutscher Städtebau der Nachkriegszeit. München, Prestel 1992, S. 24.

36) Durth/Gutschow, a.a.O., 1987, S. 16, 132.

37) Christoph Hacklsberger: Die aufgeschobene Moderne. Ein Versuch zur Einordnung der Architektur der Fünfziger Jahre. München, Deutscher Kunstverlag, 1985, S. 59.

38) Jürgen Paul: Kulturgeschichtliche Betrachtungen zur deutschen Nachkriegsarchitektur. In: Helge Bofinger u.a.: Architektur in Deutschland. Stuttgart, Kohlhammer, 1981 (11-22), S. 17f.

39) Spiro Kostof: Die Anatomie der Stadt. Frankfurt, Campus 1993, S. 266f. Die Analogie schmeichelt den 50er Jahren: Die Schneisen sind nicht von jener geschlossenen Würde, die uns die Verluste am verwinkelten alten Paris heute erträglich erscheinen lassen.

40) Hackelsberger, a.a.O., S. 63f, 104.

4) Von der Hauptstadtsuche zur Hauptstadtfindung. Die Gestaltung des Zentrums von Berlin zwischen Politik, Wirtschaft und Kultur

1) Hauptstadtplanung im internationalen Vergleich

Berlin hat seine Hauptstadtplanung nicht voraussetzungslos betrieben. Die Stadt hat sich durch Studien in anderen Hauptstädten kundig gemacht. Der Vergleich zeigt, daß es keine völlige Harmonie zwischen dem nationalen und dem lokalen Zentrum einer Hauptstadt gibt, es sei denn als künstliche Idylle, wie in Canberra/Australien. Föderalistische Länder sind geeigneter zum Vergleich. Aber es zeigt sich, daß die Ausdifferenzierung eines Hauptstadtbezirks, wie des „District of Columbia", aus der Länderstruktur, in Washington keineswegs dazu beitrug, daß ein eigenständiges kommunales Zentrum an Bedeutung gewann.[1] Nun könnte diese Entwicklung in der amerikanischen Hauptstadt vielleicht noch als ein Nebenprodukt der gigantischen Planungen von L'Enfant interpretiert werden. Außerdem: was sich nicht optisch in besonderen kommunalen Bauten niederschlägt, muß deshalb inexistent sein. Dennoch entwickelt sich in Washington das Gegenteil eines urbanen Zentrums. Nördlich des Weißen Hauses verslumen sogar ehemalige elegante Botschaftsviertel. Südlich der „Mall" entwickelte sich ein wenig durchmischtes Ministerienviertel, dem auch einige Hot dog-Stände kein urbanes Leben einhauchen können.

Im Vergleich mit Washington hat Berlin optisch mit dem Roten Rathaus gute Aussichten, als politische Gemeinde sichtbar zu bleiben. Die künftige Entwicklung enthält jedoch eine Unbekannte: wir wissen nicht, wie sich Berlin als zentrale Kommune innerhalb eines Landes Berlin-Brandenburg entwickeln würde. Jedenfalls wäre mit der Verlagerung der Hauptstadt des Landes nach Potsdam weniger Anreiz zur starken Sichtbarkeit Berliner Einrichtungen mehr gegeben.

Bei der Suche nach dem lokalen Zentrum geht es jedoch nicht in erster Linie um Sichtbarkeit von Architektur, sondern um lebendige Strukturen der lokalen Gesellschaft und eine leidlich harmonische Koexistenz von lokalen und nationalen Einrichtungen in der Stadt. Diese Koexistenz ist in Washington gar nicht, in London wenig und in Paris gut gelungen.[2] Berlins Zentrum mit seinen zugigen Schneisen und mit den zu geringen Resten alter Bausubstanz ist in einer ganz anderen Lage als die Hauptstädte anderer Demokratien.

In Paris ist im 6. und 7. Arrondissement ein aristokratisch-großbürgerliches Viertel mit seinen Palais in die Hauptstadtfunktion hineingewachsen, ohne seine traditionelle Durchmischung mit Kulturbauten und Wohnungen zu verlieren. In London ist „Whitehall" als Machtzentrum des Britischen Staates der Berliner Situation vergleichsweise am ähnlichsten. Das Regierungsviertel ist ein hochverdichtetes Durchzugsgebiet und wenig durchmischt mit anderen Funktionen. Dennoch wirkt es relativ lebendig, weil touristische Attraktionen an beiden Enden des Regierungszentrums einen lebhaften Durchgangsverkehr herausfordern. Hier wird die Lage mit Berlin unvergleichbar. Westminster als Anziehungspunkt westlich der Regierungsbauten ist in Fußgängernähe. Westlich des Reichstags aber lädt in Berlin der Tiergarten die Einheimischen zum Picknick ein. Für auswärtige Touristen aber bildet er eine Barriere, denn die touristischen Ziele in Charlottenburg sind nicht mehr in Fußgängernähe.

Im Osten der Regierungsmeile liegt in London die alte City mit zahlreichen Attraktionen. In Berlin liegt dort eine Altstadt, die ausradiert worden ist. Zwei mittelalterliche Kirchen und ein altartiges Quartier aus der Postmoderne-Zeit des Spätsozialismus schaffen noch keine Altstadt. Die zugige Parkbrache bis zum Alexanderplatz harrt noch der Gestaltung. Die Attraktion für Ferntouristen endet weitgehend an den Kulturbauten auf der Spreeinsel, wo die Altstadt eigentlich erst beginnt. Es hat in London auch immer eine Konkurrenz von Westminster und Londoner City gegeben. Sie wurde durch Differenzierung der Funktionen entschärft. In Berlin hingegen ist die Konkurrenz von Berlin und Cölln nur noch historisch rekonstruierbar, kann aber architektonisch kaum noch visualisiert werden.

In Berlin hat sich eine westliche Gegencity konstituiert, längst ehe es zur Teilung der Stadt gekommen ist. Die Einigung Deutschlands hat den Vorsprung der westlichen City nicht abgebaut. Eine östliche City am Alexanderplatz kann als lokale Trotzreaktion der Ostberliner vielleicht Wachstumschancen bekommen, falls der Rückbau des Alexanderplatzes nicht erneut Einschüchterungsarchitektur à la Kollhoff hinterläßt. Es ist jedoch schon sichtbar, daß Ostberliner, wenn sie ihr Befindlichkeitstrauma einen Abend überwinden und das Geld aufbringen, zum Amüsement eher nach Westberlin überwechseln. Das lokale Zentrum Berlins hat somit schlechte Aussichten, eine Einheit zu werden. Die Tendenz zur Herausbildung suburbaner regionaler Zentren der Stadtteile, wie in Steglitz, Zehlendorf, Spandau und anderwärts, ist weiter fortgeschritten als in Hauptstädten anderer Länder von vergleichbarer Größe. In Berlin wird diese Suburbanisierung von der Stadtplanungskonzeption zudem planmäßig gefördert.[3] Zwischen den suburbanen lokalen Zentren kann das nationale Zentrum in Berlin zu einer reinen Tagesurbanität von 10-17 Uhr gebremst werden, was nicht Sinn der Planung sein kann.

In den ersten Diskussionen um die Planungskonzeption für die Hauptstadt wurde die Alternative aufgeworfen: Bürgerstadt oder Regierungszentrale? Es war zu erwarten, daß die Antwort pragmatisch ausfallen würde: sowohl als auch.[4] Die Harmonisierung beider Leitbilder ist jedoch im Zentrum von Friedrichs- und Dorotheenstadt noch keineswegs gesichert. Eine Bürgerstadt ist nicht im Entstehen. Die Verantwortlichen, wie Hans Stimmann, erklärten, daß es in Berlin nicht wie bei „La défense" in Paris oder „Canary Wharf" in London um die Errichtung einer zweiten City neben den Innenstädten gehe.[5] Das ist glaubhaft, denn die Nebencities sind in Berlins Suburbia längst entstanden. Die wichtigste Strukturfrage bei dem anstehenden Bauvolumen von 4 Millionen m² ist die Harmonisierung der Hauptstadt – und der Dienstleistungsfunktionen. Der Vergleich mit „la défense" hinkt ohnehin. Der Paris-Besucher kann den Stadtteil meiden, ob er ihm gefällt oder nicht. Der Berlin-Besucher hat diese Möglichkeit nicht. Gleich hinter den „Linden" stößt er auf relativ unstrukturierte Areale des radikalsten Umbaus einer Altstadt in der Geschichte.

Neu an der Lage Berlins ist die Notwendigkeit, ein *Verkehrsnetz* für die harmonische Verbindung von drei wichtigen Funktionen in der Innenstadt bereitzustellen. Wo wird schon ein neuer Hauptbahnhof in einer alten Stadt geplant? Das Quartier am künftigen Hauptbahnhof läßt eine gewisse unorthodoxe Urbanität in der Nähe der Herrschaftszentren erhoffen, während andere ein Rotlichtviertel und Sündenbabel befürchten. Die unorthodoxe Urbanität aber ist am wenigsten planbar. Die austeren Blöcke des Bahnhofsprojekts von Meinhard von Gerkan suggerieren noch optisch: „alles unter Kontrolle", im Bahnhofsgebäude unter Kontrolle einiger Hauptverwaltungen, die man auf dem Bahnhofsgelände anlocken möchte.

Die Verkehrsbauten wurden zum größten Streitpunkt im Konzept der ökologischen Stadterneuerung. Irmgard Schwaetzers Plan für eine Untertunnelung des Brandenburger Tors fiel mit der Ministerin. Der Tunnel im Spreebogen ist hingegen beschlossen. Das Planfeststellungsverfahren ist im Oktober 1995 beendet und die Bauarbeiten haben begonnen. Das Projekt, mit Tunnelröhren für die Fernbahn, die U-Bahn und den Autoverkehr, soll 4.5 Milliarden DM kosten und bereits im Jahre 2002 fertiggestellt werden. Zwischenzeitlich ist dafür ein spektakuläres Experiment, wie die Umleitung der Spree, angesetzt mit noch umstrittenen ökologischen Folgen. Man versprach grundwasserschonend zu bauen. 2500 Bäume müßten gleichwohl dem Projekt zum Opfer fallen.[6]

Im Widerstreit des optimal Wünschbaren und des politisch und wirtschaftlich Machbaren sind starke Hypotheken der bisherigen Stadtplanungen in Ost und West übernommen worden. Ost- und West-Berlin haben seit langem eine Entmischung der Funktionen vorangetrieben. Der Respekt vor der überkommenen Struktur der Parzellen war keineswegs nur im Osten gering. Eine auf den PKW konzentrierte Verkehrsplanung schob sich auf beiden Seiten des Eisernen Vorhangs in den Vordergrund.

Die Schaffung der Verkehrsverbindungen zwischen Ost und West wurde zu einem ersten Schwerpunkt des Städtebaus erklärt. Aber bei der Nordumfahrung der Altstadt und der Anbindung der Invalidenstraße kam es zu solchen Verzögerungen bei einem winzigen Brückenbau, daß kein Vertrauen entstand, künftige Infrastrukturmaßnahmen – vor allem die neue U-Bahnlinie vom Alexanderplatz zum Lehrter Bahnhof – könnten fristgerecht durchgeführt werden.

2) Das neue Leitbild der ökologischen Stadterneuerung

Die Diskussion um die Erneuerung der Hauptstadt wirkt insofern „postmodern", als sie sich überwiegend auf die baukünstlerische Seite des Baugeschehens konzentriert. Das neue Zentrum der Metropole sollen Dorotheen- und Friedrichstadt sein. Sie sind im Flächennutzungsplan von 1994 als „Kerngebiet" ausgewiesen. In diesem Kerngebiet sind vor allem zulässig: Geschäfts-, Büro-, Verwaltungsgebäude, Einzelhandelsbetriebe und Hotels. Ausnahmsweise werden auch Wohnungen zugelassen.[7] Der Anteil der Wohnungen wurde nicht genau festgelegt. Die Daumenregel besagt: 20% des Volumens.

Ein weiteres gemeinsames Erbe der beiden deutschen Staaten ist die Absage an das Leitbild der *Stadtlandschaft*, das mit Scharoun als Stadtbaurat besonders bizarre Blüten in der Berliner Nachkriegsdiskussion getrieben hatte. Scharouns Vision ging weit über den Grundkonsens der Zeit zugunsten der „*gegliederten und aufgelockerten Stadt*" hinaus. Scharoun wollte das Urstromtal der Spree optisch wieder sichtbar machen. Wolf Jobst Siedler hat schon früh die Stimme der Opposition artikuliert: „Wer das eiszeitliche Urstromtal zum Leitbild des Wiederaufbaus einer zerstörten Stadt machte, erhebt den Neandertaler zum Generalbaumeister."[8]

In der Ära Hans Stimmann schienen die alten Fronten wieder aufzubrechen. Die Ausstellung „Das Berlin von morgen", die vom Deutschen Architekturmuseum in Frankfurt mit starker Beachtung der Medien lanciert wurde, schien ähnlich genial wie einige Nachkriegsplanungen mit dem Stift über gewachsene Stadtstrukturen hinwegzugehen. Dennoch hatten die Fronten sich verschoben. Alle planungsrelevanten Beiträge haben die Scharounsche Position nicht wieder aufgegriffen.

Die Vorstellung einer *kritischen Stadtrekonstruktion*, wie sie die IBA bereits in den 80er Jahren entwickelt hat, schien Ende der 80er Jahre in Ost- und West-Berlin konsensfähig zu sein. Allerdings hat sich dieser Konsens in den 80er Jahren marktwirtschaftlich verengt: „Die aktuelle Erneuerungspolitik ist pragmatisch, sie zielt auf eine Unterstützung bzw. Bremsung vorhandener marktvermittelter Entwicklungsprozesse". „*Verdichtung*" war an die Stelle der „*Auflockerung*" getreten[9], so sehr auch schon früh einzelne kritische Stimmen vor den „Verdichtern und Urbanitätern" gewarnt hatten (Hillebrecht).

Wie die „Verdichtung" mit dem Zusatz „ökologisch" harmonisiert werden kann, blieb unklar. Der Zusatz „behutsam" sollte sich auf gewachsene Sozialstrukturen beziehen, aber er kann sich kaum auf das „Kerngebiet" der Hauptstadt beziehen, da hier der Wohnungsanteil sehr klein geplant ist. Der verbleibende Anteil an Wohnungen im Kerngebiet wird schwerlich sozial verträglich „abgewickelt" werden. Die Preisentwicklung der Metropolen deutet bereits auf die übliche „*Gentrification*" hin.

Postmodern erschien das neue Leitbild auch darin, daß es sich zur „*ungleichzeitigen Stadt*" bekannte. Ihr liegt kein einfaches und vereinheitlichendes

Leitbild mehr zugrunde. Wieder gilt das im Maßstab der Gesamtstadt. Für den Kernbereich ist die Dienstleistungsmetropole die Leitvorstellung, die sich mit den anderen genannten Prinzipien nicht widerspruchsfrei verbinden läßt.[10]

Der stille Leitbild-Konsens in Ost und West vor der Vereinigung blieb in der Durchführung auf den Westen beschränkt: der Osten hatte längst nicht mehr die Mittel zu bezahlen, was er erkannt hatte. Inzwischen ist der Westen in eine ähnliche Lage geraten. Seine bauliche Hauptaktivität erstreckt sich auf ein Gebiet, das einst zum Osten gehörte. Dieser Stadtteil ist – trotz der Propaganda um die „Hauptstadt der DDR" – wegen seiner exponierten Lage ziemlich vernachlässigt worden. Selbst an Staatsbauten wurde wenig von dem Projektierten gebaut. Im Wohnungsbau wurde aus Demonstrationszwecken dafür gesorgt, daß die Grotewohlstraße zwar in Wilhelmstraße rückbenannt werden konnte. Aber die alte Konzentration staatlicher Ämter mit ihrer Einschüchterungsarchitektur ließ sich nicht restaurieren, da die Plattenwohnbauten diesen Bauplatz besetzt hatten.

Der Westen mußte nach 1990 erkennen, daß die kritische Stadterneuerung der 90er Jahre nicht mehr zu den vergleichsweise günstigen Konditionen der IBA-Zeit wie bei der Modernisierung des Altbaubestandes von Kreuzberg zu haben war. *Privatisierung* wurde das Schlagwort der neuen Ära. Selbst die Mobilisierung wurde wieder entdeckt. Man griff auf Erfahrungen in Wien und in der DDR zurück, daß bei den Mietern Bereitschaft vorhanden ist, sich für private Investitionen mobilisieren zu lassen, wenn Eigentumsansprüche dafür rechtlich abgesichert werden.[11]

Erneut kam es zur Diskussion von *Bürgerbeteiligung* an der Planung. Peter Dienels Versuch, seine Idee der „Planungszelle" im Städtebau in Köln direkt wirksam werden zu lassen, war von den Technokraten längst als zu aufwendig zu den Akten gelegt worden.[12] Ein Experiment der Bürgerbeteiligung in Köln-Chorweiler wurde als erfolglos eingestuft. Bessere Modelle fand man in Hamburg-Kirchdorf-Süd. In Berlin war die Lage jedoch wesentlich ungünstiger als in Köln oder Hamburg. Für Ost-Berlin ging man von einem Entwicklungsrückstand von 30 Jahren aus. Der *Wohnungsbedarf* wurde für Berlin auf 200 000 Wohnungen geschätzt. Nach den Daten zum Bundesdurchschnitt hätten in den letzten Jahren 23000 Wohnungen fertiggestellt werden müssen. 1993 wurden aber nur knapp 10 000 und 1994 etwa 15 000 Wohnungen in Berlin gebaut.[13]

Die Aussichten für einen sozialverträglichen Wohnungsbau in der City sind nicht günstig. Die Wohnungskontingente der Dienstleistungsbauten sind von Anfang an gentrifiziert. Die Reste des „*Wohnens im Kiez*" sind von der Mietpreisentwicklung bedroht. Wenn 1997 die Sonderabschreibung nach § 4 des Fördergebietsgesetzes entfällt, werden private Investoren im Wohnungsbau kaum noch ermuntert. Die Wohnungsbaulobby läuft bereits Sturm gegen die Netze der Sozialverträglichkeit, die gespannt wurden. Der Gesamtverband der Wohnungswirtschaft (GdW) hat die für den 1. Juli 1995 vorgesehene Anhebung der Bestandsmieten um maximal 20% bei kommunalen und genossenschaftlichen Wohnungen in Ostdeutschland als unzureichend bezeichnet und forderte bis zu 30%.[14] Die FDP-Fraktion in Bonn wollte bei Neuvermietungen nur noch schwache Begrenzungen der Mieten nach dem Wirtschaftsstrafgesetz zulassen, wie sie auch im Westen gelten. Bauminister Töpfer hat 15% höhere Mieten befürwortet. Die Länderbauminister wollen nur 10% mehr Miete zulassen.[15] Aber auch hier ist der Trend preistreibend und nicht eben sozialverträglich.

3) Die Funktionen der Metropole

Drei Funktionen wird die künftige Metropole Berlins ausbauen:
- die Hauptstadtfunktion,
- die Dienstleistungsfunktion,
- und die Funktion als kulturelles nationales Zentrum.

Alle drei Funktionen lassen keine harmonische Verbindung der City von einem lokalen und nationalen Zentrum erwarten.

a) Hauptstadtfunktion

Die Geldknappheit hat im Kerngebiet der Stadterneuerung einen guten denkmalpflegerischen Nebeneffekt entwickelt. Es wird kaum Neubauten für Regierungsämter geben. Dem Staatsrat wurde so das Leben gerettet. Als Kongreßzentrum der Bundesregierung könnte ihm sogar eine Funktion zufallen. Der Palast der Republik bekam eine Galgenfrist. Die Gestaltung der Mitte Berlins ist verschoben worden. Den Aufbau des Schlosses befürworteten nur noch vereinzelte Stimmen in sehr vorsichtiger Form.[16] Bei Schinkels Bauakademie hingegen herrscht ein breiter Konsens, sodaß die übliche Negativ-Koalition von Denkmalpflegern und Architekten, die Neues bauen wollen, bröckelt, zumal die Architekten diesen Kultbau wieder in eigene Regie nehmen möchten. Das Asbestgutachten, das Bauministerin Schwaetzer angekündigt hatte, war Anfang 1995 noch nicht in Auftrag gegeben. Vorstöße, den Palast der Republik für das Publikum zu öffnen, sind kaum erfolgreich. Der Zustand des Gebäudes ist schlecht, das Mobiliar ist bereits verscherbelt worden.[17]

Nach einer Tradition, die selbst im zentralistischen Preußen nicht gebrochen werden konnte, werden die Ministerien über die Altstadt verstreut. Das entspricht den Usancen in Paris oder Rom, auch dieses Hauptstädte von zentralistischen Systemen. Erstmals rückt das Zentrum in einen Teil des Ostens. Ängste der Westdeutschen, künftig vom „Osten aus" regiert zu werden, blieben unartikuliert. Stärker sind hingegen die Sorgen, daß mit dem Einzug in die Gebäude der als genius loci preußischer Gesinnung wieder über die Behörden kommen könne.[18]

Die Verantwortlichen in Berlin, wie Bausenator Nagel, waren nicht frei von Sorgen, daß trotz oder wegen der Dekonzentration der Ministerien tote Zonen entstehen könnten, etwa zwischen Potsdamer Platz und Friedrichstraße. Gefahren drohen der Urbanität auch von allzu ängstlichen Sicherheitsvorkehrungen des Bundes. Der im Wettbewerb geforderte Abstand von 50 Metern zwischen dem Bundeskanzleramt und der öffentlichen Straße müßte dazu führen, daß die Südallee für die Öffentlichkeit gesperrt wird.[19] Die Erfahrungen anderer Hauptstädte, welche die Sicherheitsmaßnahmen ins Innere der Gebäude verlegen, werden weitgehend ignoriert. Mit der Sperrung der Südallee für den öffentlichen Verkehr würde ein Nordriegel entstehen, der in dem Gutachten von Bodenschatz und Fischer gerade vermieden werden sollte.[20]

Da selbst Außenminister Kinkel auf hochfahrende Neubaupläne verzichten mußte, was dem „Staatsrat" das Leben rettete, wird wenig gebaut. Je weniger gebaut wird, umso heftiger entwickelte sich die Kritik gegen das, was gebaut werden soll. Scharfe Töne waren für den Pariser Platz zu hören.

Das Bundeskanzleramtsprojekt war vielfach ein Stein des Anstoßes. Axel Schultes hatte sich einst selbst über den „preußisch durchsäuerten Neoklassizismus" mokiert, der in Berlin Fuß fasse. Nun kam er bei seinem strengen Nordriegel selbst unter ideologischen Beschuß. Bernd Niebuhrs Entwurf einer Fassade des Stadthauses auf der Spreeinsel wurde als „Zentralgefängnis von Atlanta" bezeichnet. Die Bürobauten des Bundespräsidialamtes am Schloß Bellevue erschienen für Peter Conradi, den Bauexperten der SPD-Fraktion, als „finsteres Mausoleum". Der zweite Preis für das Bundeskanzleramt von Oswald Mathias Ungers wurde als „pseudoklassizistischer Entwurf mit herrscherlich abweisender Geste" noch weit schärfer kritisiert als Schultes Entwurf.[21] Im ganzen kam Schultes in der Kritik relativ gut weg. Auch Kritiker von Neu-Teutonia in Berlin halten es für möglich, daß im Spreebogen ein baukünstlerisch hochrangiges Bühnenbild für Staatszeremonielle entsteht, das man in Bonn vermißt hat. Dennoch wird befürchtet, daß die lange linear-geometrische Figur mit den strengen Außenmauern zwar dem Fernblick Halt zu geben vermag, aber in seiner Achsenordnung doch wieder eher überwältigend wirkt, wenn diese bis in den letzten Winkel des Grundstücks durchexerziert wird.[22]

Conradi als der Experte im Bundestag war sich mit Stimmann einig, daß die Blockstruktur in der Innenstadt erhalten werden müsse, um die Hochhäuser aus dem Kernbereich fernzuhalten. Aber die Details der gebauten Hauptstadtfunktionen bleiben umstritten. Stefan Braunfels, einst ein mutiger Kämpfer gegen die Megalomanie der Staatskanzlei in München, mußte sich nun für den Alsenblock, der den Bundestagsabgeordneten dienen soll, den Vorwurf gefallen lassen, daß die Doppelzeile im Osten „einen fast einschüchternd feierlichen Zeremonienhof" bilde.[23] Nur Schultes konnte in seinem manieristischen Wechselspiel von offenen und geschlossenen Trakten, Transparenz und Massivität die Kritiker soweit verblüffen, daß er kompromißfähig blieb.

Der Vorwurf, daß in Berlin Neu-Teutonia entstehe, wie ihn Daniel Libeskind einmal formulierte, ist schwerlich gerechtfertigt. Die Hauptstadt Berlin bleibt der alten Dezentralisierung treu. Die Hauptstadtfunktionen sind weniger konzentriert als in London oder Washington. Dennoch entzündete sich die Kritik an der Megalomanie der Planungen, vor allem im Infrastrukturbereich. Die Grünen forderten den Verzicht auf einige der über 100 Großprojekte, die geplant sind, vor allem auf den Tiergartentunnel, die U-Bahnlinie 5 „Unter den Linden" und das Entwicklungsgebiet Wasserstadt Oberhavel. Der Senat handhabe die Prioritätenliste flexibel, ohne auf langfristige Planungen für das nicht sofort Bezahlbare zu verzichten. Finanzsenator Elmar Pieroth glaubte, daß die Berliner Pro-Kopf-Verschuldung bis 1998 auf 17.523,- DM steigen werde.[24] Sie läge jedoch noch immer unter dem Niveau anderer Stadtstaaten, wie Hamburg und Bremen, die nicht diese Sonderbelastungen der Harmonisierung des lokalen und des nationalen Zentrums aufsichnehmen mußten.

b) Dienstleistungsfunktionen

Da es bei den gebauten Hauptstadtfunktionen nur wenig Masse zu kritisieren gab, verlagerte sich die Kritik vor allem auf den Bau der neuen Dienstleistungscity, die bereits vollem Gange war. Auch darin ist die städtebauliche Diskussion in die Postmoderne eingetreten: sie verlagerte sich von der sozialen Kritik des Baugeschehens auf die ästhetisch-baukünstlerische Seite.

Die Forderung nach *Erhaltung der alten Stadtstruktur* in den zentralen Punkten des Leitbildes bezog sich vor allem auf das *Straßennetz*. Sie konnte auch die Notwendigkeit des Rückbaus einiger großer Schneisen implizieren. Man hat freilich wenig Hoffnung, daß dieser Rückbau in der Leipziger Straße realisierbar wird, zumal nicht alle Verkehrsplaner Berlins des Konzept befürworten.

Die Forderung müßte sich auch auf die *Parzellenstruktur* beziehen. Aber gerade in diesem Punkt zeigte sich ein postsozialistisches Dilemma: die Befürworter der Dezentralisation und der Deregulierung in einer Koalition der bürgerlichen Parteien waren gezwungen, den Teufel (die Staatswirtschaft) mit dem Beelzebub einer parastaatlichen Superbehörde (die Treuhand) auszutreiben. Die Treuhand bestimmte auch in Ost-Berlin weitgehend die Politik mit den städtischen Liegenschaften. Sie bietet die Grundstücke in den Größenordnungen an, die einst von der DDR als „sozialistische Errungenschaften" angesehen wurden, weil sie auf diese Weise schneller Großinvestoren zu finden hofft.[25] Durch dieses postsozialistische Erbe droht das „steinerne Berlin" wiederzuerstehen, ohne Plätze und größere Höfe. Architekten müssen zu Verschleierungstaktiken greifen. Bei mehreren Nutzern werden kleinere Parzellen durch unterschiedliche Fassadenkosmetik vorgetäuscht.

Nicht weniger Kritik forderten die Beschränkungen der Bauinitiativen heraus, welche den Bauherren auferlegt wurden: die Einhaltung der Baufluchtlinien, die Höhenbegrenzung auf 22 Meter Trauf- und 30 Meter Firsthöhe. Rasch wurde ein Glaubenskrieg zwischen der „Berlinischen Steinfraktion" und den „Verfechtern der internationalen Moderne" angeheizt. Glas als Inbegriff der demokratischen Transparenz schien verketzert, obwohl dies in den Richtlinien nicht festgelegt wurde. Die unterlegene Konzeption versicherte sich der Schützenhilfe von internationalen Größen. Dominique Perrault, Erbauer der neuen Hochhäuser für die französische Nationalbibliothek, die auch in Paris nicht unumstritten sind, sah eine „hausbackene und sterile Karikatur" der Stadt des 19. Jahrhunderts wieder entstehen.[26]

Ideen blamieren sich immer, ohne das Interesse, wie schon Marx wußte. Rasch spitzte sich der Kampf zu einem Machtkampf der In- und der Outgroup zu. Schnell war die Legende gezimmert, der Bausenat kungele mit einer kleinen Seilschaft von Berliner Größen. Josef Paul Kleihues, Jürgen Sawade und Hans Kollhoff wurden zum Machtkartell hochstilisiert. Kleihues oder Stimmann wurden nach Bedarf mit dem Baron Hausmann des 2. Empire verglichen. Vergessen wurde dabei, daß die Spätgeborenen das vereinheitlichende Resultat der Hausmannschen Brutalsanierung als das „schöne Paris" vor Augen haben, das Touristen so lieben. Schläge unter die Gürtellinie konnten auch bei den Angegriffenen nicht ausbleiben. Stimmann konterte Heinrich Klotz, einen Praeceptor Germania in Baustilfragen: „Sie sind ja nur beleidigt, weil Sie in Berliner Bauangelegenheiten nicht mehr gefragt werden".[28] Libeskind, Koolhaas und andere haben nach einigen Zerwürfnissen mit dem Bausenat an der internationalen Legende vom neuen Preußen in Berlin mitgewirkt. Andere internationale Größen, wie Philip Johnson, haben zähneknirschend die Beschränkungen akzeptiert, obwohl auch Johnson lieber eine expressive Skulptur im Höhenrausch gebaut hätte.[29] Der Senatsbaudirektor konnte auf wenigstens 150 ausländische Architekten hinweisen, die in Berlin bauen. Kleinliche Aufrechnerei war trotzdem an der Tagesordnung: Helmut Jahn hat 8 Projekte in Berlin – Kleihues hingegen 13.[30]

Die Polemik in diesem Glaubenskrieg, der mit formalen Argumenten an den eigentlichen sozialen Problemen des Aufbaus von Berlin vorbeiredete, verlor vielfach die Maßstäbe. Sicher ist, daß im Vergleich zu ausländischen Metropolen nirgendwo ein so hoher Ausländeranteil an den Architekten zu finden ist wie in Berlin. Die strukturellen Folgen der formalen Anforderungen sind gelegentlich übersehen worden. Es kam zu einer Verbunkerung der Großprojekte, die durch Tiefbau die Beschränkungen im Hochbau ausglichen: 8 Stock in der Höhe standen nicht selten 4 Stock in der Tiefe gegenüber. Aber dies erscheint noch immer als das kleinere Übel. Die Investoren klagten ebenfalls, daß die planende Ingroup zu stark auf einige Experten höre.[31] Rhetorisch bahnte sich gelegentlich eine Koalition der Investoreninteressen und der Modernisten an, die stärker in die Höhe strebten: keine Empfehlung für die Fraktion der Ästheten!

Die Alternative „Provinzmafia" gegen die „Pioniere der aufgeklärten Moderne" im Ausland erwies sich als Erfindung. Die Konflikte gingen quer durch die deutsche Architektenschaft hindurch. Behnisch und die Akademie der Künste zeigten einige Aufmüpfigkeit gegenüber der rigiden Gestaltungssatzung am Pariser Platz. Die Ästheten haben dabei notfalls die Front verkehrt und mit sozialen Argumenten gekämpft: lockere Urbanität mit viel Straßencafés gegen preußischrigorosen Pseudo-Klassizismus.[32] In der ideologisierten Debatte wurde für Berlin rasch ein amerikafeindliches Image geschaffen, weil es an der Höhenbegrenzung der europäischen Stadt festhält, als ob London oder Paris im Zentrum eine ande-re Politik verfolgt hätten. Die architektonische Konzeption, an die man anknüp-fen wollte, waren die Moderne, die Nachkriegsmoderne und die Postmoderne.[33] Diese Vielfalt wird freilich bei den ersten realisierten Baukörpern noch vermißt. Mit monotonen Sandsteinfassaden verkleidet, scheinen sie die „funktionalisti-schen Großcontainer" unter regionaler Drapierung fortzusetzen. Die Töne in den Debatten wurden zunehmend schriller. Die Verantwortlichen im Bausenat sind von der unsachlichen Kritik teilweise wund gerieben. So ließen sich Töne hören, die man sonst nur über die „Republik" vernommen hat: „Sie wollen eine andere Stadt".[34]

Die Kritik an der Konzeption der kritischen Rekonstruktion Berlins ver-sucht Widersprüche aufzudecken. Am Potsdamer Platz bleibt die Höhe begrenzt, am Alexanderplatz hingegen nicht. Der Grund für diese Ungleichbehandlung wird freilich übersehen. Er betrifft die kulturelle Funktion der neuen Hauptstadt: der Potsdamer Platz soll ein „dwarfing", eine Verzwergung des Kulturforums, vermeiden.

Die „Splitterstadt" der genialen Solitäre, die dem internationalen Jetset ge-fiele, falls Großprojekte für ihn dabei heraussprängen, hätte zahlreiche Nachteile, die von den Ästheten übersehen werden: es käme zu einer weiteren Zerstörung der Stadt, und zum Abbau des Denkmalschutzes, der in Berlin noch schwach entwickelt ist. Die Folgen der Alternative für die sozialen Strukturen wären noch verheerender als die des jetzt praktizierten Modells. Die ästhetisch unverbunde-nen Solitäre würden als Kommunikation vor allem das „Marketing" zwischen die Menschen treten lassen. Daher hat ein Teil der einstigen Linken zu Recht keine Alternative zur Konzeption von Stadtbaudirektor Stimmann gesehen.[35] Beide Seiten des Berliner Architekturstreits berufen sich auf den gleichen Säulenheili-gen, nämlich Schinkel. Aber die Ästhetenfraktion vergißt, daß schon Schinkel – trotz oder wegen seiner Größe als Architekt – sich als Städtebauer an dieser Stadt schwer versündigt hat.

c) Die kulturellen Funktionen

Die Kulturbauten der Hauptstadt machen quantitativ den geringsten Teil des geplanten Bauvolumens aus. Dennoch werden sie für die Frage lokales oder na-tionales Zentrum eine größere Rolle spielen als die Fehlallokation des einen oder anderen Ministeriums oder eine fehlgeplante Passage an der Friedrichstraße. Die Kulturbauten pflegen heute größere Massen anzuziehen als die Bauten der politi-schen Repräsentation. Sie sind die letzten, in der der Staat als Finanzier noch eine gewisse „Aura" zu vermitteln wagt.

Die Kontrahenten der Hauptstadtplanung und der Investoren in der Dienstleistungsmetropole haben sich lautstark in der Tagespresse bekriegt. Der Berliner Krieg um Museen und Kulturbauten hingegen blieb schamhaft in den Feuilletons marginalisiert. Dabei haben die Denkschriften der Stiftung preußi-scher Kulturbesitz, der Kustoden, der Bundesbaudirektion und der Verantwortlichen in der Stadt nicht minder heftige Fehden ausgelöst.

Nicht nur die Dienstleistungscity hat schwere Hypotheken aus der Zeit der Teilung der Stadt zu tragen sondern auch die Kulturstadt Berlin. Dem Kulturforum, mit grandiosen Solitären von Mies van der Rohe, Scharoun und Stirling bestückt, ging nach Scharouns Staatsbibliothek der Atem aus. Da der Martin-Gropius-Bau als das alte Kunstgewerbemuseum Ruine und Sammelplatz der Stadtstreicher nahe der Mauer war, hat ihn die Stiftung preußischer Kulturbesitz innerlich nie angenommen und schließlich der Stadt überstellt. Um ein Haar wäre er – wie die Ruine des Anhalter Bahnhofs oder des Völkerkundemuseums – gesprengt worden. Obwohl der Wettbewerb für ein neues Kunstgewerbemuseum am Tiergarten unbefriedigend ausfiel, hat die Stiftung in einem Gemisch von Profilsuche und Handlungszwängen einen lustlos angekauften Entwurf von Rolf Gutbrod weiterverfolgt. Als er gebaut wurde, erhielt er von der Fachpresse eine vernichtende Kritik. Der Architekt wurde für sein undurchdachtes Konzept kritisiert, der Bauherr, daß er wider besseres Wissen und aus bürokratischer Angst um einmal bewilligte Gelder eine miserable Lösung forciert habe, und die Politiker, daß sie sich in ihrer Verantwortung hinter den Experten versteckten.[36] Das architektonische Gemisch von Zitaten und Anleihen bei widersprüchlichen Konzepten gibt eine Vorschau auf die Möblierung der künftigen Fußgängerbereiche in der Dienstleistungscity.

Die baulichen Vorleistungen vor 1989 hatten schwere Folgen für die Kulturstadt Berlin nach der Vereinigung. Der Stiftungsrat der Stiftung beschloß im Februar 1991 am Neubau der Gemäldegalerie am Tiergarten festzuhalten, obwohl auch diese Planung architektonisch nicht überzeugte und obwohl absehbar war, daß das Gebäude für die gesamtdeutschen Kulturaufgaben zu klein ausfallen werde. Die Skulpturensammlung wurde dem Bode-Museum zugedacht. Der geplante Bau eines Skulpturenmuseums auf dem Kulturforum ist zur Zeit nicht realisierbar. In einem Beschluß der Stiftung Preußischer Kulturbesitz hieß es lapidar: „Alle archäologischen Museen ziehen auf die Museumsinsel. Mit Ausnahme der alten Nationalgalerie steht die Museumsinsel südlich der S-Bahn für andere Museen nicht zur Verfügung.“[37] Wurde einst den Neubauten am Tiergarten zu Liebe der Gropius-Bau geopfert, so wurde nach der Wende eine einsichtige Museumskonzeption dem zweiten Kulturzentrum und seiner schwachen *faits accomplis* geopfert.[38]

Den Museumsplanern sind die Verkehrsprobleme dabei nicht entgangen. Ein Teil der attraktiven Sammlungen soll an den Tiergarten ausgelagert werden, um die Besucherströme zu kanalisieren. Visionen von Busverbindungen, die Auffahrtsrampen auf der Rückseite der großen Museen anfahren, trugen der Fernsteuerung der Touristen Rechnung. Sie muten nicht weniger gespenstisch und funktionswidrig an als die Planungen für die Dienstleistungscity. Reisebus-Kolonnen, die „Unter den Linden“ Staus verursachen, sind damit vorprogrammiert.

Es blieb auch in der Planung der Kulturfunktionen beim engen Ressort-
denken. Ausdehnungsmöglichkeiten des Kulturzentrums jenseits der Spree wurden verworfen. Konkurrenzkämpfe mit der Humboldt-Universität um das Ka-
sernenviertel, kreative Lösungen im Bereich des Schloßareals wurden vermieden
zugunsten einer kleinkarierten Lösung.

Auch eine bessere Planung hätte in Berlin keinen Louvre schaffen können.
Aber eine Funktionenteilung wie beim British Museum und der National Galle-
ry Londons in „walking distance" hätte sich auch in Berlin denken lassen. Der
Filz der dezentralisierten und pluralistischen Zuständigkeiten ließ eine großzügi-
gere Lösung nicht erwarten. Der Trost, der uns bleibt, ist, daß gerade dieser
Kompetenzfilz die beste Versicherung gegen neudeutsche Megalomanie ist, die
immer befürchtet wird.

Die Folgen der kleinlichen Lösungen für das Nebeneinander von Lokalzentrum
und nationalem Zentrum sind noch schwer abzusehen. Sie hängen davon ab, ob
eine attraktive kleinteilige Gastronomie beide Enden des Berliner Kulturbogens
belebt. Dies ist am Kemper-Platz mehr als fraglich, und der Mündungsbereich der
Potsdamer Straße lädt noch nicht dazu ein, diesen Mangel zu kompensieren.

Fazit

Das neue Zentrum Berlins wird kein Neu-Teutonia. Es droht weit eher zu zerfa-
sern. Die Verdichtung der Blöcke in der City ist noch keine Garantie für Urbanität. Die Wohnungsdichte in der City, welche tote Zonen in Regierungs- und
Kulturvierteln am Abend vermeiden hilft, ist weit geringer als in London oder
gar in Paris. Manches spricht dafür, daß eine unwirtliche „Mall" (minus Park) wie
in Washington entsteht. Andererseits muß die Lebensqualität an der Spree –
nicht wie am Potomac – durch fliegende Hotdog-Stände zwischen ministeriellen
und kulturellen Großbauten sicher gestellt werden. Nicht teutonische Megalomanie ist die Hauptgefahr, sondern die Verstreuung einzelner Inseln der Kultur
und der Lebensqualität in weite Öden, die ab 17.00 Uhr verwaist sind. Die lokale
Bevölkerung wohnt zu weit weg, um dieses Zentrum mit Leben zu füllen. Die
ferngesteuerten Besucherströme der Kulturstadt werden bei immer kürzeren
Öffnungszeiten der Museen nicht zur Belebung der neuen City beitragen können. Lokale Zentren weichen in vielen Metropolen in die Suburbia aus. Aber die
Bevölkerung der City – gentrifiziert oder nicht – füllt die Zentren von Paris oder
London weit besser aus als dies in Berlin zu hoffen ist.

Es ist daher zu befürchten, daß das nationale und das lokale Zentrum
nicht kongruent werden. Drei verschiedene Planungslogiken lassen kein einheitliches Konzept entstehen. Drei Planungslogiken prallen im Zentrum Berlins
aufeinander.

(1) Die *staatliche Planung* von Regierungsbauten und die staatliche Grund-
stückspolitik, da Land und Bund stattliche Anteile auch der innerstädtischen
Grundstücke besitzen.

(2) Die *parastaatliche Planung* im Kulturbereich. In Berlin lag sie weitgehend in den Händen der Stiftung Preußischer Kulturbesitz, in Washington in den Händen des Smithsonian Institutes. In beiden Fällen kam es nicht immer zur harmonischen Ergänzung staatlicher und parastaatlicher Steuerung.

(3) Die *privaten Investoren*. Ohne sie geht es nicht. Staatliche Planungen gibt ihnen Richtlinien vor. Aber die 20% Wohnungsanteil werden keineswegs immer eingehalten. Die Wohnungen, die entstehen, sind teuer und dienen zum Teil nur als Absteige. Mancher westdeutsche Neuberliner hat kaum mehr als „einen Koffer in Berlin". Er trägt an Wochenenden kaum zur Belebung eines urbanen Stadtzentrums Mitte bei. Selbst die Forcierung des sozialen Wohnungsbaus – aus Kostengründen kaum denkbar – könnte zur Belebung kaum verhelfen. Nur, wo gewachsene Quartiere noch existieren, wie in München um die Auerdult, beleben sie citynahe Bereiche. Die wohlmeinende sozialdemokratische Nachkriegsidee, durch sozialen Wohnungsbau die City zu beleben, wie in Frankfurt südlich des Doms oder in Hannover rund um die Kreuzkirche, haben schönen Wohnraum in Citynähe geschaffen, aber kaum zur Urbanität der Stadt beigesteuert. Man wird sich vermutlich von der Idee verabschieden müssen, die Einheit des Wohnens, Arbeitens und Amüsierens in Kiezqualität für metropolitane Zentren zu retten. Berlins Innenstadt ist vor allem durch die alte Konkurrenz eines östlichen und westlichen Zentrums in seiner abendlichen Lebensqualität bedroht. Selbst Hotelbauten sind im Westteil seit der Wende in nicht geringerer Zahl entstanden als im Osten. Touristen müssen das Zentrum beleben. Sie neigen aber in Berlin zur Arbeitsteilung: bis 17.00 Uhr im Zentrum, und danach im Westen. Eine Hauptstadtplanung aus einem Guß hat es in keiner historischen Stadt je gegeben. Wo es sie gegeben hat, wie in Madrid oder St. Petersburg hat es hundert Jahre gebraucht, bis die Innenstadt hinreichend mit Leben gefüllt schien. Brasilia hat dies bis heute nicht erreicht. Berlin ist nur noch eine zur Hälfte gewachsene Stadt. Die andere Hälfte ist mit dem Odium belastet, das Karl Scheffler beschrieb: „die Stadt, die immer wird und niemals ist". Berlin hat nur eine Hoffnung: in den Nischen der drei Planungen und in den Nischen der Unordnung trotz Planung gedeiht urbanes Leben am schnellsten. Eine Planung ohne Brüche wäre ein Traum, und nicht einmal ein schöner.

Anmerkungen:

1) United States Capital Historical Society: Washington Past and Present. Washington/DC.,1983.

2) Hauptstädte im Vergleich. Berlin, Senatsverwaltung für Bau- und Wohnungswesen. Städtebau und Architektur, Bericht 13, 1992, passim.

3) Tendenzen der Stadterneuerung. Berlin, Senatsverwaltung für Bau- und Wohnungswesen. Städtebau und Architektur, Bericht 31, 1994, S. 81.

4) Engelbert Lütke Daldrup: Vier Jahre Berliner Hauptstadtplanung. Eine kritische Zwischenbilanz. In: Werner Süß (Hrsg.): Hauptstadt Berlin. Berlin-Verlag 1995, Bd.2 (419-440), S. 422.

5) Hans Stimmann: Städtebau und Architektur für die Hauptstadt. In: Süß, a.a.O., Bd.2 (403-418), S. 405.

6) Klaus Kurpjuweit: Die Spree verläßt ihr angestammtes Bett. Okay aus Bonn für Tunnelbauen unter dem Tiergarten. Der Tagesspiegel. 10.2.1995, S. 7.

7) Stimmann, a.a.O., S. 403-405.

8) zit. in H.M. Kampffmeyer u.a.: Zu Beginn der 60er Jahre hatten wir das Gefühl: jetzt müssen wir von Grund auf neu anfangen. Stadtbauwelt, S. 88, 1985 (1892-1903), 1897.

9) Tendenzen, a.a.O., S. 85.

10) Tendenzen, a.a.O., S. 131.

11) Tendenzen, a.a.O., S. 134.

12) Peter Dienel: Pilotstudie „Bürgergutachten Rathausplatz Köln", Universität Wuppertal 1979.

13) Axel Banghard: Berlin - Transformation einer Metropole. Bautätigkeit als Beschleunigungsfaktor, in: Süß, a.a.O., 1995 (441-460), S. 450.

14) Der Umzug von Bonn nach Berlin nimmt Formen an. Der Tagesspiegel. 7.2.1995, S. 1.

15) Was wird aus den Ostmieten. Gespräch mit Klaus Töpfer. Der Tagesspiegel, 10.4.1995, S. 9.

16) Banghard, a.a.O., S. 449.

17) Eva Schweitzer: Die Fronten verlagern sich. Der Tagesspiegel, 7.2.1995, S. 2.

18) Hermann Rudolph: Besitz ergreifen von Berlins Mitte. Der Tagesspiegel, 8.2.1995, S. 6.

19) Christian van Lessen: Botschaften statt Handelszentrum? Der Tagesspiegel, 25.1.1995, S. 9.

20) Friedhelm Fischer/Harald Bodenschatz: Hauptstadt Berlin. Zur Geschichte der Regierungsstandorte. Berlin, Senatsverwaltung für Bau- und Wohnungswesen, 1992, S. 95ff.

21) Peter Conradi: Berlinische Architektur für Bundesbauten. Der Tagesspiegel, 2.2.1995, S. 9.

22) Gottfried Knapp: Der Kanzler im Laufstall. Süddeutsche Zeitung, 15.3.1995, S. 10.

23) Dieter Bartetzko: Ende der Bunkerängste. FAZ, 23.1.1995, S. 27.

24) Muß Berlin in den Schuldturm? Der Tagesspiegel, 21.2.1995, S. 7.

25) Spiegel-Streitgespräch: Heimatkunde für Neuteutonia. Senatsbaudirektor Hans Stimmmann und Kunsthistoriker Heinrich Klotz über die Berliner Stadtarchitektur. Der Spiegel 42/1994 (48-59), S. 50.

26) Interview: Das wird hausbacken und steril. Focus, Nr.8, 1995, S. 62.

27) Heinrich Klotz in: Heimatkunde, a.a.O., S. 53.

28) ebd., S. 48.

29) Heimor Schwilk: An der Mega-Baustelle wirken 150 internationale Architekten mit. Welt am Sonntag, 26.2.1995, S. 61.

30) Heimatkunde, a.a.O., S. 53.

31) Banghard, a.a.O., S. 446.

32) Günter Behnisch am Pariser Platz. Arch plus, Nr.122, 1994, S. 16f.

33) Stimmann, a.a.O., S. 405.

34) Stimmann in: Heimatkunde, a.a.O., S. 57.

35) Dieter Hoffmann-Axthelm: Die Stadt braucht Regel, die Architektur Phantasie. Arch plus, Nr.122, 1994 (12-13), S. 13.

36) Bauwelt, 31.5.1985.

37) Jahrbuch Preußischer Kulturbesitz, 1991, S. 33ff.

38) Detlef Heikamp: Aus der Nachkriegschronik der Berliner Museen. In: Zentralinstitut für Kunstgeschichte, München (Hrsg.): Berlins Museen. Geschichte und Zukunft. München, Deutscher Kunstverlag, 1994 (293-306), S. 305.

V. Nationale Repräsentation und Hauptstadtgestaltung

1) Hauptstadt auf Abruf: Architektur und Politik in Bonn 1949 -1989

„Rien ne dure que le provisoire" (nichts hat solche Dauer wie das Provisorium) wurde als Slogan in der dritten französischen Republik im Hinblick auf die provisorischen Verfassungsgesetze dieser Republik geprägt. Das französische Provisorium sollte 65 Jahre dauern (1875-1940). Im geteilten Deutschland wurde der Satz immer wieder voller unheimlicher Ahnungen zitiert. Dennoch hat das Provisorium nur 40 Jahre gedauert, ohne daß die Deutschen zur Aufhebung des Provisoriums mehr beisteuern konnten als einen Kanzler, der mit machiavellistischer Unbekümmertheit *virtù* entwickelte, als *fortuna* (Gorbatschow) die Möglichkeit dazu bot, und *necessità* (Daß die Deutschen ihre Einheit auch allein bezahlen sollten, wenn sie schon unvermeidlich schien) die Bedenken der Alliierten zerstreute.

Warum wurde Bonn Hauptstadt? Der Volkswitz behauptete: „weil Adenauer 1949 noch nicht mächtig genug war, um seinen Wohnort Rhöndorf durchzusetzen." Der Volkswitz ist auf eine weitverbreitete Verschwörungstheorie geeicht: Adenauer erschien in ihr als einziger Akteur. Tatsächlich gab es mehrere Akteure: Karlsruhe und Koblenz waren als Tagungsort des Parlamentarischen Rates im Gespräch. Militärgouverneur Clay aber ließ die Ministerpräsidenten wissen, daß kein Ort in der französischen Zone, wie Koblenz, und kein Ort nahe dieser Zone, wie Karlsruhe, in Frage käme. Aber auch die Besatzungsmächte waren kein einheitlicher Akteur. Die Amerikaner favorisierten Frankfurt. Die Briten standen hinter Niedersachsens Vorschlag für Celle. Nordrhein-Westfalen als größtes Land konnte am ehesten versuchen, britische und amerikanische Vorstellungen zu versöhnen. Ministerialdirektor Hermann Wandersleb, der heimliche Schöpfer Bonner Hauptstadtfreuden, sondierte zunächst in Düsseldorf, Köln und Bonn. Bonn bot die besten Voraussetzungen.

Damit war die Schlacht um Deutschlands Hauptstadt für Bonn noch nicht gewonnen. Noch ehe die erste Sitzung des Parlamentarischen Rates stattgefunden hatte, preschte der hessische Ministerpräsident Stock für Frankfurt vor. Er gab sich zu siegesgewiß und pochte auf seine Vorleistungen bei der Unterbringung des Parlaments. Die Bonner Lobby mobilisierte indessen andere, eher emotionale faits accomplis für sich: monatelang tagten alle wichtigen Entscheidungsträger in Bonn, so daß sich die Waage gegen die Wirtschaftshauptstadt von Trizonesien zu neigen begann. Der Kampf wurde im Jubiläumsjahr fortgesetzt: Das Frankfurter Stadtarchiv legte 1989 noch einmal den Finger in die Wunde, als Bonn sich siegesgewohnt in einer Ausstellung feiern ließ[1]. Wanderlebs Tricks der Zerpflückung der Frankfurter Denkschriften, die bessere ökonomische Eckdaten für die

Hauptstadtfunktion anführen konnte, als Bonn, wurde entlarvt. Für Bonn siegte schließlich eine Koalition der Anti-Zentralisten und Befürworter der Westintegration: Preußenfern, antiprotestantisch und gegen die „rote" Hochburg Frankfurt gerichtet waren die politischen Motive einer Entscheidung, die im parlamentarischen Rat mit knappen vier Stimmen schließlich fiel.

Die Entscheidung war überschattet durch die Tatsache, daß der erste Untersuchungsausschuß des deutschen Parlaments sich mit Bestechungsvorwürfen zu befassen hatte. Die ProBonner Gedenkschrift ging davon aus, daß es keine gegeben hatte, weil der Ausschuß sie nicht feststellte.[2]

In Wirklichkeit begründete der Bundestag nur die Tradition des angeblich nicht Nachweisbaren, welche die Republik bis hin zur HS-Schützenpanzer- oder Starfighter-Affaire begleiten sollte. Der Bundestagsbeschluß war ein Freispruch mangels Beweisen, kein Freispruch wegen erwiesener Unschuld. „So konnte ein Zusammenhang der Zahlungen mit der Abstimmung über die Hauptstadtfrage nicht festgestellt werden."[3]

Historiker lehren: Es gibt keine historische Gerechtigkeit. Dann ist es wohl ein Zufall, der Raum für Schadenfreude läßt: Die Anhänger einer westdeutschen Hauptstadt und die Berlin-Gegner haben mit Bonn einen Pyrrhus-Sieg errungen. Frankfurt wäre nach 1989 gesamtdeutsche Hauptstadt geblieben. Milde Herablassung breitet sich bei den Berlin-Fans gegenüber Bonn aus. Auch Ingeborg Flagge, die einen der kritischsten Beiträge zum Thema „Provisorium als Schicksal" verfasst hat, findet Häme gegenüber Bonn nicht mehr angebracht.[4]

1) Von der Frugalität zum Brutalo-Monumentalismus

Wenn ich Bonn als provisorische Hauptstadt würdigen soll, wird der Bock zum Gärtner gemacht, weil ich mich auch publizistisch allzu vehement für Berlin eingesetzt habe.[5] Ein Argument war für mich, daß ich Bonn als Stadt durchaus gern habe. Der Ausbau zur endgültigen Hauptstadt wäre meiner alten Studienidylle sicher schlecht bekommen, wenn ich nur an die Schubladenpläne zur Verlegung der Bahn unter die Erde und zur Errichtung einer monumentalen Achse denke, die das Idyll noch brutaler zerschnitten hätte, als die ewig geschlossenen Bahnschranken. In der Bundesdebatte zur Frage des Regierungs- und Parlamentssitzes haben solche Argumente keine Rolle gespielt. Allenfalls Kostenfragen auf beiden Seiten wurden erörtert, etwa von Wolfgang Thierse.[6] Das Metropolen-Argument fiel häufig. Städtebaulich hat nicht einmal Peter Conradi argumentiert, obwohl er vermutlich von allen Abgeordneten am meisten davon verstand.

Bonn hat seit 1991 mehr Chancen zu einem Rückbau auf humane Dimensionen als Berlin, wo es nicht einmal in der Leipziger Straße realisiert zu werden scheint. Am Anfang begann die Gestaltung der Hauptstadt Bonn durchaus stadtverträglich. Das hinderte viele Bonner nicht, sich in Fronleichnamsprozessionen gegen die drohende Zwangsrequirierung von Wohnungen zu wehren.[7]

1991 gab es Parallelen dazu nur in Berlin. Das Innenministerium zog in die Landespolizeischule, das Finanzministerium in den Rohbau einer Kaserne, das Parlament in die Pädagogische Akademie. Die Hauptstadtgestaltung hielt sich recht eng an die sonstige Periodisierung der Geschichte der Republik. 1955, rechtzeitig zur Entlassung in die Halbsouveränität, wurde das Außenministerium fertiggestellt, der damals größte Verwaltungsneubau der Bundesrepublik. Der Bundestag versuchte den Anfängen zu wehren und verbot weitere Großbauten, um für Berlins Hauptstadtanspruch glaubhaft zu bleiben.[8] Ein Verbot, das der Bundestag erst 1965 aufhob.

Die angemessene architektonische Repräsentation der Demokratie scheiterte anfangs an der allgemeinen Frugalität und an der Lebenslüge der Wiedervereinigung, die zwar von vielen Politikern als solche empfunden wurde, aber die – wie alle „dignified parts" der Verfassung – eine besondere Schubkraft entwickeln. Man denke an den erfolgreichsten Artikel des alten Grundgesetzes: die Präambel. Selbst für den institutionellen Sitz der anfangs noch nicht einmal wiedererlangten Souveränität rückte man vom Frugalitätsprinzip einer ansonsten ganz unrousseauschen Demokratiekonzeption nicht ab. Aber noch die Schlichtheit von Schwipperts Plenarsaal wurde gelegentlich als „Luxus" gebrandmarkt. Der Karnevalsschlager „wer soll das bezahlen" wurde damals gern auf den Rheinbooten gesungen, welche die Bonner Baustelle passierten. Forderungen nach mehr Repräsentativität hat Hans Schwippert brüsk zurückgewiesen: „Wir werden sie erbauen, wenn die Politik wieder einmal erhabene Erfolge haben wird."[9] Hans Schwippert schien genau der richtige Mann der Stunde Null, der dem Geist der provisorischen Hauptstadt gerecht wurde. Er war der erste Stadtbaumeister des untergehenden Reiches, der ernsthaft über den Aufbau nachdenken konnte, als er Ende 1944 von den Amerikanern beauftragt wurde. Er forderte: „Und brauchen Aufräumtrupps und Baukolonnen auf allen drei Ruinenfeldern: in den Trümmern der Stadt, den Trümmern der Seele und den Trümmern des Geistes."[10] Er bekämpfte die heillose Praxis, die durch „Wiederaufbau" den „Aufbau" verhinderte.

Demokratie und Architektur werden gemeinhin durch das Wort „Transparenz" verbunden. Transparenz sollte demokratische Repräsentativität mildern. Zur „Transparenz" hätte ein Ausschreibungsverfahren gehört. Wandersleb hat Schwippert vermittelt. Diese Wahl war besser als das Verfahren. Aber unter dem Druck der Spaltungstendenzen in Ost-Berlin schien Eile geboten. Der Bau wurde ohne gültige Baugenehmigung begonnen. Sie traf erst zum Richtfest ein. Die Konkurrenz mit Frankfurt setzte einen weiteren Sachzwang, denn Frankfurt baute bereits an einem Plenarsaal (heute Hessischer Rundfunk). Konkurrenz verdarb auch sonst die Entstehung eines einheitlichen Planungskonzepts. Das Land Nordrhein-Westfalen hatte beim Ausbau der provisorischen Hauptstadt ein gewichtiges Mitspracherecht.[11]

Manche ausgelagerte Staatsfunktion – etwa in Karlsruhe – hatte größere Chancen, Demokratie als Bauherrn sinnvoll zu visualisieren. Der neue Bescheidenheitsdrang der ersten Phase führte zum Verzicht auf neue Bauten für das Bundespräsidialamt und das Bundeskanzleramt, die in alten Palais untergebracht wurden.

Selbst die Innenausstattung des Plenarsaals des Deutschen Bundestages war heftig umstritten. Schwippert hätte gern die symbolische Einheit von Exekutive und Legislative in einer runden Sitzordnung verwirklicht. Das stieß beim Ratsvorsitzenden Adenauer auf kein Verständnis, ebenso wie der Versuch, durch eine breite Fensterfront die Offenheit des demokratischen Parlaments zu symbolisieren. Adenauer schrieb unwirsch an Schwippert, daß es nichts Unerträglicheres gebe „als einen Aufenthalt in einem solchen Glaskasten".[12] Erfolgreicher war Schwippert bei der Möblierung des hohen Hauses. Egalitär war der Anspruch, der vom Präsidenten bis zum Sekretär allen den gleichen Stuhl und Schreibtisch zuwies. Schwippert schrieb: „nichts von repräsentativen Leihgaben der Vergangenheit, sondern leichte Geräte, die nichts verbergen"[13]. Nur den Verzicht auf ein Rednerpult konnte er nicht durchsetzen. Die Fachpresse urteilte überwiegend positiv. Will Grohmann nannte den Deutschen Bundestag das modernste und gleichzeitig bescheidenste Parlamentsgebäude der Welt.[14] Kein Bau in Bonn war so kennzeichnend für den guten Willen zu einem demokratischen Neuanfang wie der Deutsche Bundestag. Zwei Jahre ehe das Ende des Provisoriums absehbar wurde (1987) beschloß der Bundestag, den Plenarsaal durch einen Neubau zu ersetzen. Mit knapper Mehrheit (178:174) setzte sich dabei die kreisförmige Sitzungsordnung durch. Schon vor diesem Beschluß war man mit dem Gesamtkunstwerk, das Schwippert vorschwebte, nicht eben pfleglich umgegangen. Adolf Arndt nannte die Um- und Anbauten des Bundestags in seinem bekannten Vortrag „Demokratie als Bauherr" „das Elendste, was man sich nach 1945 leistete".[15] Er konnte 1961 noch nicht wissen, daß man sich weit elenderes noch leisten würde.

Manche Leistung im Wohnungs-, Schul- und Kirchenneubau, als Folgeproblem der Bonner Hauptstadtgestaltung, wurde gelobt. Die Amtsratsarchitektur der öffentlichen Bauten wird unisono scharf kritisiert. Schwipperts Ausscheiden aus der Hauptstadtplanung 1950 sollte zu einem Rechtsstreit zwischen der Bundesbaudirektion und dem BDA führen, der 1951 zugunsten Schwipperts entschieden wurde. Das war kein gutes Omen für die weitere Zusammenarbeit zwischen dem Bund und freier Architektenschaft.[16] Bauten von Behörden waren das Ergebnis der Hauptstadtplanung der deutschen Demokratie. Der Ausbau Bonns hatte in der ersten Phase nur 368 Millionen gekostet.[17] Berlin kann von solchen Zahlen nur träumen. Berlin war auch damals noch im Rennen. Der Reichstag mußte auf öffentlichen Druck für den Wiederaufbau vorbereitet werden. Adenauer sagte mit seinem klassischen Desinteresse bei Entscheidungen, die er für sinnlos aber aus Rücksichten auf die öffentliche Meinung für unvermeidlich hielt: „Dann machen'Se mal einen Bauzaun drum". 84 Millionen wurden für den Wiederaufbau des Reichstages bis 1958 nach Berlin transferiert.

Mit dem Bau der Berliner Mauer wurde das Bonner Provisorium selbstbewußter. Die Planungen wurden dennoch möglichst geheim gehalten. Die Bundesbaudirektion berief eine Gutachterkommission aus den Professoren Baumgarten, Eiermann, Ruf und den Städtebauern Hillebrecht und Guther. Aus der Kommissionsarbeit gingen Vorüberlegungen für das Abgeordnetenhaus „Langer Eugen" und die kreuzförmigen Ministeriumsbauten, von denen nur zwei gebaut worden sind, hervor. Eiermann wurde mit dem Langen Eugen 1966 beauftragt. Ein zweiter Bau, der wenigstens als Solitär – und im Vergleich zum Langen Eugen auch durch die Einpassung in die Rheinlandschaft – einen guten Ruf genoß, war Sepp Rufs Kanzlerbungalow (1963/64). In der Frühphase hatten nur Heuss und Erhard Sinn für modernes Kunstschaffen. Die beiden Kokoschka-Portraits zeigen es, wo ansonsten Gebrauchsportraits überwogen (mit Ausnahme von Meistermanns Brandt-Portrait). Erhards Nachfolger war über den Kanzlerbungalow keineswegs beglückt. Bebenhausen bei Tübingen wurde Deutschlands heimliche Hauptstadt.

Ausgerechnet Willy Brandt, ein Freund Berlins, wurde zum größten Anreger der Hauptstadtgestaltung in Bonn. Mit der de-facto-Anerkennung der DDR verfestigte sich das Provisorium. Die Bonner Planungen konnten den schützenden Haag der Geheimhaltung bei einem Kanzler verlassen, der versprochen hatte, „mehr Demokratie zu wagen". Trotz einiger Neubauten, die das Provisorium untergruben, war der Bund noch immer der größte Mieter, der 7,5 Millionen DM jährlich für Mieten ausgab.

1971 wurde ein städtebaulicher Ideenwettbewerb ausgeschrieben. 1971 wurde den Architekten Legge und Legge der erste Preis zuerkannt. Helmut Schmidt sprach bereits offen vom „Ausbau der Bundeshauptstadt Bonn". 1975 wurde ein Vertrag mit dem Land Nordrhein-Westfalen dafür geschlossen. Die erste SPD-Regierung ergriff neue Initiativen. Kanzleramtsminister Ehmke schrieb ziemlich im Alleingang einen Wettbewerb für das Bundeskanzleramt (gebaut 1973-76) aus. Das Ergebnis – im Volksmund „Sparkasse" genannt – wurde von den Experten nicht gut aufgenommen. Die Pseudoarkaden waren irreführend. Sie luden zum Flanieren ein, wo gerade dies aus Sicherheitsgründen streng verboten war.[18]

In der Ära Schmidt wurde erneut ein Beratergremium mit Hillebrecht, Laage und Rossow berufen, das sich von den früheren Konzeptionen löste. 1981 wurde der Wille zu mehr Bescheidenheit im Zeitalter eines pfleglichen Städtebauförderungsgedankens seit 1975 in den Beschluß umgesetzt, auf einen Neubau des Bundestages zu verzichten. Man rang sich zum *Provisorium im Provisorium* durch, und benutzte das Wasserwerk als Sitzungssaal für die Zeit des Umbaus des Plenarsaals. In den 80er Jahren haben die Neubauten des Post- und Verkehrsministeriums in Bonn die Gelöbnisse zur Schaffung einer humaneren Architektur mit ihrem Gefängnislook nicht eingelöst.[19]

Im Bauwettbewerb von 1973 für ein neues Parlament und Abgeordnetenbüros erhielten Behnisch & Partner den ersten Preis. Behnisch's schwingender Plenarsaal gemahnte an die Münchner Olympiabauten. Sie wurden als Vorbild

eines neuen entkrampften „swinging Germany" empfunden. Ganz so luftig freilich konnte der institutionelle Sitz der Souveränität nicht gestaltet werden. Die
Heiterkeit der Architektur kann die Härte der Politik entgegen Behnischs Hoffnungen nur zum Teil auflösen.[20]

Behnisch selbst hat das Münchner Beispiel eingeschränkt: Die politischen
Programme gehen der Architektur voraus. Kein Zweifel. Aber moderne Staatsarchitektur wird nicht mehr vom aufgeklärten Potentaten in Auftrag gegeben, die
sich dem „Bauwurm" verschrieben haben, wie weiland die Schönborns, und
dabei einen beträchtlichen Sachverstand entwickelten. Der jetzige Bundeskanzler
dürfte ohne Expertisen auch bei der Auswahl zwischen zwei Varianten des Bun-
deskanzleramtes im Spreebogen gelinde gesagt, überfordert sein.

Das Gute – dieser Satz steht fest,
ist stets das Böse, das man läßt. (W. Busch)
Es war bereits ein Fortschritt, daß die megalomanen Planungen der 70er Jahre
nicht ausgeführt worden sind. Faits accomplis, wie der Lange Eugen, – und von
der Hauptstadt nicht zu verantworten, das Bonner Rathaus – wirken ja nur deshalb verheerend, weil eine an sich akzeptable Architektur isoliert in eine unange-
paßte Umwelt gestellt wurde. Beim Abgeordnetenhochhaus war besonders
schmerzlich die Zerreißung einer schönen Gartenvillavorstadt. Diese Hochbauten waren in einem Ensemble mit größerer Verdichtung und Übergangs-
Akzentuierung geplant, die nicht zustande kamen. Nun forderten die Solitäre zur
Nachbesserung heraus. Der Lange Eugen mußte nachträglich in ein pflegliches
Konzept der Rheinauen-Stadt-Landschaft eingebettet werden.[21]
Am Ende der Ära Schmidt kam es zu Reuetaten des Bundestages. 1981
wurde beschlossen, Altbauten zu erhalten und Neubauten nur im unbedingt
notwendigen Umfang vorzusehen. 1984 beschloß der Ältestenrat, Joachim
Schürmann mit der weiteren Planung zu beauftragen. Eine Minderheit des Gut-
achtergremiums hatten den Entwurf von Behnisch favorisiert. Der Bundestag
versuchte, seine siebzig zum teil angemieteten Liegenschaften zusammen zu fas-
sen und den Abgeordneten endlich Arbeitsbedingungen zu verschaffen, die von
der kleinen Parlamentsreform schon vor einer Dekade in Aussicht genommen
worden waren. Angesichts des Mangels an Mut zur repräsentativen Architektur
hätten manche Kritiker es für besser gehalten, wenn der Bund Großmieter geblieben wäre.[22] Ein solches Urteil bleibt freilich im Ästhetischen stecken und
denkt nicht an die Funktions- und Arbeitsbedingungen eines Parlaments. Diese
werden – man muß es zynischer Weise sagen – nicht schlecht, wenn die Außen-
ansicht der Architektur schlecht ist, und umgekehrt: In Frankreich wird parlamentarisch nicht besser gearbeitet, weil die Arbeit unter Delacroix-Fresken stattfindet.
Der Schürmann-Bau war mit viel Vorschlußlorbeeeren bedacht worden,
als das größte, modernste und schönste Abgeordnetenhaus der Deutschen ge-

schichte. Es wurde zum letzten traurigen Kapitel der Hauptstadtgeschichte, die Bonn schwerlich verdient hatte, als eine Hochwasserkatastrophe die teuerste und größte Naßzelle der Welt hinterließ.

Die Bauruine wurde zum Politikum. Die Bonn-Lobby witterte Verrat an der Verantwortung des Bundes, Bonn zu entschädigen. Die Berlin-Lobby witterte eine Art Gottesurteil über die schändliche Bonner Sabotage-Politik, die angeblich darauf abzielte, den Umzug durch Weiterbau von Großprojekten in Bonn zu verzögern. Peter Conradi – er hatte schweren Herzens für Berlin gestimmt – zeigte späte Reue: „Vielleicht hätte ich frühzeitig nicht mit anderen Kollegen für den Weiterbau stimmen sollen".[23]

Das war eine noble Geste des Willens zum blame-sharing, der im Bonner Kompetenzwirrwarr gerade in der Baupolitik immer mehr abhanden kam. Irmgard Schwaetzer, damals Bauministerin, suchte die Schuld nach der parlamentarisch korrekten Formel „zuständig, aber nicht schuld" bei anderen: bei der Bundesbaudirektion (die Präsidentin Barbara Jakubeit trat zurück und wurde Professorin „who can does, who can't teaches" lautet eine englische Volksweisheit), bei den Firmen, und sogar beim Vorgänger im Amt, Oscar Schneider. Dennoch wurde das Debakel der Anfang vom Ende der eigenen Ministerkarriere. Schade! Die Skandalschelte verdeckte frühere Verdienste „der Dame" wie sie nicht eben ohne Sexismus nun erbarmungslos von ihren Gegnern tituliert wurde. Fest stand nur, daß sie das Bauministerium lustlos wie eine Strafkompanie geleitet hatte und dies nicht schnell genug zum Abbau des eigenen Kompetenzdefizits in diesem Bereich geführt hatte – ein normales – nicht nur ein Frauen-Schicksal – im Ministerkarussel eines parlamentarischen Systems.

Joachim Schürmann, der Architekt der seinen Namen schuldlos in einen Skandalfall verstrickt fand, hielt den Bau für zu retten.[24] Der neue Bauamtsleiter, ab Ende 1994 Klaus Töpfer, schien gewillt, die Fundamente sanieren zu lassen.

Über dem Ärgernis, das eine Naturkatastrophe auslöste, wurde vergessen, daß Bonns Abgang in der Hauptstadtarchitektur durchaus beachtlich war. Kaum war Bonn nicht mehr Hauptstadt, wurden gute Bauwerke fertiggestellt, wie die Bundeskunsthalle und das „Haus der Geschichte". Nur die Selbstinszenierung der Solitäre forderte noch Mäkler heraus. Die Architektur wurde im ganzen akzeptiert.[25]

2) Demokratie als Bauherr zwischen Bonn und Berlin

Bonn hat über Frankfurt gesiegt, und daher konnte 1991 Berlin noch einmal knapp siegen. Aber der Sieg war architekturgeschichtlich ein Pyrrhus-Sieg. Bonn hatte ein paar *Vorteile*:

(1) Eine *paradiesische Landschaft*, aber gerade sie erschloß sich harten und hohen Eingriffen der Architekten weniger als eine Flächenstadt in der Streusandbüchse wie Berlin.

(2) Eine zwar getroffene aber *nicht ausgelöschte Stadt* als geschätztes Pensionopolis, die sogar noch ein paar Palais für wichtige Ämter abfallen ließ, um ein Minimum an gepflegter Kleinrepräsentativität zu ermöglichen. In Celle, Bamberg, Erfurt, oder was sonst noch nach dem Krieg an kleineren Städten im Gespräch war, hätte es noch nicht einmal das gegeben.

(3) Die Stadt lag am *Rande einer urbanen Großagglommeration* und brauchte (trotz Beethoven-Halle) nicht zu versuchen, mit Köln, Düsseldorf oder Wuppertal zu konkurrieren.

Dem gegenüber waren die *Nachteile* zum Teil mit den Vorzügen dieser Stadt verbunden:

(1) Am gewichtigsten war der Charakter des *Provisoriums.* Die Lebenslüge einer Reichshauptstadt Berlin konnte auch nach dem Verblassen des Mythos der leidenden Frontkämpferstadt Berlin jeweils bemüht werden, wenn das Provisorium finanziell aus dem Ruder zu laufen drohte.

(2) *Metropolitane Repräsentativität* – wie sie auch nur Canberra aus der Retorte schuf – war in Bonn nicht möglich. Es gab keinen Raum im Rheintal, um Niemeyers oder Le Corbusiers Visionen von drei Gewalten optisch in Bonn nachzuvollziehen. Dem Provisorium entsprach ein Bund als Mieter. Repräsentative Architektur haben die Länder weit besser – wenn auch nicht immer – zustande gebracht. Das entsprach der Genesis des provisorischen Staates: Die Länder waren vor dem Bund vorhanden, und ein Land – Gastland der Hauptstadt – hatte nach den Kompetenzen ein Wort mitzureden, denn es gab keinen „District of Columbia", der allein einem voll föderalistischen Land angemessen gewesen wäre.

(3) *Monumentale Architektur* kann in der Demokratie immer nur bedingt entstehen, weil die finanzkräftigsten Bauherren in der Wirtschaft sind. Frankfurt hätte es sonst noch drastischer gezeigt: die Handelsbanken dwarften (verzwergten) die Bundesbank. Ein Steigenbergerhotel verzwergte das Bundeskanzleramt und der Lange Eugen als ikonologisches Fanal blieb einsam, wie die politische Klasse, insofern durchaus kein irreführendes Bild. Angesichts des Provisoriums haben nicht einmal parastaatliche und staatsbezogene Akteure die repräsentative Architektur geschaffen. Die SPD wuchs aus der Baracke heraus, und sein Gebäude machte mehr Eindruck als das der anderen Parteien, aber wenn von großer Architektur die Rede ist, darf man im Ollenhauer-Haus die Hände in den Hosentaschen behalten. Die großen Verbände residierten zum Teil in Köln. Die Botschaftsarchitektur war so provisorisch wie die Hauptstadt, in der sie repräsentierten. Einziger Trost: selbst in Paris, wo sich alle Präsidenten zur „grandeur" demokratischer Architektur bekannten, hat „La défense" die wenigen öffentlichen Neubauten überschattet.

(4) Eine *Nichtmetropole* wie Bonn erhebt *keinen Anspruch Kulturzentrum* zu

sein. gerade die Gestaltung des öffentlichen Raumes bedarf der intellektuellen Krontroversen, nicht nur in den Gazetten aus der Ferne. Wie lange hat es gedauert, bis in Bonn der Widerstand sich um 1969 gegen die geheimen Hauptstadtplanungen regte. Die Interaktion der Elitensektoren ist auch in Metropolen nur bedingt einflußreich, aber der Druck auf die öffentliche Meinung ist gleichwohl größer.

Was lernen wir aus der Hauptstadt auf Abruf Bonn für Berlin?
Einiges wird in Berlin *vermieden* werden können:

(1) Es gibt *kein Provisorium* mehr. Die Stadt die „immer wird und niemals ist" (Scheffler) hat wenig Widerstände gegen den Umbau in jeder Generation gezeigt. Bonner Gemütlichkeit wird von den Planern als Widerstand nicht verklärt. Rührend, daß selbst die Minister, die überwiegend in Godesberg wohnten, 40 Jahre Stau auf der Straße zwischen Bonn und Godesberg hinnahmen, ohne den Ausbau der Schnellstraße je zu forcieren. In Berlin beklagt man sich schon, wenn eine Brücke im Bau die Nordumfahrung der Altstadt auf der Invalidenstraße für drei Jahre behindert.

(2) Es *gibt Platz* in der Stadt, die zu weiträumig war, um von den Bomben des Zweiten Weltkriegs völlig ausradiert zu werden. Köln hat weit mehr gelitten. Großzügige Lösungen sind möglich. Dennoch wird die Geldknappheit auch hier zunehmend die Altbauten in den Vordergrund schieben. Nur das Bundeskanzleramt und das Auswärtige Amt werden wohl in absehbarer Zeit einen Neubau bekommen.

Es zeichnet sich bereits ab, daß jede deutsche Hauptstadt mit einigen Eigenheiten der Demokratie rechnen muß, die einem ganzheitlichen Konzept der Hauptstadtgestaltung abträglich sind:

(1) Der *Kompetenzen-Wirrwarr* ist in Berlin noch größer als in Bonn, durch eine große Koalition, welche die Stadt regierte, durch drei konkurrierende Senatoren, durch die herausgehobene Stellung eines Senatsbaudirektors, der eigenwillige Konzeptionen für die Stadt vertrat, und schließlich durch die Vereinigungsbemühungen von Berlin und Brandenburg.

(2) Das Bemühen um repräsentative Staatsarchitektur wird in Berlin schärfer beurteilt als im gemütlichen Bonn. *Alte Vorbehalte* gegen den „halbslawischen Osten" und die alten Großmachtallüren Preußens sind in Deutschland auch in der Hauptstadtarchitektur gegen Berlin leicht zu mobilisieren. Das „Sündenbabel" der größten Metropole im Land steht unter schärferer Aufsicht der Moralapostel als die „kleine Korruption" der Hauptstadt am Rhein, wo das Preußentum durch rheinischen Frohsinn schon immer ins Erträgliche abgemildert wurde.

(3) Die *knapper werdenden Mittel* lösen in einer Metropole, die so gewaltige soziale, verkehrstechnische und wirtschaftliche Schwierigkeiten zur Hauptstadtfunktion hinzutreten sieht, noch stärkere Verteilungskämpfe aus als in

Bonn. Die Spielräume für die Hauptstadtgestaltung werden noch enger werden als in Bonn.[26]

(4) Die Bonner Amtsrats- und Container-Architektur hat wenige Bewunderer hinterlassen, aber niemals ist von ihr auf *einen neuen deutschen Ungeist* im gesamten Staatswesen geschlossen worden. Heinrich Klotz hat kein gutes Haar an der Bonner Staatsarchitektur gelassen. Für Berlin wurde er schon deshalb kritisch tätig, noch ehe die Hauptstadt gebaut wurde. Einerseits werden riesige Baublöcke kritisiert, andererseits wird der fehlende Mut zur Höhe in der Berliner Obsession mit 22 Meter-Traufhöhe belächelt. Die „kritische Rekonstruktion" einer preußischen Stadt erscheint verdächtig. Tendenzen zur lokalen Machtbildung um Paul Kleihus werden gegeißelt und dabei wird übersehen, daß in keiner deutschen Stadt soviele ausländische Stars bauen wie in Berlin.[27]

(5) Die Hauptstadt in Bonn war von Tannenbusch bis Mehlem über das Stadtgebiet *verstreut*. In Berlin konzentrieren sich die Hauptstadtfunktionen auf die Altstadt. Die anfängliche Vorstellung, alle wichtigen Gebäude müßten im Fußgängerbereich beieinander liegen, hat sich nicht durchhalten lassen. Es kam durch Finanznöte zu einer stärkeren Zersplittung der staatlichen Gebäude. Aber dagegen ist wenig einzuwenden. Sie war Tradition in einem zentralistischen Staat wie Preußen. In Italien finden sich Bauhistoriker und Politikanalytiker in der Gewohnheit der Medien, die sich unter Kürzeln wie Montecitorio, Chigi, Madama oder Quirinale jeweils präzises vorstellen müssen. So weit kam es in Bonn allenfalls bei der Villa Hammerschmidt, und in Berlin wird sich die Koinzidenz von bauhistorisch Bemerkenswertem und politisch Wichtigem weitgehend auf das Bellevue beschränken.

Was ist demokratische Architektur? Es hat sich nach der Lockerung antifaschistischer Verkrampfungen herumgesprochen, daß Säulen nicht undemokratisch und faschistoid sein müssen. Die angelsächsischen Demokratien hätten sonst schwerlich den „Greek Revival Stil" schon früh zur Selbstdarstellung freiheitlicher Gemeinwesen einsetzen können. Die Aufklärung hat in ihrer ästhetischen Theorie Ikonographien für die jeweiligen Staatsformen entwickelt. Bei Diderot hatten Republikaner ernst, streng und stolz zu erscheinen. Monarchen hingegen sollten Ehre, Gnade, Milde und Galanterie zur Selbstdarstellung wählen.[28]

Die Ikonographie solcher Stimmungswerte hat sich inzwischen längst verschoben. Die Republiken wollen jetzt heiter und jovial erscheinen. Die politische Klasse im spätmodernen Parteienstaat ist gezwungen, sich *selbstreferentiell* zu verhalten, da es ihr nicht mehr gelingt, die Massen zu mobilisieren. Umso mehr muß sie nach außen versuchen „*responsive*" zu erscheinen. Daher übernimmt sie gerade jene Gemütswerte als Transportmittel der künstlerischen Selbstdarstellung, die einst den Monarchen zugeschrieben wurden.

Was ist demokratisch? Am häufigsten wird für die Staatsarchitektur die *Transparenz* genannt. Aber sie hat ihre Grenzen. Der Abgeordnete braucht auch

Ruhe für die Büroarbeit. der Bürger stellt sich allzu sehr als Mitglied einer bloß öffentlich diskutierenden Klasse vor. Demokratische Bauten sollten pluralistisch und dezentralisiert scheinen, ohne Schwere. das erlaubt Staatsarchitektur eigentlich nur noch als Pavillion-System. Der Kanzlerbungalow in Bonn war somit „ein Schritt in die richtige Richtung" wie das im Bonner Deutsch gern genannt wurde.

Demokratische Herrschaftsarchitektur hat ihre Aura verloren. Nur bei Kulturbauten hat die öffentliche Hand noch ohne schlechtes Gewissen die Aura eingeplant. Deutsche Museumsbauten – vielfach von ausländischen Architekten geschaffen – wurden wegweisend für ganz Europa. In der Postmoderne kann die Politik keine einheitsstiftenden Symbole mehr vorzeigen. Der Konflikt um die Gestaltung des Bundesadlers im neuen Bonner Plenarsaal hat das Dilemma erneut vor Augen geführt. Noch immer neigt Politik zur Selbstinszenierung. Aber im Zeitalter der Informationsgesellschaft geschieht diese über Medien. Sie bedarf kaum noch dessen, was alls hier Versammelten besonders lieben, der Architektur.

Anmerkungen:

1) Bonn oder Frankfurt. Der Streit um die Bundeshauptstadt. Frankfurt, Stadtarchiv 1989, S. 25.

2) Der Bundesminister für Raumordnung, Bauwesen und Städtebau. Karlsruhe, C.F. Müller, 1989. S. 20.

3) Deutscher Bundestag, 1.WP, Drs.3274, S. 23, 67.6.1951 5849 C 4

4) Ingeborg Flagge: Provisorium als Schicksal. Warum mit der Bonner Staatsarchitektur kein Staat zu machen ist. In: Dies./Wolfgang Jean Stock (Hrsg.): Architektur und Demokratie. Stuttgart, Hatje 1992 (225-245), S. 225.

5) Klaus von Beyme: Hauptstadtsuche. Frankfurt, Suhrkamp, 1991.

6) Die Bundestagsdebatte zu Parlaments- und Regierungssitz. Bonn, Bouvier 1991, S. 10ff.

7) Ulrich Wickert: Metropole Bonn? In: Hauptstadt. Zentren, Residenzen, Metropolen in der deutschen Geschichte. Köln, DuMont, 1989 (427-430), S. 429.

8) Bundesministerium für innerdeutsche Beziehungen/BDA: Ideen, Orte, Entwürfe. Architektur und Städtebau in der Bundesrepublik Deutschland. Berlin, Ernst & Sohn 1990, S. 08.

9) Hans Schwippert: Das Bonner Bundeshaus. Neue Bauwelt, 1951, H.17, S. 70.

10) Hans Schwippert: Theorie und Praxis (1944), Baukunst und Werkform, 1947, H.1 (17-19), S. 18.

11) Ingeborg Flagge: Architektur in Bonn nach 1945. Bonn, Röhrscheid, 1984, S. 29.

12) H.P. Mensing (Hrsg.): Adenauer Briefe. 1949-1951. Berlin, Propyläen, 1985, Bd. 3, S. 46.

13) Schwippert: a.a.O. 1951, S. 70.

14) 40 Jahre, a.a.O., S. 64f.

15) Adolf Arndt: Demokratie als Bauherr. Berlin, Akademie der Künste, 1961, S. 28

16) Werner Durth: Hauptstadtplanungen. In: Hauptstadt, a.a.O. (404-415), S. 414.

17) Flagge: 1992, a.a.O., S. 230.

18) Heinrich Klotz: Ikonologie einer Hauptstadt. Bonner Staatsarchitektur. In: Martin Warnke (Hrsg.): Politische Architektur in Europa. Köln, DuMont, 1984 (399-416), S. 401.

19) Flagge: a.a.O., 1992, S. 244.

20) Günther Behnisch: Bauen für die Demokratie. In: Flagge/Stock, a.a.O., 1992, S. 66-75.

21) Deutscher Bundestag. Bonn: Bauten an der Kurt-Schumacher-Straße. Bonn, die Präsidentin des deutschen Bundestages, der Bundesminister für Raumordnung, Bauwesen und Städtebau, 1989.

22) Flagge: a.a.O., S. 240

23) Die Reue des Peter Conradi kommt zu spät. Rhein-Neckar-Zeitung 12.1.1994, S. 10.

24) Schürmann gegen Abriß des Schürmann-Baus. FAZ 8.2.1994, S. 5.

25) Bernhard Schulz: Das Museum zum Video. Der Tagesspiegel, 16.6.1994.

26) Klaus von Beyme: Von der Hauptstadtsuche zur Hauptstadtfindung. Die Implementation des Hauptstadtbeschlusses. In: Werner Süß (Hrsg.): Nationale Hauptstadt, europäische Metropole. Berlin, Berlin Verlag, 1994, S. 55-76.

27) Spiegel-Streitgespräch: Heimatkunde für Neuteutonia. Der Spiegel 42/1994, S. 48-59.

28) Denis Diderot: Ästhetische Schriften. Frankfurt, Klostermann, 1968, Bd.1, S. 661.

2)   Städtebauliche Repräsentation des Sozialismus

Hermann Henselmann– Stararchitekt zwischen Baukunst und Politik

1)   Zur Rolle des Architekten in der Moderne

Hermann Henselmann verstand sich – auch als die neue Diktatur nicht mehr zu übersehen war – als Baumeister in einer Demokratie. Kaum ein Adjektiv spielte in seinen Schriften eine solche Rolle, wie das Epitheton demokratisch. Demokratische Baumeister hatten in beiden Teilen Deutschlands Rollenschwierigkeiten. Nicht wenige fühlten sich überlastet. Theoretisch sollte vor allem der Stadtplaner alles auf einmal können: „Architekt, Techniker, Soziologe, Volkswirtschaftler und weiß was noch sein."[1)]

Henselmann scheint wenig Schwierigkeiten gehabt zu haben, alle diese Rollen anzunehmen. Überwiegend verstand er sich als Baumeister – mit der Betonung auf der Bau*kunst*. Aber der Techniker kam wenigstens theoretisch nicht zu kurz. Als er zum Chefarchitekten des VEB Typenprojektierung berufen wurde, nahm er 1964 zu der Frage Stellung, wie die neu übertragene Aufgabe architektonisch gemeistert werden konnte, die Wohnungsbau, gesellschaftliche Bauten und die Gestaltung der Stadtzentren umfasste.[2)]

Er nahm sich darin nicht wenig vor. Ökonomische und kulturelle Zielsetzungen wurden mit der neuen Aufgabe verbunden. Wirtschaftliches Bauen und Realisierung der Ziele der DDR-Bildungspolitik sollten vereinigt werden. Die Leninformel wurde zum Unverdächtigen hin entfremdet. „Sowjetmacht plus Elektrifizierung" wurde sektoral zugespitzt auf „Sozialistische Produktionsverhältnisse plus industrielles Bauen".[3)] Er ging davon aus, daß diese Formel für die große Aufgabe nicht ausreiche, weil Langeweile, Monotonie und Provinzialismus damit allzu leicht verdeckt werden könnten.

Vor der Gründung der DDR 1947 hatte er gegen die Radikalalternative von Architekten und Ingenieuren Front gemacht, die der Schriftsteller Walter Kiaulehn in der Neuen Zeitung zur Debatte gestellt hatte. Den Ingenieursoptimismus einer Nachkriegsgeneration teilte er nicht. Vorläufig schien es ihm, daß „der Anteil des Ingenieurs an der Zerstörung der Bauten, die der Architekt errichtete, sehr viel höher als der Anteil beim Zustandekommen der modernen Bauten, die wesentlich von den fortschrittlichen Architekten gefördert wurden", sei.[4)] Henselmann schwebte eher eine Synthese der beiden Rollen vor. In der Arbeitsteilung der Funktionen hatte jedoch auch später in der DDR, die den Ingenieur gewaltig aufwertete, der Baumeister für ihn den Vorrang.

Die Rollenerweiterung des Architekten schloß die Funktion des Städtebauers ein. Er ging noch 1967 davon aus, daß eine *Städtebauwissenschaft* im strengen Sinne noch nicht existiere.[5)] Henselmann stellte sich bereitwillig in die Tradition der großen Baumeister seit Schinkel. Schon Schinkel war immer wieder vorgeworfen worden, den Städtebau zugunsten seiner genialen Solitäre zu vernachlässigen. Es war kein Wunder, daß in einem System mit geringen Spielräumen für Originalität, dieser Vorwurf gegen Henselmann noch schärfer formuliert wurde. Vor allem dann, wenn seine Bildzeichenarchitektur mit dem Abriß wertvoller Bausubstanz in Verbindung gebracht wurde, wie bei dem Abriß der Universitätskirche in Leipzig. Da wurde dann eher Schinkels Respekt vor historischer Bausubstanz im Vergleich lobend herausgestrichen.

Aber immer, wenn man bei Henselmann innere Widersprüche der Gedanken aufgespürt zu haben glaubt, findet sich bei diesem versatilen Geist eine andere Äußerung, welche die Einordnung wieder infragestellt. Die „schöpferische Aneignung der geschichtlichen Epochen" wurde für die Stadtgestalt als ganzes betont, auch wenn er selbst von Berlin Mitte bis Jena gegen dieses Postulat gesündigt hat. Gegen „kommunistische Projektmacherei" konnte er sich auf Lenin berufen. Der Maßstab für die Abwägung zwischen modernistischen Projekten und dem Respekt vor der historischen Stadtgestalt wurde an den „Kommunikationsbeziehungen" der Menschen gefunden. Die überkommenen Kommunikationsbeziehungen wurden punktuell auch bei ihm dem Großprojekt geopfert. Im Ganzen aber setzte er sich weiter auf dem Höhepunkt der technokratischen Welle des Städtebaus in Ost und West – 1967 – gegen eine neue massenhafte Störung von Kommunikationsbeziehungen, die durch den Irrtum drohte, „als ob nur in den Neubauvierteln sich der Sozialismus entfalten kann, während der absterbende Kapitalismus sozusagen gemeinsam mit den Altbauten verfällt".[6]

Einerseits wurde der Baukünstler betont, andererseits die arbeitsteilige Projektarbeit. Henselmann wagte gelegentlich die Flucht nach vorn. Er stellte sich gegen den Vorwurf, den er selbst häufig zu hören bekam: Architekten wollten sich Denkmäler bauen. Die „Demokratisierung der auftraggebenden Organe" schien ihm dagegen eine wirksame Schranke. Volle Demokratie unterstellte er beim „gesellschaftlichen Auftraggeber" offenbar nicht mehr. Verdächtiger war ihm, „wenn sich Architekten keine Denkmäler bauen wollen". Er betonte angesichts der Nivellierung des Architektenstandes die individuelle Schöpferrolle. Jeder Polizist und Kellner trägt ein Namensschild. „Ganze Geschwader von Architekten" aber versteckten sich hinter der Anonymität von Projekten und Kollektiven, wie zur Kaschierung von Mittelmäßigkeit[7] bei denen die künstlerische Seite zum „Design Arrangement" verkommen war.

Das Verhältnis zwischen Architektur und Sozialwissenschaften blieb auch in Westdeutschland gestört. In der Modernisierungswelle zugunsten neuer Urbanität kam es gelegentlich zu einer Soziologisierung des Architekturstudiums. Der Backlash war vorprogrammiert: die Baukunst wurde spätestens in der Postmoderne-Diskussion wieder angemahnt, und die Architekten gaben ihrer Enttäuschung über die Sozialwissenschaftler zu Protokoll.[8]

Die *Soziologie* in der DDR fristete ein sektorales Dasein. Es gab keine modische Überfremdung des Architekturstudiums über das Griffeklopfen des Marxismus-Leninismus hinaus. Henselmann konnte daher seine Wertschätzung der

Soziologie für mehr als eine bloße Hilfswissenschaft aufrechterhalten. Die Soziologie als Wissenschaft zur Erforschung aller Forschungsbeziehungen sollte verhindern helfen, daß die Routine der Städtebauer sich in der „mehr oder weniger zufälligen Möblierung" des zur Verfügung stehenden Geländes durch Bauwerke erschöpft.[9]

Wie ließen sich die sozialen Widersprüche in ein gedankliches Konzept bringen? Ähnlich wie im Westen wurde eine aktive Variante der Systemtheorie, vor allem die *Kybernetik* adaptiert, wie das in der DDR vor allem Georg Klaus tat. Damit wurde die Rolle des Wissenschaftlers neben der des Baukünstlers immer stärker herausgestrichen. Generalverkehrs- und Generalbebauungsplan wurden in ihrer prognostischen Funktion gepriesen. Die Wissenschaftlichkeit der Arbeit entschied für ihn, ob diese zur „Produktivkraft" wurde. Die im realen Sozialismus beschworene „*wissenschaftlich-technische Revolution*" wurde auch von Henselmann voll integriert.[10]

Aber erneut sicherte er sich ab: „Es ist nicht etwa so, daß hier bis zum i-Tüpfelchen alles ausgerechnet werden muß, so daß sozusagen der Computer lediglich das ausrechnet, was zu leisten ist".[11] Aber die Kybernetikbegeisterung richtete sich vor allem gegen verwaschene oder undurchdachte Programme. Das „*Bezirksharmonogramm*" als Produkt einer Planungsphantasie, dem keine realen Kompetenzen auf der Ebene entsprachen, könnte damit gemeint gewesen sein.

Die Wissenschaft, die Henselmann suchte, war eine ganzheitliche, die auf einer neuen Vorstellung vom Zusammenleben der Menschen beruhte. Demokratie war für ihn noch 1950 der Zentralbegriff – nicht Sozialismus, und er berief sich dafür, daß „Demokratie die letzte Hoffnung dieser Welt" sei, nicht auf einen marxistischen Ideologen, sondern auf den amerikanischen Baumeister Frank Lloyd Wright.[12]

Der Ganzheitsbegriff, den die DDR-Ideologie aus der Sowjetunion übernahm, hieß „sozialistische Lebensweise" Henselmann hat ihn früh adaptiert und dem Architekten die Hauptaufgabe zugewiesen, „die sozialistische Lebensweise, die sich in zunehmendem Maße herausbildet, räumlich zu organisieren".[13] Was sozialistische Lebensweise hieß, wurde politisch vordefiniert. Was sie in räumlicher Organisation bedeutete, dabei hatte der Architekt ein Wort mitzureden. Unnachsichtig mußte daher die mechanische Trennung von Wohnbauten und gesellschaftlichen Bauten oder die Lernmaschinen der Schulbauten in der DDR-Architektur kritisiert werden. Sein Bild des Architekten war nicht nur in Verteidigungsstellung gegenüber Technikern und Ingenieuren, sondern auch gegen die Degradierung des Architekten zum Erfüllungsgehilfen für die Einhaltung von Plankennziffern.[14]

2) Anpassungen und Wandlungen eines Theoretikers

Henselmann war ungewöhnlich im spießigen Durchschnitt der DDR, da er über breite Talente und umfassende literarische Bildung verfügte. Manchmal hat er mit der revolutionären Attitüde Majakowskijs kokettiert und revolutionäre „Tagesbefehle an die Kunstarmee" zitiert. Häufiger hat er sich in seiner „vegetativen Sympathie" für Brecht von dessen schlauer Umschiffung bürokratischer Widerstände Anregung und Legitimation geholt. Ein Architekt, der allzu gut mit dem Wort umgehen kann, gilt auch außerhalb des Sozialismus als verdächtig. Zu Unrecht, wenn er sich als Baukünstler fühlt. Die moderne Kunst hat ihre mangelnde unmittelbare Einsichtigkeit weitgehend durch immer theoretischere Selbstdarstellung der Künstler kompensiert.

Henselmanns Wandlungen und Anpassungen erscheinen in seinen Schriften weniger aufdringlich als in seinem Verhalten als aktiver Baumeister. Es gibt Widersprüche und nachträgliche Anpassungen. Aber eine allgemeine Grundlinie hat er nie verlassen.

Das Selbstverständnis Henselmanns war dem vieler Antifaschisten ähnlich, die als Demokraten und eher anarchoide Intellektuelle von der Idee eines realen Sozialismus angezogen wurden. In zahlreichen Würdigungen in der DDR wurde häufiger von dem Humanisten als vom Sozialisten Henselmann gesprochen.

Henselmann bekannte sich als Sozialist. 1946 aber lehnte er in einer Antwort an die Studenten die Formel, daß die Architektur „dem Sozialismus zu dienen" habe, strikt ab.[15] Auch später, als seine Sprache angepaßter wirkte, hat er sich immer der Propagandaphrasen enthalten, welche die Architekturdebatte der damaligen Zeit so unlesbar macht. Klassenkampfphraseologie fand sich in seinen Schriften nur selten und er hing auch an seinen Hochbauten nicht zu dem Zweck, die historische Architektur zu übertrumpfen, oder wie Bruno Flier den ideologischen Übereifer in der Architektur kritisierte, als „käme es darauf an, den politisch längst gewonnenen Klassenkampf nun im nachhinein noch einmal architektonisch zu gewinnen – nur diesmal gegen den falschen Gegner und mit wenig überzeugenden Waffen. Denn das sind z.B. Wohnhäuser oder Hotels gegen Kirchen". Nur seine Gedanken zur „Dorfdemokratie" könnten so verstanden werden, daß das Kulturhaus die Aufgabe habe, die dominante Wirkung von Schloß, Kirche oder Rathaus in der herkömmlichen Architektur zu ersetzen.[16]

Henselmanns Arbeiten hatten einen besonderen Duktus. Wenn historische Architektur als Ausdruck von „Ausbeutergesellschaften" hingestellt wurden, fühlte er sich herausgefordert, die „Ausbeuter ein wenig in Schutz" zu nehmen. Er polemisierte gegen jene, die alles ablehnten „was unsere Kollegen im Westen unseres Vaterlandes" schafften. Allein der Zusatz „unseres Vaterlandes" war 1960 schon fünf Jahre nicht mehr auf der Linie der Partei.[17]

Noch am Ende der gesamtdeutschen Propaganda in der DDR hat Henselmann 1956 beim Wettbewerb für das Wohngebiet Fennpfuhl in Berlin, den

Wettbewerb „gesamtdeutsch" organisiert. Im Preisgericht saßen neben Edmund Collein auch Rudolf Hillebrecht und Werner Hebebrand. Den ersten Preis erhielt Ernst May (damals Hamburg).

Henselmann hat den Gedankenaustausch mit westlichen Kollegen nie abgebrochen. Wessen Schriften hätte man damals im Westen mit kleinen editorischen Glättungen drucken können? Ganz sicher nicht die der anderen Triumvirn wie Collein oder Liebknecht, die im Gründungsstadium der DDR entscheidend waren, weniger durch ihre formalen Ämter als durch den direkten Draht zur politischen Führung. Auch Bolz, als Nationaldemokrat und Stimmfänger im konservativen Lager wichtig, hat trotz einiger Klangfarben kaum etwas beigetragen, das im Westen als eigenständiger Diskussionsbeitrag verstanden worden wäre. Der von manchen Bürgerlichen damals als der „einzig akzeptable Mann der Führung" angesehene Kunstkenner, Christ, Akademiker und Nationaldemokrat, wurde im Rückblick als Demagoge abgetan.[18]

Andererseits ist die DDR-Baugeschichte nicht aus den „sieben Streichen eines einzigen hochbegabten Architekten im trickreichen Kampf gegen die Partei als Überinstrument" zu verstehen.[19] Dennoch fiel Henselmann eine besondere Rolle zu. Seine Anpassungsfähigkeit ließen die Eigenständigkeit des Denkens nicht in Vergessenheit geraten.

In der Debatte um das ideologische Leitbild der 16 Grundsätze haben Henselmann und Scharoun einen Gegenvorschlag lanciert, der vor allem stilkritisch gehalten war. Das Papier scheint nicht mehr zu existieren, seine Existenz aber ist bezeugt.

1946 wurde noch die Unabhängigkeit gegenüber Bewegungen postuliert:"... es gibt Beispiele, die beweisen, daß die begeisterte Überzeugung, die sich in den „Dienst einer Sache" oder „Bewegung" stellt, der Erzeugung von Kunstwerken im Wege steht."[20] 1951 war die Distanz zur Bewegung schon geringer, aber noch immer schien *Demokratie als Prinzip* über dem *Sozialismus* zu stehen. Die Universalität des Prinzips Demokratie wurde freilich getrübt durch den Aufruf zur „Überwindung des Kosmopolitismus".

Henselmanns Abwandlung von Lincolns Gettysburg-Formel enthielt eine Absage an paternalistische Bevormundung des Volkes. Es kam ihm darauf an, nicht „Architektur für das Volk", sondern die „Architektur des Volkes" zu schaffen, aber die Elemente der Formel waren auch in ihrer architektonischen Zuspitzung nicht klarer als bei Lincoln. Zudem erscheint die nichtpaternalistische Variante der Demokratie in der Politik immer noch leichter zu realisieren als in der Kunst, die gewisse elitäre Grundzüge behalten wird.

Äußerungen zum sowjetischen Sozialismus sind in den gedruckten Schriften selten. Rudolf Henselmann kritisierte am 29.Juli 1951 in einem Artikel im Neuen Deutschland. Baustil und politischer Stil des „Genossen Henselmann" wurden parallelisiert. Opportunismus wurde ihm vorgeworfen, weil er die sowjetische Botschaft nur hinter vorgehaltener Hand kritisiert hatte. Zweideutigkeit war das Vergehen gegen den politischen Stil, den man unter Genossen erwarten durfte: „Genosse Henselmann ist ein lebhafter Mann mit burschikosen Manieren, sozusagen ein vierzigjähriger Springinsfeld. Er redet nachdrücklich und gebildet, und unklar bleibt in der Regel nur eine Kleinigkeit: ob er dafür ist oder dagegen.“[21]

Zweideutigkeit vertrug sich nicht mit dem leninistischen *Prinzip der Parteilichkeit*. Das Image des kritisch distanzierten Opportunismus, das seine Person in Ost und West umgab, war damit geprägt. Immerhin haben die östlichen Kritiker eine amüsante Überlegenheit wahrnehmen können, während im Westen der „charakterlose Opportunist“ und „typische Mitläufer des Sowjetzonenregimes“ gebrandmarkt wurde.[22] Auch in dieser Initiative eines offiziösen Organs des Bundesinnenministeriums für gesamtdeutsche Fragen lag Anerkennung und Kritik zugleich. Anerkannt wurde, daß er nur *Mitläufer* war. Er schien dem Bauhaus näher zu stehen als der Stalin-Allee. Kritischer wurde diese Äußerung aber dadurch, daß der Freispruch vom Vorwurf dogmatischer Verbohrtheit zugleich eine schärfere Kritik an der moralischen Integrität eines versatilen Intellektuellen enthielt. Die Dissenter des frühen DDR-Regimes haben ihm tragikomische Züge verliehen, wie Alfred Kantorowicz in seinem „Deutschen Tagebuch“[23]: Henselmann wurde dargestellt als ein „umgänglicher, musisch begabter, Geselligkeit liebender Bruder Leichtfuß, der später durch den Zwang seines obersten Bauherrn Ulbricht zu Willen sein zu müssen und gegen seine fachliche Überzeugung, für die Stalin-Allee verantwortlich zu zeichnen, innerlich zerbrach – auch wenn er es durch Witzeleien und Geistreicheleien zu verdecken suchte“.

Die Verdikte dogmatischer Parteifunktionäre ehrten den Betroffenen mehr, als daß sie ihn herabsetzten. Der Opportunismusvorwurf Herrnstadts hat auch nicht verhindert, daß dieser sich mit Henselmann verbündete, als er selbst mit der strategischen Clique Ulbrichts in Konflikt geriet. Degoutant erscheint im Nachhinein lediglich, mit welcher Geschwindigkeit Henselmann seine neue Parteilichkeit zu demonstrieren suchte und die Schrift „Der revolutionäre Charakter des Konstruktivismus“ lancierte.[24] In dieser publizistischen Kehrtwende machte er auch die von der Parteiführung langersehnte Verbeugung vor der Sowjetmacht: „Ich habe die dringliche Aufgabe des Übernehmens des Kulturerbes und damit auch die Rolle der Sowjetarchitektur unterschätzt.“[25]

Noch zu DDR-Zeiten hat Henselmann offenbar dafür gesorgt, daß dieser Passus in der im Westen erschienenen Sammlung seiner Aufsätze nicht mehr erschien.[26] In dieser Zeit häuften sich erstmals Lenin-, Ždanov- oder Belinskij-Zitate. Aber noch immer differenzierte Henselmann seine Kritik. Architekten wie Tessenow, die er vor und unmittelbar nach dem Krieg recht positiv besprochen hatte, wurden realistische Elemente des Schaffens zugebilligt. Tessenow und Pölzig waren nicht zu verdammen, sondern einer schöpferischen Kritik zu unterziehen.

Die positive Würdigung der sowjetischen Leistungen haben Henselmann jedoch nicht daran gehindert, auch Parolen des neuen ersten Sekretärs der KPdSU, Chruščtschow, zu kritisieren, wenn dieser plötzlich auf sozialistische

Weise „Ornament" zum „Verbrechen" erklärte.[27] Wie bei vielen Debatten in den abhängigen „sozialistischen Bruderländern" wurde die Berufung auf die Sowjetunion auch bei Henselmann gelegentlich funktionalisiert. Als sein Entwurf für das Berliner Stadtzentrum abgelehnt worden war, und die Polemik gegen ihn immer maßloser wurde, empfahl er, nicht den „rüden Ton der westdeutschen Presse", sondern „sowjetische Herztöne" zu importieren.[28]

Mit der Grundtendenz der Hinwendung zur Sowjetunion am Anfang der zweiten Phase der Leitbildformulierung ab 1955 hatte Henselmann keine Schwierigkeiten. Er dürfte diese Tendenzwende sogar innerlich begrüßt haben, weil sie ihn nicht mehr zwang, gegen seine eigene Überzeugung Anleihen beim „nationalen Erbe" zu machen. Die *Förderung des industriellen Bauens* deckte sich mit seinen Grundüberzeugungen. Seine Kritik an dem neuen anti-ornamentalen Überschwang kann daher nicht zu einer Grundsatzopposition gegen den neuen Kurs hochstilisiert werden. Eine radikale Kehrtwende aus gegebenem Anlaß waren seine Äußerungen ebenfalls nicht. „In Formalismus und Realismus" hatte er schon 1950 die modernistische Leitbildentwicklung moderat vorweg genommen. Noch wurden aber die Bauhausarchitekten, Wright, Le Corbusier oder Oud in ihren Errungenschaften als auf dem richtigen Weg befindlich gewürdigt.[29] Formalismus war für ihn 1950 schon die Überbetonung der künstlerischen Ausdrucksmittel im Vergleich zur neuen sozialen Realität. Kandinsky etwa war der Buhmann – nicht das ganze Bauhaus. Das Problem, den *Realismusbegriff*, der in Literatur und Malerei entwickelt worden war, auf die Architektur zu übertragen, sah Henselmann nicht. Es wurde reichlich mit Lukàcs-Zitaten umschifft, die sich jedoch naturgemäß auf die Literatur bezogen. Zweifel daran, daß die Aufgabe des *Kosmopolitismus* der neuen sozialen Realität näherbrächte, scheinen ihm nicht gekommen zu sein. Formalismus war auch die Überbetonung des Handwerklichen. Insofern war die Wende nach 1955 immer schon durch eigene Aussagen abgedeckt. Die völlige Ablehnung des Handwerklichen wurde jedoch als undialektisch dargestellt. Der Pragmatiker empfahl auch im Handwerklichen bereits die Entwicklung neuer Produktionsweisen wissenschaftlich zu beobachten. Für kommende Kurswechsel war er also gewappnet.

Dem Modernisten Henselmann wurden seine Kehrtwenden übelgenommen. Aber in vielen Punkten hatte er schon in der SBZ-Zeit gegen den vorherrschenden Trend der westlichen Moderne Stellung genommen. Mit Brecht war er sich in seiner *Abneigung gegen die Zeilenbauweise* einig.[30] Die *Funktionstrennung* nach der Charta von Athen war für ihn eine undialektische Störung der Kommunikation.[31] Aber ein Architekt in so exponierter Stellung und mit so ungewöhnlicher Selbstdarstellungsgabe konnte im Ost-West-Konflikt nur mißverstanden werden. Die Kritik am Westen – etwa dem „Bluff" im Hansaviertel Westberlins – wurde als ideologisch gewertet.[32] Sie war aber Ausdruck einer eigenen Konzeption, wenn die gleichen Erscheinungen in der DDR selbst kritisiert wurden. Mit Zitaten aus dürrer Statistik konnte selbst die Sowjetunion in die Kritik einbezogen werden, wenn das Wachstum der Verkehrswege in Leningrad gegeißelt wurde.[33)] 1967 mag eine solche Kritik nicht mehr als großer Mut bewertet werden können. Die DDR hat Ende der 60er Jahre ihre selbstbewußteste Zeit erlebt und ließ einige interne Kritik zu, solange sie solidarisch schien. Aber Henselmann wartete mit der Kritik nicht bis zum nächsten Kurswechsel der Partei. Im Jahr seiner ersten Anpassung 1951/52 hat er bereits in damals ungewöhnlicher Weise „*Einige kritische Bemerkungen zum Wohnungsbau*" gemacht.[34)]

Der Mängelkatalog umfaßte die Vernachlässigung gestiegener Ansprüche der Bevölkerung, den mangelnden Sinn für die Landschaft der Umgebung, die fehlende künstlerische Gestaltung und mangelnde Differenzierung des Stadtcharakters einer preußischen austeren Barockstadt wie Magdeburg und dem heiteren Dresden, die Kleinheit der Wohnung und den Schematismus in der Suche nach Wirtschaftlichkeit.

1979 konnte sich der Emiritus eine Künstlerhybris leisten, welche die politische Führung dem aktiven Baumeister schwerlich hätten durchgehen lassen: Die Politiker benötigen für ihre weitgreifenden Umwälzungen zu lange Zeiträume. „Sie werden das nachvollziehen, was wir ihnen in der vernunftgemäß geordneten und deshalb schönen räumlichen Umwelt ermöglichen."[35)]

Da gab es Hoffnungen auf den *Selbstlauf der Kunst*. Ausbeutung wird Anachronismus werden, ebenso wie die Einschränkung der Freiheit. Die Lehre vom *Primat der Politik* in der Zeit des Aufbaus des Sozialismus wurde nicht mehr respektiert.

Der Allround-Stadtbaumeister forderte wissenschaftliche Beratung, mehr Partizipation der Betroffenen und sogar politische Sanktionen durch Überprüfung von Stadtbauräten.[36)] Die aufmüpfige Frage, ob die Kollegen in der Entfaltung ihrer *Kritik* etwa behindert würden, war sicher an der Schmerzgrenze des Regimes angesiedelt.[37)]

In dieser Phase des Aufbruchs hat er die *Begeisterungsfähigkeit der Bürger* für das Neue noch hoch eingeschätzt. Später machte sich Enttäuschung über die „Auswurzelung" und dem „Drang nach unverwechselbarer Heimat" breit.[38)] Henselmann mußte 1980 einsehen, daß er sich früher in der Annahme geirrt hatte, daß die Menschen moderne Neubauten besser als alte Häuser finden. Die Wohnsphäre wurde als die konservativste Lebensphäre erkannt.[39)]

Henselmann hat sich für die *Bedürfnisforschung* unter den Wohnungssuchenden immerhin eingesetzt und die heimliche Sehnsucht nach dem Fischerkiez und nach „Zille sein Mijöh" nicht übersehen, so sehr er auch die westliche Nachbarschaftsideologie immer kritisiert hatte.[40)] Zahlen aus Leningrad sollten belegen, daß nur 9% der Kontakte durch *Nachbarschaft* zustande kamen und weit mehr durch Arbeit und Sport. Er übersah, daß dies in der Frühzeit des sowjetischen Sozialismus in der „Kommunalka" anders gewesen war. Sie hatte durchaus einen positiven kommunikativen Effekt gehabt. Er ging später verloren, weil das sozialistische Leben zunehmend um die Produktionsstätten herum organisiert wurde, selbst Freizeit und Sport. Ob dies auch den Wünschen der Bewohner entsprach, wurde dank einmal getroffener ideologischer Grundentscheidung nicht mehr hinterfragt.

Die schärfste literarische Kritik an der Architektur der DDR in Brigitte Reimanns Roman „Franziska Linkerhand" kam ihm 1974 gerade recht. Er übersah nicht, daß die Selbstmordziffern in vielen Neubaugebieten höher waren als in machen Slums.[41]

3) Henselmanns Wandlungen im Städtebau

Noch schwerer sind Henselmann seine Wandlungen in den Bauten angekreidet worden. Die scharfsinnige Kritik an dem Nationalsozialismus, die sich um eine durchaus differenzierte Würdigung der Motive bemühte, die anscheinend auch vernünftige Leute auf ihn hereinfallen ließen, bewahrte auch Henselmann nicht vor dem Rückfall in die Gigantomanie. Die *Idee der Magistrale* war nicht so sozialistisch-originell, wie sie nach den 16 Grundsätzen ausgegeben wurde. Speer fühlte sich im Spandauer Gefängnis tief verstanden, als ihm Ulbrichts Pläne durch die Zeitung bekannt wurden: „Dabei habe ich den Eindruck, daß die Stalinallee unserem geplanten Ostdurchbruch folgt", soll sein Kommentar gelautet haben.[42]

Herrnstadt machte in seinem Artikel in Neuen Deutschland 1951 die Demütigung der Architekten Henselmann, Paulick u.a. publik. Nur acht Tage wurden ihnen von den Vertretern des Zentralkomitees gegeben, um die Entwürfe zu überarbeiten. Einige kamen sogar schneller mit neuen Entwürfen vor die Entscheidungsgremien. Hohn wurde dem Unrecht hinzugefügt, als auch die zweite Gardinenpredigt des ZK wörtlich wiedergegeben wurde: „Wenn wir gestern Ihren Eierkisten zugestimmt hätten – hätten Sie sie gebaut? Oder hätten Sie gegen Ihre eigenen Modelle protestiert?" „Wenn die Partei beschlossen hätte, es soll gebaut werden – hätte ich gebaut."[43] Das war der Kotau Paulicks, aber auch Henselmann hat sich dem Druck gebeugt. Henselmann gedachte gern der frühen Berliner Zeit mit Kästner und anderen. Der Literaturkenner unter den DDR-Architekten hatte offenbar das Kästner-Gedicht vergessen:

„Was auch immer geschieht,
nie dürft ihr so tief sinken,
von dem Kakao, durch den man euch zieht,
auch noch zu trinken."

1952 plauderte Henselmann in der Zeitschrift „Deutsche Architektur" „Aus der Werkstatt des Architekten".[44] Die Bauten an der Stalinallee und am Straußberger Platz wurden damals als Ergebnis eines schöpferischen Prozesses in Anwendung der Methode des sozialistischen Realismus ausgegeben. *Vertraute Symbole* – Tor und Turm wurden gerechtfertigt. Die formale Gestaltung in Anlehnung an Gilly und Schinkel war nicht einmal eine Selbstkasteiung. Die preußischen Klassizisten kamen auch in der publizistischen Würdigung immer gut weg. Nur mit Schinkels neugotischer Phase hatte Henselmann gewisse Schwierigkeiten.[45] Einzelheiten konnte er im Rahmen der Gesamtkonzeption vertreten. Die gesamte Richtung aber widersprach seinen eigentlichen Auffassungen. Seine Selbstdarstellungsfreude schuf für Henselmann immer neue Probleme. Der Chefarchitekt in Berlin konnte der Darstellung auch nicht immer ausweichen. So entstand – wie schon Bruno Flierl treffend bemerkte – in der Öffentlichkeit bei vielen der Eindruck, Henselmann sei der Architekt der Stalin-Allee gewesen. Vieles hat er nachweislich nicht so gewollt. Seine Abneigung, dagegen, die Namen der Architekten hinter Kollektiven zu verstecken, hatte hier ausnahmsweise ihr gutes.

Der Architekt, der sich in „Galileischer List" übte, hat den „Friedensschluß Ulbrichts" mit seinen Architekten, den Kurt Liebknecht verkündete,[46] jedoch umsichtig zur Verwirklichung eigener Konzeptionen benutzt. Als der westdeutsche Bundestag indirekt durch die Ausschreibung eines Wettbewerbs für Berlin die DDR-Führung erneut aktivierte, wurde 1958 eine internationaler Wettbewerb zur „sozialistischen Umgestaltung des Zentrums der Hauptstadt der DDR, Berlin" ausgeschrieben.

Henselmann hat die NS-Architektur vor allem als *unmaßstäblich* angeprangert. Die meisten DDR-Entwürfe wollten hoch hinaus, während sowjetische Entwürfe, wie der von Naumov, maßstäblich blieben. Wenige Diskutanten, die die Entwürfe bewerteten, lehnten die Idee der Dominate ganz ab, wie Selmanagic.[47] Henselmann ließ seine kreative Phantasie besonders ins Kraut schießen. Ein „Turm der Signale" und ein Volkskammergebäude jenseits der Spree als riesige Kundgebungshalle, wurde von der Mehrheit als utopisch abgelehnt. „Ideologisch falsche Konzeptionen" wurden sowohl bei Henselmanns Spielereien mit „riesigen Stahlnadeln" als auch in Naumovs Flachbau gewittert. 1958 hatte Henselmann seine Stellung als Chefarchitekt verloren. Henselmann kam später doch noch mit dem Fernsehturm neben der Marienkirche zum Zuge. Die erneute Schwenkung, die Henselmann zugute kam, wurde als „Negation der Negation" in unfreiwilliger ideologischer Komik gewürdigt. Die Kritik an früheren Konzeptionen Henselmanns wurde durch Kritik an der abgelösten Führung im Nachhinein ersetzt. Bruno Flierl formulierte sybillinisch: „Der gesellschaftliche Auftraggeber war historisch viel zu jung, um in Sachen Architektur schon auf sicherem Boden zu stehen und ein eigenes Konzept zu besitzen."[48]

Der Sturz Ulbrichts hatte es möglich gemacht, über die Irrtümer eines früheren „gesellschaftlichen Auftraggebers" kritisch nachzudenken. Henselmann hatte 1952 den Turm als adäquaten Ausdruck des neuen sozialen Impetus gewürdigt. Seine Vorstellungen von Höhendominanten hatten sich in Bildarchitektur gewandelt, ob der Fernsehturm als Ausdruck überlegener Kommunikationstechnik im Sozialismus oder die Buchidee für die Leipziger Universität gewählt wurde. Modernisiert wurde freilich im Sinne von Henselmanns Stellungnahmen von 1951/52 gegen den Formalismus. Die Überbetonung origineller Gestaltungsideen fiel auf. Von der Moskauer Lomonossow-Universität her hätte man längst wissen müssen, welche logistischen und infrastrukturellen Probleme in einem solchen Universitätshochhaus entstehen.

Der Leipziger Kunsthistoriker Thomas Topfstedt rügte denn auch diese Mängel aus eigener täglicher Anschauung schon in den 80er Jahren der DDR.[49] Je größer die Dominante, umso geringer konnte naturgemäß der Respekt für die gewachsene Stadtstruktur sein. Nicht nur gegen unregelmäßige Relikte richtete sich die Allergie, wenn ein Großprojekt einen Standort suchte. Selbst das durchsichtige Raster wurde als „geistlos wie dieser fürchterliche Friedrich Wilhelm" gebrandmarkt, wenn Henselmann als Stadtplaner Platz brauchte.[50] Daß der Architekt sich Denkmäler bauen will, war von Henselmann nach seiner Emeritierung 1979 bereitwillig zugegeben worden.[51] 1947 hatte er noch über „die sittlichen Grundlagen der modernen Baukunst" einen Vortrag in Westberlin gehalten. Der Architekt mußte für ihn der *Optimist* unter den Künstlern sein. Die damals grassierende Skepsis des Existenzialismus war ihm unverständlich. Sie konnte nicht in Architektur umgesetzt werden.[52] Dieser unbekümmerte Optimismus eines Machers hat ihn später nicht verlassen. Er blieb undogmatisch in dogmatischer Zeit. In einer Zeit, da Reichow in Ost und West vielfach wegen seiner Rolle im Nationalsozialismus angegriffen wurde, empfahl er dem sozialistischen Städtebau, über dessen Vorschläge nachzudenken. Mit Reichow verband ihn vermutlich mehr als eine Freundschaft: eine gewisse gleiche Gemütslage.

Resümee:

Der Opportunismusvorwurf ist bei Henselmann schwer zu entkräften. Aber Henselmanns *sacrificium intellectus* war weit geringer als bei vielen seiner Kollegen in der DDR. Dennoch wird er gerade deshalb schärfer kritisiert, weil er kein eifernder Ideologe war. Er selbst hat gelegentliche Überanpassungen nicht geleugnet. Aber er hat sie mit Brecht als „Galileische List" gerechtfertigt, mit der „man manchmal die Dinge ein bißchen neu firmiert."[54]

Kaum ein kunstnaher Berufsstand ist so starken Versuchungen ausgesetzt, sich auch einer Diktatur zur Verfügung zu stellen, wie der des Architekten. Der Schriftsteller kann auf Halde arbeiten oder Manuskripte ins Ausland schmuggeln. Der Maler kann noch eine Nische in der reglementierten Gesellschaft finden. Der Architekt kann keinen Großbau ohne staatliche Genehmigung vollenden. Im Sozialismus konnten die Dissenter nicht einmal im Wohnungs- oder Industriebau überwintern wie im Nationalsozialismus. Mies , Gropius, Le Corbusier – die Entlarvungsliteratur wird immer breiter. Sie zeigt, daß auch die Baumeister dieses Jahrhunderts sich den autoritären Diktaturen andienten.[55] Im Vergleich zu den Genannten erscheinen Henselmanns Anpassungen läßlichere Sünden:

(1) Einmal war der Sozialismus nur von verbohrten Totalitarismustheoretikern in seiner theoretischen Annehmbarkeit und moralischen Integrität mit faschistischen Regimen auf eine Stufe gestellt worden.

(2) Zum anderen fühlte sich Henselmann als Sozialist, wenn auch nicht als

dogmatischer, während die genannten Großen wohl kaum aus ideologischer Übereinstimmung mit ihrer Diktatur Annäherungsversuche gemacht haben.

(3) Zum dritten hat Henselmann seinen Dissens zu dogmatischen Positionen nicht nur in seinen Schriften ausgedrückt, sondern hat selbst in seinen Bauten versucht, das von ihm Gesagte durchzusetzen. Der Emeritus Henselmann, dem keine Anpassung mehr abverlangt wurde, hat im Gespräch und in zahlreichen Interviews, den Opportunismusvorwurf offensiv bekämpft. In einer Diskussion der Stadtbauwelt 1984 mit Hentrich, Wortmann und anderen hat er die Problematik des Baumeisters in Diktaturen und politisch wirkenden Auftraggebern in der Demokratie generalisiert: „Unter solchen Aspekten könnte ich etwa zu Hentrich sagen: Er ist der Knecht des Imperialismus, denn er hat solche Hochhäuser gebaut für die Konzerne, die bekanntlich Hitler installiert haben und später dann die Demokratie der Bundesrepublik. Das könnte ich sagen, aber dazu bin ich nicht dumm genug. Ich sehe seine architektonischen Leistungen und bewundere ihn."[56] Seine Bewunderung für Le Corbusier hatte nicht gelitten durch die Erkenntnis von dessen Anbiederungsversuchen an das Vichy-Regime. Brecht wurde wieder als Entlastungszeuge bemüht: „Man wird eines Tages, wenn ich tot bin, meine Gedichte als Argumente gegen meine Stücke benutzen." Bei Henselmann könnte man eher umgekehrt argumentieren: Man kann seine Schriften und Äußerungen als Entlastungen für seine Adaptionen im gebauten Werk benutzen.

Die Entlastungswirkung der Schriften hat freilich ihre Grenzen: Kunst kommt von *Können* und auch bei bestem *Wollen* schlagen die Restriktionen für Baumeister in Diktaturen auf das künstlerische Werk durch. Dennoch bleibt eindrucksvoll, welche Kreationen einem bürokratischen Sozialismus abgerungen wurden, trotz vieler Zurücksetzungen und Degradierungen. Von seinen sowjetischen Kollegen sagte er einmal, sie seien viel besser als sie bauen dürften.[57] Das gilt auch für ihn selbst.

Als *Stadtplaner* wird Henselmann eher negativ in die deutsche Baugeschichte eingehen. Aber er befindet sich dabei in guter Gesellschaft mit anderen originellen Architekten, die er schätzte, bis zurück zu Schinkel.

Die Diktaturen des 20.Jahrhunderts kamen trotz einiger expressiver Werke in der Anfangsphase meist auf einen pompösen und sterilen Klassizismus zurück. Für den Nationalsozialismus wurde gezeigt, daß die *expressionistische Architektur* sich selbst dann nicht durchsetzte, wenn ihre Träger nationale Phraseologie pflegten. Hitler wetterte auf dem Reichsparteitag von 1936 persönlich gegen die „Böttcherstraßen-Architektur".[58] Dem sozialistischen Realismus entsprach diese sehr deutsche Variante einer modernen Architektur ebenfalls nicht. Nicht einmal in der ersten Periode, die als „*Nati-Tradi-Phase*" persiphliert worden ist. In Henselmanns Urteilen über Architekten des 20. Jahrhunderts fällt eine gewisse Vorliebe für Baumeister auf, die dieser expressionistischen Variante zugerechnet werden konnten von Poelzig bis Scharoun. Selbst seine Verehrung für Le Corbusier hat sich nicht aus der Bewunderung für die unités d`habitation gespeist, sondern eher aus der Wertschätzung von Ronchamps. Die *Bildzeichenarchitektur* – das, was vermutlich das originellste von Henselmanns Ideen bleiben wird – kann diese expressionistische Tradition nicht ganz verleugnen, so sehr er auch in seiner realistischen Bekennerphase den Expressionismus als Formalismus verdammte.

Über Alternativen von Henselmanns Entwicklung kann man allenfalls spekulieren. Wäre sein Werk noch bedeutender geworden, wenn er sich im Westen niedergelassen hätte? Wäre ein Thyssenhochhaus statt eines Turms der Wissenschaft entstanden? Die Spekulation bleibt müßig. Man kann darüber streiten, ob der Berliner Fernsehturm mit der nötigen Sensibilität für den Standort errichtet wurde. An der Kühnheit der Idee hat sich Henselmann berauscht. das Denkmal drückte für ihn baukünstlerisch aus, was jeder Proletarier sangesfreudig nachvollziehen konnte: „Brüder zur Sonne zur Freiheit, Brüder zum Lichte empor."[59] Aber auch hier hatte sich nur die Grundidee durchgesetzt: „Das Produkt hat sich von seinem Autor gelöst, sein Tun ging ein in den kollektiven Prozeß, am Endergebnis ist wohl mancher Zug ursprünglicher Handschrift erkennbar, aber doch sehr verwischt unter den Handschriften vieler..."[60]

Der Fernsehturm stellte nicht die erste originäre Leistung dar, wie Leonhardts Stuttgarter Fernsehturm. Aber in der grauen Landschaft mißglückter Variationen zum Thema bleibt er eine beachtliche Leitung.

Ob die Stalin-Allee eine gute Leistung war, wird in der gegenwärtigen Nostalgiewelle nicht mehr gefragt. Sie gilt dem postmodernen Neohistorismus schlicht als denkmalswürdig. Mit Recht.

Postmodernismus – ein verräterisches Stichwort! Henselmanns Urteil fiel trotz seiner Vorsicht gegenüber seiner Beliebigkeit im ganzen milde aus. Eine neue Kreativität wurde ihm bescheinigt. Er sah in ihm „mehr Befreiung als Aggression". Hat Henselmann gespürt, daß das fragmentierte Weltbild der Nachmoderne seine Bildzeichenarchitektur und seine Zickzack-Kurse besser rechtfertigen kann als ein kybernetische integriertes Weltbild der Klassischen Moderne? Die Tendenz zur Unvernunft im Postmodernismus wurde nicht übersehen: „Doch das Wesen der Kunst besteht in der dialektischen Beimischung von Unvernunft zur Vernunft."[61] Vielleicht hat Henselmann mit dieser Äußerung schon 1981 das Motto für sein Lebenswerk geprägt.

Anmerkungen:

1) A. Fischer: Der Neubau einer Barockstadt. München, Freitag, 1947, S. 74.

2) H. Henselmann: Architektur der Typenbauten. In: Ders.: Vom Himmel an das Reißbrett ziehen. Ausgewählte Aufsätze. Berlin, Verlag der Beeken, 1992 (199-204), S. 199.

3) ebd.: S. 203

4) H. Henselmann: „Können Architekten helfen?". in: Vom Himmel..., a.a.O. (193-198), S. 197.

5) ebd.: S. 73.

6) ebd.: S. 84.

7) ebd.: S. 88.

8) vgl. K. von Beyme: Der Wiederaufbau. Architektur und Städtebau in beiden deutschen Staaten. München, Piper, 1987, S. 357ff.

9) H. Henselmann: Zur Zusammenarbeit zwischen Soziologen und Architekten. In ders.: Gedanken, Ideen, Bauten, Projekte. Berlin, Henschel, 1979 (136-139), S. 139.

10) Vom Himmel: a.a.O; S. 74.

11) ebd.: S. 86.

12) ebd.: S. 124.

13) ebd.: S. 207 / H. Henselmann: der Einfluß der sozialistischen Lebensweise auf den Städtebau und die Architektur in der DDR. Deutsche Architektur 1966, Nr. 5, S. 264-265.

14) Vom Himmel...: a.a.O., S. 181.

15) ebd.: S. 170.

16) B. Flierl: Zur sozialistischen Architekturentwicklung in der DDR. Berlin, Humboldt Universität, Diss. B, 1978, S. 108.
Henselmann: Gedanken, a.a.O., S. 74f.

17) Henselmann: Gedanken, a.a.O., S. 110

18) S. Hain: Reise nach Moskau: Erste Betrachtungen zur politischen Struktur des städtebaulichen Leitbildwandels des Jahres 1950 in der DDR. In: Architektur und Macht. Wiss. Zeitschrift. Hochschule für Architektur und Bauwesen Weimar, 1993, Ausgabe a, Heft 1/2 (5-14), S. 7.

19) H. Henselmann: Ich habe meine Begabung geopfert. Interview. In: Der Andere, 1992, Nr. 9.
Ders.: Gegen die Überwältigung der Architektur durch Instrumente. Unveröff. Manuskript, 21.5.92.

20) Henselmann: Vom Himmel..., a.a.O., S. 170.

21) R. Herrnstadt: Über den Baustil, den politischen Stil und den Genossen Henselmann. Abgedruckt in: A. Schaetzke: Zwischen Bauhaus und Stalinallee. Architekturdiskussion im östlichen Deutschland, Braunschweig, Vieweg, 1991, S. 140-143.

22) O. Pfefferkorn: Hermann Henselmann. Ein Architekt als Akrobat zwischen Stilen und Regimen. PZ-Archiv, 1951, H. 23, S. 9-10.

23) Alfred Kantorowicz: Deutsches Tagebuch. München, Desch, 1961, Bd. 2, S. 182f.
Henselmann machte im Rückblick die Prüderie des realen Sozialismus nicht mit und bekannte sich höchst originell zur verpönten „Triebunruhe". H. Henselmann: Drei Reisen nach Berlin. Berlin, Henschel, 1981, S. 68f.

24) Henselmann: Vom Himmel, a.a.O., S. 143-150.

25) ebd.: S. 147.
Später mokierte er sich über die Deutschen, welche die Amerikaner mit ihrer technischen Überlegenheit, nicht aber die Russen als Sieger akzeptieren konnten, und bescheinigte sich selbst ein Interesse an der Sowjetunion seit 1917.
H. Henselmann: Drei Reisen; a.a.O., S. 239

26) Henselmann: Vom Himmel. a.a.O., S. 149; vollständiger Text in Schaetzke, a.a.O., S. 147.

27) ebd.: S. 217.

28) Henselmann: Gedanken. a.a.O., S. 114.

29) Henselmann: Vom Himmel. a.a.O., S. 116.

30) ebd.: S. 182-186.

31) ebd.: S. 84.

32) ebd.: S. 50f.

33) ebd.: S. 84.

34) ebd.: S. 55-71 DA 1952, H.3.

35) ebd.: S. 28.

36) ebd.: S. 70f.

37) ebd.: S. 63.

38) ebd.: S. 82.

39) ebd.: S. 183.

40) ebd.: S. 90/ S. 83.

41) ebd.: S. 95.

42) A. Speer: zit. F. Werner: Stadtplanung Berlin. Berlin, Kiepert, 1976, S. 139.

43) Schaetzke: a.a.O., S. 141.

44) Henselmann: Vom Himmel. a.a.O., S. 227-242.

45) ebd.: S. 125ff.

46) K. Liebknecht: „Jetzt schließe ich mit den Architekten Freundschaft": Deutsche Architektur, 1952, S. 156-157.

47) B. Flierl: Wie wird das Zentrum von Berlin gestaltet? Deutsche Architektur, 1960, S. 134-136.
F. Bergmann: Zur Bebauung Stadtzentrum Berlin. Hochhaus oder Turm. Deutsche Architektur 1959, S. 13-15.

48) B. Flierl: H. Henselmann: Architekt und Architektur in der DDR. In: H. Henselmann: Gedanken. a.a.O. (26-52), S. 40.

49) Th. Topfstedt: Städtebau in der DDR 1955-1971. Leipzig, VEB Seemann, 1988, S. 169.

50) Deutsche Architektur ,6, 1958, S. 347.

vgl. Th Hocsislawski: Bauen zwischen Macht und Ohnmacht. Architektur und Städtebau in der DDR. Berlin, Verlag für Bauwesen, 1991, S. 225.

51) Henselmann: Vom Himmel. a.a.O., S. 88.

52) ebd.: S. 171.

53) DA 1, 1958, S. 52.

54) H. Henselmann u.a.: „Architekten sind keine Kinder der Niederlagen, aber im tiefsten Ernst haben wir unseren Herzen Gräber, wo wir vieles vergraben und versteckt halten".

Stadtbauwelt 84, 1984 (2054-2089), S. 2071.

55) E. Hochman: Architects of Fortune: Mies van der Rohe and the Third Reich. London, Weidenfeld & Nicolson, 1989.

W. J.R. Curtis: Le Corbusier. Ideen und Formen. Stuttgart, DVA, 1987, S. 150ff.

56) Henselmann: Architekten. a.a.O., S. 2064.

57) M. Sack: Treu, aufsässig, gefeiert und verwünscht. Widersprüche im Leben des Ost-Berliner Architekten Hermann Henselmann. Die Zeit 1979, Nr. 33, S. 29.

58) W. Pehnt: Die Architektur des Expressionismus. Stuttgart, Hatje, 1973, S. 206.

59) Henselmann: Gedanken. a.a.O., S. 108.

60) W. Heise: in: Henselmann: Gedanken. a.a.O., S. 20.

61) Henselmann: Vom Himmel. a.a.O., S. 182.

3) Das Reichstagsgebäude zwischen Repräsentationsfunktion und den Anforderungen eines Arbeitsparlaments

Zwei Widersprüche erschweren die Wiederherstellung eines historischen Gebäudes für seinen parlamentarischen Zweck:

1) Widersprüchliche Anforderungen der Funktion als parlamentarische Werkstatt und der schonenden Wiederherstellung eines historischen Gebäudes.
2) Widersprüche zwischen Funktionalität und Repräsentation.

1) Das Reichstagsgebäude zwischen Funktionalität und Denkmalpflege

In der aktuellen Debatte um das Reichstagsgebäude geht es kaum noch um das „ob" der Nutzung, sondern nur noch um das „wie". Das war nicht immer so. Kein geringerer als Adenauer war anfangs gegen die Wiederherstellung des Gebäudes. Als vielfältige Lobbies - auch in seiner Partei - ihn zum Handeln drängen wollten, hat er mit dem knappen Ausspruch einen klassischen dilatorischen Kompromiß gefunden: „na dann machen Se mal einen Bauzaun drum". Gegen den Wiederaufbau des Reichstages schien mehr zu sprechen als bei anderen Aufbauprojekten, denen die Denkmalpflege skeptisch gegenübersteht: der überladende Prunk des Gebäudes, die Symbolträchtigkeit des Hauses, seine geringe Funktionalität für den eigentlichen parlamentarischen Zweck.

Die Denkmalpflege hat bei solchen Nutzbauten ihre Bedenken meist zurückgestellt. Beim Wiederaufbau der Paulskirche - der erste landesweite Rekonstruktionsstreit in West- und Ostdeutschland - wurde argumentiert, es gehe ja nicht um Rekonstruktion einer Kirche, sondern um eine nationale Gedenkstätte.[1] Kein geringerer als Theodor Heuss hatte das Gebäude für parlamentsuntauglich erklärt.[2]

Beim Reichstagsaufbau ging es zunächst auch eher um eine nationale Gedenkstätte oder eine andere Sondernutzung, die schon Hitler nach dem Reichstagsbrand für das Gebäude vorgesehen hatte. Auch der Ausbau zu parlamentarischen Zwecken diente erst einem Sonder- und Festtagsparlamentarismus. Es ist daher nicht überflüssig, erneut über die Funktionalität des Geländes nachzudenken. Denkmalpflegerische Einsprüche sind nicht zu erwarten. Der Landeskonservator scheint schon beim Wettbewerb „Hauptstadt Berlin" 1958 nicht eingeschaltet worden zu sein.[3] Dennoch ist die Frage der pfleglichen Behandlung eines historischen Gebäudes nicht überflüssig geworden.

Trotz des pompösen Äußeren bekam der Reichstag als Gebäude erstaunlich gute Noten. Einige Anhänger des Neuen Bauens hielten den Reichstag für die einzige bedeutendere architektonische Leistung des Wilhelminismus. Von Bruno Taut bis Hans Scharoun reichte die respektvolle Kommentierung.[4] Scharoun wollte das Gebäude sogar für parlamentarische Zwecke nutzen. Daß Hitler zu seinen Bewunderern zählte, und Speer widersprach, der die Ruine für seine Germania-Pläne am liebsten abgerissen hätte[5], kann nicht gegen das Gebäude sprechen. Bebel fand es schön, und Wilhelm II hätte es kaum „wilheminisch" genannt, denn er empfand es als „Gipfel der Geschmacklosigkeit". Die Genesis des Baus zeigte jedoch, daß dieses harte Urteil politisch-antiparlamentarische Grundlagen hatte und nicht in erster Linie ästhetische.

Für einen erneuten freien Umgang mit dem Gebäude nach den Erfordernissen einer parlamentarischen Werkstatt spricht ebenfalls die Genesis des Reichstagsgebäudes. Vom ursprünglichen Entwurf Wallots ist wenig mehr übriggeblieben als die Kuppel und die Ecktürme. Seit der Sprengung der Kuppel 1954 blieben die Ecktürme und geben dem Gebäude das vielkritisierte Aussehen eines Kastells, auch wenn kaum noch jemand weiß, daß die Ecktürme sogar flakbewehrte Zeiten gesehen haben. Wallot selbst hat in seinem Artikel zum „Handbuch der Architektur" gleichsam implizit die Absolution für die Anpassung an funktionale Erwägungen im Parlamentsbau gegeben: „Bei Feststellung der Formen und der Abmessungen des Saales *sollen rein praktische Erwägungen maßgebend sein* und künstlerische Gesichtspunkte erst in zweiter Reihe in Betracht kommen."[6] Es besteht auch kein Grund für eine Respektierung der Überarbeitung durch Baumgarten nach dem zweiten Weltkrieg. Manche hielten den Entwurf von Wassili Luckhardt für billiger und pfleglicher, weil geringere Eingriffe in die Substanz des Baus nötig gewesen wären. Für Baumgartens Neuinterpretation spricht vor allem die Schaffung des nötigen Raums für ein gesamtdeutsches Parlament bei Wahrung des Gebots der Schlichtheit. „Maß" ging ihm vor „Ausmaß". Sand, Beton und Kalk als Grundfarben ersetzten die alte überladene Dekoration.[7]

Von der *Zweckmäßigkeit* her war Wallots Bau einmalig in seiner Zeit. In seiner Systematik für Parlamentsbauten kamen 15 Raumtypen vor, vom Plenarsaal bis zur Hausmeisterwohnung. Selbst der Fraktionen und Kommissionen wurde an 14. Stelle schon gedacht.[8] Wallot hatte parlamentarische Bräuche studiert. Nicht alle Probleme hat er aber vorausgesehen. Die *Rednertribüne* war vielfach so umlagert, daß für das *Protokoll* ein direkter Fluchtweg in die Druckereiräume geschaffen werden mußte. Die heutigen technischen Mittel in der Linderung von Schwerhörigkeit und der Verbesserung der Akustik andererseits, lassen manches Problem Wallots überholt erscheinen. Die bisherigen Änderungen haben längst den alten Irrgarten beseitigt, der einst besonders dem Seniorenkonvent das Treffen nahezu unmöglich machte.[9]

Im Vergleich zu andern Parlamenten - besonders dem britischen – schien der Reichstag funktional hervorragend angelegt zu sein.[10] Dennoch war von Anfang an „*viel Raum und wenig Platz*" wie Reichstagspräsident Paul Löbe sich ausdrückte. 1871 waren von 382 Abgeordneten noch 148 Adlige repräsentiert.[11] Das diätenlose Parlament war von Bismarck nicht zufällig so kalkuliert worden. Mit Einführung der Diäten wurde die Repräsentation sozial etwas ausgewogener.

Die Präsenz nahm zu, Büroräume wurden knapp und die Bibliothek war zu eng. Heute ist der Bedarf hingegen kalkulierbar.

Die künstlerischen Ambitionen von *Wallots „Allround Plastik"* hatten den Nachteil, daß der Bau *sich nicht leicht Anbauten öffnete.* Der Verlust der *Kuppel* ließ die Idee des *Campanile* wieder aufleben, die bei den Wettbewerbskontroversen von 1929 schon von Werner Hegemann und dem Hamburger Erbauer des Chilehauses, Fritz Höger, als Abgeordnetenhaus propagiert wurde. Es ging dabei nicht mehr wie bei der Reichstagsdebatte vom 9.6.1883 darum, ob Kuppel oder Turm „germanischer" sei, sondern um die Frage, ob das Reichstagsgebäude ohne Kuppel kompatibler mit moderner architektonischer Ausgestaltung seiner Umgebung werden könnte.

Der alte Reichstag war anfangs ein *kommunikationsschwaches „Parlament der Einsiedler".*[12] Da Baumgarten in seinem Plan die Erfordernisse eines künftigen gesamtdeutschen Parlaments nicht kannte, hat er den Grundriß flexibel gehalten. Nord- und Südseite nach englischem Vorbild blockartig ausgebildet, die Ostseite nach amerikanischer Anordnung in einem mäßig gebogenen Viertelkreis angelegt. Die Lösung erwies sich als zeitbedingt. Sie schien damals dem *Dreiparteiensystem* zu entsprechen, das es im Bundestag 1961-1983 gegeben hat. [13]

Seit den Umbauplänen für den Bonner Bundestag hatte es immer wieder Debatten um den adäquaten Raum für ein Parlament gegeben, das eine gewisse *Balance zwischen dem britischen Redeparlamentstyp und dem amerikanischen Arbeitsparlamentstyp hält.* In der Bundestagsdebatte vom 8. März 1961 vertraten so verschiedene Parlamentarier wie Eugen Gerstenmaier und Carlo Schmid die These, daß der Raum für den parlamentarischen Stil wichtig sei.[14] Viele Redner wandten sich gegen „architektonische Kunststücke", aber nach langem Ringen kam für die Neubaulösung in Bonn die *runde Sitzordnung* durch, die Adenauer einst abgelehnt hatte.[15] Im Zeitalter der Postmoderne, mit abnehmender Bedeutung der ideologisch fixierten Blockbildung, die aus der Hosenbodengeographie des 19. Jahrhunderts stammte, spricht immer mehr für die runde Anordnung. Der Streit, wo eine neue Partei – wie die Grünen – sitzen sollte, ließ sich so wesentlich eleganter umschiffen. An der Mystifizierung der *kommunikativen Diskursidee* in dem Preisgericht, bei dem sich offenbar Behnisch mit seiner Vorliebe für die Rund-Idee durchsetzte, ist Kritik geübt worden. Nur in Straßburg gebe es eine solche Anordnung, wurde gegen Peter Conradi eingewandt, und dort funktioniere sie mehr „schlecht als recht".[16] Der Vergleich mit dem Parlament einer supra-nationalen Einrichtung mit seiner vielfältigen ethnischen und politischen Fragmentierung ist freilich reichlich unfair und schief. Es sollte auch für den Reichstag die Bonner Rundsitzordnung adaptiert werden.

Der Reichstag war in rhetorischer Hinsicht vielfach imponierender als der Bundestag – das war freilich auch Ausdruck seiner Ohnmacht. In einem System, wo der führende Staatsrechtler Paul Laband ein *Mißtrauensvotum* gegen den Reichskanzler als rechtlich so *folgenlos* ansah wie das Recht des Reichstags ein Hoch auf den Kaiser auszubringen[17], wo der Kaiser vom *„Reichsaffenhaus"* sprach, und der Konservative Oldenburg-Januschau die preußische Wandersage vom „Leutnant und 10 Mann" auch auf das Auflösungsrecht gegenüber dem Reichstag bezog, waren natürlich andere Bedürfnisse an die Funktion des Parlaments gestellt als in einem gesicherten denokratischem Parlament. Auch der kaiserliche Reichstag war in seiner Zeit schon eines der fleißigsten Parlamente der Welt. Die alte *Tradition der Rechtsstaatlichkeit* war immer besser ausgebildet als die Idee der *partizipatorischen Demokratie*, und sie kam der Bedeutung des Parlaments entgegen. Funktionsgerecht kann das Reichstagsgebäude nur werden, wenn es im städtebaulichen Kontext durch weitere Bauten ergänzt wird. Als Berlin-Befürworter stehe ich nicht im Verdacht, zur Bonner Umzugsverzögerungslobby zu gehören, daher kann ich risikolos sagen: für die Ausgestaltung des Reichstages sollte man sich Zeit lassen. Es war wichtig, die Grundsatzentscheidung für die Zukunftsplanungen von Bonn und Berlin zu treffen – für unziemliche Umzugseile hingegen sprechen einige politische aber kaum architektonische und städtebauliche Gründe.

2) Das Reichstagsgebäude zwischen Funktionalität und Popularität

Wallots überzogene Ansprüche an Repräsentation sind dem demokratisierten Parlamentarismus abhanden gekommen. Der „überladene Leichenwagen", den der Berlin Stadtbaurat Ludwig Hoffmann 1922 entdeckte, als er in die „Reichstagsausschmückungskommission" gewählt wurde, hat seine „Zuvieldekoration" verloren.[18] Der Krieg stellte die „Abschmückungskommission", die Hoffmann forderte, in Form britischer Bomben und der Geschütze der Roten Armee. Baumgarten schmückte weiter ab – etwa die Flußsymbole in den Schlußsteinen der Fenstereinfassungen und die Städtewappen in den Türeinfassungen, welche die Heraldiker schon im 19. Jahrhundert als ahistorisch ablehnten.[19] Er trug Vorsorge, daß der repräsentativ verbliebene Raum nicht eines Tages wieder „kleinkariert" genutzt werden könnte.[20] Für weitere Bilderstürmerei zur Vereinfachung der Dekoration ist die Grundstimmung der 90er Jahre nicht angelegt. Als die SPD 1923 ein Kaiserstandbild entfernen wollte, hat selbst der sozialdemokratische Stadtbaurat Martin Wagner für das Verbleiben Kaiser Wilhelms plädiert.[21] Die SPD als Fundamentalopposition im Kaiserreich hat den Aufwand am Reichstag immer scharf kritisiert. Bald wurde sie selbst dafür kritisiert, daß sie auf Stühlen aus dem preußischen Herrenhaus saß, und daß August Bebel beim Gang in den Reichstag stets die Ballonmütze für den Gehrock eintauschte.

Heute sind die Parteiunterschiede in Bezug auf das Repräsentationsbedürfnis des Hohen Hauses weitgehend eingeebnet. Eine *moderate Würde* wird bevorzugt. Baumgartens Farbgebung im Dreiklang von „Sand, Beton und Kalk" trifft den Ton des demokratischen Lebensgefühls.

Daß unter den Delacroix-Fresken im Palais Bourbon in Paris bessere parlamentarische Entscheidungen getroffen wurden als in der Austerität des

Schwippert-Baus im Bonner Bundestag kann als nicht erwiesen gelten. Aber Parlamente werden nicht nur an der Effizienz der Gesetzgebung gemessen. Auch der heutige Torso erhält ein Minimum an Repräsentativität im Reichstagsgebäude, was auch nach zeitgemäßer Adaption Probleme aufwirft. Die *Anfahrtsrampe* am Platz der Republik galt in der Zeit des Königsplatzes als vielfach nicht würdig genug. Seit Anfang 1992 brauste als Interimslösung der Umleitungsverkehr darüber hinweg. Diese Lösung wird verschwinden, aber es bleibt das Problem: soll der Reichstag nur ein funktionales Parlament sein oder soll er auch ein *populäres Parlament* des Volkes werden. Es war schwer genug die *Aufschrift „Dem Deutschen Volke"* im ersten Weltkrieg endlich durchzusetzen, sie roch nach „Volkssouveränität" und war dem Kaiser unerwünscht gewesen. Die anfangs diätenlosen Möblierten, die das Gros der Reichstagsabgeordneten ausmachten, sind einem Parlament der Berufsparlamentarier gewichen. In einer Zeit, da die Kritik an der Abgehobenheit der „politischen Klasse" jedoch bedrohliche Ausmaße annimmt, ist es angebracht, über eine sinnvolle Synthese von Volksnähe, Repräsentativität und Funktionalität das Parlamentsbaus nachzudenken.

Die alte Vereinsamung wurde gelegentlich an der unterentwickelten *Gastronomie* festgemacht. Als der erste Restaurateur des Reichstages, Schulze, seinen Vertrag wegen der Bedürfnislosigkeit der Volksvertreter kündigte, die auch durch gelegentliche Cognacs nicht wettgemacht wurde, die Bismark vor großen Reden in Schulzes Restaurant zu sich nahm, schlug die Presse Alarm.[22] Die *Diäten*, die 1906 eingeführt wurden, haben das Problem gemildert. Das neue Reichstagsrestaurant ist schon vor dem Einzug des Bundestags ein beliebtes Berliner Ausflugziel geworden. Aber kann es das bleiben? Wird Schulze wieder Bismarck im Abgang folgen?

Nicht der Restaurationsbetrieb dürfte heute das Problem darstellen, sondern der Zugang. Die *Sicherheitsvorkehrungen* werden andere sein als im Schwedischen Reichstag, wo noch immer jeder Bürger eintreten kann. Außerhalb der alten Welt gibt es einige Vorbilder an populären Parlamenten. Der Kongreß auf dem Kapitolshügel in Washington ist zwar ehrfurchtgebietend repräsentativ, aber keine engherzige *Bannmeilenregelung* hindert die Bürgerinitiativen auf den Treppenstufen ihre Transparente zu entfalten. Es gibt respektheischende Ausflugsziele, welche die Gewaltenteilung der parlamentarischen Desokratie grandios visualisieren von Neu Delhi bis Brasilia. Aber kein Parlament der Welt ist wohl so populär geworden als Ausstellungsgelände, Kunstsammlung und Geschichtsmuseum, sowie Ort kulinarischer Genüsse für das Volk, wie das australische Parlament in Canberra.[23] Für ein gehobenes Freiluft-Restaurant wie Queen's Terrace im Parlament Australiens ist im Berliner Kastell weder die bauliche noch die klimatische Voraussetzung gegeben. Aber die provisorische Nutzung mit der Ausstellung „Fragen an die Deutsche Geschichte" sollte in der Raumplanung nicht ganz beiseite geschoben werden, auch wenn im Zeughaus das Museum für Deutsche Geschichte eine nahe Heimstatt finden wird. Volkstümliche Nutzungen nach Art des *Schwarzmarktzentrums* nach 1945 oder als Zentrum der *anti-*

kommunistischen Massenkundgebungen Ernst Reuters werden hoffentlich nicht mehr gebraucht. Das Bannmeilengesetz der Kaiserzeit konnte unter der Demokratie nur partiell liberaler ausfallen, da die Anerkennung des Parlaments als Zentraler Adressat für Massengravamina in der pluralistischen Gesellschaft zugenommen hat.

Auch für Formen *spontaner Gastlichkeit*, wie sie Paul Löbe als Reichstagspräsident gelegentlich gegenüber wandernden Handwerksburschen übte, die sich frierend das Hohe Haus von außen betrachteten, und die er hereinbat, um von seiner Frau einen Imbiß für die fahrenden Gesellen richten zu lassen[24], sind im regulierten Besuchswesen eines modernen Berufsparlaments sicher nicht mehr möglich.

Aber wenigstens die traditionellen Spannungen zwischen Reichstag und *Presse* scheinen auch durch eine liberale Bauplanung vermeidbar. 1908 kam es zu einem Pressestreik[25], und die Abgeordneten spürten zum ersten Mal, daß sie selbst für das Echo ihrer Reden auf die Kooperation mit der Presse angewiesen waren. Selbst Wallot hat in seinen Planungen ein vordemokratisches Verständnis von parlamentarischer Öffentlichkeit offenbart. Seinem Ratschlag für Architekten, die sich für Parlamentsbau interessierten, sollte tunlichst nicht gefolgt werden: „Auch die Wege der verschiedenartigen Besucher des Hauses...der Abgeordneten...der Vertreter der Presse...sollen voneinander unabhängig, *tunlichst wenig gemeinsam sein...*"[26]

Gefordert wird hingegen der Versuch, die Belange der Öffentlichkeit und der Bürger in einem neuen Ensemble möglichst stark zu harmonisieren. Die Überlegungen dazu können jedoch angesichts des *modernen Massentourismus*, der vor Parlamentshäusern nicht halt macht und der *gestiegenen Bedürfnisse der Massenmedien* an technische Infrastruktur nicht mehr auf die Gegebenheiten des alten Wallotbaus beschränkt werden. Der Erfolg einer Vereinigung von Funktionalität und Popularität des Parlaments im Reichstagsgebäude hängt daher in weitem Maße von *städtebaulicher Gestaltung der Umgebung* ab.

Anmerkungen:

1) Otto Fischer: Die Wiederherstellung der Paulskirche Main. Neue Bauwelt, H.5, 1947, S. 67.
2) Dies wurde in der Frankfurter Magistratssitzung berichtet vom 8. Nov. 1948 (Protokoll im Stadtarchiv, Akte 3442).
3) Heinz Raack: Das Reichstagsgebäude in Berlin. Berlin, Mann, 1978, S. 75.
4) Michael S. Cullen: Der Reichstag. Die Geschichte eines Monuments. Stuttgart, Parkland, 1990, 2. Aufl., S. 368-399.
5) Albert Speer: Erinnerunqen. Berlin, Propyläen, 1969, S. 166.
6) Heinrich Wagner/Paul Wallot: Parlamentshäuser. In: Handbuch der Architektur. Vierter Teil, 7. Halbband, Stuttgart, Bergstraesser/Kröner, 1990, 2. Aufl., S. 11.
7) Raack, a.a.O., S. 82, 110.
8) Wagner/Wallot, a.a.O., S. 8.
9) Cullen. a.a.O., S. 247.
10) Vgl. Michael Cullen: Parlamentsbauen. In: Hans-Peter Schneider/Wolfgang Zeh (Hrsg.): Parlamentsrecht und Parlamentspraxis in der Bundesrepublik Deutschland. Berlin. De Gruyter. 1989. S. 1847.
11) Jürgen Schmädeke: Der Deutsche Reichstag. Berlin, Haude & Spener, 1981, 3. Aufl., S. 17.
12) Reichstagsprotokoll 9.6.1883, Auszüge aus den Reden bei Cullen, a.a.O., S. 167ff.
13) Raack, a.a.O., S. 91.
14) 147. Bundestagssitzung. 8. 3. 1961. 8301ff.
15) Vgl. Klaus von Beyme: Hauptstadtsuche. Frankfurt, Suhrkamp, 1991, S. 84ff.
16) Cullen, a.a.O., 1989, S. 188.
17) Paul Laband: Staatsrecht des Deutschen Reiches. Berlin, 1911, 5. Aufl., Bd. 2, S. 307.
18) Ludwig Hoffmann: Tagebücher. Berlin, 1983, zit. in Cullen, a.a.O., S. 27.
19) Schmädeke, a.a.O., S. 118f.
20) Raack, a.a.O., S. 110.
21) Cullen, a.a.O., S. 311f.
22) Schmädeke, a.a.O., S. 81.
23) Australias´ Parliament House. Canberra, Australian Government Publishing Service, 1989, S. 21.
24) Schmädeke, a.a.O., S. 81.
25) Cullen, a.a.O., S. 336.
26) Wagner/Wallot, a.a.O., S. 9.

4) Staatsrepräsentation und Repräsentation von Gegenmacht in der Postmoderne: Christo's Reichstagsverhüllung

1) Die Umkehr des öffentlichen Mäzenatentums

Christos Spektakel wirft für die Geschichte des Verhältnisses von Kunst und Politik die Frage auf: zu welcher Tradition ist dieser Akt an einem Gebäude der Staatsrepräsentation zu rechnen: zur Kunst der Macht – oder zur Gegenmacht der Kunst? Die Debatte im Deutschen Bundestag zeigte, daß man sich über diese Frage nicht einigen kann. Die Uneinigkeit war mit Fraktionszwang nicht zu beheben: sie ging quer durch die Parteien hindurch. Die größte Partei schwieg: es dürfte die Partei der Indifferenten sein, die sich schwerlich staatlich definieren lassen, was über ein Ereignis zu denken sei, ob es sich um den 8. Mai oder die Reichstagsverhüllung handelt.

Das Verhältnis von Kunst und Politik ist seit der Renaissance keine Einbahnstraße mehr. Zunehmend haben Künstler eigene Vorstellungen gegen die Machthaber in der Mäzenatenrolle durchsetzen können. In der Demokratie muß idealiter das Verhältnis von Macht und Kunst von herrschaftsfreier Kommunikation gekennzeichnet sein. Experten und Juries dürfen allenfalls Konflikte zwischen Kunst und Macht entscheiden. Obwohl die Demokratie von allen Staatsformen am wenigsten Repression durch die Macht duldet, hat sie am stärksten Gegenmacht der Kunst hervorgebracht, vor allem in der ersten Hälfte des 20. Jahrhunderts. Erst mit dem Sieg der nichtgegenständlichen Kunst wurden die Möglichkeiten, oppositionelle Inhalte in die Politik zu transportieren, stark beschränkt. Die meisten Künstler waren zu allen Zeiten unpolitisch. Im Zeitalter, da die Politik ihre Aura verlor und von dem alten Anspruch, die Gesellschaft zu steuern, kaum noch etwas glaubhaft übrigblieb, ist Politik den Künstlern noch ferner gerückt. Sie werden auch kaum je durch Aufträge zur Staatsrepräsentation provoziert – am ehesten noch die Architekten.

Die Verleihung der Ehrendoktorwürde der Humboldt-Universität zeigte, daß auch Christo unpolitisch argumentierte. Einer Kollegin, die ihn um die Erlaubnis bat, das Konterfei des Reichstagsmodells auf einem wissenschaftlichen Buch – freilich über Politik – abdrucken zu dürfen, kabelte er entsetzt: „Mit Politik will ich nichts zu tun haben". Dennoch weiß Christo natürlich, daß sein Werk politische Wirkung hat, insbesondere, wenn er staatssymbolisch umstrittene Gebäude zum Objekt liebender Verhüllung wählt. Die Laudatio, welche Dekan Bredekamp bei der Gelegenheit hielt, ermunterte eine eher angepaßte Deutung des Geschehens: bis nach Byzanz zurück läßt sich die Tradition von Verhüllung und Enthüllung des Allerheiligsten verfolgen. Die Christen-Union, in der die meisten Abgeordneten saßen, die eine Schändung der Staatssymbolik witterten, müßten sich dann die größten Vorwürfe machen, vergessen zu haben, wie die christliche Tradition mit den Sakramenten umging.

Dem Politikwissenschaftler, der sich für das Verhältnis von Kunst und Politik interessiert, fällt in diesem Streit eine seltsame Verkehrung von Macht und Kunst auf: früher hat der staatliche Mäzen das Programm bestimmt und das Geld bereit gestellt. Der Künstler konnte nur begrenzt seine Vorstellungen von dem Sujet einbringen. Christo hat das klassische Verhältnis auf den Kopf gestellt: der Künstler liefert die Idee und sogar das Geld. Der Mäzen ist eher passives Objekt von pressure group-Politik und Medienkampagne. Sein Beitrag ist gering: er darf nur die Genehmigung für das Kunstspektakel erteilen. Im Zweifel geben kommerzielle Erwägungen des politischen Umfeldes den Ausschlag bei der Umstimmung der „Bedenkenträger", die den institutionellen Sitz der Volkssouveränität nicht gern einem Aktionskunst-Ereignis mit ungewissen Folgen aussetzen.

2) Der Niedergang der Staatsrepräsentation mit den Mitteln der Kunst

Durch die Diskussion um „pro oder contra kritische Neusicht auf Bauten der Staatsrepräsentation" droht das Heer der Indifferenten zu wachsen. Hat der Staat sich mit den Medien für die kommerziellen Interessen eines Künstlers einspannen lassen, ohne daß sich aus dem Ereignis eine klare Botschaft für den Umgang mit der optischen Staatsrepräsentation gewinnen ließe? Kritischer Umgang mit einem Symbol schien nahegelegt, als Christo das Amerikahaus in Heidelberg – im Headquarter der amerikanischen Streitkräfte in Deutschland – einwickelte. Seine Rede anläßlich der Verleihung der Ehrendoktorwürde in Berlin ließ jeden Hinweis auf einen kritischen Umgang mit der Geschichte des Gebäudes vermissen. Die Anhänger konservativer Staatssymbolik können also beruhigt sein.

Das Ereignis kann nicht mehr sein als ein Anlaß, über das gewandelte Verhältnis von Kunst und Politik nachzudenken. Die Macht hat schon immer zwei Formen der Staatsrepräsentation künstlerisch visualisieren lassen:
– den Herrscher
– und die Herrschaft.

Regierende werden noch immer abgebildet. Ihre Darstellung ist, wie die Portraits im Bundeskanzleramt zeigen, dem beliebigen persönlichen Geschmack überlassen. Heuss, Brandt und Erhard modern, die meisten anderen konventionell. Nur in Monarchien ist die politische Ikonologie des Monarchenbildes noch genormter, von den Darstellungen Elisabeth II von Pietro Annigoni (1954) bis zu den Bildern des spanischen Königspaars in der Eingangshalle der Sammlung Thyssen in Madrid.

Noch größer ist der Wandel von Staatsrepräsentation in der Kunst, die Herrschaft darstellen soll. Vier Formen wurden gemeinhin gewählt:
(1) *Historien- und Ereignismalerei.* Mit dem New Deal in Amerika, mit dem revolutionären Populismus des mexikanischen Regimes und mit dem Untergang des realen Sozialismus verlor diese Form der künstlerischen Staatsreprä-

sentation ihre Basis. Demokratien haben dieses Mittel kaum je einzusetzen gewagt.

(2) *Architektur.* Das Barockschloß war in seiner Art für den absolutistischen Staat voll funktionsgerecht. Da der Fürst selbst beim Ankleiden Audienzen gab und Privatleben nicht zu seiner Amtskonzeption gehörte, waren selbst seine ungemütlichen demonstrativen Schaustellungsseiten funktional. Demokratische Architektur klammerte sich in Parlamenten und Gerichten noch lange an die alte Schloßform. Aber angesichts der Ausdifferenzierung der Funktionen: parlamentarische Diskussion oder gerichtliche Arbeit war die Form dysfunktional geworden. Die alte Schloßtreppe hatte im Absolutismus einen Sinn. Eine feinstufige Hierarchie war ablesbar von dem Umstand, wie weit ein Fürst dem Besucher auf dieser Schautreppe entgegenkam. In schloßähnlichen Justizpalästen ist die Treppe funktionslos. Niemand kommt dem Beklagten dort entgegen, allenfalls ist die Treppe geeignet, sich mit seinem Anwalt zu treffen.

Demokratie ist überwiegend Übereinkunft über die Regeln der Diskussion, die gelten sollen. Der Inhalt der Diskussion muß umstritten bleiben. Daher ist der Konsens über demokratische Architektur auch so schwer. Meist werden einige sehr allgemeine Prinzipien genannt: möglichst pluralistische Baukörper, nicht achsial angelegt, mit viel Transparenz und wenig Elementen von Einschüchterungsarchitektur. Wo eine Hauptstadt die Bauten der Staatsrepräsentation neuschafft, kann sie die Gewaltenteilung visualisieren, wie in Washington – oder wesentlich egalitärer in Brasilia. In Berlin bleibt diese Visualisierung unvollkommen. Der territoriale Pluralismus macht sie unmöglich, denn die dritte Gewalt, die Verfassungsgerichtsbarkeit, bleibt in Karlsruhe.

(3) *Denkmäler.* Vordemokratische Systeme bevorzugten Herrscherskulpturen, am hoheitsvollsten waren die Darstellungen zu Pferde. Sie waren nicht leicht durchzusetzen gegen den Bürgersinn. Es ist kein Zufall, daß die ersten Reiterstandbilder den schützenden Haag von Schloßhöfen oder Kirchennischen kaum verließen. Je demokratischer die politischen Systeme wurden, um so weniger personalisiert wurden die Denkmäler konzipiert, jedenfalls die im politischen Raum. Der Totenkult – vom Faschismus heroisch überhöht – wandte sich in stillerem Gedenken dem Denkmal zu. Nur wenig andere Funktionen der Staatsrepräsentation wurden in Demokratien den Denkmälern noch eingeräumt, die mit genuin politischen Ereignissen zusammenhingen.

(4) *Künstlerisch gestaltete Staatssymbole und Embleme.* Demokratien waren in diesem Bereich wenig einfallsreich. Noch immer überwiegen Adler und andere Wappenraubtiere. Die Debatte um den Bundesadler im Bonner Plenarsaal war scharf. Gänzlich neue Ideen kamen nicht auf. Der amerikanische Seeadler über einem Pfeilbündel mit der Inschrift „e pluribus unum" als Symbol für die multikulturelle Basis des amerikanischen

Staatsvolkes ist wohl das älteste der noch gebräuchlichen Symbole. Es hat daher bessere Gründe sich an die vordemokratische Ikonographie zu halten als traditionslose Demokratien, die nach dem zweiten Weltkrieg entstanden. Staatsrepräsentation kann sich heute nicht mehr auf ein Prinzip gründen, wie einst in der Herrschaft von Fürsten, die sich als von Gottes Gnaden empfanden. Seit der konstitutionellen Monarchie entstanden vier Legitimationsprinzipien:

(1) *Der Rechtsstaat.* Seinen künstlerischen Ausdruck fand er vor allem in Justizpalästen und in Emblemen mit blinder Justitia und Waage. Als das früheste Legitimationsprinzip, das die religiöse Begründung von Herrschaft ablöste, war sie am stärksten der alten Staatsrepräsentation im Schloßbau verpflichtet. Der Rechtsstaat, vom Brüsseler Justizpalast bis zum Leipziger Reichsgericht, hatte die geringsten Bedenken, die Schloßtradition in der Moderne fortzusetzen.

(2) *Der Nationalstaat* setzte die Idee der Egalität von Bürgern einer Sprache, einer Kultur und einer Nation fort. Sein Ausdrucksmittel waren vor allem Historienbilder und Denkmäler. Die weibliche Inkarnation der Nation – z.B. die Germania, – oder eine als Vorläufer angesehene historische Figur – z.B. Armin der Cherusker – konnte als Anlaß dienen. Deutschland bevorzugte luftige Waldeshöhen. Romanische Länder in ihrer Urbanität hatten keine Bedenken das Zentrum der Stadt mit Nationaldenkmälern zu verschandeln, die jeden Maßstab sprengten, wie das Denkmal für Vittorio Emanuele in Rom.

Soweit der Nationalstaat noch keine Realität war, mußte er sich auf eine gedachte Einheit stützen, die *Kulturnation*, definiert durch Herkunft, Geschichte und Sprache. Der Staat, der erst sein soll, schuf sich in vordemokratischer Zeit vielfach seine Gedenkstätte der Großen der Nation, wie die Walhalla bei Regensburg. Später, als der Nationalstaat realisiert worden war, und mit Drohgebärden von Denkmälern symbolisch herabwies, wurde die Idee des Kulturstaates wiederbelebt, um das Martialische der Nationaldenkmäler zu verdrängen, das selbst vor Totendenkmälern nicht halt machte.

(3) Der *demokratische Staat* wurde meist spät realisiert. In vielen Ländern erst 1918. Auch England hat vorher kein allgemeines Wahlrecht gehabt. Revolutionshistorien- und Ereignisbilder – vom „Schwur der Horatier" (David) bis zur „Freiheit, die das Volk führt" (Delacroix) konnten als Sinnbild der Demokratiewerdung akzeptiert werden. Aber die demokratische Routine hat wenig zur ikonographischen Darstellung gereizt. Menzels Bild über die beiden Urwähler (1849) ist kaum bekannt. Sein Bild über die Märzgefallenen blieb unvollendet. Menzel selbst hatte die bürgerliche Revolution, die er erst begrüßte, in ihrer Ablaufform zunehmend abstoßend gefunden. Der Mangel an demokratischer Tradition in Deutschland schlägt sich auch im Fehlen von großer Kunst als Sinnbild der Demokratieverwirklichung nieder.

(4) Als sich zeigte, daß die Gleichheit demokratischer Rechte noch kein integriertes Staatswesen ausmacht, wenn die Gleichheit der sozialen Existenz zu

wenig realisiert ist, mußte dar *Wohlfahrtsstaat* als Legitimationsprinzip hinzutreten. Die Deutschen in der Bundesrepublik haben sich ganz überwiegend über den Staat, der ihnen wirtschaftliche Prosperität und soziale Sicherheit garantiert, mit ihrem Gemeinwesen identifiziert. Am Anfang hat selbst der Sozialstaat auf die große Geste der Schloßarchitektur nicht verzichten mögen, von der Römersiedlung in Frankfurt bis nach Britz in Berlin, wo nur die Kleingärten die Parkstruktur in der Hufeisen-Schloßanlage kaschierten – bis zu den Wohnkathedralen, die in den 20er Jahren vor allem im „Roten Wien" errichtet wurden. Der sowjetische Hang zum Turmbau zu Babel selbst im Wohnungsbau unter Stalin wurde die schärfste Ausprägung der einseitigen Legitimation einer Diktatur, welche die rechtsstaatliche, die nationale und demokratische Komponente unterbewertete. Vorläufer einer Wohlfahrtsikonographie hatte es im Spätabsolutismus und in frühen Diktaturen gegeben. Ob Napoleon die Pestkranken in Jaffa besucht oder ein preußischer Prinz einen Ertrinkenden persönlich rettet – immer ging es um die Fürsorge. Damals war sie Ausfluß der Großmut des Fürsten – später wurde sie eine abstrakte Idee. Aber sie war kaum noch darstellbar. „Die Speisung der Fünftausend" konnte säkularisiert als Wohlfahtssymbol verwendet werden. Die „Dynamisierung der Rente" als Jahrhunderttat des Sozialstaats in Deutschland ließ sich ikonographisch nicht mehr repräsentieren.

Staatsrepräsentation in der Demokratie war daher in einer Zwickmühle. Welche der vier Legitimationsideen sollte sie betonen? Je mehr die nichtgegenständliche Kunst sich durchsetzte, um so verpönter war die konkrete Darstellung von Ereignissen überhaupt. Erst der Postmodernismus in der Architektur konnte es sich wieder leisten, spielerische Zitate älterer ikonographischer Elemente der Staatsrepräsentation wieder zu benutzen, um der nüchternen Zweckarchitektur zu entgehen. Der Schmuck am Plenarsaal von Parlamenten zeigt es am deutlichsten: Symbole der Schönheit des Landes herrschen vor, von Brasilia bis Stockholm. Der gewebte Wandteppich, der die Details im schöpferischen Halbdunkel läßt und doch eine beruhigend-feierliche Wirkung vermittelt, wurde gerade für die künstlerische Staatsrepräsentation an optisch herausragenden Stellen der Staatsarchitektur wieder belebt. Schlimmstenfalls endete das im handgewebten Ikea-Look wie in Schweden. Aber was ist daran verwerflich, wenn man den neuen Plenarsaal nur noch in einem umgebauten Bankgebäude unterbrachte?

3) Die Verwischung der Grenzen von Kunst der Macht und Gegenmacht oppositioneller Kunst im Krieg der Inszenierungen.

Die Macht der Kunst ist unsicher geworden. Die Gegenmacht der Kunst, die sich in der Tradition von Hogarth, Goya, Daumier bis Grosz ausgedrückt hat, hat ebenfalls ihren Impetus verloren. Klaus Staeck als verfremdender Fotorealist kämpft auf einsamem Posten. Demokratie ist zur Staatsrepräsentation kaum noch in der Lage. Wo demokratische Politiker sich zur „grandeur" bekennen, borgen sie die ikonographischen Versatzstücke aus vordemokratischen Kulturen. Mitterands Glaspyramide im Hof des Louvre ist dafür ein Beleg.

In diesem diffusen Zwielicht, daß Regierung und Opposition künstlerisch hilflos geworden sind, kann eine Reichstagsverhüllung inszeniert werden. Sie ist vielen um so willkommener, weil sie einen Trick der Postmoderne anzuwenden erlaubt: die Doppelkodierung. Gute Kunst hat schon immer ikonographische Eindeutigkeit vermieden. Caspar David Friedrichs Miniaturgestalten in altdeutscher Tracht – die damals als Symbol nationalrevolutionärer Gesinnung galt – sind nur erträglich, weil die Männer im Anblick des Mondes nicht aufdringlich ihre nationale Gesinnung in den Vordergrund stellen. Goyas Bilder der Familie des spanischen Königs sind als Karikaturen empfunden worden, die den Tatbestand der „Realinjurie" erfüllen, und wurden doch vom König akzeptiert.

Die Verhüllungskunst ist von vornherein mehrdeutig, obwohl sie in allen Fällen die gleiche technisch aufwendige, aber künstlerisch wenig variierbare Masche anwendet, ob es sich um den Reichstag oder den Pont Neuf in Paris handelt. Selbst die Verhüllung von Flußläufen kann das Kaskadenmotiv nur unwesentlich steigern. Mehrfache Kodierung kann inzwischen sogar bei festen Installationen – früher Architektur genannt – angebracht werden. Die Kodierung der Oper von Sydney/Australien erlaubt Assoziationen vom Hafen mit Segelbooten, Kängeruhs bis zu Nonnen im Wind. Nur in Kulturbauten wagt der Staat in der Regel überhaupt noch die Produktion einer Aura, das große Projekte umgibt.

Die traditionslose Bundesrepublik hat wenig solche Gebäude zur Verfügung zu stellen. NS-Bauten könnte man nicht verhüllen. auch nach 50 Jahren wäre die unernste Komponente des Verfahrens dem Ernst der Täter- und Opferstätte nicht angemessen. Das Bundeskanzleramt in Bonn – im Volksmund Sparkasse genannt – hat keine Formen, die verhüllte Imposanz verspräche. Selbst die Verhüllung reproduzierte nur Trivialität. Der Reichstag ist für die Doppelkodierung geeignet. Er umfaßte immer Regierung und Opposition und verträgt daher eine Doppelkodierung durch Verhüllung. Er hat zudem Höhepunkte deutscher Geschichte und Tiefpunkte (wie 1933 beim Ermächtigungsgesetz) zugleich erlebt. Auch dies ruft nach der doppelten Kodierung.

Politik ist in der Demokratie arm an visualisierter Staatsrepräsentation. Fürsten im Absolutismus bauten Staatsrapräsentation „für die Ewigkeit". Demokratische Staatsrepräsentation ist schnellebiger geworden. Die Mediengesellschaft zwingt zur Inszenierung von Staatsrepräsentation. Sie muß keineswegs erhaben sein. Kanzler Kohl ist auch deswegen unterschätzt worden, weil man ihn an der „grandeur" vergangener Zeiten maß. Es wurde übersehen, daß die Saumagendiplomatie in einem Dorfgasthaus in der Pfalz effektiver sein konnte als früher ein Staatsbankett bei Ludwig XIV. Letzteres mochte einen ausländischen Fürsten erfreuen, aber der baldige Wechsel von Allianzen war im System der fünf Großmächte trotzdem vorprogrammiert. Das ländliche Essen im nördlichen Kaukasus oder im Elsaß hingegen vertieft Freundschaften von Staatsmännern, deren Völker bildlich auf diese Freundschaft eingeschworen werden.

Wer Repräsentatives will, kommt ohne Medienspektakel nicht aus. Die Traditionalisten ließen sich die Schloßattrappe auf Zeit einfallen. Christos Reichstagsverhüllung ist nicht weniger eine geborgte Existenz auf Zeit. Inszenierung und Gegeninszenierung können die Balance wieder herstellen. Denn eine der wichtigsten Gefahren der modernen Demokratie ist, daß die Regierungen noch viel mächtiger als die Opposition durch ihren Zugang zu den Medien wurde.

Christo ist kein Instrument der Opposition, aber vielleicht ein versatiler Medienkünstler, der einer Opposition zu Einfällen verhelfen kann. Regierungen versuchen gelegentlich, ihr Publikum festzulegen darauf, was über Ereignisse zu denken ist. Von der SPD bis zu den katholischen Bischöfen haben viele staatsnahe Einrichtungen diesen vergeblichen Versuch für den 8. Mai unternommen, bis der Kanzler klarstellte, daß es erfolglos bleiben muß, wenn eine Regierung die Definition der historischen Erinnerung übernehmen wollte. In diesem Sinn wird Kunst selbst zum flüchtigen Ereignis, dessen Definition bald nur im Nachhinein noch möglich ist. Das permanente Kunstwerk wird nicht mehr angestrebt. Die Verhüllung wird zum Symbol medialer Vergänglichkeit. „Das Medium ist die Botschaft" – diese Einsicht MacLuhans hat sich im Verhältnis von Kunst und Macht nur mit einiger Verspätung durchgesetzt.

VI. Ausblick: Politische Kultur und Kulturpolitik

Politische Kultur wird erlernt. Sie ist keine fixierte Verhaltensweise, die aus einem Nationalcharakter entsteht, wie frühe Studien glaubten. Sie ist einem ständigen Wandel unterworfen. Dies kam der deutschen politischen Kultur zugute: nach dem Krieg galt sie in internationalen Umfragen noch als ziemlich autoritär und legalistisch. Um 1980 wurde die Bundesrepublik etwas, das niemand ihr zugetraut hätte: das Mekka der grünen Bewegung. Die politische Kultur hatte sich gewandelt. Toleranz für ganz anderes war entstanden, jedenfalls bei der jüngeren Generation.

Immer schon hat auch die Demokratie an Erziehung der Staatsbürger gedacht, um die politische Kultur langfristig ziviler zu gestalten. Aber wieviel Staatsintervention verträgt eine demokratische politische Kultur? Es zeigte sich zudem, daß eine Indoktrination durch politische Bildung das Gegenteil des Beabsichtigten erzeugt: Apathie und Langeweile. Der Staat hat begriffen, daß er immer weniger steuern kann. Die Idee der Zivilgesellschaft beruht ja auch darauf, daß die Gesellschaft einspringt, wo der Staat versagte. Bei der Initialzündung für die Organisation der Bürger gegen Ausländerfeindlichkeit hat sich diese Legitimitätsreserve schon einmal bewährt.

Angesichts der neuen Bescheidenheit des Staates muß die politischen Akteure der Gedanke faszinieren, daß die indirekte Steuerung von Verhalten besser gelingen kann als der Versuch zum direkten Eingriff. Die Kultur hat die Politik als das dominante Subsystem in der Gesellschaft abgelöst, wurde oft behauptet. Das ist wahrscheinlich eine Übertreibung: die Kultur wurde einflußreicher, aber je mehr sie die Politik zurückdrängte, um so mehr wurde sie zum Einfallstor der Wirtschaft. Kommerzialisierung erfaßte selbst die alternativen Bereiche der Kultur, an denen die Wirtschaft kein Interesse zeigte.

Die Geschichte der Bundesrepublik in den letzten 20 Jahren zeigte, daß es voreilig ist, den Primat einer Sphäre der Gesellschaft auszurufen. Mitte der 70er Jahre geriet die Wirtschaft in ihre – bis dahin – schwerste Nachkriegskrise. Neue Antworten kamen weniger vom politischen System als von den neuen sozialen Bewegungen. Die Kulturpolitik hat sie nicht gefördert. Sie ist ihnen hinterhergelaufen. Eine neue Bewegungsgesellschaft wurde ausgerufen, aber Ende der 80er Jahre gerieten auch die neuen sozialen Bewegungen in eine Krise. Kultur schien als Sinnstiftung nun wieder in den Mittelpunkt zu treten. Der Versuch die alternativen Kulturen der neuen sozialen Bewegungen zu fördern geriet seinerseits in die Krise, als nicht einmal Geld in der Kasse war, um das einzige Theater in mittleren Städten zu fördern. Die Alterativkulturen, die Ansatzpunkt einer „neuen Kulturpolitik" Anfang der 80er Jahre gewesen waren, wurden zunehmend wieder sich selbst überlassen. Eine wirtschaftliche Rechtfertigung dafür war schnell gefunden: Rock- und Popkonzerte, von der Jugend selbst organisiert, tragen sich

auch wirtschaftlich selbst. Der hohe Anspruch der neuen Kulturpolitik, Gesellschaftspolitik des Staates nicht nur flankieren, sondern auch mitgestalten zu
wollen, war direkt auf einen Wandel durch Entwicklung einer neuen zivilen
politischen Kultur gerichtet. Gesellschaftsrelevante Kulturpolitik versuchte sich
den neuen sozialen Herausforderungen zu stellen: der Zwei-Drittel-Gesellschaft,
der Individualisierung, der Forderung nach Partizipation in immer neuen Rand-
gruppen und die entstehende multikulturelle Gesellschaft. Die ältere Kulturpolitik war zu sehr auf die Beschaffung von Akzeptanz des Systems ausgerichtet
gewesen – nun sollte den Selbstentfaltungswerten in der Gesellschaft zum
Durchbruch verholfen werden (Raymond Weber). Politische Kultur wurde
schon immer durch langsamen Wertewandel verändert. Nun hoffte man, sie
aktiv umgestalten zu können.

Der Zusammenbruch des Sozialismus in Osteuropa hat die Hoffnungen
gedämpft. Nirgends ist durch Selbstorganisation die alte Kulturszene vollständig
gerettet worden. Was gerettet wurde – und es ist in Ostdeutschland mehr als das
Lamento über die angebliche Kahlschlagpolitik wahrhaben will – wurde nicht
zuletzt durch gezielte staatliche Kulturpolitik gerettet. Die Fronten scheinen sich
Anfang der 90er Jahre verkehrt zu haben: in den Jahren des Booms Anfang der
80er Jahre versuchten kulturelle Initiativen von unten dem Staat Freiräume für
alternative kulturelle Gestaltung abzutrotzen. Anfang der 90er Jahre entdeckte
der Staat das Subsidiaritätsprinzip – nicht nur als Kompromißformel im Vertrag
von Maastricht für die Europäische Union. Mangels finanzieller Mittel verweist
die Politik die kulturellen Alternativen gern auf das Subsidiaritätsprinzip. Allenfalls „matching funds" erscheinen noch sinnvoll: wo Gruppen Eigenmittel für
kulturelle Gestaltung aufbringen, wird ihnen aus staatlichen Mitteln eine Zu-
schußfinanzierung gewährt.

Die neue Dezentralisierung der Kulturpolitik aber läßt die Hoffnung immer weniger zu, daß kulturpolitische Initiativen von unten die politische Kultur
als ganzes mitgestalten und verändern können. Der Staat hat naturgemäß haupt-
sächlich Interesse an Projekten, welche der Integration dienen. Die am stärksten
politisch wirkende Kunst ist zu allen Zeiten die Architektur gewesen. Aber die
Politik wagt immer weniger, integrative Symbole zu fördern. Regierungsarchi-
tektur wurde Containerarchitektur nach Art des Bundeskanzleramts in Bonn.
Selbst in Berlin hat der Sparstift längst große Würfe einer demokratischen Staatsarchitektur unwahrscheinlich gemacht, mit Ausnahme des Spreebogens, und
vielleicht der Gestaltung des Platzes, den einst das Berliner Schloß auf der Spree-
einsel einnahm. Der Streit um den Bundesadler im neuen Plenarsaal des Bonner
Bundestages zeigte, wie schwer sich der Staat mit integrativen kulturellen Symbolen tut. Allenfalls der Seeadler im amerikanischen Staatsemblem scheint noch
zeitgemäß. Er trägt ein Bündel mit Pfeilen mit der Unterschrift „e pluribus unum" – Einheit aus der Vielfalt.

Das könnte ein Motto auch für Länder werden, die sich noch nicht damit
abgefunden haben, daß sie immer stärker zu multikulturellen Gesellschaften

werden. Einige Politiker, wie Lothar Späth, hatten die Wurstigkeit anzuerkennen, daß nationale Einheit in der Kultur nicht mehr darstellbar ist. „Chaos in der Kunst – okay, kann auch staatlich gefördert werden, aber muß den Anspruch aufgeben, zum Ordnungsprinzip der politischen Gesellschaft zu werden!" Einheit aus der Vielfalt ist für nationale Gesellschaften, die ethnisch noch so homogen erscheinen wie Deutschland, weil man die Immigranten nicht als selbständigen Kulturfaktor mitzählt, noch umstritten. Unstrittig wird das Prinzip für den Bau eines neuen Europa. Wenn Europa nicht nur von einer Brüsseler Bürokratie, sondern einer neuen flexiblen politischen Kultur in ganz Europa getragen werden soll, muß es von unten her gestaltet werden. Da die politischen Systeme der Nationalstaaten wenig flexibel sind, können nur zwei Kräfte dies bewirken: die Wirtschaft, die nach Integration im Europäischen Binnenmarkt strebt, und die Kultur. Der Kultur fällt dabei langfristig die wichtigere Aufgabe für eine politische Kultur in Europa zu: „Man verliebt sich nicht in einen Binnenmarkt" hat EG-Präsident Delors einmal treffend bemerkt.

Längst haben auch die Nationalstaaten eine nachauratische Kultur akzeptiert. Sie repräsentieren sich nicht mehr in der feierlichen Enge der nationalen Kultur, umgeben von einer Aura, auch wenn Mitterand einmal behauptete, daß auch eine Demokratie nicht ohne „grandeur" auskomme. Aber diese ist eine kulturelle Größe. Staaten repräsentieren sich nicht durch Staatsbauten sondern durch Kulturbauten, die auch außerhalb der eigenen Grenzen Akzeptanz schaffen: Mitterand am Louvre und im Stadtteil „La defense", Kohl mit Kulturbauten in Bonn und Berlin.

Kulturpolitik kann sich heute nicht nur auf Bauten, Theater oder Konzerte ausrichten. Die politische Kultur wird viel direkter als durch staatliche Inszenierungen durch eine multinationale und internationalisierte Medienkultur geprägt. Auf neue Weise trägt dieser Prozeß dazu bei, daß Kulturpolitik von staatlichen Einrichtungen und von Initiativen aus der zivilen Gesellschaft immer beides versucht: kulturelle Minimalintegration, die nicht an nationalen Symbolen mehr haltmacht, und kulturelle Vielfalt, die ihrerseits transnational ist. Die Vernetzung der Kulturpolitik von unten über die Grenzen der Nationalstaaten hinaus wird somit zunehmend zu einem stärkeren Vehikel einer aktiven Kulturpolitik mit Langzeitwirkungen für die politische Kultur als die staatliche Kulturpolitik. Diese bleibt stärker national begrenzt. Sie muß sich mehr als Kulturverwaltung denn als Kulturgestaltung verstehen, wenn sie nicht durch indirekte Zensur und Förderung des bloß von der jeweiligen Politik akzeptierten, inhaltlich verengen will, statt der Vielfalt freien Lauf zu lassen.

Quellennachweise

I. ungedruckt

II. 1) Preußen als Kulturnation. In: Christian Jansen u.a. (Hrsg.): Von der Aufgabe der Freiheit. Politische Verantwortung und bürgerliche Gesellschaft im 19. und 20. Jahrhundert. Festschrift für Hans Mommsen zum 5. November 1995. Berlin, Akademie Verlag 1995, S. 189-202.
2) Deutsche Identität zwischen Nationalismus und Verfassungspatriotismus. In: Manfred Hettling/Paul Nolte (Hrsg.): National und Gesellschaft. Hans-Ulrich Wehler zum 65. Geburtstag. München, Beck 1996, S. 80-99.
3) ungedruckt.
4) Die kulturelle Identität Deutschlands nach der Vereinigung. In: Universitas, 1993, S. 154-169 (erweiterte Fassung).

III. 1) Das Kulturdenkmal zwischen Wissenschaft und Politik. In: Deutsche Kunst und Denkmalpflege, 1981, H.2, S. 89-98.
2) Staatsarchitektur der Diktaturen - ein Objekt der Denkmalpflege? In: Achim Hubel/Hermann Wirth (Hrsg.): Denkmale und Gedenkstätten. Weimar, Hochschule für Architektur und Bauwesen 1995, H4/5, S. 179-184.

IV. 1) Stadtkultur und städtische Kulturpolitik. In: Werk und Zeit, 1988, Nr. 1, S. 6-10, Nr. 2, S. 31-33 (erweiterte Fassung).
2) Sowjetische Einflüsse auf den frühen Städtebau der DDR. In: Architektur und Macht. 6. Internationales Bauhaus-Kolloquium, 1992, Wissenschaftliche Zeitschrift, Hochschule für Architektur und Bauwesen. Weimar, Heft 1/2, 1993, S. 15-20.
3) Gibt es einen Stil der fünfziger Jahre in der Architektur? In: Werner Durth/Niels Gutschow (Red.): Architektur und Städtebau der fünfziger Jahre. Bonn, Schriftenreihe des Deutschen Nationalkomitees für Denkmalschutz, Bd.41, 1990, S. 84-87.
4) Von der Hauptstadtsuche zur Hauptstadtfindung: Die Gestaltung des Zentrums von Berlin. In: Werner Süß (Hrsg.): Hauptstadt Berlin. Bd. 3, Berlin, Berlin Verlag Arno Spitz, 1996, S. 281-321.

V. 1) Hauptstadt auf Abruf. Architektur und Politik in Bonn 1949-1989. In: Stiftung Baukultur Rheinland-Pfalz. Vom Bundestag zum Reichstag. Ortswechsel oder Signal? Mainz, 1995, S. 14-19.
2) Städtebauliche Repräsentation des Sozialismus: Hermann Henselmann - Stararchitekt zwischen Baukunst und Politik. Vortrag am Architekturmuseum, Frankfurt, 1993.

Aus dem Programm
Politikwissenschaft

Ulrich von Alemann / Kay Loss /
Gerhard Vowe (Hrsg.)
Politik
Eine Einführung
1994. 376 S. (Fachwissen für Journalisten,
hrsg. v. Stephan Ruß-Mohl und Gerhard Vowe)
Br. DM 42,00
ISBN 3-531-12634-2

„ (...) Ohne Zweifel wird ein rundum tiefschür-
fendes, auch zum Selbststudium geeignetes Lehr-
buch angeboten, das dem Adressatenkreis über
den Berufsalltag hinaus horizonterweiternde Sicht-
weisen und problematisierende Denkhilfen nahe-
bringt."
Das Parlament 9/95

Klaus von Beyme / Claus Offe (Hrsg.)
**Politische Theorien in der Ära
der Transformation**
1996. 389 S. (Politische Vierteljahresschrift,
Sonderheft 26/96) Br. DM 62,00
ISBN 3-531-12844-2
Der Band verdeutlicht Umbrüche der Transforma-
tionsphase in der politischen Theorie. In einigen
Bereichen, etwa der Modernisierungs-, der De-
mokratietheorie oder der Theorie des Systemwech-
sels, ist der Einfluß konkreter Ereignisse wie der
von 1989, beträchtlich. Das gilt auch für neuere
Entwicklungen der internationalen Politik. Der
Band ist eine umfassende Würdigung aller Bereiche der Theorie – bis hin zu neuen Ansätzen
wie rational choice und Chaostheorie.

Klaus von Beyme
Der Gesetzgeber
Der Bundestag als Entscheidungszentrum
1997. 432 S. DM Br. 68,00
ISBN 3-531-12956-2
Die Studie behandelt 150 Schlüsselentscheidun-
gen aus allen Politikfeldern (von 1949 - 1994).
Der Autor versucht für alle Stadien des Policy-Zy-
klus die wichtigsten Akteure und die Konfliktmuster
in den Elitenetzwerken in- und außerhalb des Bundestages zu rekonstruieren. Die Einflüsse von außen werden ebenso wie die Problemverarbeitung
im Inneren des Bundestages analysiert, um zu zeigen, in welchem Maß die konstitutionelle Fiktion,
daß das Parlament der institutionelle Sitz der Volkssouveränität sei, unter den seit Adenauer gewan-
delten Bedingungen noch haltbar ist.

Änderungen vorbehalten. Stand: April 1998.

WESTDEUTSCHER VERLAG
Abraham-Lincoln-Str. 46 · 65189 Wiesbaden
Fax (06 11) 78 78 - 400

Zum Thema
Kulturmanagement

Jürgen Gerhards (Hrsg.)
Soziologie der Kunst
Produzenten, Vermittler und Rezipienten
1997. 363 S. Br. DM 34,00
ISBN 3-531-13009-9
Welche Merkmale kennzeichnen den Beruf des
Künstlers? Welchen Einfluß haben Galeristen auf
die Vermittlung von Kunst? Welche Rollen spielen die Massenmedien in der Präsentation von
Kunst in der Öffentlichkeit? Wie unterscheiden
sich soziale Schichten in der Rezeption von Kunst?
Dies sind einige der Fragen, die in diesem Buch
beantwortet werden. Im ersten Teil des Bandes
werden verschiedene soziologische Theorien der
Analyse von Kunst vorgestellt. Der zweite Ab-
schnitt ist dann der Analyse der Vergesellschaftung der Kunstproduzenten gewidmet, während
im dritten Teil die Vermittler und Märkte von Kunst
in verschiedenen empirischen Fallstudien beschrieben werden.

Thomas Heinze (Hrsg.)
Kulturmanagement II
Konzepte und Strategien
1997. 356 S. Br. DM 66,00
ISBN 3-531-13014-5
Der Band „Kulturmanagement II" versammelt kul-
tur- und wirtschaftswissenschaftliche Ansätze zum
Kulturmanagement. Aus makroökonomischer Perspektive wird ein dem kulturellen Charakter von
Märkten und Institutionen angemessenes Konzept
von Kulturmanagement vorgestellt. Für die mikro-
ökonomische Sichtweise steht stellvertretend das
Steuerungsmodell (Theater-)Controlling. Kulturphi-
losophische, kommunikationstheoretische und
kultursoziologische Ansätze sowie Bezüge zur
Kritischen Theorie und Systemtheorie umschreiben
den Fokus von Kulturmanagement. Den Orientie-
rungsrahmen einer forschungsbezogenen Imple-
mentierung und Evaluierung für die Reformierung/
Modernisierung von Kulturbetrieben und (Kultur-)
Verwaltungen stellt das Konzept der Aktionsfor-
schung dar. Marketingstrategische und absatzpo-
litische Verfahren komplettieren diesen grundlegen-
den Überblick zu Fragen des aktuellen Kulturma-
nagements.

Thomas Heinze
Kultursponsoring
Kulturmanagement III
1998. ca. 280 S. Br. ca. DM 52,00
ISBN 3-531-13140-0

Änderungen vorbehalten. Stand: April 1998.

WESTDEUTSCHER VERLAG
Abraham-Lincoln-Str. 46 · 65189 Wiesbaden
Fax (06 11) 78 78 - 400

MIX
Papier aus verantwortungsvollen Quellen
Paper from responsible sources
FSC® C105338

If you have any concerns about our products,
you can contact us on
ProductSafety@springernature.com

In case Publisher is established outside the EU,
the EU authorized representative is:
Springer Nature Customer Service Center GmbH
Europaplatz 3, 69115 Heidelberg, Germany

Printed by Libri Plureos GmbH
in Hamburg, Germany